JN091700

入門

刑事手続法

[第9版]

三井誠・酒巻匡
著

有斐閣

第9版　はしがき

　本書は，1995（平成7）年の初版以来，多くの読者に支えられ，3〜5年の間隔で版を改めてきましたが，このたび第9版を発刊する運びとなりました。

　十数年に遡ってこれまでの版を顧みると，第5版（2010年）および第6版（2014年）は，2001（平成13）年6月の司法制度改革審議会意見書に基づいて導入された裁判員裁判制度，被疑者国選弁護制度，公判前整理手続，即決裁判手続，強制起訴制度（検察審査会法の改正）などが順次，施行に移されるとともに，その運用が次第に軌道に乗り始めた時期に当たりましたので，その実態を読者に伝えることが主眼となりました。

　第7版（2017年）は，2016（平成28）年5月に刑事訴訟法の一部改正という形で実現した，取調べの録音・録画制度の新設，合意制度と刑事免責制度の創設，被疑者国選弁護制度の対象事件の拡大，証拠開示制度の拡充などについて，その狙い・趣旨などそのエッセンスを解説し，第8版（2020年）は，施行から10年余りを経過した裁判員法の運用の描写を基軸としつつ，上記の改正法の施行を受けて進み始めたその法運用状況を眺めました。

　今次の第9版における改訂の軸としては，次の3つが挙げられます。

　第1——裁判員裁判の運用は，同時期に導入された他の諸制度を伴って一段と本格化し，裁判員裁判以外の事件審理を含めたわが国の刑事司法は，次第にその様相を明らかにし始めました。それはひと昔前のわが国の刑事司法とは，検察，弁護，裁判いずれの局面からみても大きく異なっています。今回は，現在の刑事司法の形姿はどのようなものであるかを伝えることに意を払いました。また，刑事手続のIT化など新たな法改正の胎動もみられますので，それらにも言及しました。

　うち実務の動向については，刑事事件に精通した弁護士を含めて法曹三者の実務家から多くのご教示を得ましたが，とくに裁判実務については，中桐圭一・さいたま地方裁判所判事，検察実務については，中嶋伸明・東京地方検察庁検事から貴重なご意見・アドバイスを数多く頂戴しました。

第2──ひとつの事例を素材に，実務上活用される書式を通して刑事手続の進行を追う第9章は，初版時から本書の特徴のひとつです。第7版において，それまでの事例を変更し，書式も大幅に組み替え，さらに第8版では，第9章の構成，収録する書式，書式の記載内容等に種々の修補を行いました。今版では，さらに工夫を施し，第9章の冒頭で「事案の概要」を記すとともに，各書式に沿って「事件の経過」を示しました（併せて，裁判員裁判事件では一般化している冒頭陳述や論告・弁論における「メモ」も示しました）。本書を基に模擬裁判を試みられる方たちにとって，その円滑な遂行の手助けになればと願っています。

第9章全体の改編は，これまで同様，ひとえに中川博之・京都大学大学院法学研究科教授（前大阪家庭裁判所長）のご尽力によるものです。今版では，恒光直樹・大阪地方裁判所判事（京都大学大学院法学研究科特別教授）にもお力添えをいただきました。

第3──第8版の「はしがき」で言及していました本書第7版の翻訳が完成し，①中国語版（繁体字訳）は，2021年1月，陳運財＝許家源譯『日本刑事程序法入門』（元照出版公司）として発刊され，②英語版は，2022年12月，松田岳士＝小島淳＝宮木康博＝Sean McGinty＝Giorgio Fabio Colombo 訳『An Introduction to Japanese Criminal Procedure Law』として電子版の配信が始まりました。初版以降，読者の指摘を受けながら分かりやすく明快な文章表現に努めてきたつもりでしたが，翻訳作業が進行する過程では，再三，日本語表現の曖昧さ・不十分さを自覚するところとなりました。また，とくに各CHAPTERにおいて各見出しの配置にバランスが欠けるところがあることも知らされました。今版ではこれらの対応にも力を入れました。

以上のほか，新しい判例を追加・補塡したり，運用実態を示す統計資料・図表などの最新化を図ったことは，これまでの改訂と同様です。

本書は，初版の「はしがき」にも記したように，刑事手続の枠組みや流れを大づかみしてもらうために日本の刑事手続の制度・運用を素描（デッサン）したものです。一見してお分かりのとおり，本書ではくどいほど関連箇所の頁数を挙げ，

参照指示を繰り返しています。初めは，あまりこれらを気にすることなく，ひとまず全体をひとわたり読み進めてください。何度か読み返すうちに自ずと，詳細な「事項索引」とともに，この参照頁が生きてくることになるはずです。読者の皆さんにはぜひ，本書を踏み台として，刑事訴訟法の真髄に迫るべく次のステップへと踏み出してほしいものです。

　また，本書を授業等で活用される教員の方々は，本書によって手続の概略や実態を伝えつつ，併行して受講生に対し，各々の見解・法解釈を開陳され，刑事手続法に独自の血を通わせてください。

　第9版についても多くの方たちに感謝しなければなりません。

　とくに上記の中桐，中嶋，中川，恒光の各氏，本書第7版の翻訳担当者の方々には，格段のご協力をいただきました。統計・図表の数字の更新，それに応じた本文の修補については，宮木康博・名古屋大学大学院法学研究科教授に，全般にわたる利用者目線からの意見・要望については，池亀尚之・千葉大学大学院専門法務研究科准教授に，これまでの版に引き続いてご助力をお願いしました。

　有斐閣編集部の笹倉武宏さんには，すべての場面で行き届いたご配慮を賜りました。

　第9版についても，多くの読者が得られますよう心より願っています。

2023年6月

三井　誠・酒巻　匡

＊　刑法等改正（令和4年法律第67号・第68号）については，2023（令和5）年6月時点で未施行の部分がありますが，とくに懲役および禁錮を廃止して拘禁刑を創設する点は，その重要性に鑑みて本書では，CHAPTER 9「書式でみる刑事手続」を除き改正を反映した記述としています。

初 版　はしがき

　本書は，日本の刑事手続の制度および運用を素描（デッサン）したものです。狙いは，読者に刑事手続の枠組みや進み方を大づかみしてもらうところにあります。

　刑事訴訟とか刑事裁判というと，民事とは異なり市民にとって無縁のものと受け取られがちです。たしかに，多くの市民は，一生のうちに逮捕されたり，起訴されたり，刑務所に入ったりといった刑事手続の実体験をすることはまずないでしょう。

　ところが，無縁どころか，わたくしたちの周りには，刑事手続に関する情報はいくらでも転がっています。新聞やテレビを見ていますと，発生した犯罪はもとより，Aが逮捕されたとか，B社が捜索を受けたとか，Cに対して公訴が提起されたとか，Dに対して無罪判決が言い渡されたとか，刑事手続のあれこれが報道されない日はないといってもよいでしょう。社会の耳目を集める事件ともなれば，事件の発生から判決に至るまで，事細かに手続の推移が知らされることもあります。週刊誌や月刊誌についても同じようなことがあてはまります。このような傾向は，年を追って顕著となっています。民事事件ではあまり考えられないことです。

　刑事手続についてこれほどまでに情報があふれている理由としては，様々な要因が考えられます。ただ，はっきりしている要因のひとつに，一般市民に刑事事件や捜査・裁判の流れに対する強い関心があるという点を挙げることができるでしょう。しかし，ともすると，その関心は興味本位に走り，それ以上のものではないことがあります。そうでなくとも，刑事手続に関する知識が断片的であるため，現に進行しているその手続が刑事手続全体のどこに位置づけられているかがいまひとつわかりにくいという声を聞くことがないではありません。

　そこで，本書では一般読者に刑事手続の仕組みがどうなっており，どのように進行していくのかをできるだけ平易に伝えてみようと思い立ったわけです。囲み記事を作ったり，図表を織り込んだり，わずかですが写真やチャー

トを挿入したりしているのは，「平易に」の試みのひとつのあらわれと見て
ください。最後の章に，やや細かになることを承知しつつ，「書式」を通し
て刑事手続の流れを追ったのも，刑事手続のイメージを具体的に描いてもら
おうと考えたからに他なりません。

＊

　ただ出来上がった本書を見直してみると，一般市民に読んでほしいと願い
はしますが，結果的に読者としてはこれから刑事訴訟法を学ぼうとする学生
に照準を合わせた形になったかもしれません。実はこれは当初から意識して
いたことでもあります。

　これから刑事訴訟法を学ぼうという学生は，本来であれば代表的な体系書
とか，担当教官の指定する教科書を丹念に読み進めていけばよいでしょう。
またそれが学びの王道であることは疑いありません。

　しかし，刑事訴訟法の教科書はどれを開いても，制度の説明も，制度の実
態も，運用の状況も，法文の解釈も，裁判例の動向も，さらには制度の改革
も……と，一書で二兎も三兎をも追うことができるように構成されています。
ところが，これらの区別は截然としているわけではありませんし，いわば硬
軟入り交じっていますので，よほど心して体系書や教科書に向き合わない限
り初学者は混乱に陥りかねません。手続法に特有な落とし穴といってよいで
しょう。実際に学生と接していて「穴に落ちているな」と感じることもまま
あります。

　そうであれば，刑事訴訟法の学習は，本格的な取り組みに先立って，まず
流れに沿った刑事手続の概略と大まかな実態をしっかりおさえ，それを踏ま
えて次に法解釈，判例分析，運用評価，制度改革……に進むという順序を自
覚的にとるべきではないか。学習書としても両者は別個のものとして作るべ
きではないか。いわば二段階の学習方法および学習書です。

　こうして前者の役割を担わせようとしたのが本書です。成功しているかど
うかは分かりませんが，二段階を意識して後者の役割を果たそうとしている
のが，1991 年 4 月（127 号）より『法学教室』に連載している「刑事手続法入
門」です。そのうち起訴前部分は『刑事手続法(1)』〔補訂版〕（1995 年）とし

てまとめてみました。

*

　本書の企画を思い立ったのはずっと前にさかのぼります。もう 20 余年前になります。Stanford 大学の故 Herbert L. Packer 教授と共同で California 州と日本の刑法改正問題について比較研究をしていたことがあります。その折，実体法はともかく，刑事手続となると日本の組織・制度がわからず議論しにくい，日本の刑事手続の概要を知る何か英文の適当な本はないだろうかとの話がありました。10 余年前にも，Yale 大学の Abraham S. Goldstein 教授に同じような質問を受けました。こういう経験をした研究者は少なくないでしょう。いずれ英文の小冊子を作って送りますと安請け合いしたものの，よく考えてみると，日本語ですらぴったりしたものはあまりなさそうに感じました。本書企画の発端はここにありました。

*

　企画から本書完成まで随分時間を要しました。ひとえに私の怠慢によります。途中から，同僚の酒巻匡さんに共著者として入っていただいただけでなく，この間，本当に数多くの方々のご助力を得ました。

　手続法ですから実務家の協力を得てと考え，捜査および公訴の提起については絹川信博さん（当時大阪地検検事，現在法務省保護局総務課長），公判手続および証拠法については中川博之さん（当時鳥取地家裁判事補，現在司法研修所教官），上訴および確定後救済手続については安原浩さん（当時大阪地裁判事〔大阪高裁職務代行〕，現在神戸地裁姫路支部判事）にご協力いただきました。本書が実務的に大きな誤りがないとすればそれはひとえにこれらの方たちのお力によります。すでに 10 年以上前に担当部分の原案を頂戴しながら今日まで延引しましたことをお詫びするとともに，ご協力に心より感謝いたします。

　最終時点では，現在司法修習生である上野正晴，春江玲子，山上富蔵さんの 3 人に原稿の整理をお願いしました。ありがたいことに，若い感覚から新鮮なご意見を頂戴することができました。

*

　最初，この企画は有斐閣京都支店の土肥武さんのアドバイスを受けてスタートしましたが，惜しくも土肥さんは1984年5月急逝されました。その後，西尾みちみさん，続いて奥貫清さんと，二代にわたる『法学教室』編集長がバトンを継いでくださいました。最後の締めくくりは，やはり『法学教室』編集室の渡辺真紀さんです。遅々として進まない歩みを怒りもされず，みなさん，たえずあたたかい励ましの声をかけてくださいました。その細やかで手厚いご配慮に感謝の念で一杯です。やっとゴールに達しましたのは，4人の有能な編集者のおかげと心より御礼申し上げます。

　本書を故 Herbert L. Packer 教授および故土肥武さんに捧げたいと思います。

1995年9月

三井　誠

目　　次

CHAPTER 1　起訴前（捜査）手続

CHAPTER 2　公 訴 提 起

CHAPTER 3　公 判 手 続

CHAPTER 4　証　拠　法

CHAPTER 5　公判の裁判

CHAPTER 7　確定後救済手続

CHAPTER 8　特 別 手 続

CHAPTER 9　書式でみる刑事手続

□ 略 語 ─────────────────────────────────

☆欄外に掲記した参照条文の法令名の略語

条数だけを示したものは「刑事訴訟法（昭和 23 年法律 131 号）」です。

規は「刑事訴訟規則（昭和 23 年最高裁判所規則 32 号）」
規範は「犯罪捜査規範（昭和 32 年国家公安委員会規則 2 号）」
旧は（旧）「刑事訴訟法（大正 11 年法律 75 号）」
旧旧は（旧旧）「刑事訴訟法（明治 23 年法律 96 号）」をあらわしています。

その他の略語の法令名は次のとおりです。
覚醒剤→「覚醒剤取締法（昭和 26 年法律 252 号）」
刑→「刑法（明治 40 年法律 45 号）」
警→「警察法（昭和 29 年法律 162 号）」
刑事収容→「刑事収容施設及び被収容者等の処遇に関する法律（平成 17 年法律 50 号）」
警職→「警察官職務執行法（昭和 23 年法律 136 号）」
刑訴費→「刑事訴訟費用等に関する法律（昭和 46 年法律 41 号）」
憲→「日本国憲法（昭和 21 年）」
検察→「検察庁法（昭和 22 年法律 61 号）」
検審→「検察審査会法（昭和 23 年法律 147 号）」
公害犯罪→「人の健康に係る公害犯罪の処罰に関する法律（昭和 45 年法律 142 号）」
公選→「公職選挙法（昭和 25 年法律 100 号）」
交通裁判→「交通事件即決裁判手続法（昭和 29 年法律 113 号）」
裁→「裁判所法（昭和 22 年法律 59 号）」
裁判員→「裁判員の参加する刑事裁判に関する法律（平成 16 年法律 63 号）」
裁判迅速化→「裁判の迅速化に関する法律（平成 15 年法律 107 号）」
自動車運転→「自動車の運転により人を死傷させる行為等の処罰に関する法律（平成 25 年法律 86 号）」
少→「少年法（昭和 23 年法律 168 号）」
通信傍受→「犯罪捜査のための通信傍受に関する法律（平成 11 年法律 137 号）」
盗犯→「盗犯等ノ防止及処分ニ関スル法律（昭和 5 年法律 9 号）」
破防→「破壊活動防止法（昭和 27 年法律 240 号）」
弁護→「弁護士法（昭和 24 年法律 205 号）」
麻薬→「麻薬及び向精神薬取締法（昭和 28 年法律 14 号）」
民訴→「民事訴訟法（平成 8 年法律 109 号）」
無差別殺人団規→「無差別大量殺人行為を行った団体の規制に関する法律（平成 11 年法律 147 号）」
労基→「労働基準法（昭和 22 年法律 59 号）」
労調→「労働関係調整法（昭和 21 年法律 25 号）」

☆判例集の略語

刑　集	最高裁判所刑事判例集	高検速報	高等裁判所刑事裁判速報集
民　集	最高裁判所民事判例集	判　時	判例時報
高刑集	高等裁判所刑事判例集	判　タ	判例タイムズ

起訴前（捜査）手続

I　捜査とは

⊃参照条文，条文の順序

　本書では欄外に参照条文を付記しています。少しわずらわしいかもしれません が，本文を読み進めながら必ず手元の『六法』を参照して条文を確認し てください。外国語の学習の際に，辞書を引くのと同じ要領です。

　本書は刑事手続の進行に即して刑事手続法を解説していくことを目的とし ていますが，刑事訴訟法の条文の番号は第1条とか第2条ではなく，手続の 出だしは第189条となっています（5頁。略語表に記しましたように，刑事訴訟 法については条数だけを挙げています）。そこで，法典の順序と対応していない 理由をはじめに説明しておきましょう。

　ひとことで示せば，それは現行刑事訴訟法が第一編に「総則」を置き，か なりの条文数をそれに割いているからです。第二編以下がいわば各則規定で す。そこでは手続の順序に沿って，捜査からはじめられています。その冒頭 が第189条なのです。もっとも，第二編「第一審」の中に「捜査」や「公 訴」の章が盛り込まれており（旧刑事訴訟法の名残りです。旧246条以下），い ずれはこの法典も手直しが避けられないでしょう。

　刑事訴訟法は，本文中では，原則として「刑訴法」または単に「法」と略 記します。

1　刑事事件

　刑事事件とは　　人間社会では，種々のトラブルが発生します。 財産に関するものもあれば，家族間の争いも少なくありません。 また，私人と国や地方自治体との間に紛争が生ずることもありま す。法律面からは，これらを民事事件とか行政事件と呼んでいま す。それに対して，そのトラブルが人を殺害したり，他人の物を 盗むなど，犯罪に関すると刑事事件と名づけられることになりま す。

　どのような行為が犯罪となるかは法律に定められています。む

刑199
刑235

しろ，法律に定められているものだけが犯罪であるというほうが
正確かもしれません。いわゆる**罪刑法定の原則**です。犯罪を定め
た法律の基本は，1907（明治40）年に制定された**刑法**という法典
です（1995〔平成7〕年に条文を平易化するなどの大きな改正が行われま
した）。そこには，刑事事件として今挙げた殺人や窃盗のほか，

刑 204・222
・177・236
・246・224
〜・108〜
・77〜

傷害，脅迫，強制性交等（●17頁），強盗，詐欺，誘拐，放火，
内乱など，もともと反社会的・反道徳的とされる犯罪が規定され
ています。

　ほかには，この刑法典を補充するために，自動車運転による致
死傷罪，覚醒剤に関する罪，組織的な犯罪などを定めた**特別刑法**
という類型があります。自動車の運転により人を死傷させる行為
等の処罰に関する法律，覚醒剤取締法，組織的な犯罪の処罰及び
犯罪収益の規制等に関する法律がその法律名です。ストーカー行
為に対する罰則などを定めているストーカー行為等の規制等に関
する法律も，特別刑法の一種とみることができます。さらに，行
政上の取締目的のために一定の違反行為に刑事制裁を加える**行政
刑法**という類型もあります。公職選挙法や道路交通法などにおけ
る罰則規定がその例です。

　実体法と手続法　　刑法は，犯罪を定めるとともに，どのよう
な種類・程度の刑罰が科せられるかも定めています。このように
法的関係の内容自体，すなわち法律関係や権利義務関係の内容を
定めたものを実体法といいます。民法や会社法もこれに属します。

　一方，刑法を具体的に実現する手続を定めたものは手続法と呼
ばれ，その法体系の基本が，これから皆さん方が学ぶ**刑事訴訟法**
という法典です。現行の法典は，1948（昭和23）年に誕生しまし
た。

　関連する法律として，少年法，裁判所法，検察庁法，弁護士法，
検察審査会法などがあります。このほか，犯罪捜査のための通信
傍受に関する法律，裁判の迅速化に関する法律，裁判員の参加す

る刑事裁判に関する法律，犯罪被害者等基本法，犯罪被害者等の権利利益の保護を図るための刑事手続に付随する措置に関する法律なども加わります。

併せて，主に刑事手続の運用細則的なものとして，最高裁判所規則である**刑事訴訟規則**があります。

なお，「刑事訴訟法」以外の手続法をも扱いますし，また，「訴訟」の語がやや限定的な意味をもちますので，本書には，『入門刑事訴訟法』ではなく，『**入門刑事手続法**』というタイトルを付しました。

2　捜査の概要

あらまし　刑事手続の進行は，捜査から始まります。**捜査機関**（7頁）は，犯罪が発生した疑いをもった場合に，犯人の発
189Ⅱ 見・確保および証拠の収集・保全を行うのです。法はこれを「犯罪があると思料するときは，犯人及び証拠を捜査するものとする」と定めています。

捜査手続の全体をざっと述べれば次のようになります。捜査機関は，事件発生の情報をつかむと，事件の目撃者や被害者などから事情を聴取したり，犯行現場を捜索し，残された証拠品を押収したりして，犯罪事実（犯罪の構成要件に当てはまる事実）を立証する証拠を収集・保全していきます。罪を犯したとみられる被疑者（➲17頁）が絞られてくれば，その者を取り調べて供述を調書に取ったり，その供述から新たに証拠物を発見したりします。一定の事由があれば，被疑者はその身柄を拘束（逮捕・勾留）されることもあります。

こうして，捜査が続き，嫌疑が徐々に固められ，犯行の裏づけがとられてゆくのです。その結果，犯罪事実および犯人が特定されると，捜査は一応終結し，検察官は，被疑者を裁判所に訴追す

る処分，すなわち起訴処分を行います。逆に，捜査を遂げても，証拠が不十分で公判の維持が困難であるとか，諸般の事情から起訴を見合わせたほうがよいと判断する場合には，不起訴の処分に付します（112頁参照）。

いうなれば，捜査は，捜査機関が犯罪発見のきっかけを得てから起訴・不起訴の処分を決定するまでの事件の解明活動とみることができるでしょう。

証拠法とのつながり　事件が起訴された場合，捜査で収集された証拠は，公判における犯罪事実の立証上，重要な役割を果たします。捜査と証拠との結びつきは，証拠調べ手続や証拠のもつ意味などこれからの記述で自ずと浮かび上がってきます（191頁，259頁）。

もとより，捜査は個人の基本的人権の保障を全うしつつ行われる必要があります。そのために刑事訴訟法は身柄拘束の時間制限など様々な規定を設けて捜査機関の活動を厳格に規律しています。また，証拠法においては違法・不当な手段により得られた証拠を犯罪事実の立証に用いることができないようにしています（証拠能力の制限）。こうすることが捜査の行き過ぎを規制する有力な手段と考えているからでしょう。自白法則（288頁）や違法収集証拠の排除法則（295頁）がそれに当たります。捜査の適法性に関する判例の多くは，証拠能力をめぐる争いに対して裁判所が示した判断です。このように，規律の面でも，捜査と証拠の間には深い関係があることを見逃してはなりません。

関連する法律等　捜査を規律する法律としては，刑事訴訟法のほか，組織法としての**警察法**が，警察責務を限定するとともに警察活動の不偏不党・公平中立性を，また権限法としての**警察官職務執行法**が，手段は必要最小限度において用いるべきであって濫用にわたってはならない旨などを，それぞれ定めています。このほか，警察官が犯罪捜査を行うに当たって守るべき心構えや捜

警2

警職1Ⅱ

査の方法・手続などを定めた国家公安委員会規則である**犯罪捜査規範**があります（25 頁参照）。本書でも折々引用します。

3　捜査機関

189・191　　**司法警察職員**　　それでは，捜査機関とは何を指すのでしょうか。現行法は，捜査機関として，司法警察職員，検察官，検察事務官の 3 種を定めています。

189・190
司法警察職員等指定応急措置法 1・2
海上保安庁法 31

労基 102
麻薬 54 Ⅴ

このうち，司法警察職員（捜査を行う法律的資格をいい，官名でも職名でもありません）は，横の関係では，**一般司法警察職員**と**特別司法警察職員**とに分かれます。前者は，警察庁および都道府県の警察官の総称で，警察法に従って一般的な警察活動を行います。これに対して，後者は，特別の事項について捜査の職務を行う特定の行政庁の職員などの総称で，職務上の特殊知識を活用して，特定の犯罪に限り捜査する権限が与えられています。刑務職員，海上保安官，労働基準監督官，麻薬取締官などがそれです。

39 Ⅲ
199 Ⅱ・218 Ⅳ
246

また，縦の関係では，司法警察職員は**司法警察員**と**司法巡査**に分けられます。これらの語は刑訴法において，まず 39 条 3 項に出てきます。刑訴法上，令状の請求権限，事件の送致権限をはじめ，比較的重要な権限行使を司法警察員に限っている例をいくつか見受けます。見落としがちですから条文を読む際に注意してください。

警察官　　警察官の定員は総数 26 万 1983 人で（2022〔令和 4〕年度），これを国家公安委員会と都道府県公安委員会が管理しています。前者には**警察庁**，後者の管理下には都道府県警察——本部として東京都に**警視庁**，そのほか北海道警，大阪府警，神奈川県警など**道府県警察本部**——がおかれています。警察庁の定員は総数中 0.9％ 程度です。

警 62　　警察官の階級は，警視総監，警視監，警視長，警視正，警視，

警部，警部補，巡査部長および巡査とされています。警察庁長官は職名であって階級ではありません。警察官は上官の指揮監督を受けて警察の事務を執行します。刑訴法上の権限行使の資格である司法警察員は原則として，巡査部長以上を指し，司法巡査は巡査がそれに当たります。

　検察官および検察事務官も捜査の主体ですが，これについては後述します（14頁参照）。

4　犯罪の認知・検挙数

　認知　警察庁の犯罪統計によると，警察において発生を確認，すなわち「認知」した刑法犯（これには爆発物取締罰則など若干の特別刑法に定められた犯罪も含まれます）の件数は，2021（令和3）年では約56万8000件です。このうち窃盗犯が67.2％に及びます。

　近年の動きをみますと，認知件数は2002（平成14）年の約285万件をピークに年々減少しています。

　なお，従前の統計において，窃盗犯に次いで認知件数が多かった自動車運転過失致死傷等は，「自動車の運転により人を死傷させる行為等の処罰に関する法律」の制定・施行にともなって，2014（平成26）年5月から，危険運転致死傷とともに刑法典から削除され，特別法へと移されました（4頁参照）。呼称も過失運転致死傷等に変更されています。その結果，統計上も過失運転致死傷等は刑法犯の認知件数から除外されていますが，参考までに，従前の統計に換算すると，警察において発生を認知した刑法犯のうち窃盗が約45％，過失運転致死傷等が約34％（28万8488件）であり，例年どおりの数値となっています。

**自動車運転
2・3・5**

　検挙　警察で事件を検察官に送致・送付したり，微罪処分（14頁）に付すことを「検挙」と呼びますが，2021（令和3）年の刑法犯は，件数で約26万5000件，人員にして約17万5000人で

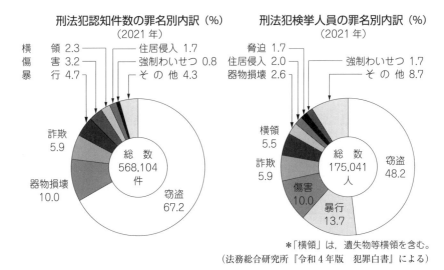

刑法犯認知件数の罪名別内訳（％）
（2021 年）

横　領 2.3 ── 住居侵入 1.7
傷　害 3.2 ── 強制わいせつ 0.8
暴　行 4.7 ── その他 4.3

詐欺 5.9

器物損壊 10.0

総　数
568,104
件

窃盗 67.2

刑法犯検挙人員の罪名別内訳（％）
（2021 年）

脅迫 1.7 ── 強制わいせつ 1.7
住居侵入 2.0 ── その他 8.7
器物損壊 2.6

横領 5.5

詐欺 5.9

傷害 10.0

暴行 13.7

総　数
175,041
人

窃盗 48.2

＊「横領」は，遺失物等横領を含む。
（法務総合研究所『令和4年版　犯罪白書』による）

　す。認知件数との対比で検挙率をだすと，46.6％ となります。

5　捜査の端緒

　きっかけ　　捜査は，捜査機関が犯罪が発生したことを何らか
の方法で知ったときにはじめられますが，そのきっかけを**捜査の
端緒**といいます。刑法犯についてみますと，その9割程度は被害
者および被害関係者からの届出です。また警備会社からの届出，
第三者からの届出も情報源となっています。これに対し警察活動
によってきっかけが得られるのは，1割未満です。ここでいう警
察活動の多くは取調べと職務質問です。ある事件の捜査中に別の
犯罪を発見したりしてきっかけを得るケースもあります。

警職2 I　　**職務質問**　　職務質問とは，警察官が挙動不審な者を発見した
際にこれを停止させて質問することをいいます。「異常な挙動そ
の他周囲の事情から合理的に判断して何らかの犯罪を犯し，若し
くは犯そうとしていると疑うに足りる相当な理由のある者」など
が対象となるのです。特定の犯罪の嫌疑がなくとも許される行政

捜査の端緒：罪種別認知件数（警察）　（2021年）

認知の端緒＼罪種	総数	告訴・告発	被害者・被害者からの届出	関係者からの届出	警備会社からの届出	第三者からの届出	常人逮捕同行	119番転送	他機関からの引継ぎ	警察活動 計	現認	犯跡発見	職務質問	聞込み	取調べ	サイバーパトロール	その他	自首
刑法犯総数 (%)	568,104	4,101 (0.7)	488,921 (86.1)	3,183 (0.6)	14,176 (2.5)	366 (0.1)	832 (0.1)	102 (0.0)	—	54,715 (9.6)	3,728 (0.7)	352 (0.1)	12,333 (2.2)	407 (0.1)	24,620 (4.3)	802 (0.1)	12,473 (2.2)	1,708 (0.3)
殺人 (%)	874	4 (0.5)	447 (51.1)	1 (0.1)	199 (22.8)	—	—	87 (10.0)	—	65 (7.4)	14 (1.6)	2 (0.2)	2 (0.2)	1 (0.1)	15 (1.7)	—	31 (3.5)	54 (6.2)
強盗 (%)	1,138	—	984 (86.5)	18 (1.6)	87 (7.6)	10 (0.9)	2 (0.2)	—	—	32 (2.8)	8 (0.7)	—	—	—	8 (0.7)	—	16 (1.4)	5 (0.4)
放火 (%)	749	1 (0.1)	278 (37.1)	2 (0.3)	177 (23.6)	1 (0.1)	—	170 (22.7)	1 (0.1)	97 (13.0)	4 (0.5)	5 (0.7)	6 (0.8)	2 (0.3)	23 (3.1)	—	57 (7.6)	22 (2.9)
強制性交等 (%)	1,388	38 (2.7)	1,097 (79.0)	2 (0.1)	113 (8.1)	2 (0.1)	—	—	11 (0.8)	121 (8.7)	—	1 (0.1)	2 (0.1)	—	40 (2.9)	1 (0.1)	77 (5.5)	4 (0.3)
窃盗 (%)	381,769	148 (0.0)	341,468 (89.4)	2,381 (0.6)	3,865 (1.0)	249 (0.1)	—	—	2 (0.0)	33,425 (8.8)	815 (0.2)	158 (0.0)	5,891 (1.5)	279 (0.1)	20,132 (5.3)	3 (0.0)	6,147 (1.6)	231 (0.1)
詐欺 (%)	33,353	785 (2.4)	24,112 (72.3)	32 (0.1)	1,105 (3.3)	10 (0.0)	—	—	10 (0.0)	6,239 (18.7)	34 (0.1)	18 (0.1)	174 (0.5)	32 (0.1)	2,364 (7.1)	1 (0.0)	3,616 (10.8)	1,060 (3.2)
賄賂罪 (%)	47	—	—	—	—	4 (8.5)	—	—	—	42 (89.4)	3 (6.4)	—	3 (6.4)	—	21 (44.7)	—	15 (31.9)	1 (2.1)
占有離脱物横領 (%)	11,746	1 (0.0)	5,148 (43.8)	8 (0.1)	280 (2.4)	3 (0.0)	—	—	—	6,251 (53.2)	4 (0.3)	3 (0.0)	5,594 (47.6)	7 (0.1)	273 (2.3)	—	370 (3.2)	55 (0.5)
公務執行妨害 (%)	2,094	17 (0.8)	448 (21.4)	—	30 (1.4)	5 (0.2)	—	—	—	1,594 (76.1)	1,516 (72.4)	—	22 (1.1)	8 (0.4)	10 (0.5)	—	38 (1.8)	—

（警察庁『令和3年の犯罪』による）

　警察活動で，本来は「犯罪の予防」のためのものですが，現実には刑訴法上の捜査との限界は微妙です。現在では，警察活動において職務質問の積極的な活用が強調され，その技術の修練が図られています。もっとも，停止させて質問するという活動は，警察が市民と直接接触する「出会い」ともいうべき場面だけにことさら慎重さが求められ，その適法性が争われるケースは少なくありません。

　また，職務質問にともなう所持品検査についてはそもそもその根拠規定があるのかどうか，かりに警職法2条1項が根拠規定となるとしてもどのような要件で許されるのかなど，後出のように多様な議論が展開されています。

　さらに，職務質問との関連において，対象車両を特定しない無差別一斉検問である**自動車検問**（◎17頁）をめぐって，いかなる根拠で許されるのか，判例・学説上争いがあります。判例は，交

通違反多発地域で行う交通違反の予防・検挙のための交通検問につき，短時間の停止と必要事項の質問などを，相手方の任意の協力を求める形で自由を不当に制約しない方法，態様で行う限り適法であるとしています（最決昭和 55・9・22 刑集 34 巻 5 号 272 頁）。

警職 2 I　　**職務質問にともなう所持品検査**　　判例は，職務質問に付随する所持品検査について，所持人の承諾を得てその限度で行うのが原則であるが，捜索に至らない程度の行為は，強制にわたらない限り，たとえ所持人の承諾がなくても，所持品検査の必要性，緊急性，これによって侵害される個人の法益と保護されるべき公共の利益との権衡などを考慮し，具体的状況のもとで相当と認められる限度において許容される場合があるとしています（最判昭和 53・6・20 刑集 32 巻 4 号 670 頁，最判昭和 53・9・7 刑集 32 巻 6 号 1672 頁）。実際には，とくに薬物事犯などにおいて，その適否の判断が微妙なケースが時にみられ，所持品検査の結果，発見された覚醒剤等の証拠能力（262 頁）の有無をめぐって，その適法性が厳しく争われることがあります（最決平成 15・5・26 刑集 57 巻 5 号 620 頁など。295 頁以下参照）。

　　刑訴法の定める捜査のきっかけは，次の 6 種類であり，それぞれについて一定の法律効果を与えています。条文の順序に沿ってみていきましょう。

212 以下　　**現行犯**　　第 1 に，現行犯人を発見したときは，警察官だけで
刑 220　　なく，誰でもその犯人を逮捕することができます。刑法には逮捕
刑 35　　罪という罪がありますが，現行犯逮捕は正当行為として違法性が阻却されることになります。現行犯逮捕については，後ほど改めて触れます（38 頁参照）。

229 I　　**変死体の検視**　　第 2 は，変死体の検視です。変死体とは，「変死者又は変死の疑のある死体」ですが，異様な死に方をした死体で，死亡が犯罪によるものかどうかが不明なものをいいます。検視（●17 頁）とは，この変死体があるときに，検察官が死体の

状況を直接見分して，犯罪の疑いがあるか否かを確かめることで
す。そのために，検察官は，変死体のある場所に立ち入り，死体
を外表から検査したり，身に付けている物を調べたりします。人
の生命は保護法益中，最も重要であり，これに対する侵害は犯罪
として非常に重大であるため，検察官が検視を行うのです。検視
するには，検視令状といった令状は要求されていません（令状主
義一般については，後に触れます。59頁参照）。むしろ，検察官には検
視が義務づけられているのです。

229Ⅱ　　　検察官は，検察事務官または司法警察員に検視の処分をさせる
ことができます。これを**代行検視**と呼びます。拘置所や警察留置
場内における被収容者の変死の場合を除き，司法警察員による代
検視規則5　行検視の実施が一般的です。警察官（司法警察員）が検視の処分
を行う場合は医師の立会いを求めることとなっており，検視の結
果を速やかに検察官に報告しなければなりません。

230〜　　**告訴・告発**　　第3は告訴，第4は告発です。告訴とは，被害
239〜　者，その法定代理人（親権者・後見人）など一定の告訴権者が，捜
査機関に対し，犯罪事実を告げて，犯人の処罰を求める意思表示
をいいます。一方，告発は，犯人および告訴権者以外の者が，犯
罪事実を告げて犯人の処罰を求めるものです。両者の違いは，取
消しなど細かな点を除けば，意思を表示する主体にあります（➡
18頁）。

告訴というと，後で触れる親告罪のことのみが想定されがちで
すが，親告罪の場合には特別の意味があるというだけで，一般の
犯罪についても，当然ながら告訴は可能です。

告発は，おせっかいの行為のようにも受け取れますが，実務上
は，目に見える形での被害者のいない犯罪が告発によって摘発さ
れるケースも決して稀ではありません。贈収賄罪などがその典型
例といえます。

239Ⅱ　　　とくに，公務員がその職務を行ううえで発見した犯罪について

は，告発することが義務づけられています。

241　　　　告訴・告発は，検察官または司法警察員に対して，書面で行うのがふつうですが，口頭で行ってもかまいません。ただ，口頭の場合には，それを受けた者が調書を作らなければなりません。告

237 I　訴は，事件が起訴されると，取り消すことができず，また，起訴

237 II　前に一度取り消すと，さらに告訴をすることができないこととな

旧 267 I　っています（旧法では，第2審判決があるまで取り消すことが許されていました）。

親告罪　親告罪（●18頁）については，告訴は単に捜査のきっかけにとどまらず，告訴がなければ，検察官はその親告罪を起訴することができないという効果をもちます。したがって，起訴

338④　しても，その起訴は無効なものとして裁判所は手続の打切り（公訴棄却）をすることになります（112頁，316頁参照）。

235　　　　親告罪の告訴は，原則として，告訴権者が犯人が誰であるかを知った日から6か月を経過すると，もはやすることができません。ただし，強制わいせつ・強制性交等の性犯罪については，告訴するかどうかの決断に時間を要する被害者の心情にかんがみて，2000（平成12）年法改正により告訴期間が撤廃され，さらに2017（平成29）年法改正により非親告罪となりました（●18頁）。

238 I　　　　共犯関係にある事犯では，その一部の者に対する親告罪の告訴は他の共犯に対してもその効力が及ぶことが法文上認められています。

　　　　告訴期間，告訴の効力範囲をはじめ，告訴前の捜査の可否，告訴権者の範囲など，親告罪の告訴については，検討すべき論点が少なくありません。

刑 92　　　**請求**　第5は，請求です。請求とは，外国国章損壊罪における外国政府の請求のように，一定の機関が捜査機関に対し犯罪事

労調 42　実を告げてその処罰を求める意思表示です。特別法では，請求権者を労働委員会とする，公益事業における争議予告義務違反の罪

237Ⅲ・238Ⅱ

などを挙げることができます。その性質は，親告罪の告訴と同じですから，関連規定が準用されます。

　　自首　　第6は，自首です。自首（◯18頁）は，捜査機関に対して自ら自分の犯罪事実を申し出て，その処分をまかせることをいいます。手続法上は単なる捜査の端緒にすぎませんが，それが

刑42Ⅰ
刑80・93・
228の3
245

捜査機関に発覚する前に行われたのであれば，実体法上は（4頁参照），刑の減免事由となります。自首の方式などについては，告訴の規定が準用されます。

6　検察官による捜査

191Ⅰ
検察6Ⅰ

　　原則（**第二次的捜査機関**）　　検察官は，必要と認めるときは，いかなる犯罪についても自ら捜査をすることができます。

　　法文上は，司法警察職員が第一次的捜査機関であり，検察官による捜査は第二次的です。したがって，大部分の事件については，まず警察において捜査が進められ，一応の見通しがついた後に，

246

書類や証拠物とともに事件が検察官に送致（送付）され（**【書式15】**384頁），検察官が補充的・補正的に捜査を続けることになります。

246但

送致を要しないのは，「検察官が指定した」一定の軽微な事件に限られます。送致しない処分を**微罪処分**（◯19頁）といいます。

247・248

　　そのうえで，検察官は事件につき起訴・不起訴の処分を決定します（107頁参照）。これは，検察官のみに与えられた権限です。事件はすべて検察官に集中しますので，大都市の検察庁は，**刑事部**（殺人や窃盗などの一般刑事事件の捜査），**交通部**（交通関係の事件の捜査），**公安部**（公安，労働関係事件，暴力団関係事件，外事事件および薬物関係事件等の捜査），それと起訴後の公判における立証活動を行う**公判部**というように部制をとり，事件を処理しています。参考のため，最も規模の大きな東京地方検察庁の組織図（次頁の上図）を掲げます。

191Ⅱ
検察27

　なお，検察事務官も捜査機関ですが，検察官を補佐してその指揮を受けて捜査を行うものであり，捜査機関として検察官から独立しているわけではありません。したがって，後に述べる検察官と警察官の関係とは異なっています。

東京地方検察庁の組織図

＊検察庁事務章程５条３項にもとづく

198Ⅰ・223Ⅰ
199Ⅰ・218Ⅰ
199Ⅱ・204Ⅰ
205Ⅰ・226

　検察事務官は，検察官と同様，被疑者や参考人を取り調べたり，発付された逮捕状や捜索差押令状を執行する権限は有していますが，通常逮捕状の発付や勾留を請求したり，捜査手段としての証人尋問を請求したりすることは認められていません。検察官とは，その権限において法律上一定の差が設けられているのです（なお，

218Ⅳ

捜索差押令状等の発付を請求する権限は認められているものの，実際に検察事務官が令状を請求する事例はほとんどないようです）。

　独自捜査　　もっとも，警察が第一次的捜査を行うには専門的知識の点で限界があるケースもなくはありません。たとえば，脱税をめぐる事件，会社法違反の粉飾決算，独占禁止法違反のカルテルなど法律的に細かな知識を要する会社・企業犯罪，民商事と交錯する刑事事件などは，法律家である検察官が最初から捜査に乗り出すほうが適切な場合が多いでしょう。

　警察は，所掌の範囲が広いこともあって，どうしても個人法益に対する罪の摘発に比重をおきがちで，主として，財産上の被害を受けた，生命・身体・自由の侵害を受けたとの届出を受けて，活動を開始することになるのはやむを得ない面があります。また，重大な汚職など政治にかかわる場合，法律の専門家であるとともに，より独立性のある検察官に捜査を任せたほうがよいときもあるでしょう（110頁参照）。さらに，偽証罪や職権濫用罪に関して

は，検察官に対する告訴・告発が捜査のきっかけとなったりもしています。

　このような事件については，例外的に検察官が直接捜査活動を行いますので，これを**検察官の独自捜査**と呼んでいます。なお，東京，大阪，名古屋の地方検察庁には，警察の手を借りずに検察庁職員だけで独自に捜査を行う**特別捜査部**（特捜部）があり，告訴・告発を直接に受理したり（こういう事件を**直告事件**といいます），大規模な贈収賄とか脱税・会社法違反などの捜査を担当していることは周知のところでしょう。また，1996（平成8）年5月には，横浜，さいたま，千葉，京都，神戸，広島，福岡，仙台，札幌，高松の10地検に独自捜査の強化を目的とする「特別刑事部」が設置されました。

　もっとも，刑法犯に限れば，検察官が直接に認知したり受理したりする被疑者の数は，例年，通常受理人員中，1%程度です。

192 　　**検察と警察との関係**　　検察官と司法警察職員とは各々独立の捜査機関であり，両者は，捜査に関し，互いに協力しなければなりません。しかし，同時に，検察官は，その管轄区域により，司

193 I 法警察職員に対し，捜査に関して必要な**一般的指示**をすることができます。公訴の遂行が検察官の主たる役割ですので，その観点から捜査を適正化するための一般的準則を定める形でこの指示は行われます。

193 II 　また，検察官は，自ら捜査を行う場合に，その管轄区域により，司法警察職員一般に対して，具体的事件の捜査について協力を求めるため必要な**一般的指揮**をすることができます。捜査の方針や計画を立てて捜査協力を求めるわけです。

193 III 　検察官は，司法警察員送致・送付事件の場合のほか，検察官が第一次的な捜査機関となる捜査（独自捜査）を行う場合にも，司法警察職員を指揮して捜査の補助をさせることができます。特定の司法警察職員に対して行使されるもので，**具体的指揮**と呼ばれ

ます。これには，「その管轄区域により」との限定が付されていません。

193Ⅳ　司法警察職員は，検察官の一般的指示，一般的指揮または具体
194　的指揮に従う義務があります。従わなければ，懲戒や罷免の問題さえでてきます。

⊃強制性交等罪（4頁，13頁，18頁，136頁）

現在，強制性交等罪の公訴時効期間の延長を含めて，この罪を不同意性交等罪に改めることを柱とした法改正案が国会に上程されています。

⊃被疑者（5頁，42頁）

被疑者とは，罪を犯した疑いを受け，捜査の対象となっている者をいいます。もっとも，マスメディア等ではいぜん**容疑者**の語も用いられているようです。公訴が提起されると，被疑者は**被告人**と呼ばれることになります。刑訴法は，原則として被疑者と被告人とを使い分けています。また，これとはやや異なった観点から「犯人」という語が用いられている場合もあります（法189条2項・248条・255条など）。なお，被告人と類似した語に「被告」がありますが，これは民事訴訟および行政訴訟の第1審において，訴訟を提起された者を指す語です。もっとも，新聞などマスコミ用語では，そこまで厳格に区別されておらず，被告人のことを「被告」と記すのがむしろ一般的かもしれません。

⊃自動車検問（10頁）

自動車検問といっても，いろいろな種類があります。道路交通法違反の予防・検挙を目的とした**交通検問**，不特定の犯罪の予防・検挙を目的とした**警戒検問**，特定の犯罪が発生した際に犯人の発見・情報収集を目的とした**緊急配備検問**などです。

⊃検　視（11頁）

刑訴法上の検視とは，「変死者又は変死の疑のある死体があるとき」（229条）に，その死亡が犯罪によって生じたものであるか否かを判断するために行われるものです。①自殺，地震災害等による死など犯罪による死亡でないことが明白な場合や，逆に，②刺殺，絞殺など犯罪によって死亡したことが

明らかな場合には「検視」の対象とはなりません。①の場合には，行政検視として警察官等が死体を見分し，②の場合には，直ちに実況見分，検証，鑑定処分などの本来の捜査活動がはじまります。

◐被害届と告訴・告発の違い (12 頁)

被害事実を告げる際に，犯人の処罰を求める意思の表示をともなうかどうかで両者は区別されます。後者（告訴・告発）はともない，前者（被害届）はともないません。どちらも，捜査のきっかけになり，また虚偽の内容だと虚偽告訴等の罪（刑 172 条）が成立する点は共通ですが，被害届を出すだけでは，告訴・告発に関する法律効果は生じません（法 242 条・246 条・260 条・261 条など参照）。

◐親告罪 (13 頁)

親告罪とは，公訴の提起に被害者等一定の者による告訴のあることを必要条件とする犯罪です。刑法が定める親告罪は，①被害者の利益・名誉を保護する場合（名誉毀損罪〔刑 230 条・232 条〕，秘密漏示罪〔刑 134・135 条〕など），②一般に被害法益が小さく被害者の意思に反してまで処罰の必要がない場合（過失傷害罪〔刑 209 条〕，器物損壊罪〔刑 261 条・264 条〕など），③犯人と被害者との間に一定の関係がある場合（刑 244 条 2 項・251 条・255 条）に分けられます。特別法では，著作権侵害などの罪が親告罪とされています（著作権法 123 条）。なお，強制わいせつ罪（刑 176 条），強姦罪（刑 177 条，現・強制性交等罪）などについても，①の趣旨から親告罪規定が置かれていましたが，本文で述べたとおり 2017（平成 29）年の刑法改正により親告罪から除外されました（◐17 頁）。

◐自 首 (14 頁)

自首が認められるには，犯罪事実または犯人が誰であるかが捜査機関に発覚する前である必要があります。犯人は分かっているが，その居所が捜査機関に分からない場合に犯人が名乗り出ても自首とはならないのです。たとえば，指名手配犯人が逃げ切れないと観念して警察署などに出頭しても自首ではありません。マスメディアではこのような場合も自首と呼ばれることがあるので注意してください。

また，捜査機関による取調べを待たずに，自らすすんで犯罪事実を申告した場合でなければならず，すでにある犯罪事実について取調べを受けている際に，ほかに犯した罪はないかと質問されて別の犯罪事実を自白しても自首

とは認められません。

　なお，親告罪については，犯人が告訴権者に対して，自発的に自己の犯罪事実を告げ，その措置をゆだねたときも，捜査機関に対する自首と同様に取り扱われます（刑42条2項）。1995（平成7）年の刑法の一部改正前は，これを「首服」として規定し，自首と用語上区別していましたが，一部改正により「自首等」とされ，首服の語は法文上廃止されました。

●微罪処分（14頁）

　事件は警察から検察官に送られる（送致）のが原則ですが，検察官があらかじめ指定した軽微な事件については送致しないことができます（法246条但書）。この軽微な事件に関する不送致処分を微罪処分といいます。その際，警察では，被疑者に対する訓戒等を行います。なお，微罪処分にした事件についてはひと月ごとにまとめて警察から検察官に報告書が提出されることになっています。検察官の指定する事件は，地域による差はあるものの，おおむね，犯情・被害金額のとくに軽微な窃盗・詐欺・横領事件，盗品等に関する罪の事件，賭博事件などです。ただし，被疑者を通常逮捕または緊急逮捕した事件，告訴・告発もしくは自首のあった事件等は除かれます。

II 捜査の方法・実行

1 任意捜査と強制捜査

捜査の進行 捜査機関は，きっかけをつかむと，事案の真相を解明しようと，本格的な捜査活動をはじめます。たとえば，検視の結果，変死体が犯罪の結果によるものであると判断されれば，まず，この死体を解剖して死因等をはっきりさせるため，一方で裁判官に死体の鑑定処分許可状を発付してもらうよう求め，他方で医師に死体の鑑定を嘱託して，令状が発付されるとその医師に解剖してもらうのです。また，裁判官が発付した検証令状や捜索差押令状にもとづいて，死体のある現場の状況を証拠として残しておくため写真撮影をしたり，位置関係を計測するなどして検証調書を作成し，現場等の捜索の結果，犯罪に関連するものを発見したときはこれを差し押さえます。こうして，順次，証拠を収集するとともに犯人を見つけ出していくことになります。

225 I・223 I
168 I

218 I

189 II

捜査のとらえ方 捜査は，その目的とか機能とかを検討していきますと，その性格をどのようにとらえるのか考え方にいくつかの違いがあり，その違いが個別の手続の運用論に関連し合っていることが分かります。とくに，刑事事件では，捜査手続の後に起訴後（公判）の手続が想定されていますので，起訴後の手続との関係において捜査手続の性格をどのように位置づけるべきかが問題となるのです（捜査手続のとらえ方に関して，**捜査構造論**と呼ばれる議論があります〔➡30頁〕）。

刑訴法197条1項 捜査では，早急に犯人を発見し証拠を収集することが重視され，その活動は弾力性と迅速性・効率性が強く要請されます。

197 I　　そこで，法197条1項は「捜査については，その目的を達する
ため必要な取調をすることができる」と定めました。捜査機関は，
特別の規定がなくともその判断と裁量でしかるべき捜査手段をと
ることができるのです（ここでいう「取調」は被疑者や参考人の取調
べ〔24頁，29頁〕のみを指すものではありません）。

197 I 但　　しかし，同項の但書には「強制の処分は，この法律に特別の定
のある場合でなければ，これをすることができない」とあります
（これを**強制処分法定主義**といいます。「この法律」ですから，刑訴法に規
定がおかれていることを要します）。本文は**任意捜査**，但書は**強制捜
査**に関する規定なのです。また，条文の位置づけが示すとおり，
捜査は原則として任意捜査の方法で行われ，強制捜査は例外であ
規範99・100　るということになります。なお，犯罪捜査規範（7頁，25頁）に
は「任意捜査」の語がありますが，刑訴法にはこの語は使用され
ていません。

　　さらに，法定された「強制の処分」の権限を具体的事案におい
て発動するに当たっては，原則として，中立の裁判官が処分の正
当な理由とその必要性を事前に審査して発付する「令状」が必要
とされます（これを**令状主義**といいます〔59頁〕）。

　　区別　そうすると，「強制の処分」による捜査活動（強制捜査）
ではない処分，すなわち任意処分による捜査活動（任意捜査）は，
ひとまず捜査機関限りの判断と裁量によって実行できることにな
ります。したがって，強制捜査と任意捜査とをどのように区別す
るかは重要な意味を持ちます。

　　強制捜査と任意捜査との区別は，個人に対して強制力を用いる
か否か，個人の意思を制圧するか否か（近年では，重要な権利・利
益を侵害するか否か，権利・利益を実質的に侵害するか否か）といった
形で行われるのが一般ですが，いざ具体的に区別しようとすると，
捜査の態様が複雑化・多岐化してきたこともあって，両者の間に，
はっきりした線を引くことはそれほど容易ではありません。

　判例は，任意捜査における有形力の行使は，「強制手段」，すなわち「個人の意思を制圧し，身体，住居，財産等に制約を加えて強制的に捜査目的を実現する行為など，特別の根拠規定がなければ許容することが相当でない手段」に至らない限り，「必要性，緊急性なども考慮したうえ，具体的状況のもとで相当と認められる限度において許容される」と判示しています（最決昭和51・3・16刑集30巻2号187頁）。たとえ強制捜査に当たらない任意捜査であっても，無制約に許容されるわけではないことに注意が必要です（**任意捜査の限界**と呼ばれます）。

　両者の区別は微妙で，前述した職務質問にともなう所持品検査（11頁参照），職務質問のための停止，任意同行に引き続く留め置きなどについて実務上，強制捜査に至っていないか，任意捜査の限界を超えていないかが再三論議を呼んでいます。

　また，意思を制圧するものではありませんが，宅配便業者の運送過程下にある荷物について，捜査機関が，捜査目的を達成するため荷送人や荷受人の承諾を得ずに，これに外部からエックス線を照射して内容物の射影を観察した行為を「荷送人や荷受人の内容物に対するプライバシー等を大きく侵害するものであるから，検証としての性質を有する強制処分に当たる」とする判例があります（最決平成21・9・28刑集63巻7号868頁）。

　近年では，捜査官が，令状を得ないまま捜査対象者の自動車やバイク等にGPS（全地球測位システム）発信機を取り付けてその位置情報を探索する捜査手法（**GPS捜査**）が任意捜査として許容されるかが再三，問題となっていたところ，判例は，「個人のプライバシーの侵害を可能とする機器をその所持品に秘かに装着することによって，合理的に推認される個人の意思に反してその私的領域に侵入する捜査手法であるGPS捜査は，個人の意思を制圧して憲法の保障する重要な法的利益を侵害するものとして，刑訴法上，特別の根拠規定がなければ許容されない強制の処分に当た

る［最決昭和51・3・16刑集30巻2号187頁参照］とともに，一般的には，現行犯人逮捕等の令状を要しないものとされている処分と同視すべき事情があると認めるのも困難であるから，令状がなければ行うことのできない処分と解すべきである」と判示しました（最大判平成29・3・15刑集71巻3号13頁）。

　　強制捜査　　現在，法律上認められている強制捜査には多種のものがあり，その区分方法もいくつか考えられますが，さしあたり対人的なものと対物的なものを基準として区分すれば，下の図のようになります。これらに当てはまらない強制捜査は，法律に特別の根拠規定がないのに行われた違法な強制捜査ということになります。

> ┌─対人的──逮捕，勾留，鑑定留置，証人尋問など
> │
> └─対物的──捜索，差押え，検証，通信傍受，鑑定に必要な処分など

憲33・35　　なお，憲法において，逮捕および捜索・差押え等の強制捜査を行う場合には，原則として裁判官の令状が必要であるとして，とくに個人の身体の自由や住居の平穏・プライヴァシー，財産権を保護していることを見逃してはなりません（31頁，59頁参照）。

　　任意捜査　　任意捜査は，相手方の承諾を得て行われる場合がその典型ですが，前述した強制捜査との区別からも分かるように，
197 I 本文
・198 I 本文　承諾がなければまったく許されないわけではありません。任意の
規範 102　同行や出頭を求める事態を想起してもらうと分かりやすいでしょう。他方で，強制捜査に当たらない任意捜査であっても，「必要性，緊急性なども考慮したうえ，具体的状況のもとで相当と認められる限度」（最決昭和51・3・16刑集30巻2号187頁）にとどめられていなければ，その限界を超えた違法な任意捜査であると評価されます。

　　捜査機関が，その身分や意図を相手方に秘して犯罪を実行するように働きかけ，相手方がこれに応じて犯罪の実行に出たところ

で現行犯逮捕等により検挙する手法は，**おとり捜査**と称されます。判例は，少なくとも，直接の被害者がいない薬物犯罪等の捜査において，通常の捜査方法のみでは，その犯罪の摘発が困難である場合に，機会があれば犯罪を行う意思があると疑われる者を対象

197 I 本文 に，おとり捜査を行うことは，任意捜査として許容されるとしています（最決平成 16・7・12 刑集 58 巻 5 号 333 頁）。

また，通常，人が他人から容貌等を観察されること自体は受忍せざるを得ない場所において，犯罪捜査のために行われる写真撮影も，任意捜査として許容されることがあります（最決平成 20・4・15 刑集 62 巻 5 号 1398 頁。最大判昭和 44・12・24 刑集 23 巻 12 号 1625 頁参照）。

2 取 調 べ

198 I **被疑者の取調べ** 身柄が拘束されているか否かを問わず，捜査機関は被疑者を取り調べる（◯30 頁）ことができます（ただし，身柄を拘束されている場合には，特有の問題があります。95 頁参照）。

198 II 被疑者を取り調べる際に，捜査機関は，被疑者に対して「あら
規範 169 I かじめ，自己の意思に反して供述をする必要がない旨を告げなければ」なりません。これを**供述拒否権の告知**といいます（被疑者の権利としてこの点は後述します。94 頁参照）。

規範 169 II 犯罪捜査規範によれば，この告知は，「取調べが相当期間中断した後再びこれを開始する場合又は取調べ警察官が交代した場合には，改めて行わなければならない」とされています。

198 III 被疑者が供述したときには，捜査機関はその供述を調書に録取
規範 177 I します。この書面を**供述調書**（**供述録取書**）といいます【**書式 14**】
198 IV 383 頁）。この調書は，被疑者に閲覧させるか，または読み聞かせて，誤りがないかどうかを問わなければなりません。被疑者が，その内容について増減変更の申立てをしたときは，その供述調書

への記載が捜査機関に義務づけられます。

198Ⅴ　　被疑者が調書に誤りがないと申し立てたときは，捜査機関は署名押印を求めることができます。もっとも，それに応ずるかどうかは被疑者の任意にまかされます。誤りがない場合でも署名押印を拒否できるのです。

322Ⅰ　　被疑者の供述調書は，被疑者の署名または押印があるとき一定の条件のもとで証拠能力が認められます（277頁参照）。

旧139
旧135　　**旧法との対比**　　旧法では，被疑者「訊問」について，被疑者に対しては，「丁寧深切ヲ旨トシ其ノ利益ト為ルヘキ事実ヲ陳述スル機会ヲ与フヘシ」と定めていました。それに対して，現行法は取調べに際しての供述拒否権の告知を義務づけるとともに，事後の措置として，「強制，拷問又は脅迫による自白，不当に長く

319Ⅰ
322Ⅰ但　抑留又は拘禁された後の自白その他任意にされたものでない疑のある自白」について，その証拠能力，つまり公判で証拠として用いる資格を否定することにしました（287頁参照）（なお，捜査にお

旧253
196　　ける被疑者の名誉保護については，旧法，現行法のいずれにも規定があります）。

　　もっとも，現行法施行後も，任意性に疑いがあるとして自白調書の証拠能力が否定された事例（288頁参照）や，自白調書の内容が虚偽であることが後に判明して無罪となった事例など，取調べのあり方に問題がある事例がみられました。また，公判で任意性が争われた場合，取調べ状況を立証する客観的資料が乏しく，裁判所がその認定に苦慮することがあり（289頁参照），取調べを適正化することと，公判で任意性が争われた場合に的確な証拠により取調べ状況を立証することが長年の課題でした。近年，これらの課題の解決に向けた制度改正がいくつか行われました（26頁，97頁，196頁，289頁）。

規範166〜　　**犯罪捜査規範**　　犯罪捜査規範は，取調べの心構え，取調べにおける留意事項，任意性の確保の留意点等に関する一般規定をお

規範168Ⅲ 　いています。2008（平成20）年の改正で，「取調べは，やむを得ない理由がある場合のほか，深夜に又は長時間にわたり行うことを避けなければならない」との規定も付加されました。供述調書

規範177〜179 の作成についての注意事項，供述調書の記載事項も，細部にわたって規定されています。

規範182の2 　さらに，被疑者の取調べを行った場合には，その年月日，時間，場所その他の取調べ状況を記録した書面（**取調べ状況報告書**）を作成することが義務づけられています（検察官による取調べについても，法務大臣訓令「取調べ状況の記録等に関する訓令」にもとづき，同様の義

規範182の3 務づけがされています）。やはり2008（平成20）年の改正で，取調べ室の構造および設備の基準についても定めがおかれるところとなりました。

　　被疑者取調べ適正化のための監督に関する規則　　警察庁は，裁判員制度対象事件の裁判（244頁参照）への適合性をも念頭におき，2008（平成20）年，「警察捜査における取調べ適正化指針」を策定し，これを受けて「被疑者取調べ適正化のための監督に関する規則」が制定され，2009（平成21）年4月から，取調べ監督制度が本格的に導入されました。不当な取調べが行われていないかどうかを捜査部門以外の警察官が監督する制度です。2021（令和3）年の都道府県警察および皇宮警察における同規則の実施状況を紹介しておきましょう（警察庁調べ）。

　・被疑者取調べの件数　約109万3000件
　・被疑者取調べに係る苦情の申出の件数　353件
　・調査（規則10条）の件数　570件
　・監督対象行為（規則3条1項2号）の件数　8件（便宜の供与，
　　供与の申出，約束2件，直接・間接に有形力を行使すること4件，困
　　惑や不安にさせる言動2件）

301の2Ⅳ 　　**取調べ状況の録音・録画──制度化**　　2016（平成28）年の法改正により，裁判員制度対象事件と検察官独自捜査事件について，

301の2Ⅰ・Ⅱ　身体拘束中の被疑者を取り調べる場合には，原則として，その状況の全過程を録音・録画しておくことを義務づけるとともに，後に自白調書の任意性（287頁参照）が争われた場合には，検察官に録音・録画の記録媒体の証拠調べ請求を義務づける制度が導入されました（97頁，196頁，289頁参照）。

　検察不祥事（2010〔平成22〕年発生の大阪地検特捜部による証拠改ざん事件）に端を発して，刑事司法制度の抜本的・構造的改革を図るべく，2011（平成23）年6月，法制審議会において「新時代の刑事司法制度特別部会」が設置されました。同特別部会は，2013（平成25）年1月，「時代に即した新たな刑事司法制度の基本構想」を取りまとめ，「被疑者取調べの録音・録画制度の導入を始め，取調べへの過度の依存を改めて適正な手続の下で供述証拠及び客観的証拠をより広範囲に収集することができるようにするため，証拠収集手段を適正化・多様化する」，「供述調書への過度の依存を改め，被害者及び事件関係者を含む国民への負担にも配意しつつ，真正な証拠が顕出され，被告人側においても，必要かつ十分な防御活動ができる活発で充実した公判審理を実現する」という2つの理念を示しました。この理念に沿って，被疑者の供述の任意性等の的確な立証を担保し（289頁参照），ひいては取調べ活動の適正な実行に資するものとして導入されたのが録音・録画制度です。対象が一部重大事件に限られるとはいえ，取調べ全過程の録音・録画を義務づける制度の実現は画期的なことです。

　その背景には，冤罪事件の顕在化などを踏まえた，弁護士会を中心とする取調べ可視化の法制化実現に向けた要求があり，また裁判員法の成立（241頁）により自白の任意性（287頁参照）の効果的・効率的な立証の必要性が高まったことなどにもとづいた捜査機関による運用面での積み重ねもありました。

　録音・録画——運用状況　　運用状況を概観しておきます。すでに2006（平成18）年には，検察捜査に関して，自白の任意性

（287頁参照）の効果的・効率的立証の必要性が認められる事件に限り，取調べの機能を損なわない範囲内で取調べの一部の録音・録画が試行されていました。次いで，検察庁では，2011（平成23）年からは，裁判員制度対象事件について，録音・録画の試行的拡大に取り組むこととなり，自白調書の存在を前提にその任意性の立証を念頭においた従来の録音・録画の趣旨にとらわれることなく，録音・録画が実施されるようになりました。

　その後，①裁判員制度対象事件のほか，②知的障害によりコミュニケーション能力に問題がある被疑者等に係る事件，③精神の障害により責任能力の減少・喪失が疑われる被疑者に係る事件，④検察官独自捜査事件について，身柄拘束中の被疑者に対する録音・録画の試行的な実施が継続しました。さらに2014（平成26）年からは，これら4類型を対象とした録音・録画の実施が本格化するとともに，その試行的実施は，⑤公判請求が見込まれる身柄事件であって，被疑者の取調べを録音・録画することが必要であると考えられる事件の被疑者の取調べ，⑥公判請求が見込まれる事件であって被害者・〔それ以外の〕参考人の取調べを録音・録画することが必要であると考えられる事件の被害者・〔それ以外の〕参考人の取調べにも拡げられました。

　2021（令和3）年度では，実施件数9万1607件のうち，①2194件（うち取調べの全過程の録音・録画は2178件），②264件，③1402件，④60件，⑤8万7687件，⑥2828件です。

　警察捜査においても，2008（平成20）年から，取調べの一部の録音・録画が試行されてきました。2013（平成25）年5月には，「取調べ技術総合研究・研修センター」が設置され，取調べ指導担当者に対する研修が実施されるなど，取調べの高度化・適正化を図るための取組みも推進されました。録音・録画の試行範囲は順次拡大され，2016（平成28）年には，同年の改正法による録音・録画制度に即した取調べの全過程の録音・録画の試行が始ま

りました。2021（令和3）年度の実施件数は，3181件（うち取調べの全過程の録音・録画は3112件）でした。

　裁判員制度対象事件の2021（令和3）年の録音・録画に限ると，その実施率は，検察捜査についてほぼ100%，警察捜査について96.5% を示しています。

223 Ⅰ　　**参考人の取調べ**　　犯罪の被害者や犯行の目撃者などは，参考人としての取調べを受けることになります。新聞等では，事情聴取と呼ばれています。被害者や目撃者には幼児などの年少者も含まれます。年少者の供述については，以前から親からの暗示や質問者への迎合などにより供述がゆがめられるおそれがあるなどと指摘されており，年少者の取調べにおいては，年少者に過度の精神的負担をかけないようにするとともに，暗示や誘導のない発問方法で事情聴取するなど特段の配慮が必要であるとされています。近時，捜査機関が児童相談所等と連携し，年少者の精神的負担を最小限にしながらできる限り正確な情報を得るための聴取方法として英米等で発展してきた**司法面接**の手法を取り入れた取調べを実施する例が広がってきています（273頁参照）。

　被疑者は犯罪の嫌疑を受けて捜査の対象にされた者をいいますが，嫌疑がその程度に達しない場合には**重要参考人**と呼ばれたりします。

223 Ⅱ　　参考人の供述も調書に録取されます。参考人と被疑者とでは，供述拒否権の告知の要否などで見逃せない差異があります。参考

321 Ⅰ　人の供述調書は，その署名または押印があるとき一定の条件のもとで証拠能力が認められますが，法はとくに検察官の取調べにより作成された調書とそれ以外の場合とを区別した扱いをしています（271頁参照）。

　参考人の取調べのあり方については，被疑者取調べの場合と同様，多様な検討が進められています。

●捜査構造論 (20頁，31頁，36頁)

　代表的な考え方として，捜査は捜査機関が被疑者を取り調べるための手続であって，強制的な捜査活動が認められるのもそのためであるものの，濫用を防ぐために司法府による抑制が及ぶという**糾問的捜査観**と，捜査は公訴の提起・維持に向けた捜査機関の準備活動であり，被疑者も捜査機関とは別に準備を行う主体とみるべきあり，強制的な捜査活動は将来の公判のために裁判所が実施する（当事者はその効果を利用する）ものであるという**弾劾的捜査観**があります。どちらの捜査観を前提とするかによって，逮捕・勾留の目的（被疑者を取り調べるための制度か，公判廷への出頭を確保するための制度か），令状の性質（許可状か，命令状か）等について，考え方に違いが生じます。

●取調べ （24頁）

　刑訴法典において，「取調」という語はしばしばでてきますが，必ずしも同じ意味で使われているわけではありません。

　捜査段階において，①捜査機関による捜査活動全般を指す「取調」（法197条1項），②「被疑者」，「被疑者以外の者」など人を対象としてその者から供述を求める捜査活動を指す「取調」（法198条・223条），公判段階において，③公判期日の審理手続すべてを指す「取調」（法282条1項），④公判活動の中心としての証拠調べ＝証拠の取調べを指す「取調」（法296条・299条～，規198条～）〔広く証拠調べに関する手続全体を指す場合と，狭く裁判所が証拠の内容を認識し事実認定および量刑につき心証を形成する場合があります〕，また，⑤「事実の取調」（法43条3項・393条1項等）として，（狭義の証拠調べより広い）資料などを調査して事実関係の存否を確かめる裁判官（所）の活動一般を指す場合もあります。日常用語としては，②の用例であることが多いでしょう。

Ⅲ　被疑者の逮捕

1　逮捕とは何か

逮捕とは　逮捕とは，被疑者の身柄を拘束し，引き続き短時
憲33・34　間その拘束を続けることをいいます。憲法33条・34条では，
「逮捕」と「抑留」の用語を分けていますが，刑訴法にいう逮捕
は，短時間の身柄拘束を意味する憲法34条の「抑留」を含みま
す。新聞などでは古くは，「検挙」や「留置」を逮捕の意味に使
っているときもありましたが，現在では逮捕の語をそのまま使用
しています。

207Ⅰ・60　刑訴法は，身柄拘束の処分として，「勾留」（46頁参照）という
方法も認めています。逮捕後，なお引き続き比較的長時間の身柄
拘束の必要があるときに行われるものです。これは憲法34条に
いう「拘禁」に当たると解されています。

　ところで，逮捕は何を目的として行われるのでしょうか。現実
には，身柄が拘束されている間，捜査機関により被疑者の取調べ
が実施されていることは疑いないでしょうが，この被疑者取調べ
が逮捕の目的かと正面切って尋ねられますと，前述した捜査の構
造をどうとらえるかという問題（○30頁）とも結びついて，答え
は必ずしも容易ではないのです。学説は，逮捕の目的は，被疑者
の逃亡防止や証拠隠滅の防止にあるととらえています。

　読者は事件が発生すれば，被疑者の相当数は逮捕されると考え
ているかもしれません。しかし，実際には，検察庁既済事件（過
失運転致死傷等および道交法違反を除く）の全被疑者のうち，逮捕さ
れているのは，警察で逮捕後釈放された者を含めても36.6％で
す（2021〔令和3〕年）。もっとも，古くは（30年前は）3割に達し

逮 捕 率 （2021 年）

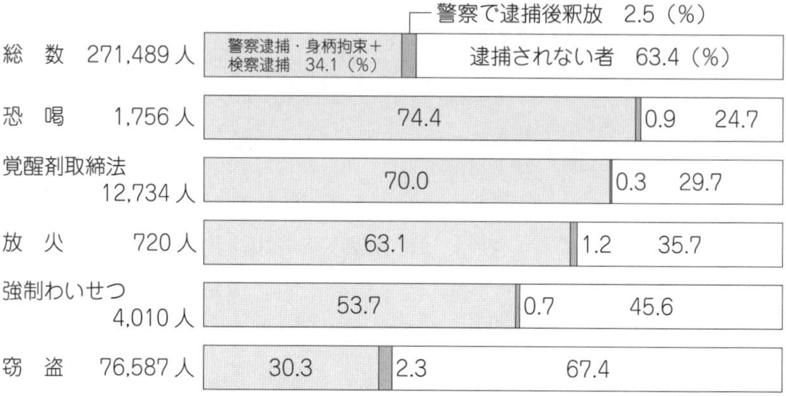

警察で逮捕後釈放　2.5（%）

| 総 数 271,489人 | 警察逮捕・身柄拘束＋検察逮捕　34.1（%） | 逮捕されない者　63.4（%） |

| 恐 喝 1,756人 | 74.4 | 0.9 | 24.7 |

| 覚醒剤取締法 12,734人 | 70.0 | 0.3 | 29.7 |

| 放 火 720人 | 63.1 | 1.2 | 35.7 |

| 強制わいせつ 4,010人 | 53.7 | 0.7 | 45.6 |

| 窃 盗 76,587人 | 30.3 | 2.3 | 67.4 |

（法務総合研究所『令和4年版　犯罪白書』による）

ていませんでしたからその割合は高くなっています。ほかは，いわゆる不逮捕・在宅事件として，身柄拘束なしに捜査が続けられるわけです。罪名別でいえば，恐喝罪，覚醒剤取締法違反の罪，強制わいせつ罪，放火罪などが逮捕される率の高いものです（上図）。

憲 33

210

　　逮捕の種類　　刑訴法が認める逮捕には，**通常逮捕，現行犯逮捕，緊急逮捕**の3種類があります。憲法は，「何人も，現行犯として逮捕される場合を除いては，権限を有する司法官憲が発し，且つ理由となつてゐる犯罪を明示する令状によらなければ，逮捕されない」と規定し，現行犯逮捕と令状による通常逮捕を明文で認めました。しかし，他方で刑訴法は憲法に明文のない緊急逮捕という範疇をも定めましたので，学説上その合憲性を疑う見解もあります（40頁参照）。

　　この3種のうち，数が多いのは，順に通常逮捕，現行犯逮捕，緊急逮捕です。以前は，全逮捕人員の半分近くが現行犯逮捕で占められていましたが，現在は，通常逮捕が全体の約半分で，あとは現行犯逮捕，緊急逮捕の順となっています（33頁図参照）。

　　ところで，逮捕といえば，新聞などでよくみかける**再逮捕**（➔

44 頁）とか，**別件逮捕**（●45 頁）なども，逮捕の種類に入るのではないかと考えている読者もいるでしょう。しかし，いずれも，いわば逮捕の方法・形態を指す言葉であって，逮捕の種類ではありません。

2　逮捕の要件と手続

199 Ⅰ

　　通常逮捕　　通常逮捕は，被疑者が罪を犯したことを疑うに足りる相当な理由があるときに，裁判官があらかじめ発する逮捕状

199 Ⅱ

にもとづいて行われる逮捕です。逮捕状を請求できるのは検察官または司法警察員であり，検察事務官および司法巡査には請求権がありません。それだけでなく，現行法制定当時は司法警察員一般にその請求権を与えていましたが，やがて濫請求の弊が指摘され，1953（昭和 28）年の部分改正の際，司法警察員のうち国家公安委員会または都道府県公安委員会が指定する警部以上に限ることにしました。一般にこれを**指定司法警察員**と呼びます。加えて，

規範 119 Ⅱ

警察内部では，警部以上の者が「通常逮捕状を請求するに当つては，順を経て警察本部長または警察署長に報告し，その指揮を受けなければならない」こととしています。

　　請求は，実際上その 99％ が司法警察員（特別司法警察員を含む。7 頁参照）によって行われています。

　　通常逮捕状請求の実数は，1960 年代半ばころに比べますとかなり下がっており，ここ数年は 8 万件前後で推移しています。

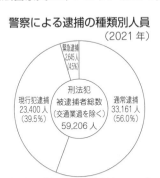

警察による逮捕の種類別人員
（2021 年）

緊急逮捕
2,645 人
(4.5%)

現行犯逮捕
23,400 人
(39.5%)

刑法犯
被逮捕者総数
（交通業過を除く）
59,206 人

通常逮捕
33,161 人
(56.0%)

（警察庁『令和 3 年の犯罪』による）
※「交通業過」とは，道路上の交通事故に係る業務上（重）過失致死傷罪，危険運転致死傷罪（改正前の刑法 208 条の 2 の危険運転致死傷）および過失運転致死傷罪（改正前の刑法 211 条 2 項の自動車運転過失致死傷）をいう。

規 139・142　　逮捕状発付の請求は，請求書と疎明資料を提出することによっ
て行います。請求書には一定の記載事項があります。逮捕状の請
求書を掲記しますので，確認してください（**【書式1】**次頁。これは
通常逮捕の請求書であり，緊急逮捕の請求書は「（乙）」と記されています）。

規 143　　　　　**疎明資料**とは「逮捕の理由及び逮捕の必要があることを認める
べき資料」を指します。

199 Ⅰ・Ⅱ　　逮捕状発付の請求を受け，これを発付するのは，請求者所属の

規 299　　　　官公署所在地を管轄する地方裁判所または簡易裁判所の裁判官で
あり，このほか，少年事件については，家庭裁判所の裁判官も含
まれます（なお，逮捕状は，〔法律ではなく〕令状ですから発布ではなく，

規 146　　　　発付と書きます。しばしば誤字をみかけますから注意してください）。請
求があれば数通発付されることもあります。

規 143 の 2　　裁判官は，請求者の提出した資料を検討し，「必要と認めると
きは，逮捕状の請求をした者の出頭を求めてその陳述を聴き，又
はその者に対し書類その他の物の提示を求める」ことができます。

43 Ⅲ　　　　事実の取調べも場合によっては行うことができます。その結果，

199 Ⅱ　　　　罪を犯したことを疑うに足りる相当な理由があるときは逮捕状を
発付します（**【書式2】**37頁）。

199 Ⅱ但　　　しかし，裁判官が「明らかに逮捕の必要がないと認めるとき」
はこの限りではありません。これも 1953（昭和 28）年の改正にも

規 143 の 3　　とづきます。逮捕の必要がないとは，「被疑者の年齢及び境遇並
びに犯罪の軽重及び態様その他諸般の事情に照らし，被疑者が逃
亡する虞がなく，かつ，罪証を隠滅する虞がない等」を指します
（最後の「等」が何を意味するかについては説が分かれています）。

　　こうして，裁判官は請求に応じて逮捕状を発付したり，請求を
却下したりするわけですが，請求却下の数はごくわずかで，2021
（令和 3）年では 43 となっており，請求数中 0.05% にすぎません。
なお，理論的には許されるべきか検討の余地がありますが，請求
自体を取り下げる（撤回する）ケースが 1047 あります。

【書式 1】

逮 捕 状 請 求 書 （甲）

令和 5 年 1 月 13 日

大 阪 簡 易 裁 判 所
　　　裁 判 官 殿

大阪府大阪北中央警察署
刑事訴訟法第 199 条第 2 項による指定を受けた司法警察員
　　　司法警察員　警部　茨 木 浩 一　㊞

　下記被疑者に対し，殺人被疑事件につき，逮捕状の発付を請求する。

記

1　被　疑　者
　　氏　　　名　　梅 田 幸 子
　　年　　　齢　　平成 5 年 11 月 10 日生（29 歳）
　　職　　　業　　飲食店経営
　　住　　　居　　大阪市城西区岡本 3 丁目 1 番 16-703 号

2　7 日を超える有効期間を必要とするときは，その期間及び事由

3　引致すべき官公署又はその他の場所
　　　大阪府大阪北中央警察署又は逮捕地を管轄する警察署

4　逮捕状を数通必要とするときは，その数及び事由

5　被疑者が罪を犯したことを疑うに足りる相当な理由
　　　(1)捜査報告書　(2)写真撮影報告書　(3)死体検案調書　(4)供述調書　(5)その他照会文書等

6　被疑者の逮捕を必要とする事由
　　　嫌疑が重大なものである上，被害者は店の常連客であり，罪証隠滅及び逃亡のおそれがある。

7　被疑者に対し，同一の犯罪事実又は現に捜査中である他の犯罪事実について，前に逮捕状の請求又はその発付があったときは，その旨及びその犯罪事実並びに同一の犯罪事実につき更に逮捕状を請求する理由

8　30 万円（刑法，暴力行為等処罰に関する法律及び経済関係罰則の整備に関する法律の罪以外の罪については，2 万円）以下の罰金，拘留又は科料に当たる罪については，刑事訴訟法第 199 条第 1 項ただし書に定める事由

9　被 疑 事 実 の 要 旨
　　　被疑者は，令和 5 年 1 月 12 日午前 1 時 20 分頃，自己が経営する大阪市北区中央 1 丁目 2 番 13 号本山ビル 1 階スナック「檸檬」店内において，客の山崎彰彦（当時 35 歳）と口論となり，殺意をもって，果物ナイフ（刃体の長さ約 10 センチメートル）で同人の左前胸部を 1 回突き刺し，よって，その頃，同所において，同人を左前胸上部刺創に基づく大動脈切損による失血により，死亡させて殺害したものである。

199 I 但　　　　そのほか，法は例外的に，30万円（刑法犯等以外は2万円）以下の罰金，拘留または科料に当たる罪，すなわち一定の軽微な事件については，被疑者が定まった住居を有しない場合または正当な理由がなく出頭要求に応じない場合に限って逮捕できることにしています。このような軽微事件では，不出頭という事実があれば逮捕できるのか，逃亡・証拠隠滅のおそれという一般的な逮捕の必要性も備えていなければならないのかについて解釈が分かれて

刑209　　　いますが，特別法犯はともかく，刑法犯でこれに当たるのは過失傷害罪などごく限られています。

200　　　　　逮捕状には「被疑者の氏名及び住居，罪名，被疑事実の要旨」
規144　　　など一定の記載事項が法定されています。参考のため「逮捕状（通常逮捕）」を掲記します【書式2】次頁）。なお，後に述べる緊急逮捕の際に発付される逮捕状の書式は，CHAPTER 9に掲げられています【書式11】379頁）。

　　　　　　通常逮捕の場合，逮捕状には「逮捕することを許可する」と書かれています。この文言によると，逮捕状は，あたかも当然のように許可状と解されそうです。しかし，その性質については，学説上，命令状説もあり，前に述べた逮捕の目的とも関連して厳し

規300　　　い見解の対立があります（●30頁）。また，有効期間に関する部
55 I　　　分にも注意してください（有効期間は原則として初日を含まない7日ですが，裁判官が相当と認めるときは7日を超える期間を定めることができることになっています）。

199 I　　　　　逮捕状により逮捕できる（逮捕状の執行）者には，請求権者はもちろんのこと，検察事務官や司法巡査も含まれます。逮捕状の執
201 I　　　行手続には，**通常執行**と**緊急執行**との2種があります。前者は，
201Ⅱ・73Ⅲ　被疑者に逮捕状を示して行う逮捕であり，後者は，逮捕状を所持しておらず，急速を要する場合で，単に被疑事実の要旨および令状が発付されている旨を告げて行う逮捕です。

　　　　　　初学者の中には逮捕状の緊急執行を緊急逮捕と混同する例が見

【書式2】

逮　捕　状（通常逮捕）

被疑者	氏　　　名	梅　田　幸　子
	年　　　齢	平成5年11月10日生
	住　　　居	大阪市城西区岡本3丁目1番16-703号
	職　　　業	飲食店経営
罪　　　　　名		殺人
被疑事実の要旨		別紙のとおり〔別紙は省略〕
引致すべき場所		大阪北中央警察署又は逮捕地を管轄する警察署
有　効　期　間		令和　5年　1月　20日まで

　有効期間経過後は，この令状により逮捕に着手することができない。この場合には，これを当裁判所に返還しなければならない。

　有効期間内であっても，逮捕の必要がなくなったときは，直ちにこれを当裁判所に返還しなければならない。

上記の被疑事実により，被疑者を逮捕することを許可する。
　令　和　　　5年　　　　1月　　　13日
　大　阪　簡　易　裁　判　所
　　　　　　裁　判　官　　天　満　橋　太　郎　㊞

請求者の官公職氏名	大阪府大阪北中央警察署　司法警察員　警部　茨木　浩一
逮捕者の官公職氏名	大阪府大阪北中央警察署　司法警察員　巡査部長　塚本　雄二
逮捕の年月日時及び場所	令和　5年　1月　13日　午前　9時　45分 大阪市城北区中央1丁目1番1号大阪府大阪北中央警察署で逮捕
記　名　押　印	塚　本　雄　二　㊞
引致の年月日時	令和　5年　1月　13日　午前　9時　47分
記　名　押　印	塚　本　雄　二　㊞
送致する手続をした年月日時	令和　5年　1月　14日　午後　3時　00分
記　名　押　印	茨　木　浩　一　㊞
送致を受けた年月日時	令和　5年　1月　14日　午後　3時　15分
記　名　押　印	立　花　祐　子　㊞

受けられますが，逮捕の際に，すでに令状が発付されているか否かの違いを見逃さないようにしてください。

憲33　　**現行犯逮捕**　　現行犯逮捕は令状によらない逮捕です。憲法もこれを認めています。令状主義の例外と捉えるのが一般的ですが，実際には全逮捕人員の4割程度がこれで占められています（33頁の図参照）。

212 I　　「現行犯人」とは，「現に罪を行い，又は現に罪を行い終つた

212 II　者」を指します。また，法は次のような類型的現行犯を認めました。「①犯人として追呼されているとき。②贓物〔財産犯罪によって得られた物〕又は明らかに犯罪の用に供したと思われる兇器その他の物を所持しているとき。③身体又は被服に犯罪の顕著な証跡があるとき。④誰何されて逃走しようとするとき」のいずれかひとつに当たる者が「罪を行い終つてから間がないと明らかに認められるとき」は，これを現行犯人とみなすのです。この類型は，「みなす」とされていることから**準現行犯**と呼ばれています。

　現行犯にしろ準現行犯にしろ，逮捕の要件は明確であるように思われがちですが，実際には，準現行犯の各号はもとより，「現に罪を行い終つた者」，「罪を行い終つてから間がないと明らかに認められるとき」に当たるか否かの判断はきわめて微妙な場合があります。たとえば，内ゲバ事件が発生した旨の連絡を受けて警戒中の警察官が，犯行後約1時間ないし1時間40分を経過したころ，犯行現場から約4km離れた場所で被告人らを発見・追跡し，同人らを兇器（現・凶器）準備集合，傷害の罪で逮捕した行為の適法性が争われた事案があります。判例は，これは準現行犯の要件を充足しており適法であるとしました（最決平成8・1・29刑集50巻1号1頁）。

　また，現行犯逮捕については，必要性に関する直接の規定がな

199 II　いために，通常逮捕の場合のように，逮捕の必要性が要件となるか否かが議論されています。

213
220 Ⅰ ①　　　　現行犯人は，「何人でも」，すなわち誰でも令状なしに逮捕でき
ます。しかし，捜査機関以外の者は逮捕のため強制的に人の住居
214　　　　等に立ち入ることはできません。私人が現行犯人を逮捕したとき
は，「直ちに」その者を検察官または司法警察職員に引き渡さな
215　　　　ければなりません。司法巡査が現行犯人を受け取ったときは，
「速やかに」司法警察員に引致しなければなりません。

217　　　　　なお，原則として，30万円以下の罰金，拘留または科料に当
たる刑法犯については，「犯人の住居若しくは氏名が明らかでな
い場合又は犯人が逃亡するおそれがある場合に限り」現行犯逮捕
が許されます。

規 148 Ⅰ ②　　　現行犯逮捕が行われた場合には，逮捕の年月日，場所，現行犯
人と認めた理由，事実の要旨，逮捕時の状況，引致年月日等を記
載した「現行犯人逮捕手続書」が作成されます。

210 Ⅰ　　　**緊急逮捕**　　　検察官，検察事務官または司法警察職員は，「死
刑又は無期若しくは長期三年以上の拘禁刑に当たる罪を犯したこ
とを疑うに足りる充分な理由がある場合で，急速を要し，裁判
官の逮捕状を求めることができないときは」，その理由を告げ
て被疑者を逮捕することができます。これを緊急逮捕といいま
す。

　　　　嫌疑について，「相当な」ではなく「充分な」理由，すなわち
通常逮捕の場合よりも高い嫌疑を要求していることに留意してく
ださい。現行犯逮捕とは異なり，逮捕した後，「直ちに」逮捕状
199 Ⅱ　　　を請求する手続をとらなければなりません。請求権者に通常逮捕
211　　　　のような資格制限はなく，司法巡査でも可能です。請求手続は通
常逮捕の場合と同様です。ただし，逮捕後に生じた状況（たとえ
ば逮捕された被疑者の弁解の内容）を疎明資料とすることはできませ
ん。「直ちに」請求手続がとられなければ，緊急逮捕は違法にな
りますが，「直ちに」といえるかどうかの判断は微妙で裁判で争
われることがあります。逮捕状が発せられなければ，直ちに被疑

　者は釈放されることになります。

210Ⅱ　　　　逮捕状の方式は通常逮捕に準じます(【書式11】379頁)。ただし,「被疑者の逮捕を認める」と記載されます。なお,緊急逮捕が行われた場合には,逮捕の要件や逮捕時の状況等を記載した「緊急逮捕手続書」が作成されます(【書式10】377頁)。

憲33　　　　緊急逮捕の制度は,憲法の条文には明記されていませんので,憲法に抵触しないかが,戦後の刑訴法全面改正後しばらく激しく議論されました。しかし,判例上その合憲性は早くに肯認され(最大判昭和30・12・14刑集9巻13号2760頁=「[刑訴法210条の定めるような]厳格な制約の下に,罪状の重い一定の犯罪のみについて,緊急已むを得ない場合に限り,逮捕後直ちに裁判官の審査を受けて逮捕状の発行を求めることを条件とし,被疑者の逮捕を認めることは,憲法33条規定の趣旨に反するものではない」),実務上,通常逮捕,現行犯逮捕が合わせて9割強を占めるものの,緊急逮捕も広範に活用されています。

　　　　実数は近時,年ごとに漸減する傾向にありますが,現在でも緊急逮捕状は年間約6000通前後発付されています。緊急逮捕状発付の請求が却下される数はきわめてわずかです。

3　逮捕後の手続

202・211・216　　　3種類の逮捕のいずれの場合でも,被疑者を検察事務官が逮捕したときには検察官に,司法巡査が逮捕したときには司法警察員に,直ちにその被疑者を引致しなければなりません。

203Ⅰ　　　**身柄送致**　　　司法警察員は,司法巡査から被疑者の身柄を受け取ったとき,または自分で被疑者を逮捕したときには,被疑者に対して「直ちに犯罪事実の要旨及び弁護人を選任することができる旨を告げた上,弁解の機会を与え」なければなりません。被疑者の弁解は**弁解録取書**(【書式13】381頁)に記載されます。実務

では，弁解聴取に際して供述拒否権が告知されることは多いようですが，被疑者の言い分を聴くのみの弁解聴取の手続は，被疑者の取調べとは別であり，したがって被疑者の取調べに際して要求される供述拒否権の告知は，条文上は明記されていません。

198Ⅱ

203Ⅰ　　司法警察員が被疑者の弁解を聴取した結果，留置の必要がないと判断したときは，直ちに被疑者を釈放しなければなりません。留置の必要があると判断したときは，被疑者が身体を拘束された時から48時間以内に，書類および証拠物とともに被疑者を検察官に送致する手続をとらなければなりません。これを身柄送致といいます（【書式10】378頁，【書式11】379頁）。身柄が拘束された

198Ⅰ・Ⅱ　被疑者の大部分は，この時間内に取調べを受けますが，前に述べた弁解録取書が作成される場合と違って，供述拒否権の事前告知が必要であることはいうまでもないところです。

　　検察官に送致される前に，逮捕された者のうち約7％が警察において釈放されます（46頁参照）。現行犯逮捕されたケースにおける釈放率が最も高くなっています。ほかは身柄付きで検察官に送致されるわけです。

205Ⅰ・Ⅱ　**身柄送致を受けた検察官の措置**　　検察官が司法警察員から送致された被疑者を受け取ったときは，弁解の機会を与えて弁解録取書を作成し，留置の必要がないと判断すれば，直ちに被疑者を釈放しなければなりません。留置の必要があると判断したときは，被疑者を受け取った時から24時間以内で，かつ最初に被疑者が身体を拘束された時から72時間以内に，裁判官に被疑者の勾留を請求しなければなりません（57頁参照）。

　　二重に時間的制限が加えられている点に注意してください。実務上は，48時間以内に身柄の受渡しが可能となるよう送致が行われますが，ときに押送などに手間どり，検察官が身柄を受け取った際，すでに48時間を超えていることがあります。すると，超えた分が検察官手持ちの24時間にくい込み，最初の身柄拘束

時から 72 時間以内の制約が意味をもってくるわけです。

205Ⅲ 　　なお，制限時間内に検察官が公訴を提起したとき，すなわち被疑者が被告人となったときは──前に述べたとおり公訴が提起されることにより被疑者の呼称がこのように変わります（●17頁）──，検察官は勾留の請求をする必要はありません。実務では，このような場合，検察官は被告人の勾留について裁判官の職権発

280Ⅱ 動を求める趣旨で起訴状に「逮捕中求令状」と記載します。裁判官は，被告人に対して，「速やかに，被告事件を告げ，これに関する陳述を聴き」，勾留するかどうかを決めます。あくまでも，これは被告人（すなわち起訴後）勾留の問題であることに留意してください（131 頁参照）。

205Ⅳ 　　制限時間内に，勾留の請求も公訴の提起も行われないときは，被疑者は直ちに釈放されます。

204 　**検察官逮捕**　　検察官が自ら被疑者を逮捕したとき，または検察事務官ないし具体的指揮（16 頁）により逮捕を命じた司法警察職員から逮捕された被疑者を受け取ったときも，基本的には以上と同様の手続がとられます。もっとも，このような形での逮捕はごくわずかで，逮捕全体の約 0.1% にすぎません。

　　検察官は，ここでも被疑者に対して「直ちに犯罪事実の要旨及び弁護人を選任することができる旨を告げた上，弁解の機会を与え」ます。次いで，留置の必要がないと判断したときは被疑者を直ちに釈放し，留置の必要があると認めたときは，被疑者が身体を拘束された時から 48 時間以内に裁判官に被疑者の勾留を請求しなければなりません。むろん検察官送致の手続などはありません。また，身柄拘束時より 48 時間以内の勾留請求が義務づけられる点に留意してください。その時間内に，公訴を提起したときは，勾留の請求をする必要はありません（この場合，検察官が裁判官の職権発動を求めることとなる点は，検察官が司法警察員から身柄送致を受けた場合〔41 頁〕と同様です）。

時間の制限　　以上のように，逮捕に関しては時間的制限があ

206 Ⅰ　　りますが，法は「検察官又は司法警察員がやむを得ない事情によ
つて……時間の制限に従うことができなかつたときは，検察官は，
裁判官にその事由を疎明して，被疑者の勾留を請求することがで
きる」と規定しています。規定だけからは，「やむを得ない事情」
に事案の複雑性とか証拠収集の困難性なども含まれると考えられ
るかもしれませんが，交通不便のため引致に著しい時間を要した
とか大地震のような天災地変などよほどの特殊事情に限られ，実
際にも本条が適用される例は乏しいようです。

210 Ⅰ　　逮捕後の手続は以上のとおりですが，私人が現行犯人を逮捕し
214　　た場合には，逮捕した私人は直ちに現行犯人を検察官または司法
警察職員に引き渡さなければならないとか，緊急逮捕の場合には，
逮捕後直ちに裁判官の逮捕状を求める手続をする必要があるなど，
逮捕の性格の違いから生じるいくつかの点は，すでに挙げたとこ
ろです（39頁参照）。

刑事収容　　なお，逮捕後の留置は，留置施設（警察留置場）で行われます
14Ⅱ①　（なお，検察官逮捕の場合は，拘置所となります）。

身柄付受理　　検察官によって逮捕された者および警察から身
柄付きで検察官に送致された者は，検察庁における身柄付受理人
員と呼ばれます。そのうち9割以上が検察官により勾留請求され
ます（46頁参照）。

これは被疑者としての，すなわち起訴前勾留の請求です。検察
庁で釈放される者は1割に及びません。ほかは，逮捕中に公判請
求・略式命令請求されたり，被疑者が少年である場合に家庭裁判

少43Ⅰ・Ⅱ　所・少年鑑別所（363頁参照）に送致されたものです（次頁の図参
照）。

被逮捕者の地位　　令状を発付するのは裁判官ですが，逮捕さ
れた被疑者は，裁判官のもとに引致されることはなく，したがっ
て裁判官から逮捕の事実や逮捕の理由の告知を受けることはあり

被疑者の逮捕後の措置別人員

(自動車による過失致死傷事件および道交法等違反事件を除く) (2021年)

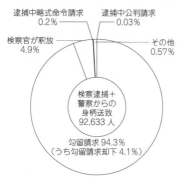

検察逮捕＋警察からの身柄送致 92,633人

逮捕中略式命令請求 0.2%
逮捕中公判請求 0.03%
検察官が釈放 4.9%
その他 0.57%
勾留請求 94.3%
(うち勾留請求却下 4.1%)

(法務省刑事局「令和3年の検察事務の概況」法曹時報74巻12号による)

ません。後に述べる「勾留質問」(48頁参照)に対応する「逮捕質問」のような手続は設けられていないのです。

また，被疑者の勾留と異なり，被疑者が逮捕されても，法文上，その点に関する外部(家族等)への通知を義務づける明文の規定はおかれていません(50頁参照)。

同様に，逮捕された被疑者には，法文上，逮捕理由開示の請求とか逮捕の取消請求などの定めはありません(50頁，55頁参照)。

それだけでなく，裁判官による逮捕状発付の裁判に対しては，被疑者の側からこれを不服として準抗告(49頁，342頁)を申し立てることも認められていません(最決昭和57・8・27刑集36巻6号726頁＝「逮捕に関する裁判及びこれに基づく処分は，刑訴法429条1項各号所定の準抗告の対象となる裁判に含まれないと解するのが相当である」)。逮捕に関しては独立の不服申立ての方法はないのです。

一般に，現行法は逮捕後，次の勾留請求まで，裁判官は被疑者の身柄拘束について関与しないものと解され，実務上もそのとおりとなっています。

身柄を拘束される被疑者に対する権利保障の面では，次に述べます勾留の場合とかなり違いがみられますので，注意してください。

○**再逮捕** (32頁)

再逮捕とは，すでに一度逮捕(通常逮捕・現行犯逮捕・緊急逮捕)された被疑者について，同じ被疑事実で再び逮捕する捜査の方法です。刑訴法も規則も，

再逮捕を想定した規定を置いていますが（法199Ⅲ，規142Ⅰ⑧。**【書式1】** 35頁参照），身体拘束期間が厳格に定められていることから（41〜42頁，法203Ⅰ〜205），同一の被疑事実で被疑者を繰り返し逮捕することが許容されるかどうか，逮捕の蒸し返しとならないか，許されるとしてどのような要件が課されるかが議論されています（マスコミでは通常，「再逮捕」の語は，ある事件で逮捕した被疑者を別事件で逮捕する場合を指して用いられており，刑訴法上の用法とは異なりますので注意してください）。

●別件逮捕　（33頁）

　別件逮捕とは，ある事件（本件）について，通常逮捕・現行犯逮捕・緊急逮捕の要件（33〜40頁）が備わっていない場合に，要件の備わった別の事件（別件）について被疑者を逮捕し，その身体拘束期間を専ら本件の取調べに利用する捜査の一方法です（逮捕に引き続く勾留についても同様の事態が考えられますので，一般に「別件逮捕・勾留」と呼ばれます）。別件について逮捕の要件が備わっているにもかかわらず，身体拘束が違法とされる場合があるか，あるとするとその理由は何かが激しく議論されています。判例は，「［この事件で行われた］逮捕・勾留は，専ら，いまだ証拠の揃つていない『本件』について被告人を取調べる目的で，証拠の揃つている『別件』の逮捕・勾留に名を借り，その身柄の拘束を利用して，『本件』について逮捕・勾留して取調べるのと同様な効果を得ることをねらいとしたものである，とすることはできない」（最決昭和52・8・9刑集31巻5号821頁）として，別件逮捕が違法と評価される余地を認める表現を用いています。

Ⅳ　勾　　留

1　勾留とは何か

207Ⅰ・60
～
　勾留とは　　逮捕された被疑者について，その身柄をさらに継続して拘束する理由と必要があるときに，検察官の請求にもとづき裁判官が発する**勾留状**（**【書式18】** 388頁）によって行う被疑者の身柄拘束を勾留といいます。最初に述べたように，これは起訴前の勾留であり，起訴後の勾留（●57頁）である被告人勾留とは異なります。

被疑者の逮捕・勾留状況（自動車による過失致死傷事件および道交法等違反事件を除く）
（2021年）

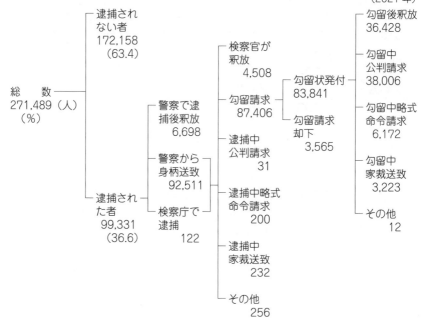

（法務省刑事局「令和3年の検察事務の概況」法曹時報74巻12号による）

刑9・16 　　　なお，同音ですが「拘留」は拘禁刑や罰金などと同様に刑罰の一種で，ここにいう勾留とは異なります。答案やレポート等でしばしば誤りを見ますので注意してください。

2　勾留の要件

207Ⅰ 　　　**要件**　　法207条1項は「前三条の規定による勾留の請求を受けた裁判官は，その処分に関し裁判所又は裁判長と同一の権限を有する」と定めています。理解しにくいかと思いますが，「裁判官」は，被疑者の勾留という処分に関して総則の60条以下に定める被告人の勾留に関する「裁判所」または「裁判長」の権限のすべてを行使できる，すなわち被疑者の勾留については被告人の勾留に関する規定を準用するという趣旨です。規則においても，

規302Ⅰ 同様の方法がとられています。

60Ⅰ 　　　したがって，被疑者勾留の要件も，法60条1項の規定するところによります（先ほど被疑者の勾留は，勾留状の発付によって行われると述べましたが，これも法207条1項にもとづく62条の準用によってはじめてそういえるのです。法60条以下の「被告人」は「被疑者」と読み替えられることになります）。すなわち，被疑者が罪を犯したことを疑うに足りる相当な理由がある場合で，かつ被疑者が「定まつた住居を有しないとき」，「罪証を隠滅すると疑うに足りる相当な理由があるとき」，「逃亡し又は逃亡すると疑うに足りる相当な理由があるとき」のいずれかひとつに当たるときということになります。これを**勾留の理由**といいます。

87Ⅰ 　　　さらに，すでに開始された勾留について，「勾留の理由又は勾留の必要がなくなつたとき」には，裁判官は勾留を取り消さなければならないとされていますので（勾留取消し，55頁），勾留の開始時点においても，裁判官は，勾留の理由だけでなく勾留の必要性についても審査できると解されています。したがって，**勾留の**

必要も要件となります。たとえば，前科前歴のない会社員による面識のない被害者に対する電車内での痴漢行為の事例などで罪証隠滅のおそれや逃亡のおそれが比較的低いとみられる場合，高齢や病気のため身柄を拘束するのが相当でないと認められる場合等は，勾留の必要を欠くと判断される余地があります。

60Ⅲ　　なお，一定の軽微な罪については，勾留できる場合が制限されています。これは逮捕の場合と同じ趣旨にもとづくものです（36頁，39頁参照）。

207Ⅰ　　**逮捕先行主義**　　以上の要件を満たしていても，法207条1項は「前三条の規定」，すなわち逮捕手続を前提としていますから，逮捕が先行していない被疑者に対して，直ちに勾留請求することはできません（これに対し起訴後の勾留については，身柄不拘束の被告人に対しても勾留状を発することができます）。これを**逮捕先行**（前置）**主義**といいます。

逮捕が先行していない被疑者とは，身柄を拘束されていない，すなわち在宅の被疑者がその典型例ですが，それだけではありません。ある被疑事実で逮捕・勾留されている被疑者に対し別の被疑事実を理由に逮捕の手続を経ずに勾留請求することもできません（逮捕が先行しているか否かは事件単位で考えます）。

また，違法に逮捕された被疑者に対して勾留請求することはできないと一般に解され，実務の取扱いもこれと同様になっています。

3　勾留の裁判と不服申立て

規147・148　　**勾留質問**　　検察官による勾留の請求は，「勾留の理由が存在することを認めるべき資料」など一定の必要な資料を添付した勾留請求書を提出することによって行います。**勾留請求書**の記載要件は規則に定められています（【書式16】386頁）。

61　　　　　勾留の請求を受けた裁判官は，まず被疑者に対して被疑事件を告げ，これに関する陳述を聴きます。これを勾留質問といいます。被疑者は，逮捕されてから，この時点ではじめて，勾留請求した検察官の手を通して，裁判官の面前に引致されることになります（被逮捕者にこのような手続がないことについて，43頁参照）。なお，勾留質問は通常，裁判所庁舎内の「勾留質問室」で行われています。

77　　　　　勾留質問の内容は調書にとられます（【書式17】387頁）。裁判官は，勾留質問に際しては，弁護人があるときを除き，弁護人選任権の告知をしなければなりません。また，明文規定はありませんが，陳述を聴く前に供述拒否権を告知するのが一般的運用です。

207Ⅴ　　　**認容・却下**　　裁判官は，そのうえで勾留請求の適法性，勾留
207Ⅰ・64　の理由および必要性の有無を判断して，**勾留状**（【書式18】388頁）
規56Ⅰ・149　を発付するか，または勾留請求を却下する裁判をします（裁判のうち，命令に当たります。◆58頁）。

70・71　　　　　勾留状が発付されたときは，検察官の指揮によって，検察事務官，司法警察職員または刑事施設職員（刑事施設の長またはその指
規74　名する刑事施設の職員をいう）がこれを執行します。なお，被疑者は勾留状の謄本の交付を請求することができます。

　　　　　勾留請求が却下されるまでは，法定の制限時間が経過しても
204Ⅳ　（制限時間内に勾留請求している限り），先行する逮捕の効力によって
205Ⅳ　被疑者の身柄を拘束し続けることはできますが，勾留請求が却下
207Ⅴ　された場合には，直ちに被疑者を釈放しなければなりません。

　　　　　検察庁における身柄付受理人員のうち〔被疑者〕勾留請求されるのは，前述したように9割以上です（43頁，46頁参照）。

429Ⅰ②　　　**準抗告**　　勾留請求却下の裁判に対しては検察官から，勾留を認容する裁判に対しては被疑者・弁護人から，それぞれ簡裁の裁判官が行った場合は管轄地裁に，他の裁判官が行った場合にはその裁判官所属の裁判所にその取消しを求めることができます。こ
429Ⅲ　のような不服申立てを準抗告といいます（342頁参照）。この申立

てを受けた裁判所は合議体（すなわち令状発付の際のような単独ではなく3人の裁判官。180頁）で裁判を行います。

　勾留請求が却下されると，実務上，検察官は請求却下の裁判に対して準抗告を申し立てると同時に，被疑者の釈放につながる請求却下の裁判の執行停止を求めて被疑者の身柄拘束を継続しようとするのが一般ですが，その可否については学説上争いがあります。また，被疑者側についても，犯罪の嫌疑がないことを理由に準抗告を申し立てることができるかは，解釈上の論点のひとつとなっています。

420Ⅲ
429Ⅱ

4　勾留の通知と勾留理由の開示

79

　　通知　　被疑者を勾留したときは，裁判官は直ちに弁護人にその旨を通知しなければなりません。弁護人がいないときは，被疑者の法定代理人，保佐人，配偶者，直系の親族および兄弟姉妹のうち被疑者の指定する者1人にその旨を通知することを要します。法定代理人等がいないときは，被疑者の申出により，雇主とか知人などその指定する者1人にその旨を通知します。このように法は，勾留されている被疑者について，その所在の外部への通知義務を明文化し，防御権確保を中心とする被疑者の権利・利益を保護しようとしたわけです（被逮捕者にこのような手続がないことについて，43頁参照）。

規79

82Ⅰ

　　勾留理由の開示請求　　勾留された被疑者は，裁判官に対して勾留理由の開示を請求することができます。憲法が定める「何人も，正当な理由がなければ，拘禁されず，要求があれば，その理由は，直ちに本人及びその弁護人の出席する公開の法廷で示されなければならない」にもとづくものです。

憲34後段

82Ⅱ

　　請求権者は被疑者だけでなく，その弁護人，法定代理人，保佐人，配偶者，直系の親族，兄弟姉妹その他利害関係人と拡がって

います。検察官は除かれています。

憲34
83Ⅰ　　　　**公開性**　　憲法も規定するとおり，勾留理由の開示は，公開の法廷で行われます。したがって，一般人の傍聴も可能です。裁判

83Ⅱ　官および裁判所書記官は列席しますが，公判期日の審理とは異な

282Ⅱ　り，検察官の出席は要件となっていません。被疑者および弁護人

83Ⅲ　が出頭しないときは，原則として開廷できません。

規82〜84　　　請求があれば，裁判官が開示期日を定めますが，原則として開示期日と請求日との間には，5日以上をおくことはできません。

42　　　開示期日は，検察官，被疑者，弁護人および補佐人ならびに請求者に通知されます。開示は，必要であれば公判期日に行われることもあります。

　　　なお，同一勾留に対する勾留理由開示の請求は，勾留が開始された当該裁判所において1回に限り許されています（最決昭和29・8・5刑集8巻8号1237頁など）。

84Ⅰ　　　　**開示手続**　　法廷において，裁判官は勾留の理由を告げなければなりません。検察官，被疑者，弁護人，その他の請求者は意見

規85の3Ⅰ　を述べることができます。口頭による意見陳述の時間は1人10分を超えることはできません。法制定直後の1950（昭和25）年に

84Ⅱ但　規則改正により制限したものです。また，裁判官が相当と認めるときは，意見陳述に代えて，意見を記載した書面の提出を命ずることができます。これは，1953（昭和28）年の改正にもとづきます。

　　　開示すべき勾留理由はどの時点のものか——勾留状発付時か開示当時も含むか——，開示すべき勾留理由の範囲または程度いかんは，諸説が分かれるところです。

規86　　　開示期日における手続については，調書が作られます。

　　　　実情　　勾留理由開示の実施数は，年により差がいくらかあり，必ずしも安定していませんが，2021（令和3）年では，次頁の表のとおりです。被告人についても，参考までに掲記しますが，被

勾留理由開示の実施数（のべ人員）　　　　（2021年）

	被疑者側の請求	被告人側の請求
地　　裁	143	75
簡　　裁	185	1

（最高裁判所事務総局『令和3年　司法統計年報　2刑事編』による）

疑者の場合と比べると，この年だけでなく例年ごく僅かです。

5　勾留の場所と期間

64
規70
60 I

　　勾留場所　　勾留状の書式は CHAPTER 9 に掲げられていますので，参考にしてください（**【書式18】**388頁）。法および規則は勾留状に記載すべき一定の事項を定めています。

刑事収容3
③・14・15
I

　　勾留の場所もそのひとつです。勾留先として刑事施設（◆58頁）の名称が記載されています。**刑事収容施設及び被収容者等の処遇に関する法律**は，場所として**刑事施設**（拘置所および拘置支所）を予定していますが，同時に警察署の「留置施設」（43頁）を刑事施設に代用することを認めています。これを**代用刑事施設**と呼びます（以前は，**代用監獄**と呼ばれていました）。運用上は，被疑者勾留の場所は留置施設とされるのが原則化しています。

　　ただし，このような運用の当否については，激しい議論が交わされており，被疑者の身柄を警察の手もとにおくことは自白の強要を招きやすく，防御権行使にも支障をきたすとの意見と，警察署の留置場の利用は迅速かつ効率的な捜査活動を進めるためにはやむを得ず，また1980（昭和55）年4月より警察の取調べ部門と身柄管理部門とを分離して人権侵害のおそれを除くようにしていると主張する実務の立場とが対立しています。

　　2021（令和3）年4月1日現在，全国の留置施設数は1067場です（全国に拘置所は8，支所は97あります）。年間のべ約287万人の被逮捕者，被勾留者が留置施設に留置されています（2021〔令和

3〕年）。

規80　　**勾留場所の変更**　　検察官は，裁判長の同意を得て被疑者を他の刑事施設に移すことができます。このような勾留場所の変更を**移送**といいます（「監獄」に移すところから，かつては「移監」の語が使用されてきました）。移送したときは，その旨および移送した場所につき，検察官は，裁判官のほか，弁護人（いないときは被疑者の指定する者）に通知しなければなりません。また，裁判官は職権で移送を命令することもできます（最決平成7・4・12刑集49巻4号609頁）。

208Ⅰ　　**勾留の期間**　　被疑者の勾留期間は，検察官が勾留を請求した日から10日間です。逮捕の場合は「身体を拘束された時から」起算しますが，勾留は「勾留の請求をした日から」起算するのです。実務上は，勾留裁判官が勾留状発付の際にこの10日間の期間を裁量によって短縮することはできないと解されています（な**55Ⅰ但**　お，55頁の「実情」参照）。公訴時効期間と異なり明文の規定を欠きますが，10日の計算は，初日すなわち勾留請求の日を含めて行うのが実務上の取扱いです。

208Ⅰ　　10日以内に公訴を提起しないときは，勾留期間が延長されない限り，検察官は直ちに被疑者を釈放しなければなりません。当然ながら，釈放は検察官がその時点で事件を不起訴処分に付した——公訴を提起しない処分をした——ことを意味するものではありません。多くは**処分保留**のまま釈放するわけです。

　　最近では，勾留後釈放された者は約3万6000人〜4万人にのぼります（次頁の表参照）。

208Ⅱ　　**期間の延長**　　検察官はやむを得ない事由（事件の複雑・困難，証拠収集の遅延・困難，期間満了時における起訴不起訴決定の困難などをいい，捜査機関の落ち度などは含まれません）があると認めるときは，10日の範囲内で勾留期間の延長を請求することができます。この場合には，裁判官は，裁量で必要と思われる日数だけの延長を

勾留後の措置と勾留期間（自動車による過失致死傷事件および道交法等違反事件を除く）

(2021 年)

	勾留中 公判請求	勾留中 略式命令請求	勾留中 家裁送致	勾留中 死亡	釈　放
総　数 83,841 人（%）	38,006 (45.3)	6,172 (7.4)	3,223 (3.8)	12 (0.1)	36,428 (43.4)
刑法犯 58,886 人（%）	24,941 (42.4)	4,309 (7.3)	2,566 (4.4)	10 (0.1)	27,060 (46.0)

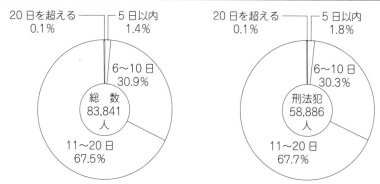

（法務省刑事局「令和 3 年の検察事務の概況」法曹時報 74 巻 12 号による）

することができます。この点は最初の 10 日の勾留期間と異なる
わけです。これに対して検察官は，通算して 10 日を超えない限
り，やむを得ない事由があれば数回，勾留期間の延長請求を行う
ことができます。その結果，通常の犯罪については，勾留請求の
日から最長 20 日間の勾留が可能となります。勾留期間の延長は，
自白の偏重を避け，証拠の収集に重点をおくことを目的とする現
行法において，従来の捜査よりも多くの日数を要する場合がある
ことが予想されるために例外的に認められたものです。

208 の 2　　「通常の犯罪については」と断ったのは，1953（昭和 28）年の
法改正により，内乱罪，外患罪，国交に関する罪または騒乱罪に
当たる事件については，さらに通算して 5 日を超えない範囲で再
延長が認められたからです。

429 I ②　　なお，勾留期間延長の裁判に対しても，準抗告ができます。

　　実情　　被疑者勾留を期間別にみますと，2021（令和3）年において，5日以内1.4％，6日以上10日以内30.9％，11日以上20日以内67.5％，20日を超える0.1％です。細部はともかく，勾留期間は，6日以上10日以内と11日以上20日以内でほぼ全体が占められているといった概況を理解してください。なお，10日未満のものは，勾留が取り消されたり，検察官が満期前に釈放したりしたものです。

　　措置別の委細は前頁の図表のとおりですが，ここでも，全体の5割弱は，勾留中に公判請求され，4割強は勾留後釈放されるといった程度の実情を知っておいてもらいたいものです（起訴・不起訴の割合については，107頁参照）。

6　勾留の取消しと執行停止

207Ⅰ但　　**保釈なし**　　きわめて重要なこととして，法207条1項但書からも分かりますように，起訴前段階の被疑者勾留については保釈は認められていません。留意してください（171頁参照）。

87Ⅰ　　**勾留の取消し**　　ただし，被疑者は，勾留の理由または勾留の必要がなくなったと判断したときは，その旨主張して勾留の取消しを請求できます。請求権は，そのほか検察官，被疑者の弁護人，法定代理人，保佐人，配偶者，直系の親族，兄弟姉妹に認められています。勾留理由開示請求権者との違いは，検察官を含めた点と利害関係人まで範囲を拡げていない点です（50頁参照）。勾留理由開示は，第一義的には公開の法廷において不利益処分の理由を示す制度であるのに対して，勾留取消しは，不当な身柄拘束からの解放を直接の目的としていることから，請求権者の範囲に違いがあります。

　　裁判官は，請求を認容すれば，勾留を取り消します。この勾留取消しは，職権で行われることもあります。

91 　　なお，勾留の理由または必要がなくならなくても，勾留による拘禁が不当に長くなったときは，裁判官は勾留を取り消さなければなりません。ここでも，請求により，または職権で行われるのですが，請求権者から検察官は除かれています。

　　先ほど述べた勾留理由開示請求の手続（50頁）は，直接被疑者の身柄釈放を求めるものではありませんが，開示手続の結果，勾留の要件が満たされていないことが明らかになれば，請求によって，または職権で勾留が取り消されることになります。

92Ⅱ 　　なお，裁判官が勾留取消しの裁判をするには，原則として検察官の意見を聴かなければなりません。

　　起訴前後の区別なしに，2021（令和3）年中に勾留を取り消された人員は，請求によるもの106人，職権によるもの92人です。

95 　　**勾留の執行停止**　　裁判官は，適当と認めるときは，勾留されている被疑者を親族，保護団体その他の者に委託し，または被疑者の住居を制限して，勾留の執行を停止することができます。被疑者の身柄を一時的に解放するものです。保釈と似てはいますが，保証金の納付は要しませんし，職権によってのみ行われ，被疑者，弁護人，配偶者等の請求権は認められていない点が異なります（むろん起訴前段階で認められていることも違いのひとつに数えられます）。請求があっても，裁判官の職権発動を促すだけですから，「申出（申請）」といった意味をもつにすぎないとされます。

　　実務上は，病気治療のための入院，配偶者や親の葬儀などの場合に認められています。法文にはありませんが，ふつうは執行停止の期間（いつまでという形で）や条件（旅行を制限するなど）が付されます。

　　2021（令和3）年中に，勾留の執行を停止された人員は，終局裁判前の段階で255人（地裁251人，高裁4人）います（終局裁判後については，4人です）。

96Ⅰ 　　法は，勾留の執行停止の取消し事由を5項目挙げています。そ

のいずれかひとつに当たる場合には，裁判官は，検察官の請求により，または職権で，勾留の執行停止を取り消すことができ，取り消されると，被疑者はむろん刑事施設（もしくは代用刑事施設）に収容され再び拘束されます。取消事由や手続は，被告人の保釈の場合（171頁）と同じです。

98

　以上，逮捕および勾留について説明しましたが，全体状況を図示すれば下の図のようになります。

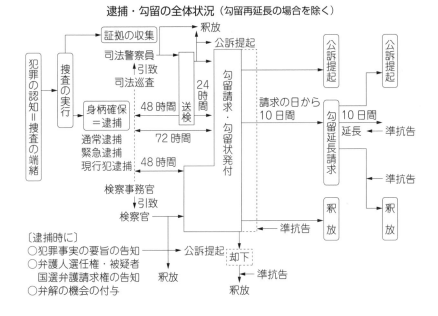

逮捕・勾留の全体状況（勾留再延長の場合を除く）

　◆起訴前勾留（被疑者勾留）と起訴後勾留（被告人勾留）（46頁, 131頁, 170頁）
　　両者は，制度上，①主体（裁判官が行うか，原則として裁判所が行うか），②手続（検察官の請求によるか，裁判所の職権によるか），③期間（10日＋延長10日〔＋再延長5日〕か，2か月＋1か月ごとの更新か），④逮捕先行主義の有無（前者は必ず逮捕が先行していなければならない），⑤保釈の有無（後者にのみ認められ

る）の点で異なり，また，運用の面では，⑥場所（事実上留置施設〔警察留置場〕か，刑事施設〔拘置所〕か）などの点で異なります（法207条以下・60条以下）。なお，起訴前勾留の基礎となった被疑事実と同一性のある被疑事実について公訴の提起があった場合，起訴前勾留は何らの手続を経ることなく起訴後勾留に移行します。起訴前勾留の段階で勾留の可否について厳格な審査が行われていることから，身柄拘束継続の可否を再び審査する必要性は小さいと考えられているためです（法208条1項，280条2項，60条2項にこのような考え方が表れています）。

➲裁判，判決・決定・命令（49頁）

いずれも，裁判所または裁判官の判断・意思の表示をいいます。

裁判はその表示行為一般をいい，その形式により，原則として口頭弁論を経てなされる裁判所の裁判が判決，それ以外の裁判所の裁判が決定，裁判官の裁判が命令です（法43条，301頁参照）。

裁判に対する不服申立ての方法としては，判決について**控訴**および**上告**，決定について**抗告**，命令について**準抗告**があります（301頁，319頁，335頁，340頁，342頁，49頁，103頁参照）。

➲刑事施設（52頁）

刑事施設とは，自由刑（拘禁刑または拘留の刑）に処せられた者，刑事被告人，被疑者および死刑囚を収容する施設をいいます（刑事収容3条）。

刑事施設のうち，刑務所とは，主として拘禁刑の受刑者を収容する施設をいい，拘置所とは，罪責の確定していない被告人，被疑者を収容するものをいいます。

V　捜索・差押え・検証

1　捜索・差押え・検証とは何か

218 I
222 I・102
捜索・差押え・検証とは　　捜査機関は，証拠物や被疑者を発見するために，人の身体，物（カバンなど）または住居その他の場所について調べることがあります（①）。

222 I・99
捜索した際，証拠物などを発見しますと，所有者や保管者から強制的にその物の占有を取得します（②）。

222 I・129
五官（目・耳・鼻・舌・皮膚）の作用によって場所，物，人など対象の存在，内容，状態，性質等を認識・感知することもあります（③）。

197 I但
これらを「強制の処分」として実行することを，順に捜索（①），差押え（②），検証（③）といいます。

なお，捜査機関の行う捜索・差押え・検証に関する基本条文は218条から221条ですが，3頁の囲み記事のとおり，裁判所による「押収及び捜索」，「検証」の規定（第1編総則第9章の99条以下）が数多く準用されていますので，注意してください。

222 I・Ⅲ

2　令状による場合——令状主義

218
憲35
令状主義　　捜査機関がこうした強制処分を行うには，原則として裁判官が発付する令状が必要です（刑事手続のIT化。❷71頁）。「住居，書類及び所持品について，侵入，捜索及び押収を受けることのない権利」は，憲法上保障されたものです。捜索・差押え・検証は，捜査目的を達成するためにこの重要な基本権を強制的に侵害・制約する処分ですから，その「正当な理由」について

裁判官があらかじめ審査し，令状により認めることとしたのです。

たとえば，前に述べたとおり（22頁），判例は，運送過程にある荷物について，捜査機関が，荷送人・荷受人の承諾なしに，エックス線を照射して内容物の射影を観察するのは，荷送人や荷受人の内容物に対するプライヴァシー等を大きく侵害するから，検証の性質を有する強制処分に当たるとし，検証令状によらずに捜査機関が行ったエックス線検査を違法と判断しています（最決平成 21・9・28 刑集 63 巻 7 号 868 頁）。

222 I・Ⅲ 　令状の要件・手続等の内容は，前述した，総則中の「押収及び捜索」，「検証」の規定の準用によります。

規範 108 　**承諾による捜索**は，令状がなくとも許されます（ただし，捜査規範は，人の住居等については，住居主等の承諾が得られると認められる場合においても令状の発付を受けて捜索をしなければならないとしています）。検証についても同様です。対象者が任意にみずからの権利を放棄したとみられるからです。また，たとえば公道における自動車の運転による過失致死傷事件の検証も令状なしに行われます。このように，任意処分として行われる検証を**実況見分**と呼んでいます（**【書式 21】**392 頁）。

221 　被疑者などが「遺留した物」または所有者などが「任意に提出した物」の占有を捜査機関が取得する場合には，その過程に強制力が加えられていないので，令状は不要です。これを**領置**といいます。もっとも，占有を取得した後は，提出者の還付請求があってもこれを拒むことができますから，この点で効果は差押えと変わりません。領置がなされたときは，領置調書が作成されます（**【書式 12】**380 頁）。

　法 222 条 1 項が「第 218 条，第 220 条及び前条の規定によつてする押収」と規定しているとおり，捜査機関による**押収**とは，差押えと領置を総称した用語です。憲法は「押収」を行うに当たっ

憲 35 I て令状を要求していますが，この「押収」は，占有の取得過程に

強制力が加えられる差押えを意味し，占有の取得過程に強制力が加えられない領置は，憲法上の「押収」には含まれないのです。

218Ⅳ　　捜査機関は，捜査上必要があれば，令状の発付を裁判官に請求します（司法巡査には請求権限がありません）。すなわち令状の請求書（**【書式3】**次頁）を提出すると同時に，「被疑者……が罪を犯したと思料されるべき資料」（**疎明資料**）を提供することになります。

規155
規156Ⅰ

219Ⅰ　　**令状**　　請求に応じて裁判官が発付する令状には，被疑者の氏名，罪名，差し押さえるべき物，捜索・検証すべき場所・身体・物，令状の有効期間などが記載されます（裁判官は差押えの必要性についても審査できると解されています。最決昭和44・3・18刑集23巻3号153頁）。なお，逮捕状とは異なり被疑事実の要旨は記載事項ではありません。捜索・差押え・検証は，被疑者以外の者に対しても実行されることから，被疑者の名誉保護と捜査の秘密保持を図る趣旨です（通信傍受のための令状には，被疑事実の要旨が記載されます〔75頁〕）。

規157・157
の2

憲35Ⅰ　　令状の記載事項に関する規定は，憲法が令状に「捜索する場所及び押収する物を明示する」ことを要求しているところから設けられた条項ですが，差し押さえる物件，捜索すべき場所などについて，この記載をどの程度まで具体化すべきかは再三問題となります。たとえば，差し押さえる物件について，特定の物を列挙した後「その他本件に関係する一切の物件」といった形での記載は許されるかという問題です（具体的な物の列挙に付加され，令状記載の罪名に関係があり，例示物件に準じる物を指すことが明らかであるから，物の明示に欠けるとはいえないとした判例として最大決昭和33・7・29刑集12巻12号2776頁。また，物の明示に資するために，「本件」に当たる「被疑事実の要旨」を記載すべきとの意見もあります）。

　　捜索・差押えの令状の書式を挙げておきます（**【書式4】**64頁）。

憲35Ⅱ　　このように，令状には場所や物の明示が必要であり，数個の場所について行う捜索を1通の令状で行ったり，同一の場所であっ

【書式３】

捜索
差押 許 可 状 請 求 書
検証

令和４年 12 月３日

大阪簡易 裁 判 所
裁 判 官 殿

大阪府大阪北中央警察署

司法警察員 警部 高 槻 公 二 ㊞

　下記被疑者に対する覚醒剤取締法違反被疑事件につき，捜索差押許可状の発付を請求する。

記

1　被疑者の氏名　天 王 寺 次 郎
　　　　　　　　　　　平成８年３月１日生（26 歳）

2　差し押さえるべき物
　　　(1)覚醒剤　(2)覚醒剤使用器具類　(3)覚醒剤計量器具類　(4)覚醒剤分包紙袋（ビニール袋）類　(5)覚醒剤取引関係文書・手帳・メモ類　(6)被疑者使用の携帯電話機

3　捜索し又は検証すべき場所，身体若しくは物
　　大阪市城北区下天神７丁目８番９号所在の被疑者方居宅及び付属建物

4　７日を超える有効期間を必要とするときは，その期間及び事由

5　日出前又は日没後に行う必要があるときは，その旨及び事由

6　犯 罪 事 実 の 要 旨
　　被疑者は，みだりに，令和４年 12 月２日午前２時頃，大阪市城北区上天神６丁目７番８号所在の上天神児童公園において，覚醒剤であるフエニルメチルアミノプロパンの塩類を含有する結晶約 0.2 グラムを所持したものである。

ても，違う機会に行う差押えを１通の令状で行ったり，別の事件について発せられた令状を流用して捜索したりすることはできません。ただし，捜索と差押えを，同一事件につき，同一場所，同一機会に行うときには，書式例のように１通の捜索差押令状で差

し支えありません。多くはこのような令状で対処されています。

3　身体検査

218 Ｉ・Ⅵ　　**身体検査とは**　　人の身体を対象とする**検証としての身体検査**は，単なる検証令状ではなく，**身体検査令状**が必要です。裁判官は，身体の検査に関して適当と認める条件を付すことができます。

　　人の身体を対象とする強制処分には，このほか**人の身体の捜索**と**鑑定としての身体検査**がありますが，それぞれの限界や強制的実施の可否，尿検査や血液検査をする場合に必要な令状の種類などについて議論があります。

225・168　　たとえば，血液，胃液といった体液の検査のためにそれらを採取するには，身体に対する侵害が避けられませんので，本人の同意が得られなければ，**鑑定処分許可状**（77 頁参照）という令状によって医師等の専門家の手で実施することになります（この場合，実務では，身体検査令状も併せて得ています）。同意が得られれば，任意処分として令状なしに行うことができます。

　　強制採尿　　同意が得られない尿の採取をめぐって，令状が出ても，本人がその採取を拒否したらどうか，直接的に強制して採取してよいか，許されるとしてもどのような令状が必要かが問題となりました。覚醒剤自己使用事犯の捜査において，尿の任意提出を拒む被疑者に対してゴム製導尿管（カテーテル）を尿道に挿
222 Ｉ・139
225 Ｉ・168　入して強制的に尿を採取することの可否が議論されました。当初，捜査実務の大勢は，強制採血などと同様に，検証としての身体検査令状と鑑定処分許可状の両者を得てこれを実施していました（併用説）。前者で捜査官が身体検査を強制し，後者で鑑定を受託した者がこれに立ち会って必要な採尿処分をするという構成です（77 頁参照）。

　　しかし，その後，強制採尿の可否が裁判上争われた際に，最高

【書式4】

<table>
<tr><td colspan="2" align="center">捜 索 差 押 許 可 状</td></tr>
<tr><td>被 疑 者 の 氏 名
及 び 年 齢</td><td>天 王 寺 次 郎

平成 8 年 3 月 1 日生</td></tr>
<tr><td>罪 名</td><td>覚醒剤取締法違反
(同法 41 条の 2 第 1 項)</td></tr>
<tr><td>捜 索 す べ き 場 所,
身 体 又 は 物</td><td>別紙請求書記載のとおり〔別紙は省略〕</td></tr>
<tr><td>差 し 押 さ え る べ き 物</td><td>別紙請求書記載のとおり〔別紙は省略〕</td></tr>
<tr><td>請求者の官公職氏名</td><td>司法警察員 警部 高 槻 公 二</td></tr>
<tr><td>有 効 期 間</td><td>令和 4 年 12 月 10 日まで</td></tr>
</table>

有効期間経過後は,この令状により捜索又は差押えに着手することができない。この場合には,これを当裁判所に返還しなければならない。

有効期間内であっても,捜索又は差押えの必要がなくなったときは,直ちにこれを当裁判所に返還しなければならない。

被疑者に対する上記被疑事件について,上記のとおり捜索及び差押えをすることを許可する。
　　　令 和 4 年 12 月 3 日
　　　大 阪 簡 易 裁 判 所
　　　　　　裁 判 官 淀 屋 橋 百 合 ㊞

裁は，やむを得ない措置として強制採尿を許容したうえで，手続

222 I・102　　的にはむしろ身体内にある尿を証拠として捜索し，差し押さえる

性質の処分であるから捜索差押令状が必要であるが，通常の捜索・差押えとは異なり人権侵害のおそれがともなう点では，検証

218VI　　としての身体検査に近いので，その令状には，「強制採尿は医師をして医学的に相当と認められる方法により行わせなければならない旨の条件の記載が不可欠である」と判示しました（最決昭和55・10・23刑集34巻5号300頁）。また，その後の判例は，身柄を拘束されていない被疑者を採尿場所へ任意に同行することが事実上不可能と認められるときは，強制採尿のための令状の効力として，採尿に適する最寄りの場所まで被疑者を連行することができるとしています（最決平成6・9・16刑集48巻6号420頁）。

　　実務では，掲記のとおり（**【書式5】**次頁），「捜索すべき場所，身体又は物」，「差し押さえるべき物」のほか，「捜索差押えに関する条件等」を明記した捜索差押許可状（これを**強制採尿令状**と呼びます）が用いられています。

4　令状の執行

処分の実施にともなう手続　　令状が発せられると，捜査機関はこれを執行する（処分を実施する）ことになります。

222 I・110　　まず，執行に際して，「処分を受ける者」にその令状を示さなければなりません。処分を受ける者は，普通は，捜索すべき場所の管理者で，令状の有効期間とか場所の記載等を確認するのです。

222 I・111　　捜索・差押えの執行に当たり，法は，「錠をはずし，封を開き，その他必要な処分をする」ことを許しています。処分の目的達成のために求められる必要な行為としては，差し押さえたパソコン，スマートフォン等のデータの表示・解析などが挙げられます。

　　判例では，薬物事犯につき，令状の呈示に先立って，ホテルの

【書式5】

<table>
<tr><td colspan="2" style="text-align:center">捜 索 差 押 許 可 状</td></tr>
<tr><td>被 疑 者 の 氏 名
及 び 年 齢</td><td>天 王 寺 次 郎
 平成8年3月1日生 </td></tr>
<tr><td>罪　　　　　名</td><td>覚醒剤取締法違反
(同法41条の3第1項1号,19条)</td></tr>
<tr><td>捜 索 す べ き 場 所,
身 体 又 は 物</td><td>被疑者の身体</td></tr>
<tr><td>差し押さえるべき物</td><td>被疑者の尿</td></tr>
<tr><td>捜 査 差 押 え に
関 す る 条 件 等</td><td>1　強制採尿は,医師をして医学的に相当と認められる方法
　により行わせなければならない。

2　強制採尿のために必要があるときは,被疑者を大阪市城
　南区〔以下略〕医療法人△△会○○病院
　　又は採尿に適する最寄りの場所まで連行することができ
　る。</td></tr>
<tr><td>請求者の官公職氏名</td><td>司法警察員　警部　　高 槻 公 二</td></tr>
<tr><td>有　効　期　間</td><td>令和4年12月10日まで</td></tr>
</table>

　有効期間経過後は,この令状により捜索又は差押えに着手することができない。この場合には,これを当裁判所に返還しなければならない。
　有効期間内であっても,捜索又は差押えの必要がなくなったときは,直ちにこれを当裁判所に返還しなければならない。

　被疑者に対する上記被疑事件について,上記のとおり捜索及び差押えをすることを許可する。
　　　令 和 4 年 12 月 3 日
　　　大 阪 簡 易 裁 判 所
　　　　　　裁 判 官　淀 屋 橋 百 合　㊞

客室のドアをマスターキーで開けて入室したり，相手方を欺罔して（たとえば宅配便の配達を装って），玄関の扉を開けさせたりする行為などの適法性が争われています（最決平成 14・10・4 刑集 56 巻 8 号 507 頁など）。

　そのままでは内容を認識することのできないディスクなどについて，記録内容を表示したり，プリントアウトすることも実務上，必要な処分に当たると考えられています。

222 Ⅰ・114　　執行には立会人が必要であり，公務所内であればその長など，その他の住居等では住居主等を立ち会わせなければなりません。

222 Ⅰ・112　　また，執行中は出入禁止の措置をとることができます。

222 Ⅰ・102　　**捜索の対象**　　特定の場所に対する捜索令状で，そこにある備品などの物を捜索することができることに争いはありませんが，その場所に居合わせた人の所持品や身体について捜索できるかについては議論のあるところです。判例には，マンションの居室を捜索場所とする令状で，同居人が携帯するボストンバッグを捜索することができるとしたものがあります（最決平成 6・9・8 刑集 48 巻 6 号 263 頁）。

222 Ⅰ・99 Ⅰ　　**差押えの対象**　　令状によって差し押さえることができるのは，裁判官があらかじめ正当な理由を審査して令状に記載した物件であって，被疑事実と関連する証拠物などに限られます。差し押さえるべき物に文書や書類という記載があっても，被疑事実と関連のない文書・書類を差し押さえることはできません。そこで，捜査機関は差押えの際に，被疑事実との関連性を確認しなければなりません（もっとも，差し押さえようとする多量のフロッピーディスクの中に被疑事実に関する情報が記録されている蓋然性が認められる場合で，その場で確認していたのでは記録された情報を損壊される危険があり，やむを得ないときは，内容確認をせずにこれを差し押さえることが許されるとした判例があります〔最決平成 10・5・1 刑集 52 巻 4 号 275 頁〕）。また，令状の効力は，令状呈示後に捜索場所内に搬入された物品にも及

ぶことがあります（令状にもとづく居室の捜索中に，覚醒剤の入った宅配荷物が配達されてきた事例につき，最決平成19・2・8刑集61巻1号1頁）。

令状執行の留意点　　以下に注意すべき若干の点を挙げます。

222 I・115
131 II

①とくに，女子の身体の捜索については，急速を要する場合を除いては成年女子の立会いが必要です。また，女子の身体検査には，例外なく，医師または成年女子の立会いが要求されています。

222 III・116

②令状の執行には時刻の制限があり，原則として，日の出前，日没後には，令状に夜間でも執行が可能である旨の記載がなければ，人の住居等に入って捜索・差押えをすることはできません。

222 I・100
憲21 II

③通信事務を取り扱う者が保管・所持している郵便物等については，通信の秘密の保障との関係から制限があり，被疑者から発したもの，または被疑者宛のものは差押えできますが，それ以外は被疑事件に関係があると認めるに足りる状況にあるものしか差し押さえることができません。

222 I・103
～105

④公務員，国会議員等の職務上の秘密および医師，弁護士等の業務上の秘密については，一定の範囲・条件のもとで，それらの者に押収を拒絶する権利が認められています。

⑤令状が執行されると，その手続内容は「差押調書」として書面化されます。

222 I・120
規96

執行の終了　　捜査機関は，令状執行の結果，証拠物を押収した場合には，「押収品目録」を作成し，所有者，保管者等に交付しなければなりません。捜索をしたものの，証拠物も没収すべき

222 I・119

物も発見できなかったときは，捜索を受けた者からの請求があれば，その旨の証明書を交付しなければなりません。

5　令状によらない場合

逮捕にともなう捜索・差押え・検証　　以上のとおり，捜索，

差押え，検証を行うには令状が必要ですが，令状を要求するにつ
憲35　　き，憲法35条は，33条の場合，すなわち適法な逮捕の場合を除
220 I・Ⅲ　外しています。これを受けて，刑訴法も，被疑者を「逮捕する場
合において必要があるとき」は，令状なしに人の住居などに立ち
入って被疑者を捜索し，また「逮捕の現場で」，令状なしに捜索，
220Ⅳ　　差押え，検証をすることができることとしました（勾引〔特定の者
を一定の場所に引致する裁判および執行〕状・勾留状を執行する場合にも
準用されています）。現行犯逮捕とともに，強制捜査における令状
主義の例外と捉える見解が一般的です。

　逮捕にともなう逮捕現場の捜索，差押え，検証が令状によらな
くともよい積極的理由としては，一般に，凶器や逃走具を奪い取
り，円滑に逮捕を遂行することと，逮捕被疑事実に関する証拠物
の存在が見込まれ，緊急にそれらを収集保全する必要性が高いこ
とが挙げられますが，制度の根拠をどうみるか，重点をどこにお
くかは，「逮捕する場合」，「逮捕の現場」の解釈など，個別問題
と関連しています。

　被疑者の逮捕（現行犯に限られるわけではなく，逮捕の種類は問いま
せん）に付随して行われるものですから，差押えの対象は，逮捕
被疑事実に関連する物でなければなりません（70頁参照）。さらに，
逮捕を妨げる凶器や逃走具も差押えの対象になるという見解もあ
ります。また，判例は，「逮捕する場合において」とは，逮捕と
の時間的接着を必要とするものの，逮捕行為に着手する前でもよ
いとしています（最大判昭和36・6・7刑集15巻6号915頁）。「逮捕
の現場」の範囲については，制度の趣旨を証拠保全のための緊急
の例外とみるか，令状による場合とならぶ合理的な強制捜査の一
種とみるかによって解釈が分かれてきます。前者によれば，証拠
が隠滅される危険のある被逮捕者の身体とその支配下にある場所
といった限定が導かれますが，後者によれば，証拠の存在する可
能性のある場所についてかなりゆるやかに認められることになる

でしょう。

　被逮捕者の身体の捜索，所持品の差押えについて，判例は，その場で直ちに捜索・差押えを行うことが適当でないときには，速やかに被疑者を最寄りの適切な場所まで連行したうえ，これらの処分を行うことも，「逮捕の現場」における捜索・差押えと同視でき適法であるとしています（最決平成8・1・29刑集50巻1号1頁）。

218Ⅲ　なお，逮捕・勾留されている被疑者につき，その指紋・足型を採取し，身長・体重を測定し，写真を撮影することは，被疑者を裸にしない限り，令状がなくとも許される旨法定されています。被疑者を逮捕して引致した後，指紋を採取し写真を撮るのはこの規定にもとづくものです。

　緊急捜索・差押え　急速を要するからといっても，捜索や差押えなどを先行させ，その後，裁判官に令状を求める，緊急逮捕に対応するような緊急捜索とか，緊急差押えの制度は採用されていません。1950年代のはじめに，捜査実務家から立法要請がありましたが，見送られました。

　差押えの対象　逮捕現場で差押えをすることができるのは，逮捕被疑事実に関連する証拠物等に限られます。たとえば，殺人事件の被疑者を逮捕する現場で，その被疑者が覚醒剤を所持していたとします。この場合，覚醒剤は逮捕被疑事実である殺人に関連する物ではありませんから，被疑者の逮捕にともなうものとして覚醒剤を無令状で差し押さえることはできません。覚醒剤所持の罪について現行犯逮捕し，これにともなって覚醒剤を差し押さえるか，裁判官より差押令状の発付を得て差し押さえるか，その被疑者に対して任意提出を求めて領置するか，いずれかしかありません。

◖刑事手続の IT 化（59頁）

　裁判手続の IT 化に関しては，2001（平成 13）年の司法制度改革審議会意見において言及された後，部分的な法改正が進められましたが，近時，情報通信技術が目覚しい進展を見せる社会状況のもと，その本格的な検討・対応が急がれています。

　先行しているのは民事裁判手続です。民事裁判手続に関しては，2020（令和 2）年 12 月から，全国の地方裁判所本庁でウェブ会議等の IT ツールを活用した争点整理手続の運用が始まるとともに，2022（令和 4）年 5 月には，訴状等のオンライン提出（e 提出），IT を活用した口頭弁論期日（e 法廷）および訴訟記録の電子化（e 事件管理）等を実現するため民事訴訟法等の法改正が行われました（2022〔令和 4〕年法律 48 号。改正民事訴訟法は，段階的に施行されます）。

　他方，刑事裁判手続に関しては，2020（令和 2）年 7 月に，「刑事手続において可能な分野における効率化，非対面・遠隔化等を目指すべく，令和 2 年度中に，……令状請求・発付をはじめとする書類のオンライン受交付，刑事書類の電子データ化，オンラインを活用した公判など，捜査・公判のデジタル化方策の検討を開始する」旨の閣議決定が行われて以降，急速に検討が進められており，2021（令和 3）年 3 月からは，刑事手続について情報通信技術を活用する方策に関し，現行法上の法的課題を抽出・整理した上で，その在り方を検討する「刑事手続における情報通信技術の活用に関する検討会」が開催されました。同検討会における議論の状況については，2022（令和 4）年 3 月，「取りまとめ報告書」として公表されており，そこでは，書類の電子データ化，発受のオンライン化（具体的には，各種書類の作成・発受，令状の請求・発付・執行，電子データの証拠収集，証拠等の閲覧・謄写・交付及び公判廷における証拠調べについて，電子データ化・オンライン化すること）や，捜査・公判における手続の非対面・遠隔化（具体的には，取調べ・勾留質問等，打合せ・公判前整理手続，証人尋問，公判期日への出頭等および裁判員等選任手続について，映像・音声の送受信により行うこと）について，必要な法整備の早期実現が望まれるとされています。その後，次のような諮問第 122 号に対して，現在，同報告書の内容等を踏まえて，法制審議会刑事法（情報通信技術関係）部会において，調査審議が行われています。

　諮問第 122 号

　　近年における情報通信技術の進展及び普及の状況等に鑑み，左記の事項に関して刑事法の見直しをする必要があると思われるので，その法整備の

在り方について，御意見を承りたい。

　一　刑事手続において取り扱う書類について，電子的方法により作成・管理・利用するとともに，オンラインにより発受すること。

　二　刑事手続において対面で行われる捜査・公判等の手続について，映像・音声の送受信により行うこと。

　三　一及び二の実施を妨げる行為その他情報通信技術の進展等に伴って生じる事象に対処できるようにすること。

Ⅵ　その他の捜査手段

1　令状による通信傍受

218 Ⅰ

憲 21 Ⅱ

憲 35
憲 13

電話の通話内容の検証　前に述べたとおり，捜査機関は裁判官の発付する令状にもとづいて，検証をすることができますが（59頁参照），転送電話等を利用した覚醒剤の密売行為に対する捜査として，特定の密売取引専用電話にかけられる通話内容を傍受・録音することを検証として許可する令状が発付される事例が現れました。電話の通話内容を捜査機関が密かに聴取・録音することは，憲法の保障する通信の秘密を侵害する行為であるとともに，憲法が原則として令状によると定めている侵入・捜索・押収と同様に，個人のプライヴァシーや人格権にかかわる重要な権利・自由を制約する手段ですから，強制処分であり，裁判官の令状によらなければなりません。

　ところが強制処分に関する法の規定には，電話の傍受・録音のような捜査手段についてその要件や手続を直接定めた条項がありませんでしたので，「特別の定」のある既存の「強制処分」のうち，「検証」としてこのような処分が許されるのかについては，争いがありました。

　検証令状による通話の傍受に関しては，いくつかの下級審裁判例がこれを適法としていました。最高裁の判例も，次に述べる通信傍受制度が立法される前に，検証令状により実施された電話の通話内容の傍受を適法であったとしています（最決平成 11・12・16刑集 53 巻 9 号 1327 頁）。重大な被疑事件について，罪を犯したと疑う十分な理由があり，かつ，被疑事実に関連する通話の行われる蓋然性があって，他の方法ではその罪に関する重要・必要な証

拠を得ることが著しく困難な事情があり，真にやむを得ない場合には，対象の特定に資する適切な条件の記載のある検証令状による電話傍受が許されていたと判断したのです。

令状による通信傍受制度　こうして，検証令状による電話の通話内容の傍受・録音という新たな捜査手法が認知される例が現れたものの，令状発付に厳格な要件が求められたことに加え，令状発付の時点ではまだ存在しない将来の会話を対象としていることなどにともなう対象の特定の困難さや，事後的な不服申立ての機会の欠如など，様々な問題点が残されていたこともあり，令状による電話の通話内容の検証という捜査手段は，広く活用されるには至りませんでした。その後も，通信傍受は憲法の保障する通信の秘密を侵害するとともに令状主義の基本的な要請である対象の特定が困難であるから違憲であるとの議論と，憲法の令状主義の要請を満たしつつ適正な要件・手続を制度として組み立てることは可能であり，むしろ立法により憲法に合致した適正な通信傍受の手続を整備すべきだとの議論が対立していました。

このような状況のもとで，1999（平成11）年に組織的犯罪対策に関する刑事法の整備の一環として，一定の組織的犯罪（薬物・銃器関連犯罪，集団密航の罪など）の捜査のため，裁判官（地方裁判所の裁判官に限る）の発付する令状にもとづき，電話，ファックス，電子メールなどの通信を密かに傍受する法制度が新設されました。**222の2**　刑訴法中に，「通信の当事者のいずれの同意も得ないで電気通信の傍受を行う強制の処分については，別に法律で定めるところによる」との条文を設け，これに応じて制定されたのが，**犯罪捜査のための通信傍受に関する法律**です（法律137号）（通信傍受法）。この法律には，後者の考え方にもとづいて通信傍受令状請求の手続，令状発付の要件，傍受実施の方法，傍受期間の法定，事後の関係者への通知と不服申立ての方法，傍受記録（録音）の保存など，詳細な手続が盛り込まれています。

一定の将来発生することが見込まれる犯罪の証拠収集を目的と

219 Ⅰ
通信傍受
3・6
する傍受が含まれている点，通常の捜索差押検証令状とは異なり，対象犯罪を限定し，他の方法によっては犯人を特定しまたは犯行状況を明らかにすることが著しく困難であること（「補充性」といいます）などを傍受令状発付の要件とし，対象となる通信内容の特定のため，傍受令状自体に被疑事実の要旨を記載することが要請されている点などに特色があります。

通信傍受3
また，2016（平成28）年の法改正によって，組織的な実行の疑いを令状発付の加重要件とした殺傷犯関係の罪，窃盗・強盗，詐欺・恐喝関係の罪など数種の罪が対象犯罪に追加されました。

通信傍受
20〜23・26
さらに，従来はリアルタイムでの聴取のみであった傍受の手続を合理化・効率化して，暗号化等情報処理技術を活用した傍受手法が導入されました。

実情 2022（令和4）年，全国の警察が法に基づいて実施した通話（すべて携帯電話）の傍受件数は24件，106人の逮捕につながったと報告されています（被逮捕者のうち94人は営利目的の覚醒剤譲渡事件）。適用事件数は，2000（平成12）年の法施行以降最多です（事件の内訳は，上記覚醒剤譲渡13，拳銃実包の所持など3，組織的殺人未遂1，現住建造物等放火1，殺人1，窃盗3，窃盗・詐欺1，詐欺1）。法改正前は年間10件程度であった通信傍受の実施件数は，改正法施行後に年間20件以上に増えました。2020（令和2）年以降，全件で暗号化技術等を使った立会人のない傍受が実施されています。

2 鑑定嘱託にともなう強制処分

223
鑑定嘱託 鑑定嘱託とは，捜査機関が，捜査上必要な実験則等に関する知識経験の不足を補うために，特別の学識経験をもつ第三者（専門家）に，その学識経験にもとづいて知ることのでき

る一定の法則とかこれをある事項に適用して得た具体的事実判断について報告を求める処分です(鑑定につき,210頁参照)。

嘱託(依頼)ですから,嘱託を受けた者(これを**鑑定受託者**といいます)に対する強制力をともなうものではありません。ただ,嘱託を受けた者がいざ鑑定をするとなると強制力を必要とする場合があります。そこで,刑訴法には,鑑定留置の請求と鑑定に必要な処分の許可についての規定がおかれています。

224・167 **鑑定留置** 被疑者の精神または身体に関する鑑定を行う場合には,ときに被疑者を病院その他の相当な場所に留置する必要が出てくることがあります。これを鑑定留置といいます(起訴後については211頁参照)。たとえば,犯罪行為時に,被疑者が心神喪失の状況にあったか否かを認定するために,いわゆる精神鑑定が求められることがありますが,被疑者が在宅のままである場合はむろんのこと,勾留されているときも,実際上,問診したり,心理学・精神医学的検査を実施するのは困難であるからです。

鑑定留置は,検察官,検察事務官または司法警察員が裁判官にその処分を請求することによって行われます。請求を受けた裁判官は,これを相当と認めるときには,**鑑定留置状**を発付して,期間を定め,一定の場所に被疑者を留置します。

鑑定留置の場所は,鑑定受託者の鑑定の便宜と戒護の可能性という観点から決められます。保安上の人的・物的設備が十分でない病院等について,被疑者の逃亡等のおそれが強い場合には,司法警察職員に被疑者の看守が命じられることもあります。

留置期間には法律上の制限が設けられておらず,長期に及ぶこともあります。一般に鑑定受託者の申出にもとづいて必要な期間が定められ,その決められた期間も,適宜,延長したり短縮したりすることができます。

224Ⅱ・167 の2 勾留中の被疑者に対して鑑定留置状が執行されたときには,被疑者が留置されている間,勾留の執行は停止されます。したがっ

て，鑑定留置の処分が取り消されたり留置の期間が満了したとき
は，勾留の執行停止の取消しや執行停止の期間の満了時と同様に，
被疑者を刑事施設に収容し，勾留を継続することになります。

225・168　　　　**鑑定に必要な処分の許可**　　鑑定の嘱託を受けた者が，鑑定の
過程で，人の住居に立ち入り，身体を検査し，死体を解剖し，物
を破壊するなどの必要が生じた場合，これらの処分は他人の権利
を制約する性質のものですから，裁判官の発付する令状が必要で

225Ⅱ・Ⅲ　　　　す。この令状を**鑑定処分許可状**といいます。令状の請求は，検察
官，検察事務官または司法警察員が行うことになっています。処
分の請求を受けた裁判官は，これを相当と認めるときは，鑑定処

225Ⅳ・168Ⅱ　　分許可状を発付します。許可状には，被疑者の氏名，罪名および
立ち入るべき場所，検査すべき身体，解剖すべき死体，破壊すべ
き物等の対象ならびに鑑定受託者の氏名を記載しなければなりま

225Ⅳ・168Ⅲ　　せん。なお，身体検査の場合には，裁判官は許可状に適当と認め
る条件を付すことができます。

225Ⅳ・168Ⅳ　　　　鑑定受託者は，鑑定処分の実施に際し処分を受ける者に対して
許可状を示さなければなりません。なお，鑑定としての身体検査
について，刑訴法は，検証としての身体検査に関する諸規定のう

222Ⅰ
131・137・　　ち，実施についての注意，女子の身体検査における医師または成
138　　　　年女子の立会い，身体検査拒否に対する過料，刑罰の制裁などを
139　　　　準用していますが，検証としての身体検査では可能とされている，
172　　　　検査を拒んだ者に対する身体検査の直接強制に関する規定を準用
していません。このため，対象者が検査を拒んだ場合に，鑑定と
しての身体検査を強制的に実施できるのかどうかについては，争
いがあります（63頁参照）。

3　証人尋問の請求

223Ⅰ　　　　　　**証人尋問の請求**　　捜査機関は，被疑者以外の参考人に対し，

その任意の出頭を求めて取調べを行うことができますが（29頁参照），そのような任意の手続では捜査の目的を達成できないと認められる場合には，検察官は，裁判官に対してその参考人の証人尋問を請求することが認められています。主体は，捜査機関の中でも検察官だけであり，しかも第1回公判期日前に限られています。

二類型　証人尋問の請求ができるのは，次の2通りです。

226　①犯罪の捜査に欠くことのできない知識を有すると明らかに認められる者が，任意出頭の手続による取調べに対して，出頭または供述を拒んだ場合です。参考人に対しては強制力を行使することができませんから拒まれるといかんともしがたく，捜査が行きづまりますので，これを避けるために認められるのです。

227 I　②捜査機関の取調べに対して任意の供述をした者が，公判期日においては前にした供述と異なる供述をするおそれがあり，かつその者の供述が犯罪の証明に欠くことができないと認められる場合です。

後ほど説明しますが（268頁以下参照），捜査機関の面前における供述を録取した供述調書は，当事者が「証拠とすることに同326 I　意」する場合は別として，そうでなければ，法が定めた伝聞法則321 I ②③　の例外（270頁）の要件を満たさない限り証拠として取り調べることはできません。裁判官の面前における供述を録取した書面についても，伝聞法則の適用がありますから基本的には同じですが，321 I ①　例外の要件がゆるやかで，供述者が「公判期日において前の供述と異なつた供述をしたとき」には証拠として用いることができるようになっています（270頁参照）。

そこで，供述者が公判期日において異なる供述をすることがあらかじめ予想される場合には，裁判官の面前における供述を録取した書面を確保しておくことが必要であるとみて，②の証人尋問請求を認めたわけです。

228 Ⅰ

　　　手続　　請求を受けた裁判官は，証人の尋問に関して，裁判所
または裁判長と同一の権限を有するとされています。証人尋問の

143〜

方法や手続については，証人尋問の章の規定が準用されます。

228 Ⅱ

　　　裁判官は，捜査に支障がないと判断するときは，被告人・被疑
者または弁護人を証人尋問に立ち会わせることができます。

4　電磁的記録の取得・保全

　　立法措置　　コンピュータ・ネットワークの利用の進展に対応
し，また，大容量・複数の記録媒体（たとえば，プロバイダが管理す
るサーバ・コンピュータ）から捜査目的達成に必要な限度でそこに
記録されている電磁的記録（データ）を証拠として取得する適切
な方法を導入するため，2011（平成 23）年の法改正によって，新
たな強制処分規定の新設や，データが記録されている記録媒体の
差押えの執行方法に関する規定の整備等が行われました（法律 74
号）。

　　この改正により導入されたデータの取得方法は，おおむね次の
とおりです。たとえば，被疑者使用のパソコンや携帯電話で作成
されたデータを捜査機関が取得しようとする場合，その方法はデ
ータの所在場所によって異なります。作成されたデータがネット
ワークを介して大容量のサーバに記録されている場合，パソコン
等を差し押さえる際に，差押え対象のパソコンや他の記録媒体に
必要なデータを複写し，そのパソコンや記録媒体を差し押さえる
方法（電気通信回線で接続している記録媒体からの複写）と，サーバを
管理するプロバイダ等に命じて必要なデータを他の記録媒体に記
録させ，その記録媒体を差し押さえる方法（記録命令付差押え）が
あります。一方，差押え対象のパソコンの内蔵ハードディスクな
どネットワークを介しない記録媒体にデータが記録されている場
合も，捜査に必要なデータはその中のごく一部という場合がある

ので，必要なデータを他の記録媒体に複写し，その記録媒体の方を差し押さえる方法をとることができます（電磁的記録に係る記録媒体の差押えの執行方法については後述します。82頁）。

いずれの方法も無体物であるデータそのものを直接取得するのではなく，有体物である記録媒体に化体させたうえでその記録媒体を差し押さえるものであることに注意してください。

218Ⅱ **電気通信回線で接続している記録媒体からの複写** 捜査機関は，電子計算機に対する差押えを行う場合に，その電子計算機と電気通信回線で接続している記録媒体（たとえば，作成したメールを保管するため使用されているサーバ，作成・変更した文書ファイルを保管するため使用されているファイルサーバなど）に記録されている電磁的記録（データ）を，その電子計算機または他の記録媒体（たとえば，別途用意されたディスク等）に複写したうえ，当該電子計算機または当該他の記録媒体を差し押さえることができます。ただし，複写の対象となるのは，電子計算機に接続しているすべての記録媒体ではなく，その電子計算機で作成・変更をした電磁的記録やその電子計算機で変更・消去する権限が認められている電磁的記録を保管するために使用されている蓋然性のある記録媒体に限定されています（条文で「当該電子計算機で作成若しくは変更をした電磁的記録又は当該電子計算機で変更若しくは消去をすることができることとされている電磁的記録を保管するために使用されていると認めるに足りる状況にあるもの」と定められているのはこのような限定を意味します）。

このように地理的に離れた場所にあるサーバに接続し，必要なデータをコンピュータなどにダウンロード（複写）することは**リモートアクセス**と呼ばれます（◯86頁）。

憲35
219Ⅱ
これは差押え処分の一形態ですから，差押令状の発付を得て実施されます。対象を明示する憲法上の要請を満たすため，裁判官の発する令状には，「差し押さえるべき物」である電子計算機のほか，「差し押さえるべき電子計算機に電気通信回線で接続して

いる記録媒体であって，その電磁的記録を複写すべきものの範囲」を記載しなければなりません。

220Ⅰ②・Ⅲ
99Ⅱ・222Ⅰ
　なお，通常の差押えの場合と異なり，逮捕現場における無令状の処分（68頁参照）ができる旨の規定はありませんので，逮捕の現場で無令状で電気通信回線で接続している記録媒体からの複写を行うことはできません。

99の2
218Ⅰ
　記録命令付差押え　　捜査機関は，裁判官の発する令状により，電磁的記録を保管する者，その他電磁的記録を利用する権限を有する者に命じて必要な電磁的記録を記録媒体に記録させ，または印刷させたうえ，当該記録媒体を差し押さえることができます。この強制処分を記録命令付差押えといいます。

219Ⅰ
　記録命令付差押え処分の実質的な取得対象となるのは証拠として必要な電磁的記録（データ）ですから，令状には，記録させまたは印刷させるべき電磁的記録，およびこれを記録させまたは印刷させるべき者を記載しなければなりません。他方で，通常の差押えのように個別の記録媒体自体（電子計算機等）を特定して記載する必要はありません。

　この処分は，プロバイダ等捜査協力が見込まれる電磁的記録の保管者等に対して，捜査目的達成に必要な範囲で，電磁的記録をディスク等の記録媒体に記録させたうえ，これを取得することで，大容量の記録媒体自体の差押えを避け，また，複数の記録媒体に分散して保管され利用されているデータについて，協力的な保管者等にこれらをひとつの記録にまとめて記録させたうえで，これを取得することができるようにしたものです。対象者の協力が期待できない場合には，通常の記録媒体の差押え処分によることとなります（これについても，電磁的記録の特性に則した処分の執行方法に関する規定が設けられています）。

220Ⅰ②・Ⅲ
　なお，記録命令付差押えは，協力的な対象者を想定しているので，逮捕の現場における無令状の強制処分を認めた規定には掲げ

られていません。

222 I・110 の2 **電磁的記録に係る記録媒体の差押えの執行方法**　捜査機関は，取得しようとする電磁的記録（データ）が記録されている記録媒体につき裁判官から差押状の発付を受けた場合，その記録媒体自体を差し押さえることは可能ですが，そうすると，被差押者は，一定期間，その記録媒体やそれに記録されている捜査に無関係な電磁的記録までも利用できなくなります。捜査機関にとっても，特定の電磁的記録を取得することができれば証拠収集の目的を達成できる場合は，記録媒体の差押えに代えて電磁的記録を取得することを可能にすることが合理的です。そこで，捜査機関は，差し押さえるべき物である記録媒体に記録された電磁的記録のうち，必要な電磁的記録のみを他の記録媒体に複写し，印刷し，または移転したうえ，当該他の記録媒体（ディスク等や印刷物）の方を差し押さえることができることになりました。

222 I・111 の2 **処分を受ける者に対する協力要請**　コンピュータ等の電磁的記録に係る記録媒体の差押え等の実施に際しては，技術的・専門的知識が必要であるため，捜査機関の独力で執行するのが困難な場合があります。そこで，捜査機関は，処分を受ける者に対し，「電子計算機の操作その他の必要な協力を求めることができる」との規定が設けられました。なお，この規定は，捜査機関が行う検証についても準用されますので，電磁的記録に係る記録媒体を対象に検証をする場合にも，協力要請をすることができます。

197 Ⅲ・Ⅳ **通信履歴の保全要請**　電磁的記録に関する以上のような新しい強制処分や差押え処分の執行方法に加えて，任意処分として，捜査機関は通信事業者等に対して通信履歴のデータを一定期間保全するよう要請できます。ネットワークを介した犯罪の捜査に際しては，通信履歴の取得・保全が重要となりますが，履歴データは短期間で消去される場合が多いので，捜査上必要な履歴を押収することができるようになるまでの間，プロバイダ等の保管者に

対し，消去しないことを求めるものです。

憲21Ⅱ　　通信内容だけでなく通信履歴にも憲法の通信の秘密の保障が及ぶと考えられていますが，保全要請は，事業者等が業務上作成記録している通信履歴を消去しないよう求めるにとどまり，それだけで通信履歴が捜査機関に開示されるものではなく，義務違反に対する制裁規定もないので，令状の必要のない任意処分として規定されたものです。

　　保全要請ができるのは，捜査機関が差押えまたは記録命令付差押えをするため必要があるときであり，保全要請の相手方となるのは，電気通信事業者や電気通信設備であるLAN等を設置している会社，官公庁，大学等で，保全要請の対象となるのは，「その業務上記録している電気通信の送信元，送信先，通信日時その他の通信履歴の電磁的記録」です。捜査機関は，必要なデータを特定し，30日を超えない期間を定めて，これを消去しないよう，書面で求めることができます。特に必要があるときは保全期間を30日を超えない範囲内で延長することができますが，通じて60日を超えることはできません。また，差押えまたは記録命令付差押えをする必要がないと認めるに至ったときは，保全要請を取り消さなければなりません。

197Ⅱ
197Ⅴ　　なお，このような保全要請やすでに規定のある捜査関係事項照会については，対象者から捜査上の秘密事項が漏洩して支障が生ずるおそれがあるため，捜査機関は，必要があるときは，みだりにこれらに関する事項を漏らさないよう求めることができます。

5　協議・合意制度（証拠収集等への協力および訴追に関する合意）

350の2〜　　**捜査・公判協力型協議・合意制度の導入**　　被疑者の取調べと供述調書への過度の依存を改め，取調べ以外の方法で供述証拠等

を獲得する手段として，2016（平成28）年の法改正により，「捜査・公判協力型協議・合意制度」が新たに導入・施行されました。この制度は，検察官が，一定の財政経済関係犯罪および薬物銃器犯罪について，共犯関係等にある被疑者・被告人のうち一部の者との間で，その者が他人の犯罪事実を明らかにするため真実の供述その他の協力的行為をする旨，その場合には検察官が当人の事件について不起訴処分，特定の求刑その他の行為をする旨を内容とする「合意」をすることができるとし，このような両当事者間の協議・合意を通じて，他人の犯罪行為の訴追・処罰に必要な供

248

述証拠等を獲得しようとするものです。検察官がこのような「捜査・公判協力型」の合意をすることができる根拠は，公訴権の行使に関する検察官の裁量権限に求められます（109頁参照）。

350の2

　具体的な内容は，次のとおりです。制度の対象は，「特定犯罪」，すなわち強制執行妨害関係犯罪，偽造関係犯罪，贈収賄罪，詐欺・背任・恐喝罪，横領罪，組織的犯罪処罰法の犯罪収益等の隠匿・収受の罪，租税関係法律・独占禁止法・金融商品取引法の罪その他の財政経済関係犯罪として政令で定めるもの，薬物銃器犯罪，証拠隠滅・証人等威迫の罪等に係る事件の被疑者または被告人が，他人の特定犯罪に係る犯罪事実についての知識を有すると認められる場合です。

　検察官は，当該他人の犯罪事実を明らかにするために被疑者または被告人が一定の捜査・公判に協力する行為（被疑者または参考人としての取調べに際して当該他人の犯罪事実を明らかにするため真実の供述をすること，当該他人の刑事事件の証人として尋問を受ける場合において真実の供述をすること，当該他人の犯罪事実を明らかにするため捜査機関に対し証拠物を提出するなど必要な協力をすること）をすることにより得られる証拠の重要性，被疑者または被告人による犯罪および当該他人による犯罪の軽重および情状，犯罪の関連性の程度その他の事情を考慮して，必要と認めるときは，被疑者または被告

人との間で合意をすることができます。

　その合意は，被疑者または被告人が上記の捜査・公判に協力する行為をし，かつ，当該行為が行われる場合には検察官が被疑事件または被告事件について当該被疑者・被告人に有利となる行為（不起訴処分，公訴の取消し，特定の訴因・罰条による起訴・その維持，特定の訴因・罰条への変更請求等，特定の求刑意見の陳述，即決裁判手続の申立て，略式命令請求）をすることを内容とするものです。

350の4
350の6
　この合意をするため必要な「協議」は，原則として，検察官と被疑者・被告人およびその弁護人との間で行います。なお，検察官は，警察が捜査を実施した送致事件等の被疑者との間で協議をしようとするときは，あらかじめ司法警察員と事前協議しなければなりません。また，検察官は，他人の犯罪事実について司法警察員が現に捜査していることその他の事情を考慮して，当該他人の犯罪事実の捜査のため必要と認めるときは，「協議」における必要な行為を司法警察員にさせることができます。この場合，司法警察員は，検察官の個別の授権の範囲内で，合意の内容とする行為に係る検察官の提案を，被疑者または被告人および弁護人に提示することができます。これは警察捜査との緊密な連携とその適正担保に資する趣旨です。

350の3
350の7
350の8
350の9
　公判手続の特例　　合意に係る公判手続の特例として，被告事件についての合意があるとき，または合意にもとづいて得られた証拠が他人の刑事事件の証拠となるときは，これを手続上明示するため，検察官は，合意に関する書面の取調べを請求しなければなりません。その後に合意の当事者が合意から離脱したときは，離脱に関する書面についても同様です。

350の10
350の13
　合意の終了と履行確保　　合意の当事者は，相手方当事者が合意に違反したときその他一定の場合には，合意から離脱することができます。検察官が合意に違反して公訴権を行使したときは，裁判所は，判決で当該公訴を棄却しなければなりません。また，

350の14　検察官が合意に違反したときは，協議において被告人がした他人の犯罪事実を明らかにするための供述および合意にもとづいて得られた証拠は，原則として，証拠とすることができません。

350の5Ⅱ　なお，合意が成立しなかったときは，被疑者・被告人が協議においてした他人の犯罪事実を明らかにするための供述は，原則として，証拠とすることができません。

350の15　虚偽証拠により他人が訴追・処罰されることを防止するため，合意をした者が，捜査機関に対し，虚偽の供述をしまたは偽造・変造の証拠を提出したときは，処罰されます。

　すでに数例につき本制度による合意の成立があったとみられています。

◑リモートアクセス（80頁）

　リモートアクセスについては，国家の主権の行使である犯罪捜査は自国の領域内でのみ実施できることから，サーバが日本国外に所在する場合の電磁的記録の取得は，現在の刑訴法では許容されないのではないか（サーバ所在国の主権を侵害するのではないか）が問題とされました。最高裁は，「刑訴法99条2項，218条2項の文言や，これらの規定がサイバー犯罪に関する条約（平成24年条約第7号）を締結するための手続法の整備の一環として制定されたことなどの立法の経緯，同条約32条の規定内容等に照らすと，刑訴法が，上記各規定に基づく日本国内にある記録媒体を対象とするリモートアクセス等のみを想定しているとは解されず，電磁的記録を保管した記録媒体が同条約の締約国に所在し，同記録を開示する正当な権限を有する者の合法的かつ任意の同意がある場合に，……同記録媒体へのリモートアクセス及び同記録の複写を行うことは許されると解すべきである」と判示しました（最決令和3・2・1刑集75巻2号123頁）。

Ⅶ　被疑者側の防御

　ここで，起訴前段階における被疑者側の防御について，一括して説明します。被疑者のうち6割強は身柄の拘束なしに捜査が進められますが（31頁参照），問題の所在を明確にするために，被疑者が逮捕状にもとづいて司法巡査によって逮捕された場合を想定し，その逮捕時点から説明をはじめましょう。

1　弁護人の選任

202
203 Ⅰ

憲34

旧39 Ⅰ
30 Ⅰ

31 Ⅰ
弁護4・8

31 Ⅱ

　弁護人選任権　　被疑者は，直ちに司法警察員に引致されます。司法警察員は，被疑者を受け取ったときは，「直ちに犯罪事実の要旨及び弁護人を選任することができる旨を告げた上，弁解の機会を与え」なければなりません。これは憲法上の要請です。

　弁護人選任権（弁護人依頼権ともいいます）は，旧法下では被告人にのみ認められていましたから，重要な改革です。現行法は，身柄が拘束されているか否かにかかわりなく，被疑者は「何時でも弁護人を選任することができる」としました。いわば専門の保護者として弁護人に被疑者の正当な利益を擁護してもらうわけです。弁護人は，弁護士の中から選任しなければなりません。弁護士となるには原則として司法修習生としての修習を終え，日本弁護士連合会に備えた弁護士名簿に登録されることがその要件となります。判例によると，弁護士でない者を弁護人として選任する，いわゆる**特別弁護人制度**は，起訴前段階では認められません（最決平成5・10・19刑集47巻8号67頁）。弁護人と弁護士という言葉は，こういう形で区別して使われますので，注意してください（なお，民事事件では，当事者を代理して活動する弁護士のことを「訴訟代理人」ないし単に「代理人」といいます）。

選任手続　　逮捕された被疑者は，「刑事施設の長若しくはその代理人」に弁護士，弁護士法人（弁護士・外国法事務弁護士共同法人を含む）または弁護士会を指定して弁護人の選任を申し出ることができます。なお，司法警察員は，逮捕された被疑者に弁護人を選任することができる旨を告げるに当たって，このように上記弁護士等を指定して選任の申出ができる旨とその申出先を教示しなければなりません。申出を受けた「刑事施設の長若しくはその代理者」は，直ちに被疑者の指定した弁護士等にその旨を通知しなければなりません。

　　被疑者は，通常，司法警察員に対して弁護人選任を申し出ることになります（【書式19】390頁）。むろん，依頼を受けた弁護士が，それに応じるか否かは自由です。

　　弁護人選任権は，被疑者だけでなく，その法定代理人，保佐人，配偶者，直系の親族および兄弟姉妹も有しています。事実上，これらの者に逮捕された事実が通知されたときに意味をもってきます（捜査実務では，逮捕については通知義務はないと解されています。44頁参照）。

　　弁護人選任の方式は，明定されていませんから，口頭でもよいのですが，ふつうは，弁護人選任届という書面に弁護人と被疑者（または他の選任権者）が連署──ならべて自署──し，その被疑事件を取り扱う司法警察員または検察官にこれを差し出す方法が採られます（被告人の弁護人選任方法については，規則で連署した書面の提出が義務づけられています〔【書式20】391頁参照〕）。また，こうしておけば，事件が起訴されて被告人となった際にも，第1審において選任の効力は維持されるのです。

　　選任できる弁護人の数は，各被疑者について3人以内に限られています。ただし，請求にもとづき，裁判所が特別の事情ありとして3人を超える弁護人の数を指定して許可した場合には例外が認められています。最高裁は，「特別の事情」とは，「被疑者弁護

左欄外注記：

209・78Ⅰ
78Ⅱ

203Ⅲ

30Ⅱ

規17
規範133Ⅰ

規18

32Ⅰ・規17

35
規27Ⅰ本文
規27Ⅰ但・
Ⅱ・Ⅲ

の意義を踏まえると，事案が複雑で，頻繁な接見の必要性が認められるなど，広範な弁護活動が求められ，3人を超える数の弁護人を選任する必要があり，かつ，それに伴う支障が想定されない場合には，これがあるものと解される」と判示しています（最決平成 24・5・10 刑集 66 巻 7 号 663 頁）。

207Ⅰ・79　　　**勾留段階**　　被疑者が勾留されたときは，裁判官から直ちに弁護人にその旨が通知されます。弁護人がないときは，被疑者の法定代理人，保佐人，配偶者，直系の親族および兄弟姉妹のうち被疑者の指定する者 1 人にその旨を通知することを要します。弁護
規302Ⅰ・79　人ばかりか，以上挙げた法定代理人等がいないときは，被疑者の申出により，雇主とか知人などその指定する者 1 人にその旨を通知します。

203Ⅰ・204　起訴前段階の勾留は必ず逮捕が先行しており（48 頁参照），その
Ⅰ　　　時点で弁護人選任権は告知されていますが（87 頁参照），実務上，勾留質問の際にも（48 頁参照），防御権の十全な保障のために改めて選任権が告知されることも多いようです。

　　　もっとも，その旨の告知があっても，知り合いの弁護士がいる被疑者はそれほど多くはないでしょうから，スムーズに弁護人が
207Ⅰ・78　選任できることにはなりません。そこで，法は，弁護士会を指定して弁護人の選任を申し出ることができるようにしています。

　　　当番弁護士制度　　弁護士会は，弁護士会指定の弁護人選任を実効化するために，弁護人推薦名簿に登録されている弁護士（これらを当番弁護士といいます）を事前に当番表によって担当日に割り当て，身柄を拘束された被疑者やその配偶者・親族等からの弁護士会への面会依頼に対して，速やかにその弁護士が警察署等に出向いて被疑者と面会し，助言・援助を与える制度を実施するようになりました。第 1 回目の接見は無料である，被疑者が当番弁護士を弁護人に選任したいと希望した場合，当番弁護士は自ら私選弁護人として受任する，貧困者のために運営されている法律扶

助制度（現在は，弁護士会の法律援助事業）を利用することができること等を特徴としています。

この制度を当番弁護士制度といいます。当番弁護士制度は，1990（平成2）年に大分と福岡の弁護士会がスタートさせ，1992（平成4）年には全国の弁護士会で実施されるようになりました。また，これに対応して大部分の裁判所で，当番弁護士に関する説明文が勾留質問待合室等に掲示されるようになりました。

30・36・37　もっとも，現行法施行以来近年までは，起訴前段階では，私選弁護制度だけであり，貧困その他の事由により弁護人を選任することができないときに裁判所が弁護人を選任する国選弁護制度は認められていませんでした。請求による場合も職権による場合も同様です。被疑者についてどの程度，弁護人が選任されているかは不明で，統計上，具体的な数は出てきていませんが，起訴後の統計等から推測すると，低い割合にとどまっていたとみられます（なお，147頁参照）。

改善の動き　改善については，立法論を含めて，種々案を練る必要が指摘されていました。これらを受けて，1990（平成2）年からは，法律扶助制度を被疑者に対しても活用する方策（刑事被疑者弁護援助）が実施に移されました。また，「当番弁護士制度」においては，法律扶助を受けた被疑者が起訴されたときには，当該弁護人が私選弁護人を辞任し国選弁護人に選任されるという取扱いがなされていました。しかし，これらの試みはいずれも公的な法制度ではないため限界がありました。

2　被疑者に対する国選弁護制度の導入

司法制度改革審議会意見と法改正の実現　このような状況の下で，2001（平成13）年6月，司法制度改革審議会は，被疑者が弁護人の援助を受ける権利を実効的に担保しようとの観点から，

37の2〜
37の5

被疑者に対する公的弁護制度の導入を提言しました。この審議会意見を踏まえ，2004（平成16）年の刑訴法改正により，一定範囲の事件について，身柄拘束される被疑者に対する国選弁護制度がはじめて導入されることになりました。前述のとおり，これまで起訴前段階においては私選弁護だけで国選弁護は認められていませんでしたから，これは画期的な制度改革といえます。あわせて，

31の2・36
の2・36の
3・38の2
〜38の4

従来の被告人に対する国選弁護人の選任要件や手続に関する法整備も行われました。以下では，被疑者に対する国選弁護制度について説明します。

　なお，2004（平成16）年に制定された**総合法律支援法**（法律74号）によって**日本司法支援センター（法テラス）**が設立され（⬦104頁），2006（平成18）年10月2日より，被疑者・被告人段階を通じた国選弁護人制度の運営に関する事務を担っています。

　　被疑者に対する国選弁護制度の対象事件　　被疑者国選弁護を担い得る弁護士数の状況や法テラスによる弁護士確保の取組みを勘案して，法は対象となる事件を段階的に拡げていきました。当初は，死刑または無期もしくは短期1年以上の拘禁刑に当たる事件であったものが，長期3年を超える拘禁刑に当たる事件（必要的弁護事件〔176頁〕）にまで拡大しました。

　制度を実効性のあるものとするためには，担い手である弁護士の確保が最重要課題であることは明らかです。法テラスでは，契約によって国選弁護を担当する弁護士を確保したり，弁護士の少ない司法過疎地にも事務所を設けるなどして，全国的に均等・的確な被疑者国選弁護の実現に向けた体制の整備を目指し，徐々にそれを実現化していました。

37の2

　このような体制整備の状況を踏まえ，2016（平成28）年の法改正により，被疑者国選弁護の対象は勾留されるすべての事件にまで拡大されることとなりました。事件の軽重を問わず，身体拘束中の被疑者が弁護人の援助を受けることができるようになること

は，被疑者の権利保障と刑事司法の水準の向上に一層資すること
になるでしょう。2021（令和3）年には，勾留された被疑者7万
4794人の請求に対して，7万2577人に国選弁護人が選任されま
した。

　　選任の要件・手続・効力　　被疑者の国選弁護には，請求によ
る選任と裁判官の職権による選任があります。起訴前段階ですか
ら，いずれについても，国選弁護人の選任は，裁判官が行います。

37の2　　勾留状が発せられている被疑者，または勾留を請求された被疑
者は，貧困その他の事由により弁護人を選任することができない
ときは，裁判官に対して，国選弁護人を付すよう請求することが

37の3　できます（**請求による選任**）。国選弁護人の請求をするには資力申
告書を提出しなければなりません。なお，資力が政令で定める基
準額（現在は50万円）以上である者が請求するには，まず，弁護
士会に対して私選弁護人の選任の申出をしていなければなりませ
ん（**【書式19】** 390頁）。

　　資力が基準額に満たない被疑者は，貧困により私選弁護人選任
ができないと認められますが，一定の資力を有する者については，
まず私選弁護の申出を前置して私選の途を試み，それにもかかわ
らず弁護人選任ができなかった場合等に国選弁護人を請求させる
ことにしたのです。私選弁護人選任の申出を受けた弁護士会の対

37の2I　応は，「その他の事由」の有無の判断に資するため裁判所に通知
されることになっています。

　　請求を受けた裁判官は，選任の要件を認めるときは，被疑者の
ため国選弁護人を付さなければなりません。選任の時期は，逮捕
段階ではなく勾留段階からとされています。多くの場合，勾留請
求された被疑者は，勾留質問（48頁参照）のため裁判所に引致さ
れる際に国選弁護人選任請求を行うことになると考えられます。
勾留の許否を判断する裁判官は，資力要件等を審査し，要件を充
たしていると判断すれば，直ちに法テラス（●104頁）に国選弁護

人候補の推薦を依頼します。法テラスから国選弁護人候補の通知
を受け次第，勾留裁判官またはその裁判官の属する裁判所の他の
裁判官が国選弁護人の選任命令を発します。大きな都市の裁判所
では，国選弁護人選任請求に対しては，請求のあった当日が土曜
日，日曜日，祝日等の休日である場合を含めて，その当日（また
は遅くとも翌日）に弁護人選任命令を発することのできる体制が整
っているようです。

37の4　　　　国選弁護人の選任請求権があっても，精神上の障害その他の事
由でみずから弁護人を必要とするかどうかの判断が困難である疑
いのある被疑者については，請求権の的確な行使が期待できませ
ん。そこで，このような場合でも適切に国選弁護人が選任される
よう，裁判官の職権による選任制度が設けられています（**職権に
よる選任**）。また，特に法定刑の重い重大事件では，複数の弁護人
37の5　　　　による弁護活動が必要な場合も考えられるので，裁判官の職権に
よる追加選任制度が設けられています（**職権による追加選任**）。

38の2　　　　国選弁護人が選任されても，後に被疑者がその選任に係る事件
について釈放されたときは，それが勾留の執行停止によるときを
32Ⅰ　　　　除き，選任の効力は失われます。他方，被疑者が勾留されたまま
起訴された場合には，被疑者に対する国選弁護人の選任は，第1
審においてもその効力を有することになります（88頁参照）。

　　　　国選弁護人の選任請求に関する事項の教示　　　国選弁護人の時
期は勾留段階からですが，被疑者に国選弁護人選任請求権がある
ことや請求の手続等についてあらかじめ十分に説明し教示するこ
とは，的確な権利行使やその準備にとって不可欠です。そこで法
は，勾留に先行する逮捕段階から，捜査機関にこのような教示を
義務づけました。

203Ⅳ・204Ⅲ　逮捕された被疑者については，司法警察員または検察官は，逮
捕後，弁護人選任権を告知する際に国選弁護人の選任請求に関す
る事項を教示しなければなりません。具体的には，引き続き勾留

を請求された場合において貧困その他の事由により自ら弁護人を選任することができないときは，裁判官に対して国選弁護人の選任を請求することができる旨のほか，選任請求をするには資力申告書を提出しなければならない旨，および資力が基準額以上であるときは，あらかじめ，所定の弁護士会に私選弁護人の選任の申出をしていなければならない旨が教示されます。基準額は政令で定められていますが，これが具体的にいくらであるかや，私選弁護人選任申出をどの弁護士会にすべきかも教示されます。

203Ⅲ・204
Ⅱ

207Ⅱ・Ⅳ このような教示事項は，勾留の請求を受けた裁判官が勾留質問において被疑事件を告げる際に，再び告知されます（【書式17】387頁）。

弁護料　弁護士に私選弁護人として活動してもらう場合には，着手金と報酬金が必要です。着手金は，結果のいかんを問わず受任時に支払われるものであり，報酬金は，事件が起訴・不起訴など結果の内容に応じて支払われるものです。

この報酬は，2003（平成15）年，弁護士法の一部改正により，弁護士と依頼者との間で，原則として自由に定めることができるようになりました（**弁護士報酬の自由化**）。むろん，その報酬は，時間，労力，事案の難易その他の事情に照らして適正かつ妥当なものでなければなりません（2004〔平成16〕年に新たに制定された「弁護士の報酬に関する規程」2条）。

3　被疑者の権利と取調べ

黙秘権　先ほど述べたとおり被疑者は，身柄拘束の有無にかかわらず取調べを受けますが，取調べのはじめに「自己の意思に反して供述をする必要がない旨」告げられます（24頁参照。【書式14】383頁参照）。

198Ⅱ

現行法制定時には，「あらかじめ，供述を拒むことができる旨

を告げなければならない」との規定でしたが，捜査機関内部には供述拒否権の告知には抵抗も強く，1953（昭和28）年の部分改正の折に，規定の削除自体が議論された後，結局，このように表現が修正されました。

憲 38 Ⅰ　　一般に，この規定は，被告人同様（188頁，213頁参照），被疑者にも黙秘権——自己に不利益な供述を強要されない憲法上の権利に由来する権利——を保障したものと解されており，この告知は黙秘権の告知と呼ばれることもあります（なお，黙秘権は right to remain silent であって，否認する権利ではありません。したがって，しばしばみかける黙否権は正確性を欠く用語というべきでしょう）。

　　取調べ受忍義務　　ところで，逮捕・勾留により身柄を拘束されている被疑者の取調べについては，黙秘権との関連で，シビアな問題の所在が指摘されています。

　　すなわち，拘束されている被疑者は，取調べのため，警察署の留置場の居房から取調べ室に出頭を求められたとき，それを拒むことはできないか，また，出頭した後は，そこに滞留していなければならないか，です（不拘束の被疑者の取調べは，任意出頭を求めて行います。したがって，被疑者は，出頭を拒むことができますし，出頭後いつでも退去することができます。もっとも，任意同行に引き続く取調べの限界は，実務上も微妙です。判例には，宿泊をともなう長時間の取調べの適法性が争われた事例も見受けられました。最決昭和59・2・29刑集38巻3号479頁）。

198 Ⅰ 但　　これは，直接には法198条1項但書の「被疑者は，逮捕又は勾留されている場合を除いては，出頭を拒み，又は出頭後，何時でも退去することができる」の解釈論として争われるものですが，その背景には捜査手続の性格とか構造をどうみるかといった本質論や憲法論がからみ，論議が多様化しているのです（20頁，28頁参照）。

　　捜査実務上は，逮捕され留置中の場合は，被疑者に出頭義務および不退去（すなわち滞留）義務を認めているといってよいでしょ

自白事件の割合(人員)(地方裁判所)

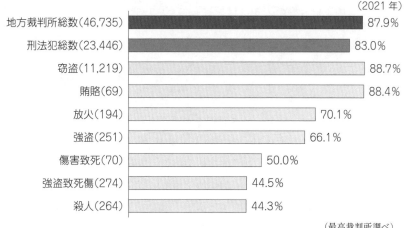

（2021 年）

地方裁判所総数(46,735)	87.9%
刑法犯総数(23,446)	83.0%
窃盗(11,219)	88.7%
賄賂(69)	88.4%
放火(194)	70.1%
強盗(251)	66.1%
傷害致死(70)	50.0%
強盗致死傷(274)	44.5%
殺人(264)	44.3%

（最高裁判所調べ）

う。これを「取調べ受忍義務がある」という表現で示すこともあります。

自白事件の割合 被疑者が取調べに対して黙秘する事例がどの程度あるかは不明です。否認する率も同様です。ただ，通常第1審における終局事件については，『司法統計年報』が，毎年，自白事件（終局段階において，すべての起訴事実を認め，かつ法律上の犯罪成立阻却理由・刑の減免理由となる事由を主張していない事件）とそれ以外の事件（全面否認，一部否認，黙秘，被告事件の陳述に入らず終局などの事件）についての調査を行っています。

それによれば，2021（令和 3）年における自白事件の割合（人員）は，地裁で 87.9%，簡裁で 89.9% であり，最近の状況としては，全体にやや低下傾向がみられます。罪種別には，傷害致死，強盗致死傷および殺人などはその割合がほかに比べ低くなっています。

裁 26 II ① なお，裁量的に合議体で取り扱う事件——いわゆる裁定合議事件（181頁）——は，数としては全体に占める割合は限られているものの（2021〔令和 3〕年では，通常第 1 審終局人員〔地裁〕のうち約

1.2％です），解決困難な事件がとくに選び出されることもあって，否認・黙秘のケースが少なくありません。

取調べ状況の録音・録画　　取調べ状況の録音・録画は，長年にわたって議論されてきた問題ですが，前に述べたとおり（28頁参照），2016（平成28）年の法改正により，裁判員制度対象事件と検察官独自捜査事件について身体拘束中の被疑者を取り調べる場合には，原則として，その状況の全過程の録音・録画を義務づける制度が新設されました。

301の2Ⅳ

改正法が施行されてからさほどの期間を経ていませんが，すでに十数年にわたる試行の経験を踏まえると（27頁参照），捜査機関からは組織犯罪等で供述を得るのが容易でなくなったとの声が聞かれるものの，全体的には公判廷で供述の任意性が争われるケースは減少傾向にあり（289頁参照），義務づけが法定されているか否かを問わず，運用として全過程の録音・録画の実施範囲が拡げられることが期待されています。

弁護人の取調べ立会い　　なお，以前から議論は続いていますが，捜査実務上，取調べに際しての弁護人の立会い権は認められていません。そのような状況下，近時，改めて弁護士・弁護士会から，被疑者の供述の自由を保障するための弁護人立会い権の立法化が積極的に主張されるようになりました。身柄不拘束の被疑者の取調べに際して事実上，立会いが認められたケースの報告もみられ，今後の展開に関心が寄せられています（犯罪捜査規範には，弁護人が立ち会う場合を予定した条項があります）。

規範180Ⅱ

4　接見交通権

接見交通とは　　弁護を引き受けた弁護人は，被疑者の利益を守るために，力を尽くさなければなりません。何よりもすべきことは，被疑者との面接です。弁護人は，被疑者の留置先を確認し，

そこに出向いて，被疑者と面会してその権利について説明し，被疑事実をめぐる種々の事情を聞いたうえ，弁護方針を立てるわけです。

39 I 　法は，「身体の拘束を受けている……被疑者は，弁護人又は弁護人を選任することができる者の依頼により弁護人となろうとする者……と立会人なくして接見し，又は書類若しくは物の授受をすることができる」と定めています。これを被疑者と弁護人との**接見交通権**といいますが，実質を表すために**自由交通権**と呼んだり，「立会人なき」接見をとらえて**秘密交通権**と称されることもあります。

旧 111 　旧法のもとでは，接見は起訴後の段階に限られており，その際にも，看守が立ち会い，しかも事件の内容に話が及ぶと制止されるという状態でしたから，大幅な改革といえます。最高裁は，「接見交通権は，身体を拘束された被疑者が弁護人の援助を受けることができるための刑事手続上最も重要な基本的権利に属するものであるとともに，弁護人からいえばその固有権の最も重要なものの一つである」と述べています（最判昭和 53・7・10 民集 32 巻 5 号 820 頁〔国家賠償請求事件〕）。

39 III 　　**接見制限** 　しかし，一方，法は，前出の 39 条 1 項に続けて同条 3 項で「検察官，検察事務官又は司法警察職員……は，捜査のため必要があるときは，公訴の提起前に限り，第一項の接見又は授受に関し，その日時，場所及び時間を指定することができる。但し，その指定は，被疑者が防禦の準備をする権利を不当に制限するようなものであつてはならない」との規定をおきました。これを**接見指定**といいます（接見の日時・場所・時間の指定という形で制限できるだけであって，接見を禁止することはできません。弁護人以外の者との接見〔101 頁〕と対比）。

　法は，弁護・防御の準備をする権利の重要性と捜査の必要性とのバランスを図ろうとしたのですが，弁護と捜査が厳しく衝突す

る場面であり，現行法制定時より近時に至るまで，39条3項本文の合憲性をはじめ，理論的にも，判例・運用上も，この条項をめぐる争いは絶えませんでした。刑事手続における論点の最も重要なもののひとつです（なお，身体拘束されていない被疑者と弁護人との接見には制限がありませんから，弁護人が任意取調べ中の被疑者との接見を申し出た場合，捜査機関は被疑者に対し，速やかに申出の事実を告げたうえで接見するか取調べを継続するかを確認しなければなりません。東京高判令和3・6・16判時2501号104頁）。

　接見を制限できるのは，あくまでも「公訴の提起前」に限られます。もっとも，判例は，公訴提起後であっても，その者に捜査中の余罪があり，それについて身柄拘束されている場合は，「被告事件について防禦権の不当な制限にわたらない限り」接見指定できると判示しています（最決昭和55・4・28刑集34巻3号178頁）。もちろん，たとえ捜査中の余罪があっても，それについて身柄拘束されていなければ，接見指定することはできません（最決昭和41・7・26刑集20巻6号728頁）。

　この指定は，捜査実務上，後に述べます弁護人以外の者との接見が禁止された場合（101頁）に行われるのが通例でしたが，近年は必ずしも連動していません。接見が禁止される事件の種類からも，指定をめぐる問題の複雑さはうかがわれます。

　指定方法　現行法施行後，かなり早くから，検察官は，接見等の指定が必要と考えるときは，まず，被疑者が収容されている刑事施設の長（留置施設の場合は警察署長）に対して，**一般的指定書**（「〔接見の〕日時，場所及び時間を別に発すべき指定書のとおり指定する」との文書）を発し，後日，日時，場所および時間の細目を記入した**具体的指定書**を弁護人に交付する方法をとりました。弁護人は，この具体的指定書を持参して接見するわけです。これは法務大臣の訓令「事件事務規程」の定めていたところでもあります。通例，**指定書方式**と呼ばれました（弁護士からは，**面会切符制**といわれるこ

ともあります)。

　その後，一般的指定や具体的指定の方法には，動きがみられます
し，地域により様々な解決の試みもなされたようです。もっと
も，1988 (昭和 63) 年に事件事務規程が改廃されて一般的指定書
が廃止され，現在は「日時，場所および時間を指定することがあ
るので通知する」旨の「通知書」が使用されています。

　接見指定に不服があれば，被疑者・弁護人は，裁判所に対しそ
の取消し・変更を請求することができます。いわゆる接見指定処
分に対する**準抗告**の制度です (342 頁)。

430

　　判例 　　かつて攻防の多くは，この準抗告という手段を通して
行われるのが一般でしたが，現在では国家賠償請求訴訟の形で争
われるのが大部分です。最高裁大法廷は，憲法 34 条の定める被
疑者が弁護人から援助を受ける機会を保障するという趣旨が損な
われない限度で，捜査と接見交通との合理的な調整の規定を設け
ることを否定するものではないとして，法 39 条 3 項の合憲性を
認めたうえで，接見指定について，捜査機関は弁護人から被疑者
との接見の申出があったときは，原則としていつでも接見の機会
を与えなければならず，現に被疑者を取調べ中であるとか，実況
見分，検証等に立ち会わせている場合等「取調べの中断等により
捜査に顕著な支障が生ずる場合」には，弁護人と協議してできる
限り速やかな接見のための日時等を指定し，被疑者が弁護人と防
御の準備をすることができるような措置をとるべきであると判示
しています (最大判平成 11・3・24 民集 53 巻 3 号 514 頁)。とりわけ
弁護人となろうとする者の被疑者との「逮捕直後の接見」は防御
の準備のためとくに重要であるとされています (最判平成 12・6・
13 民集 54 巻 5 号 1635 頁)。

　なお，「捜査に顕著な支障が生ずる場合」には，間近い時に取
調べ等をする確実な予定があって，弁護人の申出に沿った接見を
認めたのでは，取調べ等が予定どおり開始できなくなるおそれが

憲 34

39 III

ある場合を含むとするのが判例の立場です（最判平成 3・5・10 民集 45 巻 5 号 919 頁，前出最大判平成 11・3・24）。

日・時間帯　　面会の日・時間帯については，日曜・休日以外 の日の刑事施設の執務時間内，面会の相手方の人数は 3 人以内と されていますが，これらによらない申出がある場合，「刑事施設 の管理運営上支障があるときを除き」刑事施設の長はこれを許さ なければなりません。被疑者が留置施設に留置されている場合も 同様です。

弁護人以外の者との接見（面会）　　逮捕された被疑者が弁護人 以外の者，たとえば配偶者，直系の親族，兄弟姉妹などと接見す ることを権利として認めた明文規定はありません（209 条・211 条・216 条は，80 条を準用していません）。むろん，規定がないだけで 接見が許されないということではありません。

勾留されている被疑者は，弁護人以外の者と「法令の範囲内 で」接見し，または書類や物の授受をすることができます。たと えば，刑事施設の職員による立会い，面会状況の録音・録画など は，「刑事収容施設及び被収容者等の処遇に関する法律」にもと づくものです。面会の相手方の人数，面会の場所，日・時間帯， 面会の時間・回数その他面会の態様についての制限も同様です。 被疑者が留置施設に留置されている場合にも同じ制限があります。

接見禁止　　裁判官は，被疑者が逃亡しまたは罪証を隠滅する と疑うに足りる相当な理由があるときは，検察官の請求により， または職権で，勾留されている被疑者と弁護人以外の者との接見 を禁止したり書類やその他の物の授受を禁止することができます。 裁判官は，接見・授受の禁止だけでなく，書類その他の物の検閲 や差押えもすることができます。

弁護人との接見交通については，前述したとおり捜査機関によ る接見指定が認められていますが，ここでは裁判官が接見禁止の 権限を有しているわけです。ただし，糧食の授受を禁じたり，こ

左欄外：

39Ⅱ
刑事収容
118Ⅰ〜Ⅳ

刑事収容
220Ⅰ〜Ⅳ

207Ⅰ・80

刑事収容
116・118Ⅴ
・114

刑事収容
218・220Ⅴ
・Ⅵ
207Ⅰ・81

81 但

れを差し押さえることはできません（起訴の前後を問わず，接見禁止等の請求に対する禁止決定の数は，2021〔令和3〕年で3万7562人〔簡裁1万4484人，地裁2万3078人〕です）。

禁止される事件の例としては，組織的に実行されることが多い事件類型である，公安労働関係事件，暴力団関係事件，薬物関係事件等が典型ですが，そのほかにも，関係者多数の共犯事件や贈収賄事件などが挙げられます。これらの事件では，指示命令による口止めが行われやすい，通謀による否認や事実の隠蔽が図られやすい，物証が乏しく供述が立証上重要な役割を果たすなどの事情があるため，検察官は，勾留の請求と同時に，裁判官に接見禁止を求めることが多いと指摘されています。

429 I ② 　接見禁止の裁判に不服がある場合，準抗告により争うことができます。さらに，実務上は，弁護人等から接見等禁止の全部または一部解除の申立てが出されることもあります。この申立てがあると，裁判官は，検察官の意見を聴取したうえで職権発動の要否を判断するのが通常です。

5　そ　の　他

証拠保全とは　　捜査機関は，被疑者に不利な証拠を収集するだけではありませんが，被疑者について犯罪の疑いをもち，その証拠を収集して，将来の訴追に備えるといういわば攻撃者の立場にありますから，被疑者にとって有利な証拠を発見するといっても，そこに一定の限界があることは否定できません。一方，被疑者側も独自に証拠を発見・収集することができないわけではありませんが，強制処分の権限がありませんから，これまた限界は避けられません。

179 I 　そこで，法は，被疑者または弁護人が「あらかじめ証拠を保全しておかなければその証拠を使用することが困難な事情があると

きは」、「裁判官に押収，捜索，検証，証人の尋問又は鑑定の処分を請求することができる」と定めました（ただし，第1回公判期日前に限られます）。被疑者側から裁判官に対して強制処分の請求を行えば，これにもとづいて裁判官が強制処分を実施するわけです。**179Ⅱ** これを**証拠保全〔請求〕手続**と呼びます。

180Ⅰ本文　弁護人は，裁判所において，証拠保全処分に関する書類および証拠物を閲覧し謄写することができます。

　もっとも，この手続は十分には活用されていないのが実情です。また，「捜査機関が収集し保管している証拠については，特段の事情が存しない限り，刑訴法179条の証拠保全手続の対象にならないものと解すべきである」というのが判例の立場です（最決平成17・11・25刑集59巻9号1831頁）。

429・430　**準抗告**　被疑者・弁護人が勾留の裁判とか接見指定の処分に不服があれば，準抗告することができることは前にも述べました（49頁，100頁参照）。

　法はほかにも，裁判官が単独裁判官の資格においてする押収に関する裁判や鑑定留置を命ずる裁判，さらには捜査機関が行う押収等に関する処分自体についての取消しまたは変更の請求を認めています。ただし，捜索や検証に関しては，法文上準抗告の対象から外されています（342頁）。捜索や検証のように不利益状況が継続しない一過性の処分については，準抗告により争う実益が乏しいため，と説明されています。

　準抗告事件の受理状況をみると，2021（令和3）年では，法429条関係の新受人員が1万5155人，法430条関係の新受が116人です。なお，上記のうち原裁判・原処分の取消し・変更のあったものは，429条関係で2794人，430条関係で17人です。

　その他　被疑者の権利としては，ほかに勾留された者の身柄に関するものがありますが，すでに述べましたので省略します（50頁参照）。

❏**法テラス**（91頁，92頁，147頁）

　正式名称は，日本司法支援センター。2006（平成18）年4月，総合法律支援に関する事業を迅速かつ適切に行うことを目的として設立された法務省所管の法人（総合法律支援法14条）です。国選弁護等関連業務は，法テラスの本来業務のひとつであり，法テラスは，①弁護士との国選弁護人契約の締結，②個別事件における国選弁護人候補者の指名，裁判所への通知，③国選弁護人に支払うべき報酬・費用の算定，その支払いなど，国選弁護人の選任過程に関与しています。

CHAPTER 2

公訴提起

Ⅰ　公訴提起の手続

1　事件の処理

事件処理　　検察官は，事件について必要な捜査を遂げたあと，その事件を以後どのように扱うかを決めることになります。これを，実務上，検察官の事件処理といいます。

　　事件処理には，**終局処分**と**中間処分**との2種類があります。事件について，最終的に起訴・不起訴を決める処分（このほか特例として，少年事件の処理である家庭裁判所送致）が前者で，終局処分の前に暫定的に行う処分が後者です。

少 42・45V但

　　中間処分には，中止処分と移送処分があります。

　　中止処分は，被疑者や重要参考人の所在が不明であるなどの理由でそれ以上捜査を進めることができず，かつその理由が長期間にわたって解消される見込みがないため，終局処分を行うことを中断する処分です。

検察官の事件処理状況　　　　　　　　　　　　　　　　　　（2021年）

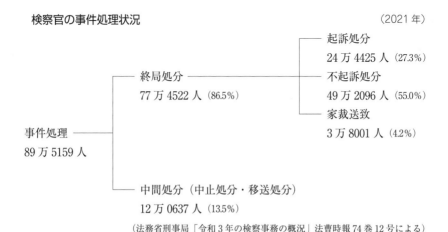

起訴処分
24万4425人（27.3%）

不起訴処分
49万2096人（55.0%）

家裁送致
3万8001人（4.2%）

終局処分
77万4522人（86.5%）

事件処理
89万5159人

中間処分（中止処分・移送処分）
12万0637人（13.5%）

（法務省刑事局「令和3年の検察事務の概況」法曹時報74巻12号による）

移送処分は，被疑者の利益や捜査上の必要から他の検察庁の検察官に事件を送る処分をいいます。管轄権がない場合には送致が義務づけられます。これを**他管送致**といいます（◐124頁）。

258

終局処分は，公訴を提起する処分＝**起訴処分**と，公訴を提起しない処分＝**不起訴処分**とに分けられます。

前頁の図で，各処分の人数，割合を示しましたので，事件処理の全体状況を確認してください。

2 公訴提起（起訴）

公訴の提起　　公訴を提起する起訴処分には，正式の公判審理を請求する**公判請求**と，一定の軽微な事件について書面審理で100万円以下の罰金または科料を科す**略式命令請求**（355頁参照）があります。争いのない簡易明白な事件については，公訴提起と同時に**即決裁判手続**を申し立てることもできます（359頁参照）。

256 I
461～

350 の 16～

247

検察官起訴専権主義　　公訴を提起する権限は検察官に属します。検察官は国の公務員としてこの職責を担当しているとともに，検察官だけがその担当者となっています。これを称して，日本は**国家訴追主義**および検察官の**起訴独占主義**を採用していると説明されます。フランス法を継受した明治初期に近代的検察制度が導入され，いくぶん紆余曲折はありましたが，まもなくこのような方式がとられ，次第に固まっていったのです。両主義を合体して，わが国の制度を検察官起訴専権主義と命名することができるでしょう。

被害者等は告訴することにより，一般国民は告発することにより，捜査・訴追を促すことはできますが（12頁参照），間接的な働きかけにとどまります。私人訴追制度は認められていません。後に挙げます付審判請求手続は起訴独占主義の例外ですが（121頁），これも一般国民に起訴の権限を与えたものではなく，裁判所の決定に公訴提起と同じ効果を与えたにすぎず，国家訴追主義の例外

ではありません。2004（平成16）年に検察審査会の起訴議決にもとづく起訴制度（**強制起訴制度**）が導入され（116頁），国家訴追主義にごく限られた範囲ではあるものの例外が認められましたが，検察官以外の機関が，起訴・不起訴の権限を握ったり（たとえば，アメリカ合衆国では連邦およびいくつかの州において重罪事件につき大陪審による起訴の手続を必要としています），公判に先立って起訴の当否を審査したり（たとえば，旧法の予審制度など。112頁）する制度は設けられていないのです。

　検察官は，捜査の結果，犯罪の証明が十分でないと判断せざるを得ない場合には，事件を不起訴処分に付することになります。名誉毀損罪，器物損壊罪といった親告罪で告訴がない場合も同様です（13頁，316頁）。訴追段階では，適確な証拠にもとづいて有罪判決を得る見込みのある場合に限って起訴するのが検察実務の方針であるとされています。

248　　**起訴裁量主義**　　法は，それだけでなく，犯罪の嫌疑・証拠が十分であっても，「犯人の性格，年齢及び境遇，犯罪の軽重及び情状並びに犯罪後の情況により訴追を必要としないときは，公訴を提起しないことができる」としています。これを**起訴猶予処分**といいます。検察官にこのような起訴を猶予する裁量権を認める方式は，一般に**起訴便宜主義**と呼ばれますが，「便宜」のもつ「ご都合」といったニュアンスを避けるには，起訴裁量主義と名づけたほうが適切かもしれません。

　一方，起訴猶予処分を認めない方式を**起訴法定主義**といいます。法定主義は，不当な政策的・政治的考慮を排除し，平等・公平な訴追の運用を目的とするものです。これに対し，裁量主義は情状関係を考慮したうえ起訴にともなうスティグマ（汚名・汚点）を避け，刑事政策的効果を期待したものです（副次的には，むろん訴訟経済の面もねらいとします）。

　わが国では，事実上裁量主義にもとづく運用が早くから行われ，

旧279　旧法下でそれが明文化され今日に至っています。当初は，国家財政の逼迫，刑務所人口の急増などがきっかけでしたが，以降，犯罪の予防的機能も強調され，次第に，わが国独自の制度として展開していきました。

　現在では，長期間にわたる慣行により，この裁量にも一応の判断基準ができあがっています。これは，独任制官庁である個々の検察官の間で不統一が生じないように，次に述べる検察官同一体の原則にもとづく調整から出てきたものでもあります。

　　検察官の独立性と同一体の原則　　検察官は，検察事務に関しては，それぞれが独立の官庁として，自らの固有の権限によりその事務を処理します。他の行政官庁のように，その長だけが国家意思を決定・表示する権限をもち，他の職員はその長の権限を代理行使しているのとは異なり，検察官は，対外的には各々が独任

検察25　制官庁として独立性をもっているのです。また，身分保障も認められています。

　これは，検察官の職務権限の性質上，他の力から左右されない独立性が必要であることや，その行為が国家意思の表われとして確定的な効力をもつ必要があるところから認められたものです。

検察7〜12　当然ながら，内部的には，検察官は行政官として検事総長を頂点とする組織体の一員であり，国家意思の統一を保つため，一体として活動することが要請されます。これを検察官同一体の原則といいます。そこで，上司の指揮監督権，事務引取権・移転権が認められています。

　このように，検察官の独立性は，裁判事務に関し上司の指図を受けないという裁判官の独立とは，その性格を異にします。

　これを起訴猶予処分についてみますと，個々の検察官は独立の官庁として，担当した事件につき，情状関係を踏まえて，自己の権限と責任において自己の名で起訴猶予処分を行いますが，その処分を行うに当たっては，行政官としての検察官同一体の原則か

ら，上司の指揮監督を受け，その決裁が求められるということに
なります。

検察4　　**検察官**　　検察庁法（1947〔昭和22〕年法律61号）にもとづいて
検察6　説明します。検察官は，犯罪の捜査，公訴権の行使，公訴の維持
（公判活動），裁判の執行と刑事手続の全段階で活動します。むろ
ん，その中軸は，公訴提起段階の活動です。

検察3　　検察官には，検事総長，次長検事，検事長，検事および副検事
の5種類があります。検察官の行う事務を統括する官署が検察庁
です。裁判所の組織・配置（180頁参照）に対応して，最高検察庁
（1庁），高等検察庁（東京，大阪，名古屋，広島，福岡，仙台，札幌，
高松の本庁8，支部6），地方検察庁（都道府県庁所在地のほか旭川，釧
路，函館に本庁50，支部203），区検察庁（438庁）がおかれています
（2023〔令和5〕年2月現在）。

　　検察官はいずれかの検察庁に所属します。検事総長は最高検察
検察7 I・　庁，検事長は高等検察庁の庁務を掌理します。地方検察庁の長は
8・9　検事正です（官名ではなく検事がこれに充てられます）。副検事は区検
察庁の検察官の職のみに補されます。

　　検察庁には，検察官のほか，検察事務官など多種の職員が配置
されており，その総数は検察官（検事1954人，副検事800人）を含
めて1万1870人となっています（2022〔令和4〕年定員）。

　　公訴権の濫用　　先に述べたような権限を検察官に与えること
は，訴追活動の効率化，訴追基準の全国的斉一化をもたらす反面，
専権と裁量にともなう権限濫用が生じる危険性を否定することが
できません。そこで検察官の権限が適正に行使されなかった場合
に備えて権限行使を規制する制度・方法が必要となってきます
（権限行使のあり方しだいでは，より広く，検察制度自体ないし検察官の資
格・身分を見直す必要性も問題になってきます）。

　　ある事件につき不当に起訴しない場合についての規制は後述す
ることとし，ここでは不当な起訴に対する抑制について一言しま

　す。

旧295～　　旧法には，**予審**という制度がありました。この制度は，公訴提起後，事件を公判に付すべきか否かを決するための公判前手続でしたから，不当な起訴をチェックするという機能をももつものでした（旧法では，第2編第3章「豫審」に多数の予審関連規定がおかれていました）。しかし，現行法では予審は廃止されました。

　　他方，現行法には，直接的な起訴に対するチェック制度は見当たりません。そこで，1965（昭和40）年前後より，弁護人の主張として，**公訴権濫用論**が展開されるに至りました。

　　濫用の類型としては，一般に，①犯罪の客観的嫌疑が不十分なまま起訴されたとき，②起訴猶予すべき事案が起訴されたとき，③違法な捜査にもとづいて起訴されたとき，が挙げられます。こ

338④　れらは，起訴の手続が無効であるから公訴を棄却すべきではないのかといった形で（316頁参照），学説上議論を呼んでいたものですが，判例は，②につき，「検察官の裁量権の逸脱が公訴の提起を無効ならしめる場合のありうることを否定することはできないが，それはたとえば公訴の提起自体が職務犯罪を構成するような極限的な場合に限られる」と判示し，かなり限定的な立場をとっています（最決昭和55・12・17刑集34巻7号672頁）。

3　不起訴処分

　その種類　　検察官は，次のような場合には事件を不起訴処分とします。

　⑴起訴すべき条件が欠けるとき。

　⑵法律上，犯罪が成立しないとき。

　⑶証拠上，犯罪事実を認定できないとき。

　⑷刑の免除に当たるとき。

　⑸起訴を猶予すべきとき。

(1)は**訴訟条件**と呼ばれますが，どのような場合がこれに当たるかは，手続打切り事由を列挙した315頁を参照してもらうこととして，ここでは，(2)～(5)について説明します。

刑41　　**(2)の類型**　　①被疑者が犯罪時，14歳未満であったとき（刑事未成年）。

刑39 I　　②被疑者が犯罪時，心神喪失であったとき（心神耗弱であり，その事情を考慮して不起訴処分にする場合は，犯罪の成立は認められていますから(5)の起訴猶予に当たります）。

③被疑事実がいずれの犯罪構成要件にも当たらないとき，または，違法性・有責性について，①，②以外の阻却事由のあることが証拠上明らかなとき。

(3)の類型　　①被疑者が被疑事実の行為者でないことが明らかなとき，またはその事実が犯罪に当たるかどうかを認定する証拠がないことが明らかなとき。

②被疑者が被疑事実の行為者であることにつき，またはその事実が犯罪に当たることにつき，これを認定する証拠が十分でないとき。

刑80　　**(4)の類型**　　被疑事実は認められるが，法律上，刑の免除が定
刑93但　められているとき（刑の免除が任意的である場合に，起訴の必要を認め
刑244 I　ず不起訴処分にするのは起訴猶予の一例として処理されています）。

248　　**(5)の類型**　　「訴追を必要としないとき」。法に定められた考慮要因は，前に述べたとおりで（109頁），主として，被疑者の性格，年齢，境遇は特別予防的側面，犯罪の軽重，情状は一般予防的側面に当たりますが，量刑事情と同様に，一応の基準にすぎず，考慮すべきものはこれに限られないとされます。犯罪後の情況（たとえば被害弁償，示談の有無）も考慮できる点に注意してください。

検察官は，起訴猶予処分をするに当たっては，本人に訓戒を与え，更生の誓約書をとるなどの措置を講じるのが通例です。

少45⑤　　　　なお，少年法 45 条 5 号は，検察官は「家庭裁判所から送致を受けた事件について，公訴を提起するに足りる犯罪の嫌疑があると思料するときは，公訴を提起しなければならない」として，同

少20 I　　　　法 20 条 1 項により家庭裁判所が刑事処分相当と判断して検察官に送致した場合につき，起訴裁量主義の例外を認めています（もっとも，送致時に，家庭裁判所により「起訴猶予」すべきか否かの判断と同様の判断が行われています。363 頁参照）。

　　その効果　　　不起訴処分は，検察官によるその事件についての終局処分ですが，裁判所の判決とは違って確定力はありません（313 頁参照）。したがって，後に新たな証拠が発見されたなど特別の事情が生じれば，不起訴処分を取り消して，その事件につき捜査を再開することが法律上可能です（これを**再起**といいます）。

260　　　　**処分の通知**　　　検察官は，告訴・告発・請求のあった事件について処分したときは，その結果，すなわち起訴したか不起訴にしたかを速やかに告訴・告発・請求した人に通知しなければなりません。これは事件が親告罪等であると否とを問いません。また，

261　　　不起訴処分にした場合に告訴人等から請求があれば，その理由を告知することが義務づけられます（理由の告知）。

　　処罰を求める意思表示をしたのですから，告訴した人（以下，告発人・請求人も同様です）に処分の結果を通知するのは当然でしょうが，この通知が大きな意味をもつのは不起訴処分にした場合です。通知を要求することにより，慎重かつ公正な処分を期待し，加えて告訴した人に検察審査会に審査の申立てをするといった権利を保全する機会を与えているわけです。とくに，理由の告知は，不起訴処分に対する不服申立てを行うか否かの判断資料を提供するためのものです。

　　なお，1999（平成 11）年から**被害者等通知制度**が実施され，検察官が，通知を希望する犯罪の被害者や目撃者等に対し，告訴等の有無にかかわらず，検察官の事件処理結果，公判期日，刑事裁

判結果等を通知する運用が全国的に行われるようになりました。犯罪被害者等に対する配慮施策の一環です（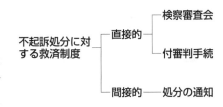222頁）。

259　　被疑者に対しても，不起訴の処分をしたときは，速やかにその旨を告げなければなりません。ただし，法は「請求があるときは」と限定しています。被疑者の不安定な地位に照らして，請求があったときに限る点には，検討を要するとの指摘もみられます。

4　不起訴処分に対する救済制度

救済制度　　検察官による不起訴処分が不当と思われる場合の救済制度として検察審査会および

262〜　付審判手続があります。

検察官の不起訴処分の公正さを担保する方策で，どちらも，現行刑訴法制定にともなってはじめて制度化されたものです。

検察7〜9　　これらのほか，実務上，不起訴の処分をした検察官を指揮監督する上級検察庁の長に対し不服を申し立てて監督権の発動を促す

行政不服審　道が開かれています（行政不服審査法による不服申立てはできません）。

査法7Ⅰ

(1) 検察審査会

検審1　　**検察審査会とは**　　検察審査会は，「公訴権の実行に関し民意を反映させてその適正を図る」ために地方裁判所およびその支部

検審4　の所在地におかれています。検察審査会は，衆議院議員の選挙権を有する18歳以上の者の中からくじで選ばれた11人の検察審査員（任期6か月）で組織されます（2022〔令和4〕年から，検察審査員になることのできる者の年齢が20歳以上から18歳以上に引き下げられました）。刑訴法ではなく，検察審査会法（1948〔昭和23〕年法律147号）という独立の法律でその中身が定められています。

検審21〜・　　**活動**　　被害者や告訴人等で不起訴処分に不服をもつ者から，

2　　　　　　審査の申立てがあれば，審査員全員が出席して審査会議を開き，
　　　　　　事件記録を調べ，ときには証人を呼んだり，公務所に照会して必
　　　　　　要事項の報告を求めるなどして，不起訴処分が妥当であったか否
　　　　　　かを検討するものです。後に言及する付審判手続（119頁）とは
　　　　　　異なって，事件の罪種には限定がありませんし，申立てがなくと
　　　　　　も，審査会は職権で審査事件を取り上げることができます。なお，
　　　　　　2000（平成12）年の法改正で，被害者が死亡した場合の遺族（配
検審2Ⅱ・　偶者・直系親族・兄弟姉妹）にも審査申立権を認め，また，申立人
38の2　　に意見書や資料の提出を認める規定が新設されました。

　　　　　　審査会は，審査の結果，不起訴処分は妥当であったと判断すれ
　　　　　　ば**不起訴相当**，改めてより詳しい捜査を望むときは**不起訴不当**，
検審39の5　積極的に起訴が相当であるとの意見がまとまれば**起訴相当**の各議
・27　　決をします。不起訴相当および不起訴不当の議決は過半数で決す
　　　　　　ることができますが，起訴相当は審査員8人以上の多数によらな
　　　　　　ければなりません。

　　　　　　どのような議決であれ議決書の謄本は，処分をした検察官を指
　　　　　　揮監督する地方検察庁の検事正に送付されます。そのうち不起訴
検審40・41　不当と起訴相当の議決があった事件については，検察官は，議決
　　　　　　を参考にして捜査を遂げ，検討のうえ，起訴すべきか否かを決め
　　　　　　ます。その結果は，直ちに検察審査会に通知されます。

　　　　　　起訴議決　　これまでは，以上のとおり検察審査会の議決には，
　　　　　　法的拘束力はありませんでした。この点につき，2004（平成16）
検審41の2　年，重要な法改正が行われました。〔第1段階の〕起訴相当の議
・41の6　　決に対し，なお，検察官がその事件につき不起訴処分をしたとき
　　　　　　は，検察審査会は，第2段階の審査として，その処分の当否を審
　　　　　　査し，改めて起訴を相当と認めるときは，審査員8人以上の多数
　　　　　　で起訴をすべき旨の議決をすることができるようになったのです。
　　　　　　これは**強制起訴制度**と呼ばれます。この場合あらかじめ，検察官
　　　　　　に対し，検察審査会議に出席して意見を述べる機会を与えなけれ

ばなりません。

検審39の2
・41の4　　この改正において，検察審査会は，審査を行うに当たって，法律に関する専門的な知見を補う必要があると認めるときは，弁護士の中から事件ごとに**審査補助員**1人を委嘱することができるようになりました。とくに，第2段階の審査では，必ず補助員を委嘱し，法律に関する専門的な知見をも踏まえつつ，審査を行わなければなりません。

検審41の7
・41の9・
41の10　　**指定弁護士**　　検察審査会は，起訴議決をしたときは，議決書に，その認定した犯罪事実を記載しなければなりません。議決書の謄本は，検察審査会の所在地を管轄する地方裁判所に送付されます。

　　裁判所は，起訴議決に係る事件について，公訴の提起およびその維持に当たる者を弁護士の中から指定しなければなりません。この指定弁護士が公訴を提起し，その公訴の維持をするため，検察官の職務を行うのです。

　　したがって，指定弁護士は，速やかに起訴議決に係る事件について，起訴状を作成して事件を起訴することが義務づけられ，その公判に検察官役として立ち会うことになります。

　　実情　　制度実施後から 2021（令和3）年までの運用状況の累計によれば，検察審査会が受理した事件数（被疑者数）は18万4004件，うち申立て 92.5%，職権 7.5% です。審査事件のうち，刑法犯につき罪名別にみると，累計では数の多い順に，文書偽造，詐欺，職権濫用，傷害・同致死，窃盗となっています。なお，2021年は，職権濫用が906人で最多です。

　　議決の割合は，累計では，申立て却下・移送・審査打切り 29.7%，不起訴相当 59.8%，起訴相当・不起訴不当 10.5% です。既済事件における起訴相当・不起訴不当の議決のあった事件の割合は減少気味です。

　　起訴相当・不起訴不当の議決事件を対象となった不起訴理由別

検察審査会の運用状況

① 事件の処理状況

区分 年次	受理（人）			既済（人）				建議・ 勧告 （件数）
	総数	申立て	職権	総数	起訴相当・ 不起訴不当	不起訴 相当	その他	
2021 年	3,862	3,835	27	3,511	382	2,821	308	－
2020 年	2,141	2,116	25	1,742	115	1,400	227	－
1949～ 2021 年	184,004 （%）	170,117 （92.5）	13,887 （7.5）	182,658 （%）	19,089 （10.5）	109,239 （59.8）	54,330 （29.7）	545

② 刑法犯罪名別受理状況（被疑者のべ人数）

罪名 \ 区分	2021 年受理人員（%）	1949 年～2021 年累計 受理人員（%）
総数	3,056（100.0）	125,371（100.0）
職権濫用	906（ 29.6）	11,896（ 9.5）
詐欺	168（ 5.5）	14,206（ 11.3）
暴行	68（ 2.2）	2,065（ 1.6）
傷害・同致死	238（ 7.8）	9,934（ 7.9）
文書偽造	642（ 21.0）	14,732（ 11.8）
毀棄，隠匿等	50（ 1.6）	2,997（ 2.4）
名誉毀損・侮辱	123（ 4.0）	3,943（ 3.1）
殺人	72（ 2.4）	5,616（ 4.5）
窃盗	97（ 3.2）	6,742（ 5.4）
業務上横領	123（ 4.0）	4,539（ 3.6）
その他	569（ 18.6）	48,701（ 38.8）

③ 起訴相当・不起訴不当事件の事後経過

区分 年次	検察官の措置（被疑者のべ人員）			起訴された人員の第 1 審裁判結果		
	計	起訴	不起訴維持	計	有罪	無罪等
2021 年	136 （%）	34 （25.0）	102 （75.0）	31 （%）	30 （96.8）	1 （3.2）
1949～ 2021 年	18,415 （%）	1,681 （9.1）	16,734 （90.9）	1,591 （%）	1,488 （93.5）	103 （6.5）

（最高裁判所事務総局刑事局「令和 3 年における刑事事件の概況（上）」法曹時報 75 巻 2 号による）

でみると，おおむね起訴猶予，次いで嫌疑不十分となっています。

議決後に，これを参考にして検察官が起訴の手続をしたのは，累計で 1681 人に達し，これは，起訴相当・不起訴不当の議決中，9.1% に当たります。裁判の結果をみると，有罪率は 93.5%，無罪，免訴，公訴棄却の率は 6.5% です。検察事務の改善に関する建議，勧告の数は，合計 545 件にのぼります。

2009（平成 21）年の改正法施行から 2021（令和 3）年までの間に，再度の起訴相当議決に至った被疑者は 14 人です（第 1 段階で 2 つの起訴相当議決があり，第 2 段階では併合して 1 つの起訴議決をした場合，便宜上 1 としました）。

262

(2) 付審判手続

刑 193〜196
破防 45
無差別殺人
団規 42・43

通信傍受 37

付審判手続とは　付審判手続は，公務員の職権濫用の罪に限って，告訴・告発した者が，検察官の不起訴処分に不服があるとき，「その検察官所属の検察庁の所在地を管轄する地方裁判所に事件を裁判所の審判に付することを請求する」ものです（なお，通信傍受法の制定にともなって〔74 頁〕，捜査または調査の権限を有する公務員による電気通信の秘密を侵す罪も対象犯罪に含まれることになりました）。官憲による違法行為が適切に起訴されなかった旧法下の現実に対する反省にもとづいて現行法に新設された手続です。

262 II
規 169

この請求は，不起訴処分の通知を受けた日から 7 日以内に，事件の犯罪事実および証拠を記載した請求書を，不起訴処分をした検察官に差し出して行います。これは検察官に再考の機会を与え

264
規 171

るためのもので，検察官は，請求に理由があると認めれば起訴することになりますし，逆に理由がないと判断すれば，請求書を受け取った日から 7 日以内に，起訴しない理由を記載した意見書を添えて，書類および証拠物とともに，請求書を地方裁判所に送らなければなりません。

265

付審判請求に対する裁判所の審理および裁判は合議体で行われ，必要があれば事実の取調べも行われます。もっとも，請求に対す

る審理方式についてはあまり細かな規定がありません。そこで，請求を審理する手続は公開か否かをはじめ，請求人が事実の取調べに積極的に関与することを求めたとき，これをどの程度認めるべきかなどに関して判例・学説に多様な議論がありました。

　この点につき判例は，「付審判請求事件における審理手続は，捜査に類似する性格をも有する公訴提起前における職権手続であり，本質的には，対立当事者の存在を前提とする対審構造を有しないのであって，このような手続の基本的性格・構造に反しないかぎり，裁判所の適切な裁量により，必要とする審理方式を採りうる」と判示しています（最決昭和49・3・13刑集28巻2号1頁）。

266①　　　**請求に対する裁判**　　裁判所は，請求手続に方式違反があるときはもとより，請求に「理由のない」と判断したときは，請求棄却の決定をします。「理由のない」とは，犯罪の嫌疑が十分でない場合だけでなく，起訴猶予が相当であると認めた場合も含みます。

248

266②　　　審理の結果，請求に理由のあるときは，裁判所は，決定でその事件を管轄権がある裁判所の審理に付します。この決定があると，

267

267の2　事件について公訴の提起があったものとみなされます。なお，裁判所は，同一事件が検察審査会の審査に付されているときは，付

付審判請求事件の処理状況（のべ人数2017〜2021年）

区分 年次	受理人員	既済人員	付審判決定
2017年	685	463	1
2018年	318	623	－
2019年	397	355	－
2020年	626	468	－
2021年	1,228	986	－

（最高裁判所事務総局刑事局「令和3年における刑事事件の概況（上）」
法曹時報75巻2号による）

審判決定をした旨を検察審査会に通知することとされています。

　法は，請求に理由がある場合に，検察官に起訴を強制する制度をとらず，起訴を擬制する制度を採用しましたので，付審判の制度は起訴独占主義の例外になります（108頁参照）。

268　　　**公判**　付審判の決定によって，管轄裁判所に事件が係属しますと，裁判所は，その事件について公訴の維持に当たる者を弁護士の中から指定し，指定を受けた弁護士は，公訴を維持するため，裁判が確定するまで検察官の職務を行います。これを**指定弁護士**
検審41の9　といいます（検察審査会における起訴議決に際しての指定弁護士制度は，これを参考にしたものです。117頁参照）。

　本制度の趣旨や検察官同一体の原則を考えますと（110頁参照），たとえ不起訴処分をした検察官とは別の検察官であっても，そもそも検察官に公訴維持をまかせることは妥当でないと考えられた
268Ⅱ但　からでしょう。ただし，検察事務官および司法警察職員に対する捜査の指揮は，検察官に嘱託して行わなければなりません。

　　　実情　付審判手続の運用状況を統計で眺めてみます。付審判請求は，各年約100〜700人の間で増減しています（新受人員）。施行後2021（令和3）年までに請求が認容され付審判決定のあった事件は22件です（その多くは警察官を被疑者とするものです）。

　裁判結果は，有罪9件，無罪12件，免訴1件となっています。

　ここ数年間の付審判請求事件の処理状況は前頁の表のとおりです。

5　管　　轄

　管轄とは　　検察官は，事件について管轄権のある裁判所に対して，公訴を提起しなければなりません。

　管轄権とは，特定の裁判所が特定の事件について裁判することのできる権限を指します。あらかじめ管轄を定めることによって，

　各裁判所間に適切に事件を配分するとともに，出廷や防御の便宜
など被告人の利益をも守っているのです。

　管轄には，審級管轄（180頁）のほかに，事物管轄と土地管轄
があります。したがって，公訴提起は第1審として事物管轄権と
土地管轄権をもつ裁判所に対して行うことになります。

　事物管轄　　犯罪の種類を標準として，その軽重によって決め
られた第1審管轄の分配のことを事物管轄といいます。裁判所法
に細かに定められていますが，大要は次のとおりです。

裁24②　　①地方裁判所は，罰金以下の刑に当たる罪の事件を除くほか，
すべての事件を審判します（高等裁判所が第1審を担当する事件は除
かれます）。

裁33　　②簡易裁判所は，(a)罰金以下の刑に当たる罪，(b)選択刑として
罰金が定められている罪，(c)常習賭博罪・賭博場開張罪，横領罪，
盗品等に関する罪の事件について管轄権をもちます。ただし，科
刑についての制限があり，原則として拘禁刑以上の刑を科するこ
とはできません。

旧少37 I　　家庭裁判所は，かつては未成年者を被害者とする少年の福祉を
害する罪の事件（成人の刑事事件）を審判するとされていましたが，
2008（平成20）年の法改正により，それらの犯罪についても地方
裁判所または簡易裁判所が審判することになりました。

裁16④　　**高等裁判所の特別権限に属する事件**　　通常，高等裁判所は，
控訴など上訴を担当しますが，刑法犯中，内乱罪に当たる事件は
高等裁判所が第1審として事物管轄をもちます。したがって，内

372　　乱罪については控訴することができず，最高裁判所に上告する以
外に不服申立ての方法がありません（335頁参照）。

　簡易裁判所と地方裁判所の双方が事物管轄をもつ事件について
は，どちらに起訴するかの選択は原則として検察官の裁量にまか
されています。関連事件の有無，事案の複雑性等をもとに決めら
れることになります。

　　　土地管轄　　これは，事件との場所関係によって認められる同
等裁判所間の第1審管轄の分配のことです。

2I　　　　土地管轄を決める標準としては，まず犯罪地があります。犯罪
の構成要件に当たる事実が発生した土地のことです。証拠が犯罪
地にあることが多く審判に便宜な面があるからです。次に，被告
人の住所，居所または現在地です。とくに，被告人の出頭，防御
を配慮したものです。

　　　　いずれかが裁判所の管轄区域内にあれば，その裁判所が土地管
轄権をもつのです。

　　　関連事件　　以上のように管轄については基本的な法律上の定
めがありますが（これを**法定管轄**といいます），法は，審判の便宜と
か被告人の防御の利益などから，一定の範囲内でこれを修正・緩
和できるようにしています。

9I　　　　すなわち，(a)「一人が数罪を犯したとき」，(b)「数人が共に同
一又は別個の罪を犯したとき」，(c)「数人が通謀して各別に罪を
3・6　犯したとき」といった関連事件については，併合管轄とか審判の
4・5・7・8　併合・分離を認めているのです。

15・16　　　　そのほか，法は，管轄区域が明らかでないときなどには，訴追
17・18　側に管轄指定の請求を義務づけていますし，「管轄裁判所が法律
上の理由又は特別の事情により裁判権を行うことができないと
き」や「地方の民心，訴訟の状況その他の事情により裁判の公平
を維持することができない虞があるとき」などには管轄移転の制
度が認められています。

　　　　これらの請求により裁判所が裁判で定めるその事件限りの管轄
を**裁定管轄**といいます。

◯**移送と送致・送付**（107頁）
　一般の法令用語としては，事件等を同種類の機関相互間で送る場合を**移送**
（法19条），異種類の機関相互間で送る場合を**送致**（法203条・246条など）と

いっています。もっとも，刑訴法では，検察官相互間について「送致（他管送致）」の語を用いている場合もあります（法258条）。なお**送付**は，告訴または告発を受けた事件について書類や証拠物を送る場合に用いられます（法242条）。

Ⅱ　公訴提起の方式

1　公訴提起の方式

256 Ⅰ

書面　　検察官は，公訴を提起するには起訴状という書面を裁判所に提出しなければなりません。（【書式22】394 頁）。旧法のも

旧 290 Ⅲ

とで，一定の範囲内において例外的に認められていた口頭による起訴は，現行法では一切否定されることになりました。

2　起訴状の記載事項

256 Ⅱ

(1) 記載事項　　法は，起訴状に記載すべき事項として，①被告人の氏名その他被告人を特定するに足りる事項，②公訴事実，

規 164

③罪名，を挙げています。そのほかにも規則によって要求されている記載事項があります。

　これらは起訴状の書式を見てもらえば分かるとおりですが，ここでは公訴事実および罪名について説明します。

　なお，氏名のほか，本籍，住居，職業等および勾留中という被告人の身柄の状況が記されていますが，これは規則にもとづくものです（身柄が拘束されていないときは，**在宅**と表示されます）。また，勾留中の被告人が黙秘したため氏名などが分からないときは，「氏名不詳」として，人相，体格等でこれを特定し，被告人の写真を「別紙」として添付したりします。

　問題となるのは，X が他人の氏名 Y を冒用し，検察官もそれを X の氏名と信じて起訴状に Y の氏名を記載して起訴したような場合です。このケースで被告人となるのは氏名冒用者の X か，被冒用者の Y かについて，説が分かれることになります。

(2) 公訴事実

256Ⅲ　　**公訴事実と訴因**　　公訴事実は，訴因を明示して記載しなければなりません。訴因を明示するには，できる限り日時，場所および方法をもって罪となるべき事実を特定することが要求されています。

旧291Ⅰ　　公訴事実という語は，旧法下では，条文にこそ現れませんでしたが，起訴状の記載事項とされた「犯罪事実」が，実務上「公訴〔犯罪〕事実」と呼ばれていました。

　　一方，訴因の語はアメリカ法の count に由来し，現行法になってはじめて導入されたものです。そこで，現行法制定直後より，公訴事実とは何か，訴因とは何か，両者の関係をどのようにとらえるかが多様に議論されました。

256Ⅱ・Ⅲ・Ⅴ　　法256条と法312条において，現行法で新たに導入された「訴
312　　因」と旧法下で頻繁に用いられた「公訴事実」が共通して用いられている（共存している）ことも議論に拍車をかけました。

　　訴因　　現在でも，争いは完全に落着したとはいえませんが，一般に次のようにとらえる見解が有力といえます。これを審判の対象に関する**訴因〔対象〕説**と呼びます。

　　「訴因」は，検察官の具体的な事実の主張です（むろん，単なる事実ではなく，犯罪構成要件に当たる具体的事実です）。訴因は，検察官が裁判所に対して審判を請求する範囲を画するとともに，被告人に対して防御の範囲を示す役割を果たします。したがって，裁
378③　　判所は，訴因についてのみ審理する権限と義務があり，訴因を逸脱して判決すれば「審判の請求を受けない事件について判決した」として，絶対的控訴理由が認められることになるのです
256Ⅱ・Ⅲ　　（327頁参照）。このような見解によると，法256条における「公訴事実」は積極的な実質をともなった概念ではないということにな
312Ⅰ　　るでしょう。条文に見られる「公訴事実」のうち，法312条1項の「公訴事実の同一性」だけは，訴因変更が可能な範囲を画する

概念として意味を持つことになります（225 頁）。

訴因の明示（罪となるべき事実の特定）　　公訴事実は訴因を明示
して記載されますが，法は，「訴因を明示するには」罪となるべ
き事実を特定することが必要であるとしています。これは，「裁
判所に対し審判の対象を限定するとともに，被告人に対し防禦の
範囲を示すことを目的とするもの」（最大判昭和 37・11・28 刑集 16
巻 11 号 1633 頁）です。そこで，訴因を明示するには，刑事裁判の
審判対象が明らかになるように，少なくとも，その事件に適用さ
れる刑罰法規の犯罪構成要件に該当することが分かるように事実
を具体的に記載しなければならないうえ，他の同種の犯罪事実と
区別することができる程度に審判の対象となる事実を特定して記
載しなければなりません。たとえば，目的犯における目的，結果
的加重犯における結果，未遂，共同正犯，教唆・幇助，こういっ
た事実はすべて記載しなければなりません。裏返していえば，構
成要件に当たらない事実，たとえば犯行の動機，量刑事由として
の前科などは記載の対象ではないことになります（134 頁参照）。

　しかも，法は，訴因を明示するための罪となるべき事実の特定
は，「できる限り日時，場所及び方法を以て」行わせることとし
ました。「できる限り」とは，明確に表示できないものであれば
全然特定しなくてもよい，という意味ではありません。「できる
ことならば」ではなく，「できるだけ厳格・正確に」という趣旨
です。

　むろん犯罪の類型によって，いくらか異なりますが，一般的に
は，誰が（主体），いつ（日時），どこで（場所），誰に対し（客体），
どのような方法で（方法），何をした（行為・結果）という事項が
中心となります。いわゆる**六何の原則**（5W1H）です。書式例
（**【書式 22】**394 頁）に当てはめてみてください。

　実務上，しばしば争われるのは，過失運転（以前の業務上過失，
現・自動車運転過失。8 頁参照）致死傷事件における過失の態様・内

256Ⅲ

256Ⅲ

容とか，共謀共同正犯における謀議の日時・場所・内容などです。判例は，前者については具体的記載を要求する傾向にありますが，後者については「共謀の上」との記載だけでも訴因の明示に欠けるところはないとしています（188 頁参照）。

　なお，とくに性犯罪等において，再被害を防止するため，被害者の氏名を片仮名で表記したり，被害者の母親の氏名と続柄を表記するなど，起訴状における被害者の氏名を匿名化する工夫が行われることがあります。もっともこの点については，訴因の明示（127 頁）との関係で慎重に扱うべきであるとの意見もあり，運用は流動的です（●139 頁。犯罪被害者の氏名等の情報保護）。

　具体例　　参考までに，特定されているかが争われた 4 件の例を挙げます。第 1 は，白山丸事件と呼ばれるケースです。出入国管理令違反の事実で，起訴状には，密出国の日時・場所・方法につき，「昭和 27 年 4 月頃より同 33 年 6 月下旬までの間に，有効な旅券に出国の証印を受けないで，本邦より本邦外の地域たる中国に出国した」との表示がありました。

　最高裁は，犯罪の種類・性質等に照らして，日時・方法等を個別に示すことのできない特殊事情があれば（当時は中国との間に国交がありませんでした），幅のある表示も違法とはいえず，また検察官の冒頭陳述から特定の不法出国の事実を起訴したとみることができる場合には訴因が不特定であるとはいえないとしました（最大判昭和 37・11・28 刑集 16 巻 11 号 1633 頁）。

　第 2 は，覚醒剤の自己使用罪の事例です。最高裁は，「昭和 54 年 9 月 26 日ころから同年 10 月 3 日までの間，広島県高田郡吉田町内及びその周辺において，覚せい剤……若干量を自己の身体に注射又は服用して……使用した」との起訴状の記載につき，検察官が起訴当時の証拠にもとづいてできる限り特定したものである以上，訴因の特定に欠けるところはないと判示しました（最決昭和 56・4・25 刑集 35 巻 3 号 116 頁）。

　第3は，傷害致死罪の事例です。最高裁は，「被害者に対し，その頭部等に手段不明の暴行を加え，頭蓋冠，頭蓋底骨折等の傷害を負わせ，よって，……外傷性脳障害又は何らかの傷害により死亡させた」との訴因につき，証拠関係に照らすと，被害者に致命的な暴行が加えられたことは明らかであるものの，概括的な表示にとどまる暴行態様，傷害の内容，死因等については十分な供述が得られず，不明瞭な領域が残っていたというのであるから，できる限り訴因を明示したと認められ，訴因の特定に欠けることはないとしました（最決平成 14・7・18 刑集 56 巻 6 号 307 頁）。

　第4は，傷害の事例です。最高裁は，同一被害者に対し，約 4 か月間，約 1 か月間という一定の期間内に反復累行された一連の暴行によって種々の傷害を負わせた事実については，その暴行が被告人と被害者との一定の人間関係を背景として，共通の動機から繰り返し犯意を生じて行われたものであることなどの事情にかんがみると，「その全体を一体のものと評価し，包括して一罪と解することができる。そして，いずれの事件も，……その共犯者，被害者，期間，場所，暴行の態様及び傷害結果の記載により，他の犯罪事実との区別が可能であり，また，それが傷害罪の構成要件に該当するかどうかを判定するに足りる程度に具体的に明らかにされているから，訴因の特定に欠けるところはない」としました（最決平成 26・3・17 刑集 68 巻 3 号 368 頁）。

338④
339Ⅰ②

不特定　訴因不特定の場合，その起訴は無効となり手続が打ち切られます（また，記載されている部分に何ら罪となるべき事実が含まれていないときも同じです。315 頁）。ただ，訴因がまったく不特定で**補正**（⬤139 頁）が許されないような場合は別として，訴因記載

規178の6Ⅲ
①

の明確性が十分でないというだけであれば（事前準備において，検察官および弁護人が連絡し合って訴因の明確化を図ることを規則は求めて

規208Ⅰ・Ⅲ

います），裁判所は，検察官に対して**釈明**（⬤221 頁）を求め，検察官がこれに応じないときにはじめて訴因不特定として手続を打

ち切るべきだとされています（最判昭和33・1・23刑集12巻1号34頁）。

(3) **罪名**　公訴事実が特定の構成要件に当たることを示す犯罪の名称が罪名です。刑法典の罪については，「第2編 罪」の各条文に付された見出し，たとえば殺人，傷害，脅迫，窃盗，詐欺など慣例化した呼称があるのが一般です（刑法典以外の場合には，それがなく覚醒剤取締法違反，公職選挙法違反，所得税法違反，国家公務員法違反等とするだけです）。もっとも，法は，罪名自体の記載を要件としておらず，法律上適用すべき**罰条**（法令名と条項）を示して記載することにしています。したがって，書式例中にある「強盗致傷」は便宜的なものです（**【書式22】**394頁）。

256Ⅳ

共同正犯，教唆犯・幇助犯，未遂犯などについては，訴因を特定するために刑法総則の規定も記載されます。

256Ⅳ但

罰条の記載に誤りがあっても，訴因の記載が明確で被告人の防御に実質的な不利益を与えるおそれがない限り，公訴提起手続は無効とはなりません。起訴状に罰条を記載していなかった場合も同様とされています（最決昭和34・10・26刑集13巻11号3046頁）。

これは，法令の適用は裁判所の専権事項であり，罰条を記載するのは訴因特定・明示の補助手段と考えられているためです。

(4) **訴因・罰条の予備的・択一的記載**　検察官は，公訴事実

256Ⅴ

の同一性の認められる範囲で，数個の訴因および罰条を予備的に，または択一的に記載することができます。

同一の公訴事実の範囲内で複数の犯罪事実のどれかが成立する可能性がある場合に，「傷害，そうでなければ重過失傷害」というのが予備的記載ですし，「窃盗，横領のいずれか」というのが択一的記載です。

もっとも，実務上，起訴状にこのような記載をみかけることは稀です（公判の段階において，訴訟の進展に応じ検察官が訴因を予備的に追加する例はしばしばあります。226頁参照）。

規58・59　　**⑸　被告人の身柄**　　公務員の書類として要求される一般的な記載事項は書式例を参照してください（**【書式22】** 394頁）。ここでは，次の点のみを挙げます。

規164Ⅰ②　　規則は，起訴状に「被告人が逮捕又は勾留されているときは，その旨」記載すべきこととしています。起訴後は，原則として公訴の提起を受けた裁判所が被告人の身柄の処置について責任をもつことになりますので，被告人の身柄の状態を裁判所に対して明らかにする必要があるからです。

　　さらに，実務では，検察官は，身柄を拘束していない（勾留中でない）事件で被疑者を起訴する際，勾留の必要性を認めたときは，「**求令状**」と記載します。被告人の勾留は，裁判所が職権で行うもので，起訴前勾留とは異なって検察官には請求権がありませんから，これは単に裁判官の被告人勾留に関する職権の発動を促しているにすぎません。したがって，裁判官が勾留の理由・必要性を認めない場合には，勾留請求却下の裁判をしなくてもよいのです（実際上は，手続明確化の観点から，「職権不発動」の判断をすることが多いようです）。ただし，「逮捕中求令状」の場合には（42頁），裁判官が身柄の措置を決めるまで，逮捕状の効力により被告人の身柄は拘束され続けることになりますので，裁判官は，勾留の理由・必要がないと判断すれば被告人の釈放を命ずる裁判をしなければなりません（なお，勾留中の被疑者が起訴されたときは，当然に被告人としての勾留につながることになります。◑57頁，170頁参照）。

280Ⅱ

3　起訴に際して提出すべき書類

規165Ⅰ・Ⅱ　　検察官は，起訴と同時に，被告人の数に応じた起訴状の謄本および捜査機関に差し出された弁護人選任書を裁判所に提出することが義務づけられています。

271Ⅰ　　裁判所は，事件が起訴されれば遅滞なく起訴状謄本を被告人に

規17　　送達しなければなりませんから，起訴状謄本を提出させる必要が
あるのです（犯罪被害者の氏名等の情報保護。●139頁）。また，起訴
前の弁護人選任書は第1審においてもその効力がありますので
（88頁参照），以後の手続を円滑に進めるため裁判所は直ちに弁護
人を知っておこうというわけです。

　　起訴後速やかに，公訴が提起された裁判所の裁判官に提出する
ことが要求されているものもあります。次はその一例です。

280 I
規187　　次項で説明する予断防止の見地から，公訴の提起があったのち
第1回公判期日までは，裁判官が勾留に関する処分を行います
（172頁参照。裁判実務では，勾留係の裁判官を設けたり，審理に当たる部
以外の裁判官に行わせたりしています）。この処分をすべき裁判官は，

規167 I　　処分をするに当たって，逮捕状および勾留状を必要とします。そ
こで，規則は「検察官は，逮捕又は勾留されている被告人につい
て公訴を提起したときは，速やかにその裁判所の裁判官に逮捕状
又は逮捕状及び勾留状を差し出さなければならない。逮捕又は勾
留された後釈放された被告人について公訴を提起したときも，同
様である」と定めています。

4　起訴状一本（証拠不提出）主義

256 VI　　**予断の防止**　　法は，起訴状には，裁判官に事件につき予断を
もたせるおそれのある書類その他の物を添付したり，その内容を
引用してはならないと規定しました。これは**起訴状一本主義**と呼
ばれています。

　　明文規定はありませんでしたが，旧法のもとでは，起訴ととも
に，起訴状のほか，一件記録と称して捜査記録と証拠物とが裁判
所に提出されていました。裁判官は，これらに目を通したうえで
公判廷に臨みましたので，すでに事件につき一定の心証を得て審
理に当たっていたということになります。おのずと公判審理も裁

判所主導の職権的な進め方が可能であったのです。

憲37Ⅰ　　これに対して，現行法は，憲法の「公平な裁判所」を実質的に保障するため，公判前には裁判官が一方的な形で証拠に触れることのない状態で審理をはじめさせようとしました（**予断防止原則**）。

　こうして，捜査機関がもつ有罪の嫌疑を継承しないようにすれば，裁判所は，当事者に立証活動を行わせ，公判審理において事件についての心証を形成していくと考えたわけです。

　予断防止のための制度・手続は，裁判官の除斥・忌避・回避制度をはじめいくつかありますが（⊃140頁），中でもこの起訴状一本主義は重要な原則といえます（もっとも，現行法になって証拠開示との関連で新たな問題を生じさせたことについて，150頁参照。また，公判前整理手続と予断防止原則との関係について，153頁参照）。

　起訴状一本主義のもとでは，証拠の添付や内容の引用は認められません。ただし，文書によって人の名誉を毀損したり脅迫したりした事案においては，その文書の引用が構成要件に当たる事実の記載の一部として許されることはあります。

256Ⅱ　　**余事記載**　　起訴状には，被告人の特定のための事項，公訴事実および罪名だけが記載されます。これ以外の事実が記載されると，その事実は余事記載ということになります。余事記載があってもその記載は直接的には起訴状一本主義と関連をもちませんが，その内容が裁判官に予断を与えるおそれのあるものであれば，や**256Ⅵ**　はり予断防止の原則に違反することになります（すなわち法256条6項違反です）。そこで，単なる余事記載はその部分を取り除いたり訂正したりすればよいのですが，予断を与えるおそれのある余**338④**　事記載があるときには，手続が打ち切られることになります。訴因が特定されているかどうかとは異なり，裁判官の目に必ず触れますので，その後削除・訂正しても取り返しがつかないからです。

したがって，被告人の経歴，性格，前科・前歴などは，それが犯罪構成要件自体に当たるか，またはこれと密接不可分で訴因の明示のために必要である場合（たとえば，被害者が経歴や性格を知っているのに乗じて恐喝したとか，常習累犯窃盗のように前科が構成要件要素であるなど）以外には，記載が許されないことになります。

盗犯3

犯行の動機や目的についての記載も，殺人・放火など，いわゆる動機犯罪に関し，犯意の明確化に役立つ限度において許されます（127頁参照）。

5 一罪の一部起訴

検察官は，ときに一罪の全部ではなく，一部の事実を取り出してこれのみを起訴することがあります。たとえば，家屋に侵入して窃盗したケースにつき，住居侵入を外して窃盗だけで起訴するのはしばしばみられますし，窃盗につき被害金品の一部を除いたり，強盗罪を恐喝罪で，強盗致傷罪を窃盗罪と傷害罪で，殺人未遂罪を傷害罪で起訴することもあります。判例は，実体的には常習特殊窃盗罪を構成する窃盗行為についても，これを単純窃盗罪として起訴することは許されるとしています（最判平成15・10・7刑集57巻9号1002頁）。

盗犯2
刑235

検察官がこのような一部起訴を行うのは，立証上の困難を考慮したり，争点の複雑化を避けたり，裁判の迅速化を図ったり，被告人の情状面や手続的負担を勘案したりすることなどによります。現行法は，当事者主義に立ち，審判対象の設定について検察官に裁量権を与えたものと理解されています。

6　公訴提起の効果

検察官が事件を起訴すると，次のような効果を生じます。

①まず，事件が裁判所に**訴訟係属**することになります。その結
果，同じ事件を重ねて起訴することはできなくなります。**二重起
訴**が禁止されるのは，両者が「公訴事実の同一性」の範囲内にある場合ですが，この範囲については後述します（226 頁参照）。

②公訴提起によって，裁判所の審判の範囲は限定されます。すなわち，検察官が指定した被告人および事実についてのみ審判できるのです。これは**不告不理の原則**といいます（225 頁，228 頁。もっとも審判の対象は何かにつき，126 頁参照）。

③公訴提起によって，公訴時効の進行が停止します。

**338③
339 Ⅰ⑤**

**249
378③**

254 Ⅰ

7　公訴時効

公訴時効とは　　刑事法上の時効としては，刑の時効と公訴の時効とがあります。

刑の時効は，刑を言い渡した判決が確定したのち一定期間を経ることにより刑の執行が免除されるもので，刑法に規定されています。これに対し，ここで論じる公訴時効は，公訴がまだ提起されていない事件に関する時効で，刑訴法に一定の定めがあります。

刑 31～

250～

公訴時効が完成するとなぜ起訴が許されないかについては，犯罪後，時の経過により刑罰を科す必要が消滅したという説明（実体法説）と証拠が散逸して真実の発見が困難になるとの理由づけ（訴訟法説）を中心に諸説が展開され，その本質論が争われています。

時効の期間　　公訴時効の期間は，犯罪の法定刑の重さに応じて定められていますが，2010（平成 22）年 4 月 27 日の法改正に

250

法改正後の公訴時効期間

区分	罪	期間	例
人を死亡させた罪であって死刑に当たるもの		なし	殺人罪，強盗殺人罪等
人を死亡させた罪であって拘禁刑に当たるもの	無期拘禁刑に当たる罪（250Ⅰ①）	30年	強制性交等致死罪等
	長期20年の拘禁刑に当たる罪（250Ⅰ②）	20年	傷害致死罪，危険運転致死罪
	上に掲げる罪以外の罪（250Ⅰ③）	10年	業務上過失致死罪，過失運転致死罪
上記以外の罪	死刑に当たる罪（250Ⅱ①）	25年	現住建造物等放火罪等
	無期拘禁刑に当たる罪（250Ⅱ②）	15年	強盗致傷罪，強制性交等致傷罪，通貨偽造罪等
	長期15年以上の拘禁刑に当たる罪（250Ⅱ③）	10年	強制性交等罪（●17頁），傷害罪，強盗罪等
	長期15年未満の拘禁刑に当たる罪（250Ⅱ④）	7年	強制わいせつ罪，窃盗罪，詐欺罪，恐喝罪，業務上横領罪等
	長期10年未満の拘禁刑に当たる罪（250Ⅱ⑤）	5年	収賄罪，保護責任者遺棄罪，背任罪，横領罪等
	長期5年未満の拘禁刑または罰金に当たる罪（250Ⅱ⑥）	3年	公務執行妨害罪，住居侵入罪，暴行罪，脅迫罪，名誉毀損罪，器物損壊罪等
	拘留または科料に当たる罪（250Ⅱ⑦）	1年	軽犯罪法違反

より「人を死亡させた罪」につき，前頁の表のとおり公訴時効期間が大幅に見直されました。

　すなわち，「人を死亡させた罪」のうち，①法定刑の上限が死刑であるものについては，公訴時効廃止，②法定刑の上限が無期の懲役・禁錮（刑法改正〔2022（令和4）年法67号〕後は拘禁刑）であるものについては，公訴時効期間が15年→30年，③法定刑の上限が20年の懲役・禁錮（同上）であるものについては，10年→20年，④上記のもの以外のものについては，10年に，それぞれ変更されました。

　なお，経過措置が定められ，改正後の250条は，2010（平成22）年4月27日に公訴時効が完成している場合には適用されず，他方，上記の「人を死亡させた罪」が改正法の施行前に犯されていても，同日に公訴時効が完成していなければ，改正後の公訴時効期間が適用されることになっています。

252
251
刑256Ⅱ
刑204
　時効期間は，処断刑ではなく，刑を加重・減軽する前の法定刑を基準とします。法定刑が2つ以上の主刑を併科したり（たとえば盗品等の有償譲受罪），2つ以上の主刑中そのひとつを科すべき罪（たとえば傷害罪）については，その重いほうの刑を基準にします。

　こうして，期間については，法定刑を基準に当てはめればよいのですが，科刑上一罪については，全部につき重い罪を基準とすべきかどうか，両罰規定については，業務主と行為者とを別個に取り扱うべきかなど，若干の論点があります。

253Ⅰ
　時効の起算点　公訴時効は「犯罪行為が終つた時から」進行しはじめます。やや文言からずれはありますが，「犯罪行為」とは，構成要件に当てはまる事実のことで，行為とそれから生じた結果を含むものと解するのが判例・通説です（最決昭和63・2・29刑集42巻2号314頁＝「『犯罪行為』とは，刑法各本条所定の結果をも含む趣旨と解するのが相当である」）。したがって，傷害を与えて10日後に被害者が死亡したという傷害致死罪のケースでは，傷害行為

後 10 日目の時点が起算点になるわけです。

253Ⅱ　　なお，共犯の場合には，共犯者の最終の行為が終わった時からすべての共犯者に対して時効期間を計算しますので，教唆犯や従犯の時効は，正犯の犯罪行為が終了した時から起算することになります。

時効の停止　　時効の停止とは，一定の事由がある場合に，その事由が存する限り時効の進行がストップすることで，その事由がなくなれば，引き続き残りの期間が進行することになります。

旧285・286　旧法下の時効制度は，一定の事由によってそれまで進行していた時効が中断し，一定の事由がなくなってもまた最初にもどって進行するという**時効中断**の方式を採用していましたが，現行法は，被疑者の利益を考慮し，停止制度に替えました。

254Ⅰ　　時効は，公訴提起が行われることによってその進行を停止し，管轄違い・公訴棄却の裁判が確定した時から残りの時効期間の進行がはじまります。

　　仮に公訴提起の要件が欠けても，公訴提起があれば時効の進行は停止します。もっとも，起訴状謄本が有効に送達されなかったため，起訴がさかのぼってその効力を失うときも同じかといった問題については，説が分かれます（最決昭和 55・5・12 刑集 34 巻 3 号 185 頁は，これを肯定し，公訴棄却の裁判が確定するまで時効は進行しないとしました）。

271Ⅱ
339Ⅰ①

　　公訴が提起されると，公訴事実の同一性（226 頁）の範囲内で時効の進行が停止すると一般に解されていますが，その理由づけを含めて議論のあるところです。

254Ⅱ　　共犯者の 1 人に対して公訴が提起されたときは，時効停止の効力が他の共犯者にも及びます。この場合，停止した時効は，共犯者の 1 人に対する裁判が確定した時から再び進行をはじめます。

255Ⅰ　　なお，時効は，公訴提起によるほか，犯人が国外にいる場合には国外にいる期間，犯人が逃げ隠れているため有効に起訴状謄本

の送達・略式命令の告知ができなかった場合には逃げ隠れている期間，その進行を停止します。犯人側の行動により起訴の手続が事実上困難になっている場合には，停止はやむを得ないと考えられたものです。

8　公訴の取消し

257

339 Ⅰ ③

340

　　検察官は，第１審判決が言い渡されるまで，いつでも公訴を取り消すことができます。公訴が取り消されると，裁判所は，決定で公訴棄却を言い渡します（315頁）。この場合，不起訴処分とは異なり（114頁），公訴の取消し後，犯罪事実について新たに重要な証拠を発見したときに限り，検察官は，同一事件についてさらに公訴を提起することができます（例外については，361頁参照）。

◌補　正（129頁）

　訴訟行為（たとえば公訴の提起）の方式に不備があり，そのままでは無効である場合に，これを補充・修正して有効とすることを**補正**といいます。訴因についていえば，訴因の特定が不十分な場合に検察官が釈明（129頁，187頁参照）をして訴因の記載を補充・修正することです。なお，誤字・脱字の修正や本質的でない部分の修正は**訂正**と呼ばれます（規44条1項34号）。補正は，そのままでは無効なものを有効とする点で，有効であることを前提とする訂正や訴因の変更と異なります。

◌犯罪被害者の氏名等の情報保護（128頁，132頁）

　被害者の氏名等の情報を保護するため，性犯罪等の一定の事件について，検察官に対し被害者等の個人特定事項の記載がない起訴状の抄本の提出を可能とする刑訴法等改正案が国会に上程されています。提出を受けた裁判所はこの抄本を被告人に送達することになります。また同改正案では，逮捕状や勾留状の請求手続，起訴状抄本が送達された場合の証拠開示（法299条1項）や裁判書の謄本交付（法46条）時における被害者個人特定事項の秘匿等についても新たな規定が盛り込まれています。

◯除斥・忌避・回避（133頁，200頁）

　憲法は，「公平な裁判所」の裁判を受ける権利を保障しており（憲37条1項），そのためには具体的事件を担当する裁判所の構成に不公平のおそれがないことが大前提となります。**除斥**とは，裁判官が担当する具体的事件の関係者であったり，前に同じ事件の裁判に関与したことがあるなど，不公平な裁判をするおそれのある事情を法が類型化し，これに該当する裁判官は当然に職務の執行から除かれる制度をいいます（法20条）。これに対して**忌避**は，当事者の申立てにより裁判官を職務の執行から除外するもので，除斥の事由がある場合またはその他不公平な裁判をするおそれがある場合に認められます。裁判官の訴訟指揮に対する不服や訴訟遅延目的の忌避申立ては認められていません（法21条～25条）。**回避**とは，忌避の理由があると考える裁判官が自分から申し出て，所属裁判所の決定により職務の執行から除かれる制度をいいます（規13条）。除斥・忌避・回避の制度は，裁判所書記官にも準用されます（法26条，規15条）。なお，除斥・忌避理由のある裁判官が審理・判決に関与した場合には，判決破棄の理由となります（法377条2号・397条）。

CHAPTER 3

公判手続

I　公判のための準備活動

　公判期日の手続が円滑にかつ充実して進められるためには，裁判所および訴訟関係人があらかじめ十分な準備活動を行うことが必要不可欠です。これを**公判準備**といいます。なお，公判期日外で実施される証人尋問（205 頁参照）や検証も公判廷にその結果が提出されてはじめて意義を有しますので，広い意味では公判準備に含まれるということができます。

　事件の争点と証拠を整理するための公判準備として重要な手続は，2004（平成 16）年の法改正により導入され，翌年 11 月に施行された**公判前整理手続**です。

1　弁護人の選任

271　**起訴状謄本の送達と弁護人の選任**　　公訴が提起されたときは，裁判所は遅滞なく起訴状の謄本を被告人に送達しなければなりません。公訴提起の日から 2 か月以内に謄本が送達されないときは，

339 I ①　公訴はさかのぼってその効力を失うことになり，決定で公訴が棄却されます。

272　　被告人に弁護人が付されていないときは，裁判所は，被告人に
規 177　対し，弁護人選任権があること，私選弁護人を選任できないとき

36　は**国選弁護人**の選任を請求できること等を知らせ，さらに，**必要**
289　**的弁護事件**（176 頁参照）については弁護人を選任するかどうか，
規 178 I　その他の事件については国選弁護人の選任請求を行うかどうかを

38 I　確かめなければなりません。国選弁護人は，受訴裁判所が付する
規 29 I　場合も，裁判長が付する場合も，原則として「裁判所の所在地を管轄する地方裁判所の管轄区域内に在る弁護士会に所属する弁護士の中から」選任されます。

【書式6】

国選弁護人選任請求書・資力申告書

裁判官　殿

※　該当する箇所の□印にレ点を付け，必要事項を記入して作成してください。

(注意) 3 (1) に記載した合計欄の金額が 50 万円以上である場合には，この書面を提出して国選弁護人の選任を請求する前に，必ず，大阪弁護士会に対して，私選弁護人選任の申出をする必要があります。

1　次の事件について，2 に記載した理由により私選弁護人を選任することができないので，国選弁護人の選任を請求します。

　　事件名 ＿＿＿＿＿＿＿＿＿＿窃盗＿＿＿＿＿＿＿＿＿＿

2　理由

※　(2) ア又はイの□印に✓点を付けた場合で，大阪弁護士会から通知書を受け取っているときは，この請求書と一緒に提出してください。

☑　(1)　貧困のため

□　(2)　令和＿＿年＿＿月＿＿日，大阪弁護士会に対して，私選弁護人の選任を申し出たが，次の理由から選任することができなかったため

　　□　ア　大阪弁護士会から弁護人となろうとする者の紹介を受けられなかった。

　　□　イ　紹介された弁護士に弁護人の選任の申込みをしたが拒まれた。

　　□　ウ　いまだ大阪弁護士会から連絡がない。

□　(3)　その他の理由（具体的に書いてください。）

　　(　　　　　　　　　　　　　　　　　　　　　　　　　)

3　資力申告

　私の次の資産の合計額（資力という。）と内訳は，記載したとおりで間違いありません。

(注意) 裁判官の判断を誤らせる目的で，その資力について虚偽の記載をした場合は，10 万円以下の過料に処せられることがあります。

| (1) 合計 | | （金額　約 | 1,080 | 円） |

(2) 内訳	現金	□無 ☑有 → 約	1,080	円）
	金融機関に対する預貯金	☑無 □有 → 約		円）
	社内預金等	☑無 □有 → 約		円）
	金融機関の自己宛小切手	☑無 □有 → 約		円）
	ゆうちょ銀行の為替	☑無 □有 → 約		円）

※　金融機関に対する預貯金とは，預金のほか，ゆうちょ銀行の貯金又は農業協同組合，農業協同組合連合会，漁業協同組合，漁業協同組合連合会，水産加工業協同組合若しくは水産加工業協同組合連合会に対する貯金のことです。

※　社内預金等とは，使用者（船員の場合は船舶所有者）に対する貯蓄金又は公務員共済組合，公務員共済組合連合会若しくは日本私立学校振興・共済事業団に対する貯金のことです。

令和 5 年 2 月 3 日

氏名　鶴橋三郎　㊞
（昭和 33 年 3 月 4 日生）

※　以下の欄は，留置担当官，刑事施設・少年鑑別所の職員が記入してください。

1　添付書類　　　　☑　勾留状・告知調書等の写し　　□　不在・不受任通知書

2　取調べ担当検察官所属の検察庁　　　　大阪地方検察庁＿＿＿＿＿＿＿＿＿＿＿

3　留置・収容場所　☑　大阪府大阪南中央警察署留置施設　□＿＿＿＿＿＿＿＿＿

4　国籍＿＿＿＿＿＿＿＿＿＿＿，言語＿＿＿＿＿＿＿＿＿語

上記は被疑者が署名指印したことに相違ありません。

前同日　大阪府大阪南中央警察署司法巡査　　　北浜準一　㊞

規18　　被告人が私選弁護人を選任するときは，弁護人と連署した弁護人選任届を差し出さなければなりません（**【書式20】** 391頁）。

規178Ⅱ・Ⅲ　　必要的弁護事件について，一定の期間内に回答がないとき，または弁護人の選任がないときは，裁判長は直ちに被告人のため国選弁護人を選任する義務があります。

36の2
36の3　　2004（平成16）年の法改正では，被疑者の国選弁護人選任請求の場合と同様に（92頁参照），被告人の国選弁護人選任請求について，資力申告書の提出と弁護士会に対する私選弁護人選任の申出

272Ⅱ　　の前置が要件とされました（**【書式6】** 前頁）。したがって，裁判所には，被告人に国選弁護人の選任請求権を知らせるに当たり，資力申告書を提出しなければならない旨と，資力が基準額以上のときは，あらかじめ私選弁護人選任の申出をしなければならない旨を教示することが義務づけられています。ただし，必要的弁護事件の場合，この要件は適用されません。

38の3　　なお，このような国選弁護に関する規定の整備にあわせて，国選弁護人の解任に関する権限および事由，手続に関する規定が設

弁護人選任状況

① 通常第1審の裁判所別弁護人選任状況　　　　　　　　　　　　（2021年）

区分／裁判所	終局人員	弁護人が選任された人員		私選弁護人が選任された人員		国選弁護人が選任された人員	
		総数	うち必要的弁護	総数	うち必要的弁護	総数	うち必要的弁護
地裁総数	46,735 (%)	46,527 (99.6)	36,921 (79.0)	8,258 (17.7)	6,705 (14.3)	39,503 (84.5)	31,320 (67.0)
地裁合議	2,686 (%)	2,685 (99.9)	2,555 (95.1)	868 (32.3)	775 (28.9)	1,977 (73.6)	1,936 (72.1)
地裁単独	44,049 (%)	43,842 (99.5)	34,366 (78.0)	7,390 (16.8)	5,930 (13.5)	37,526 (85.2)	29,384 (66.7)
簡　裁	3,291 (%)	3,226 (98.0)	2,813 (85.5)	262 (8.0)	205 (6.2)	2,988 (90.8)	2,624 (79.7)

（最高裁判所事務総局『令和3年　司法統計年報　2刑事編』による）

② **通常第1審の罪名別弁護人選任状況**　　　　　　　　　　　（2021年）

罪名 ＼ 区分	裁判所	終局人員	弁護人が選任された人員の割合(%)	私選弁護人が選任された人員の割合(%)	国選弁護人が選任された人員の割合(%)
通常第1審事件全体	地裁	46,735	99.6	17.7	84.5
	簡裁	3,291	98.0	8.0	90.8
贈収賄	地裁	69	100.0	81.2	18.8
	簡裁	1	100.0	100.0	—
殺人	地裁	242	100.0	15.3	88.0
窃盗	地裁	10,096	99.3	9.5	91.9
	簡裁	2,668	99.6	6.8	93.4
詐欺	地裁	3,609	98.3	23.2	79.5
公職選挙法違反	地裁	6	100.0	83.3	33.3
	簡裁	3	100.0	100.0	—
税法違反	地裁	254	99.6	70.1	32.7
道路交通法違反	地裁	5,409	99.5	13.8	86.7
	簡裁	93	81.7	10.8	72.0
覚醒剤取締法違反	地裁	6,705	99.8	14.1	89.2

（最高裁判所事務総局刑事局「令和3年における刑事事件の概況（上）」法曹時報75巻2号による）

けられています。

　　弁護人選任の状況　　起訴後については，公的統計があります（前頁表①および上表②）。地裁および簡裁における通常第1審における終局人員のうち弁護人がついた割合は，ここ数年，地裁，簡裁いずれも99%前後です。2021（令和3）年では，地裁が99.6%，簡裁が98.0%となっています（全体で99.0%）。

30・36・37　　私選弁護と国選弁護の比率をみますと国選弁護の率が年々上昇しているのが目立ちます。地裁における国選弁護は，40%にとどまる時期もありましたが，次第にその数を増し，近年では85%前後で推移しています。逆に，私選弁護は60%近くであったものが，減少傾向がみられ，近年は16〜20%程度です（%は終局人員に対する率です）。

　　なお，罪名別にみますと，地裁では公職選挙法違反の罪や贈収

賄罪などで私選弁護人のついた割合が高く，窃盗罪や道路交通法違反の事件では低くなっています。殺人罪の事件では，私選弁護の率は 15.3% となっています。

前に述べましたように（90 頁参照），以上の統計は，起訴後のことですから，これをもとに起訴前段階の弁護の実情について語るのは適当でないでしょう。ただ，これまで起訴前段階では，国選弁護人は認められていませんでしたので，私選・国選の比率と近時の傾向，私選弁護人のつく率の高い罪種などの状況は，少しは参考になるところもあると思われます。

実際には，道路交通法違反などの一部の軽微な在宅事件を除き，捜査段階で私選・国選いずれかの弁護人がついていることが多いようです（なお，90 頁参照）。

弁護料　起訴後において弁護士に弁護人として活動してもらう場合には，着手金と報酬金が必要です（94 頁参照）。

なお，現在，国選弁護人の選任に関する業務は，報酬基準も含め，日本司法支援センター（法テラス）（⊙104 頁）が行っています。2009（平成 21）年 5 月 21 日以降に裁判所から指名通知請求を受けた事件および同日以降に最初の公訴の提起があった事件の被告人国選弁護の基礎報酬は，下の表のとおりです。

被告人国選弁護の報酬基準（基礎報酬）

第　1　審							
簡　裁		地 裁 ・ 家 裁					
		単　独		通常合議		重大合議	
公判前整理手続なし	公判前整理手続あり	公判前整理手続なし	公判前整理手続あり	公判前整理手続なし	公判前整理手続あり	公判前整理手続なし	公判前整理手続あり
66,000 円	70,000 円	77,000 円	80,000 円	88,000 円	90,000 円	99,000 円	100,000 円

控 訴 審 ・ 上 告 審		
原審が即決裁判事件である場合	原審が簡易裁判所の事件である場合	原審が地方裁判所または家庭裁判所の事件である場合
57,000（前審から継続 40,000）円	67,000（前審から継続 50,000）円	77,000（前審から継続 60,000）円

（国選弁護人契約約款による）

2　公判期日の指定

273 I

　　期日の指定　　公判期日を指定するのは裁判長の権限ですが，実際上は検察官および弁護人の都合等を確かめたうえで指定する

273 III
規 179 I

のが通例です。公判期日は検察官，弁護人，補佐人に通知されます（【書式24】396頁は，公判前整理手続期日についてのもの）。とくに第1回公判期日の指定については起訴状謄本が被告人に送達され

規 178 の 4

る前にはできませんし，また期日前に訴訟関係人が行うべき訴訟の準備のための期間を考慮することが必要です。

281 の 6

　　継続審理　　2004（平成16）年の法改正により，審理に2日以上を要する事件については，できる限り連日開廷し，継続して審

旧規 179 の 2

理を行わなければならない旨が法定されました。従来から規則に同趣旨の規定がありましたが，公判は間隔をおいてとびとびに開かれるのが実情でした。

　　しかし，争点を中心とする充実した審理を集中的・連日的に行う趣旨を明らかにするとともに，後述する裁判員制度の対象事件（241頁参照）では，裁判員の負担を軽減するためにも，連日的な開廷が必要と考えられたのです。訴訟関係人は，期日を厳守し，審理に支障を来さないようにしなければなりません。法改正後も，裁判員制度対象以外の事件については，連日的な開廷は十分には実現していませんが，後に述べる公判前整理手続（151頁以下参照）に付された事件を中心に，徐々に集中審理の実践が拡がりつつあります。

Ⅱ　公判の準備と証拠開示──公判前整理手続

1　事前準備と証拠開示

規178の2　　**事前準備の内容**　　訴訟関係人は，第1回公判期日までに，で
きる限り証拠を収集し，整理して，審理が迅速に行われるよう準
規178の6　備しなければなりません。すなわち，検察官は，取調べを請求す
る予定の証拠書類や証拠物については，公訴提起後なるべく速や
かに被告人または弁護人に閲覧の機会を与えなければなりません
し，弁護人も，被告人その他の関係者に面接するなど適当な方法
によって事実を確かめておくほか，検察官が閲覧の機会を与えた
証拠書類や証拠物についても，なるべく速やかに証拠とすること
についての同意・不同意または異議の有無の見込みを検察官に通
知しなければならないのです。

規178の15Ⅰ　　裁判所も，適当と認めるときは，検察官および弁護人を出頭さ
せて，公判期日の指定，その他訴訟の進行に関し，必要な打合せ
を行うことができます。このような手続を第1回公判期日前の事
316の2〜　前準備といいます。事件が**公判前整理手続**（151頁）に付されるま
では，事前準備に関する規則の規定がすべて適用されます。

316の28　　また，第2回以後の公判期日のため行われる事前準備は，**期日
間準備**と呼ばれ，事実上有用な役割を果たしていますが，この点
も現在は**期日間整理手続**（167頁）が重要です。

40　　**証拠開示の問題**　　弁護人は，起訴後は裁判所にある証拠書
299　類・証拠物を閲覧・謄写することができますし，また，検察官が
取調べ請求を予定している証拠書類や証拠物についてもあらかじ
め閲覧の機会が与えられます。証人・鑑定人等については，あら
299の2　かじめその氏名・住居を知る機会が与えられます。ただし，検察

官は，証人等関係者の保護という観点から，証人，証拠書類等に
氏名が記載されている者，またはその親族の身体・財産に対して，
害を加えたり，これらの者を畏怖させ，困惑させる行為がなされ
るおそれがあると認めるときは，弁護人に対しその旨を告げて，
これらの者の住居，勤務先その他通常所在する場所が特定される
事項が，被告人を含む関係者に知られないようにすることその他
これらの者の安全が脅かされることがないように配慮することを
求めることができます。なお，被害者特定事項についても同趣旨
の規定が設けられています（◯222頁）。さらに，2016（平成28）
年の法改正では，証人等の氏名・住居の開示に関して，弁護人の
みに知る機会を与える措置や，例外的に弁護人にも知る機会を与
えないことができる措置が定められています。

299の3
299の4
299の5

　また，以前から，検察官が取調べ請求を予定していない証拠
（たとえば公判で証人となる予定の者の捜査段階で作成された供述調書な
ど）についても，閲覧を求めれば事実上弁護人はそれらを閲覧で
きることも多かったようです。しかし，この点については明文の
規定がなかったこともあって，労働公安事件や否認事件になると，
閲覧を求められても，検察官はそれを拒否することがありました。
そこで，検察官に対する手持ち証拠の開示の強制，とりわけ裁判
所による開示命令の可否が議論されていました。これが**証拠開示**
の問題です。

旧44

　なお，旧法ではこういう問題はあまり深刻化しませんでした。
公訴提起と同時に検察官が有罪立証の証拠だけでなく幅広い範囲
で裁判所に提出した証拠を，弁護人は裁判所において閲覧・謄写
することができたからです。ところが，新法では起訴状しか提出
されませんから（起訴状一本主義，132頁参照），弁護人は裁判所に
おいて証拠を閲覧しようにもできないわけです。

256Ⅵ
40

　判例　この点につき判例は，裁判所は，証拠調べの段階に入
った後は，弁護人から具体的必要性を示して一定の証拠閲覧の申

出があれば，その訴訟指揮権にもとづき，事案の性質，審理の状況，閲覧を求める証拠の種類および内容，閲覧の時期，程度および方法などを考慮し，それが被告人の防御のためにとくに重要であり，かつこれによって罪証隠滅，証人威迫などのおそれがなく，相当と認めるときは，検察官に対し，その所持する証拠を弁護人に閲覧させるよう命ずることができるとしました（最決昭和44・4・25刑集23巻4号248頁）。これは訴訟指揮権（182頁参照）を根拠とした個別開示を認めたものと解され，その後の実務に対するリーディング・ケースとなりました。証拠開示命令に至らなくとも，裁判所が検察官に一定の証拠の開示を勧告する場合もありました。

2　公判前整理手続の導入と証拠開示拡充の趣旨

　　以上のような状況に対して，2004（平成16）年の法改正により，第1回公判期日前の段階から，被告人が防御の準備を十分できるようにするため，次に述べる公判前整理手続において証拠開示の範囲が拡充され，その手続が明文化されることになりました。

316の13〜

　　手続導入の趣旨　　審理を集中的・連日的に行うためには，あらかじめ事件の争点を明らかにし，公判で取り調べる証拠を決定したうえで，明確な審理計画を立てておく必要があります。とりわけ裁判員制度の対象事件では，裁判員が審理に参加しやすいよう審理の予定をあらかじめ明らかにし，また，分かりやすく迅速な審理を行うためにも，第1回公判期日に先立ち，事件の争点と証拠を整理して明確な審理計画を立てることが不可欠の前提となります。

規178の2〜
178の10

　　前に述べたとおり（149頁参照），これまでも第1回公判期日前の事前準備に関する規定はありましたが，当事者間の打合せを促す程度のものにとどまり，事前に十分な争点整理が行われないこ

とが少なくありませんでした。

316の2 　そこで，第1回公判期日前において事件の争点と証拠を整理するための公判準備として，**公判前整理手続**が新たに設けられることになりました。これは，公判審理を担当する受訴裁判所が主宰して，当事者双方が公判でする予定の主張をあらかじめ明示し，その証明に用いる証拠の取調べを請求する等を通じて，事件の争点を明らかにし，公判で取り調べる証拠をあらかじめ決定して，明確な審理計画を策定しようとするものです。

　証拠開示拡充の趣旨——段階的証拠開示　第1回公判期日前の段階から被告人が防御の準備を十分に整えることができるようにするため，公判前整理手続における証拠開示が拡充され，開示に関する手続が明文化されました。

316の14
316の13Ⅲ
　検察官は，公判前整理手続において，取調べを請求した証拠を開示しなければなりませんが，公判前整理手続に付されない場合とは異なり，証人の尋問を請求するときでも，その証言予定内容が明らかとなる供述録取書等をも開示しなければならないとされました。また，それ以外の証拠でも，検察官請求証拠の証明力を

316の15
316の20
判断するために重要な一定類型の証拠や，被告人側が明らかにした主張に関連する証拠につき，開示の必要性および弊害を勘案して相当と認めるときは，開示しなければならないとされたのです。

　後に説明するとおり（156頁以下），公判前整理手続における証拠開示は，当事者の主張の提示と争点整理の状況に応じて，段階的に実施されることに特色があります。

　公判前整理手続における証拠開示制度については，証拠開示命令の対象などをめぐっていくつかの判例があり（最決平成19・12・25刑集61巻9号895頁，最決平成20・6・25刑集62巻6号1886頁，最決平成20・9・30刑集62巻8号2753頁など），また，現在では，後に述べる規定の趣旨を踏まえ，検察官による任意的な証拠開示の運用も拡充しています。

予断防止原則との関係　　公判前整理手続は，事件の審理を担当する受訴裁判所が主宰します。したがって，裁判所は第1回公判期日前に，当事者双方の主張や証拠に接することになり，予断防止原則との関係が問題となります（133頁）。

256Ⅵ

公判前整理手続では，裁判所は，両当事者に，公判でする予定の主張を明らかにさせ，証拠調べ請求やそれに対する証拠意見を明らかにさせることになりますが，これらは，公判審理を計画的・円滑に進行する準備のために，当事者双方が等しく参加する場で，それぞれの主張に触れるにとどまります。また，裁判所は，証拠能力の判断や証拠開示に関する裁定のために証拠自体に触れる場合がありますが，これも証拠能力や証拠開示の要件の有無の判断にとどまり，証拠の信用性を判断するわけではありません。このように，公判前整理手続は，事件の実体についての心証形成を目的とせず，また，実際に裁判所が心証を形成することもないので，受訴裁判所が手続を主宰しても，予断防止原則の趣旨には反しないとされます。

3　公判前整理手続の開始・方法・関与者・内容

裁判員49

手続の開始　　裁判員制度の対象事件については，必ず公判前整理手続に付さなければなりません（248頁，【**書式23**】395頁）。

316の2Ⅰ

裁判員制度対象事件以外の一般の事件については，裁判所が充実した公判の審理を継続的，計画的かつ迅速に行うため必要があると認めるとき，事件を公判前整理手続に付する決定をすることができます。2016（平成28）年の法改正により，検察官，被告人・

316の2Ⅱ

弁護人に公判前整理手続を請求する権利が設けられました。裁判所は，事件を公判前整理手続に付す決定または当事者の請求を却下する決定をするには，あらかじめ，検察官および被告人または弁護人の意見を聴かなければなりません。なお，請求を却下する

公判前整理手続の実施状況および平均審理期間 （2021 年）

		総数	殺人	強盗致傷	現住建造物等放火	傷害致死	(準)強制性交等致死傷	(準)強制わいせつ致死傷	その他
自白事件	終局人員	439	100	107	39	35	20	41	97
	平均審理期間(月)	9.9							
否認事件	終局人員	648	135	109	35	33	22	22	292
	平均審理期間(月)	16.0							

（最高裁判所事務総局刑事局「令和 3 年における刑事事件の概況(上)」法曹時報 75 巻 2 号による）

決定に対する不服申立ては認められていません。

　　　2021（令和 3）年の通常第 1 審（地裁）における公判前整理手続の実施状況・平均審理期間は，上の表のとおりです。総終局人員（地裁）4 万 6735 人のうち，公判前整理手続に付された被告人は

規217の19　1104 人です。なお，事件が公判前整理手続に付されるまでは，これまでの事前準備に関する規則の規定が適用されますし（149 頁参照），また，公判前整理手続に付された後も，一部の規定は適用があり活用されることが予定されており，実際に打合せはしばしば活用されています。

316の3 I　　裁判所は，公判前整理手続において，充実かつ迅速な公判審理に向けて十分な準備が行われるようにするとともに，できる限り

316の3 II　早期に同手続を終結させるよう努めなければならず，また，訴訟関係人は，手続の目的が達せられるよう，相互に協力するとともに，その実施に関し，裁判所に進んで協力しなければなりません。

規217の2 I・　公判前整理手続において，裁判所は，公判の審理予定を定めなけ

II　ればならず，訴訟関係人はこれに協力しなければなりません。

316の2 III　　**手続の方法**　　公判前整理手続は，裁判所が訴訟関係人に書面

316の6　を提出させる方法，あるいは，公判前整理手続期日を開いて訴訟関係人を出頭させ陳述させる方法によって行われます。これらの

規217の6　方法を適宜織り交ぜて行うこともできます。期日を指定するときは，その期日前に訴訟関係人が行う準備を考慮しなければなりま

316の11　せん。なお，裁判所は，訴因変更の許可，証拠決定，証拠開示に

関する裁定など裁判所が決定すべき事項を除き，受命裁判官に公判前整理手続をさせることができます（⊃169頁）。

316の10　　裁判所は，弁護人の陳述または弁護人が提出する書面について被告人の意思を確かめる必要があるときは，公判前整理手続期日において被告人に質問し，あるいは，弁護人に被告人と連署した書面の提出を求めることができます。弁護人が明らかにした主張等が被告人の意思に沿ったものでなければ，実効的な争点整理を行うことができませんので，必要に応じ，被告人の意思を確認することができるようにしたのです。

316の4　　**手続の関与者**　　十分に争点と証拠を整理するためには，弁護人の関与が不可欠です。そこで，被告人に弁護人がなければ手続を行うことができないとされています。被告人に弁護人がないときは，裁判長は，職権で弁護人を付さなければなりません。また，
316の7　公判前整理手続の期日に検察官または弁護人が出頭しないときは，その期日の手続を行うことができないとして，検察官および弁護人の期日への出頭が必要的とされています。弁護人の不出頭等により手続が遅延することのないよう，弁護人が期日に出頭しないとき，または在席しなくなったときは，裁判長は，職権で国選弁護人を選任しなければならず，また，弁護人が期日に出頭しないおそれがあるときは，裁判所は，職権で国選弁護人を選任することができます。

316の9Ⅰ　　被告人の公判前整理手続期日への出頭は必要的ではありませんが，出頭することはできます。現に，被告人が出頭する事例は稀
316の9Ⅱ　ではありません。他方，裁判所は，必要と認めるときは，被告人に，期日への出頭を求めることができます。被告人の出頭を求めたときは，速やかにその旨を検察官・弁護人に通知しなければな
316の9Ⅲ　りません。被告人が出頭する最初の公判前整理手続期日において，裁判長は，まず，被告人に対し，供述拒否権を告知しなければなりません。

316の5　　　**手続の内容**　　公判前整理手続において行うことができる事項は，法316条の5の1号から12号に列挙されています。それらは，訴因・罰条を明確にさせ，訴因変更を許可し，主張を明示させるといった主張ないし争点の整理に関するもの（1号〜3号），証拠調べ請求，立証趣旨・尋問事項の明確化，証拠意見の確認，証拠決定や証拠調べの順序・方法の決定，証拠調べに関する異議申立てに対する決定といった証拠の整理に関するもの（4号〜9号），証拠開示に関するもの（10号），被害者参加事件への被害者参加の決定またはその取消し（11号），公判期日の決定・変更など審理計画の策定に関するもの（12号）に分類できます。なお，公判前整理手続では，第1回公判期日前であっても証拠調べ請求

292但　　（4号）や証拠決定（7号）ができますので，証拠調べは冒頭手続終了後に行う旨の規定（191頁）には，例外を認める但書が設けられました。

　公判前整理手続において実際に行うことができる事柄は，列挙された事項に限定されるわけではありません。列挙された事項を行う前提あるいは手段として必要なこと，付随して行う必要があることは法・規則に従い実施可能です。たとえば，裁判所が，「公判期日においてすることを予定している主張を明らかにさせて事件の争点を整理する」（3号）ために，検察官，被告人，弁護

規208 I　　人に，主張の不明確な点について釈明を求めることや，「証拠調べをする決定又は証拠調べの請求を却下する決定をする」（7号）

43Ⅲ
規33Ⅲ　　ために，必要な事実の取調べを行い，証拠書類または証拠物の提
規192　　示を命ずることなどができます。

4　公判前整理手続の進行──争点・証拠の整理と証拠開示

(1) 検察官による証明予定事実の明示とその証明に用いる証拠の取調べ請求

公判前整理手続では，次のような流れに従って，争点および証拠の整理と証拠開示が行われます。

証明予定事実　　十分に争点および証拠を整理するとともに，被告人側が防御の準備を整えることができるようにする前提として，まずは検察官が主張立証の全体像を明らかにすることとされています。

316の13　　検察官は，公判期日において証拠により証明しようとする事実（これを証明予定事実といいます）を書面で裁判所および被告人または弁護人に明らかにするとともに，証明予定事実を証明するために用いる証拠の取調べを請求しなければなりません（**【書式25】**
規217の20　397頁）。証明予定事実の記載については，事件の争点および証拠
　I　　の整理に必要な事項を具体的かつ簡潔に明示し，事実とこれを証
規217の21　明するための証拠との関係を具体的に明示する等の適当な方法で，争点と証拠の整理が円滑に行われるよう努めなければならないとされています。

316の13Ⅳ　　なお，裁判所は，検察官が証明予定事実記載書面を提出すべき
規217の23　期限と証拠調べを請求すべき期限を定める必要があり，検察官はその期限を厳守しなければなりません（**【書式23】** 395頁）。

実際上，裁判員制度対象事件などでは，起訴後，検察官はおおむね2週間で証明予定事実記載書面を提出するとともに，証拠調べ請求をして当該証拠を開示し，その際，類型証拠に該当するものについても，審理促進の観点から，前述したとおり任意に開示するという運用が定着しています（152頁）。

316 の 14 I (2) 検察官請求証拠の開示および証拠の一覧表の交付

請求証拠の開示 さらに，検察官は，検察官請求証拠について，被告人または弁護人に対し，証拠の区分に応じ，次の方法で開示をしなければなりません。

(ア) 証拠書類または証拠物については，これを閲覧および謄写する機会を与えること（被告人の場合は閲覧の機会のみ。以下同じ）。

(イ) 証人，鑑定人，通訳人または翻訳人については，その氏名および住居を知る機会を与えるとともに，その者の「供述録取書等」（「供述書，供述を録取した書面で供述者の署名若しくは押印のあるもの又は映像若しくは音声を記録することができる記録媒体であつて供述を記録したものをいう」）のうち，その者が公判期日において供述すると思料する内容が明らかになるものを閲覧および謄写する機会を与えること。

290 の 3 I

ただし，(イ)の場合，供述録取書等が存在しないとき，またはこれを閲覧させることが相当でないと認めるときは，その者が公判期日において供述すると思料する内容の要旨を記載した書面を閲覧および謄写する機会を与えなければなりません。

316 の 14 II ～V **証拠の一覧表** 2016（平成 28）年の法改正により，検察官には，検察官請求証拠の開示をした後，被告人または弁護人の請求により，速やかに検察官が保管する**証拠の一覧表**を交付することが義務づけられました。これは，被告人側が類型証拠開示請求等をする際の手がかりとする趣旨です。この一覧表には，証拠物の品名・数量，供述録取書面の標目・作成年月日・供述者の氏名（供述の内容は記載されません），その他の証拠書類の標目・作成年月日・作成者の氏名を記載しなければなりません。ただし，検察官は，人の身体・財産への加害または人を畏怖・困惑させる行為がなされるおそれ，人の名誉・社会生活上の平穏が著しく害されるおそれ，犯罪の証明または捜査に支障を生ずるおそれがあると

認めるものは，一覧表に記載しないことができます。なお，検察官はこの一覧表を交付した後，証拠を新たに保管することになったときは，速やかに，その証拠の一覧表を交付しなければなりません。

(3) 検察官請求証拠の証明力を判断するために重要な一定類型の証拠の開示

　　類型証拠の開示　　上記(1)および(2)の手続によって，検察官の主張立証の全体像と保管する証拠の標目が明らかになったところで，これに対し，被告人側がどのような主張立証をするかを決めることができるようにし，ひいては，十分な争点の整理と被告人の防御の準備が行われるようにするため，被告人側が検察官請求証拠の証明力を適切に判断することができるようにする趣旨で，

316の15　被告人側は一定類型の証拠の開示を請求をすることができます。これは，類型証拠の開示と称されます（**【書式26】** 398頁）。

　　類型証拠開示の要件は，次のとおりです。

316の15Ⅰ・Ⅱ　　(ア)　法の定める証拠の類型に該当すること。すなわち，証拠物（1号），裁判所・裁判官による検証調書（2号），捜査機関による検証・実況見分調書またはこれに準ずる書面（3号），鑑定書またはこれに準ずる書面（4号），証人等の供述録取書等（5号），検察官が特定の検察官請求証拠により直接証明しようとする事実の有無に関する供述を内容とする参考人の供述録取書等（6号），被告人の供述録取書等（7号），被告人またはその共犯として身体拘束されもしくは起訴された者の取調べ状況記録書面（8号），検察官請求証拠である証拠物の押収状況を記録した押収手続記録書面（9号），類型証拠として開示すべき証拠物の押収手続記録書面（2項）のいずれかに該当すること。

　　(イ)　それが前出(2)で開示された特定の検察官請求証拠の証明力を判断するために重要であると認められること。

　　　　　(ウ)　(イ)の重要性の程度その他の被告人の防御の準備のために開
　　　　　　　示をすることの必要性の程度ならびに開示によって生じるお
　　　　　　　それのある弊害の内容および程度を考慮し，開示が相当と認
　　　　　　　められること。

　　　　　(エ)　被告人または弁護人から開示の請求があること。

316の15Ⅲ　　被告人または弁護人が開示請求をするときは，証拠の類型およ
　　　　　び開示の請求に係る証拠を識別するに足りる事項，ならびに事案
　　　　　の内容，特定の検察官請求証拠に対応する証明予定事実，開示の
　　　　　請求に係る証拠と検察官請求証拠との関係その他の事情に照らし，
　　　　　開示の請求に係る証拠が検察官請求証拠の証明力を判断するため
　　　　　に重要であることその他の被告人の防御の準備のために開示が必
　　　　　要である理由を明らかにしなければなりません。

316の15Ⅰ・　　被告人側の開示請求を受けた検察官は，以上の要件を検討して
Ⅱ　　　　開示が相当と認めるときは，開示をしなければなりません。まず
　　　　　は検察官が，証拠の重要性の程度その他被告人側の防御準備のた
　　　　　めの必要性の程度と，たとえば罪証隠滅，証人威迫，関係者の名
　　　　　誉・プライヴァシーの侵害など開示により生じるおそれのある弊
　　　　　害の内容・程度を勘案して，開示の相当性を判断することになり
　　　　　ます。

316の23・　　なお，証拠開示に際して証人等を保護するための規定（149頁
299の2　　参照）は，公判前整理手続における証拠開示についても準用され
316の15Ⅰ　　ます。また，検察官は，必要と認めるときは，開示の時期・方法
　　　　　を指定し，または条件を付することができます。たとえば，即時
　　　　　または無条件の開示をすると弊害が生じるものの，これを特定の
　　　　　時期まで開示しないものとすることにより，または一定の条件を
　　　　　付することによって，弊害の発生を防止することができると認め
　　　　　られる場合に，開示の時期を指定し，あるいは，一定の条件を付
規217の26　　するなどです。なお，開示請求のあった証拠について，これを開
　　　　　示しない場合には，その理由を被告人または弁護人に告げなけれ

ばなりません。

(4) 被告人側の主張の明示と証拠調べ請求等

主張の明示　このようにして被告人側は，検察官の主張立証の全体像を具体的に示されるのみならず，検察官請求証拠の証明力を判断するために重要な一定類型の証拠の開示を受けることができます。そこで法は，それらの手続の終わった後であれば，被告人側に，公判でする予定の主張等を明らかにするよう求めても，防御の利益を損なうものではないとして，被告人側に一定の応答を義務づけました。

すなわち，検察官による証明予定事実の明示，その証明に用いる証拠の取調べ請求およびその開示，検察官請求証拠の証明力を判断するために重要な一定類型の証拠の開示が行われた後，被告人または弁護人は，以下のことをしなければなりません。

316の16　　　　(ｱ)　検察官請求証拠について，法326条の同意をするかどうか
326　　　　　　　　　などの証拠意見を明らかにすること。

316の17Ⅰ　　　(ｲ)　証明予定事実その他の公判期日においてすることを予定し
規217の20Ⅱ　　　　ている事実上および法律上の主張があるときは，裁判所およ
規217の21　　　　　び検察官に対し，これを明らかにすること（【書式27】399頁）。

316の17Ⅱ　　　(ｳ)　被告人側に証明予定事実があるときは，その証明に用いる
　　　　　　　　　　証拠の取調べを請求すること。

316の18　　　　(ｴ)　被告人側の請求証拠を検察官側に開示すること。

　　　　　　　　被告人側請求証拠の開示の方法は，検察官請求証拠の場合と同
316の19　　　じです。検察官は，被告人側請求証拠の開示を受けたときは，こ
316の17Ⅲ　れに対する証拠意見を明らかにしなければなりません。なお，裁
　　　　　　　判所は，被告人側の主張明示や証拠調べ請求の期限を定めること
　　　　　　　ができます。

316の16Ⅱ　　また，当事者双方に対し，相手方に対する証拠意見を明らかに
316の19Ⅱ　すべき期限を定めることができ，訴訟関係人は期限を守らなけれ
規217の23　ばなりません。もっとも裁判所は，期限までに意見や主張が明ら

規217の24　かにされず，または証拠調べ請求がない場合でも，公判の審理を開始するのを相当と認めるときは，公判前整理手続を終了することができます。

316の17　**判例**　判例は，公判前整理手続において被告人に対し主張明示義務および証拠調べ請求義務を定めている法316条の17について，「被告人又は弁護人において，公判期日においてする予定の主張がある場合に限り，公判期日に先立って，その主張を公判前整理手続で明らかにするとともに，証拠の取調べを請求するよう義務付けるものであって，被告人に対し自己が刑事上の責任を問われるおそれのある事項について認めるように義務付けるものではなく，また，公判期日において主張をするかどうかも被告人

憲38 I　の判断に委ねられている」ことから，憲法38条1項に違反しないと判断しています（最決平成25・3・18刑集67巻3号325頁）。

316の20　(5) **主張関連証拠の開示**　さらに法は，前記(4)で示される被告人側の主張に関連する証拠の開示について定めています。これは，被告人側が明らかにした主張によって生じた争点に関連する証拠を検察官が開示することにより，さらなる争点整理や被告人側の防御準備を可能にする趣旨のもので，主張関連証拠の開示と称されています。主張関連証拠開示の要件は次のとおりです。

　　(ア)　被告人または弁護人が明らかにした事実上および法律上の主張に関連すると認められる証拠であること。

　　(イ)　その関連性の程度その他の被告人の防御の準備のために当該開示をすることの必要性の程度と開示によって生じるおそれのある弊害の内容および程度を考慮し，開示が相当と認められること。

　　(ウ)　被告人または弁護人から開示の請求があること。

　　開示は，他の場合同様，閲覧・謄写の機会を与える方法によります。検察官は，必要と認めるときは，開示の時期・方法を指定し，または条件を付することができます。

(6) 証拠開示に関する裁定

開示時期の指定と開示命令　　以上のような公判前整理手続における証拠開示の要否の判断をめぐって，検察官と被告人側との間で争いが生じた場合には，公判前整理手続を主宰する裁判所がこれを裁定をする制度・手続が設けられました。

316の25　　ひとつは，**開示時期の指定**等です。前に述べたとおり，検察官，被告人・弁護人は，取調べ請求する証拠を開示しなければなりませんが，裁判所は，開示すべき当事者の請求により，開示の必要性の程度ならびに弊害の内容および程度等を考慮し，必要と認めるときは，決定で，開示の時期・方法を指定し，または条件を付することができます。

316の26　　もうひとつは，**開示命令**です。裁判所は，法の規定により当事者が開示すべき証拠を開示していないと認めるときは，相手方の請求により，決定で当該証拠の開示を命じなければなりません。その際，開示の時期・方法を指定し，または条件を付することもできます。

なお，前に述べたとおり，検察官は，証拠開示に際して開示の時期・方法を指定したり条件を付することができるわけですが（160頁参照），これに対して被告人側は，検察官が付した条件等に不服があれば，開示命令の請求をすることができ，裁判所は，その条件等が不当であると判断した場合，無条件の開示や新たな条件等のもとでの開示を命ずることもできます。

316の25Ⅲ　　**即時抗告**　　以上のような裁定のための裁判所の決定に対して
316の26Ⅲ　は，即時抗告をすることができます（341頁参照）。

422・358・　　即時抗告の提起期間は3日であり，原決定が告知された日から
55Ⅰ　　進行します。この期間の起算点は，決定告知の翌日です。

なお，これまで様々な決定について，原決定謄本が被告人と弁護人との双方に日を異にして送達された場合の抗告提起期間は，被告人に送達された日から進行するという判例が積み重ねられて

きましたが（たとえば，上告棄却決定に対する異議申立てについて，最決昭和 32・5・29 刑集 11 巻 5 号 1576 頁，保釈請求却下決定に対する準抗告棄却決定に対する特別抗告について，最決昭和 43・6・19 刑集 22 巻 6 号 483 頁など），証拠開示命令請求棄却決定に対する即時抗告の提起期間は，弁護人に同決定謄本が送達された日から進行するというのが最高裁の立場です（最決平成 23・8・31 刑集 65 巻 5 号 935 頁）。裁定請求の主体は弁護人であり，弁護人が（被告人ではなく）弁護人自身に対して証拠開示することを命じる旨求めているという請求の形式等がその理由です。

316 の 27　**提示命令**　裁判所は，裁定をするため必要と認めるときは，請求に係る証拠の提示を命ずることができます。また，裁判所は，被告人側から開示命令の請求があった場合に，検察官に対し，その保管証拠のうち裁判所の指定する範囲に属するものの標目を記載した一覧表の提示を命ずることもできます（これは前出〔158 頁〕の証拠の一覧表と同一のものではありません）。ただし，この証拠の提示命令や一覧表の提示命令は，裁判所が裁定を的確に行うことができるようにするためのものですから，提示された証拠および一覧表は，閲覧または謄写をさせることができません。

(7) 開示証拠の目的外使用の禁止など

目的外使用の禁止　検察官による証拠開示は，現に係属する被告事件について，十分に争点を整理するとともに，被告人側の防御準備を整えることを目的に行われるものです。そのような本来の目的以外の目的で，開示証拠の複製等が第三者に交付されるなどすると，罪証隠滅，証人威迫，関係者の名誉・プライヴァシーの侵害等の弊害が拡大するおそれがあります。また，開示証拠の目的外使用が無制約に許されるとすると，証拠開示の要否の判断において，目的外使用による弊害の可能性をも考慮しなければならず，かえって，証拠開示の範囲が狭くなるおそれがあります。

これまでは，開示証拠の取扱いに関する明確なルールがありま

せんでしたので，2004（平成16）年の改正法は，開示証拠が本来
の目的にのみ使用されることを担保し，証拠開示がされやすい環
境を整え，ひいては証拠開示制度の適正な運用を確保するため，
被告人または弁護人等による開示証拠の目的外使用を禁止するこ
とを明らかにしました。

281の4 　　被告人，弁護人またはこれらであった者は，検察官から被告事
件の審理の準備のために開示された証拠に係る複製等を，その事
件の審理など被告事件に係る裁判のための審理のほか法所定の手
続またはその準備に使用する目的以外の目的で，人に交付し，提
示し，または電気通信回線を通じて提供してはならないとの明文
規定が設けられたのです。

281の5 　　目的外使用については刑事罰も設けられており，また，目的外
281の3 使用の禁止とあわせて，弁護人は，開示証拠の複製等を適正に管
理し，その保管をみだりに他人にゆだねてはならないことが規定
されました。

316の21 　　**当事者双方による主張・証拠請求の追加・変更**　　前記(1)から
316の22 (5)までの手続の後，検察官，被告人または弁護人は，必要がある
ときは，同様の方法で主張の追加・変更を行うとともに，追加の
証拠調べ請求，請求に係る証拠の開示等をしなければなりません。
当事者双方が，必要に応じ，その主張・証拠請求の追加・変更等
を繰り返すことによって，次第に争点・証拠の整理が進められる
ことが想定されているのです。

316の24 　　**争点および証拠の整理の結果の確認**　　以上のような手続を経
て，公判前整理手続を終了するに当たっては，裁判所は，検察官
および被告人または弁護人との間で事件の争点および証拠の整理
の結果を確認しなければなりません（**【書式28】** 400頁，**【書式34】**
406頁）。

　　(8) 公判前整理手続に付された事件の公判手続の特例　　公判前
整理手続が実施された事件については，公判期日の手続に関して

いくつかの特例があります。

　証拠調べ請求の制限　せっかく公判前整理手続で争点と証拠を整理しても，公判審理において新たな証拠調べ請求を無制限にすることができるとすれば，争点整理の実効性が損なわれ，相手方の反証準備のために公判審理を中断せざるを得なくなるなど，**316の32 I**　策定した審理計画の実現が困難になってしまいます。そこで，公判前整理手続に付された事件については，検察官および被告人または弁護人は，やむを得ない事由によって請求することができなかったものを除き，手続の終了後には，新たな証拠調べを請求す**316の32 II**　ることができないとされています（193頁参照）。この制限は，裁判所が必要と認めるときに，職権で証拠調べをすることを妨げるものではありません。

規217の32　当事者が公判前整理手続で請求しなかった証拠の取調べを請求**規217の33**　するには，やむを得ない事由で取調べ請求できなかったことを疎明しなければならず，請求は，やむを得ない事由がやんだ後，できる限り速やかに行わなければなりません。

　なお，被告人質問は狭い意味での証拠調べではありませんが，最決平成27・5・25刑集69巻4号636頁（214頁参照）によると，公判前整理手続の予定主張の明示状況等によっては，被告人質問が制限される場合があります（このような場合は，公判前整理手続において，被告人供述にもとづき主張を明示しておく必要があります）。

316の29　**必要的弁護**　前に述べたとおり，公判前整理手続においては，弁護人が必要的なものとされていますので（155頁），それに引き続く公判手続においても，弁護人を必要的なものとしています。

316の30　**被告人側の冒頭陳述**　公判前整理手続に付された事件については，被告人または弁護人は，証拠により証明すべき事実その他の事実上および法律上の主張があるときは，検察官の冒頭陳述に引き続き，これを明らかにしなければなりません。

　被告人側主張の内容を公判期日における被告人側の冒頭陳述と

して明らかにし，その後の証拠調べの争点を明確にするため，被告人側の冒頭陳述を必要的なものとしたものです（192頁参照）。

316の31Ⅰ　　**公判前整理手続の結果の顕出その他**　　公判前整理手続に付された事件については，裁判所は，公判期日において被告人側の冒頭陳述が終わった後，公判前整理手続の結果を明らかにしなければなりません。結果の顕出は，公判前整理手続調書の朗読または

規217の31　　要旨の告知によって行われます（**【書式30】**402頁，**【書式28】**400頁）。

規217の30　　なお，裁判所は，公判審理を公判前整理手続において定められた予定に従って進行させるよう努めなければならず，訴訟関係人は，公判審理が公判前整理手続において定められた予定に従って進行するよう，裁判所に協力しなければなりません。

316の28　　⑼ **期日間整理手続**　　第1回公判期日後においても，審理の経過によっては，事件の争点および証拠を整理する必要が生じることがありますので，第1回公判期日後に，事件の争点および証拠を整理するための公判準備として，期日間整理手続が新たに設けられました。期日間整理手続における手続については，公判前整理手続の規定が準用されます。実際上，この手続も重要な役割を果たしています（149頁）。2021（令和3）年の総終局人員（地裁）4万6735人のうち，期日間整理手続に付された被告人は150人です。

⑽ **公判前整理手続の運用**　　公判前整理手続は，裁判員制度の対象事件を中心に運用されていますが，制度施行当初から，問題はその長期化でした。すなわち，手続の前半については，証拠開示をめぐる紛糾が長引いたり，弁護側からの予定主張明示が遅れがちになることが，手続の後半については，検察官，弁護人双方の主張が出されてからも，争点，証拠の整理に時間がかかりすぎることが指摘されています。実務上，これらについては，検察官における任意開示の積極的運用や，三者による早期の打合せお

公判前整理手続と刑事手続の進行

```
┌─────────────────┐
│  公 訴 提 起     │ 〔争いのない簡易明白な事件については，即決裁判手続（350 の
└─────────────────┘   16〜350 の 29）により，別途，簡易・迅速に裁判を行う〕
      │
      ▼
┌─────────────────────┐
│ 公 判 前 整 理 手 続 │ 〈受訴裁判所が決定し，主宰（316 の 2）〉
└─────────────────────┘
```

╭───╮
│ 検察官   │
│ ○公判で証明予定の具体的事実を提示（316 の 13 I）   │
│ ○その証明に用いる証拠の取調べを請求し，かつ，当該証拠等を開示，保管 │
│　する証拠の一覧表を交付（316 の 13 II，316 の 14）   │
│ ○検察官が取調べ請求した証拠の証明力を判断するために重要な一定類型の │
│　証拠を開示（316 の 15）   │
╰───╯

╭───╮
│ 被告人・弁護人   │
│ ○検察官請求証拠についての証拠意見を提示（316 の 16）   │
│ ○検察官の主張に対する反論を提示（316 の 17 I）   │
│ ○反証に用いる証拠の取調べを請求し，かつ，当該証拠を開示（316 の 17 │
│　II，316 の 18）   │
╰───╯

╭───╮
│ 検察官   │
│ ○被告人側請求証拠についての証拠意見を提示（316 の 19）   │
│ ○被告人側の主張に関連する証拠を開示（316 の 20）   │
╰───╯

（必要に応じ，両当事者間の主張の交換を繰り返す）

╭───╮
│ 裁判所   │
│ ○争点の確認（316 の 24）   │
│ ○公判で取り調べる証拠およびその順序を決定（316 の 5⑦，⑧）   │
│ ○証拠開示の要否に争いがある場合に裁定（316 の 25〜316 の 27）│
╰───╯

```
┌─────────────────────────┐
│ 公判期日における審理    │ 〔開示証拠の目的外使用を禁止（281 の 4，281 の 5）〕
└─────────────────────────┘
```

╭───╮
│ 公判前整理手続終了後の新たな証拠調べ請求を制限（316 の 32）   │
╰───╯

╭───────────────────────────────────────╮
│ 連日的開廷を原則とする（281 の 6）   │
╰───────────────────────────────────────╯

╭───╮
│ 訴訟指揮の実効性担保措置を導入   │
│ ○裁判所の出頭命令を遵守しない当事者に過料の制裁を科すなど（278 の │
│　2，289 II・III，295 V・VI）   │
╰───╯

```
┌─────────────────┐
│  判     決      │
└─────────────────┘
```

よび公判期日の仮予約（裁判員制度対象事件の裁判などで，大まかな見通しが立った段階で残りの公判準備に必要な期間を勘案して日程の確保をすること）を活用し，必要以上に審理日程が先延ばしにならないように対処しているようです。そもそも，公判前整理手続については，裁判所が証拠に触れることが予定されていない段階で，どこまで詳細に争点を整理すべきであるか，整理することができるか，証拠の必要性についてどのように考えるべきであるかなど，検討すべき課題はなお少なくなく，今後の運用が注目されます。

◯受命裁判官，受託裁判官（155 頁，342 頁）

　裁判所が合議体の場合は，合議体を構成する裁判官の 1 人または 2 人に命じ，公判前整理手続のほか，決定のための事実の取調べ（法 43 条 3 項。規則 33 条 3 項により証人尋問等を行うことができます）をさせることができます（法 43 条 4 項）。この命を受けた裁判官を受命裁判官といいます。

　また，決定のための事実の取調べを遠方で行う必要が生じた場合などには，この取調べを他の裁判所の裁判官に嘱託することができます（法 43 条 4 項）。この嘱託を受けた裁判官を受託裁判官といいます。

Ⅲ 被告人の出頭確保

1 出頭確保

273Ⅱ

召喚と勾引 公判には原則として被告人が出頭することが必要ですから，その出頭を確保するため強制処分が認められています。まず，裁判所は，日時，場所等を指定して出頭を命じること

57

62・63

ができます。これが召喚です。召喚は原則として公判期日召喚状を発することにより行われます（【書式8】177頁）。被告人が正当

58

な理由なく召喚に応じないときは，さらに勾引という方法により

64

直接的な強制力を用いて出頭させることができます。**勾引状**を発して被告人を引致するものです。

60Ⅰ

起訴後の勾留 起訴後の勾留も，被疑者の場合と同様，逃亡および罪証隠滅の防止を目的とします。したがって，勾留の要件も被疑者と同じで，被告人が罪を犯したことを疑うに足りる相当な理由がある場合で，かつ被告人が，①住居不定のとき，②罪証隠滅のおそれがあるとき，③逃亡のおそれがあるときのいずれかに当たり，しかも勾留の必要性が備わっていなければなりません。

被疑者の段階から検察官の請求によって勾留されている者がその事実について起訴された場合にはそのまま勾留が続けられることになりますが（⊙57頁，131頁参照），それ以外についてはすべ

280Ⅰ

規187

て勾留するか否かは裁判所の職権にゆだねられています（第1回公判期日までは裁判官。132頁参照）。

280Ⅱ

なお，実務上，逮捕中に起訴された被告人について「**逮捕中求令状**」としていわゆる**求令状起訴**がよく行われます（42頁参照）。

また，（起訴前）勾留中の被疑者について，嫌疑不十分等のため

勾留期間中に起訴しないことが明らかとなったが，その段階で別
の事実について起訴するだけの証拠がそろっている場合，勾留被
疑事実について釈放する前に，別の事実につき起訴し，「**勾留中
求令状**」と記して被告人勾留を求める場合もあります（**令状差換
え**とか**切換え**などと呼ばれます）。これは，被疑者の場合と同じよう
に，検察官に勾留請求権を認めたもののようにみえますが，いず
れも裁判所の職権の発動としての勾留の裁判を促すものにすぎま
せん。

60Ⅱ　　勾留の期間は，公訴提起のあった日から2か月です。とくに継
続が必要な場合には1か月ごとに更新することができることにな
っています。ただし，それは原則として1回に限られます。

2 保　釈

88〜
207Ⅰ但
94・96

保釈　　起訴後の勾留については，被疑者の場合とは異なり，
保釈が許されます。保釈は，一定額の保釈保証金の納付により身
柄をいったん釈放し，もし公判期日に出頭しなければその保証金
を返還しないという心理的強制により被告人の出頭を確保すると
いう制度です。このように，いったん納付された保釈保証金を返
還しない処分を**没取**といいます。刑罰の一種（付加刑）である没
収（369頁）と間違いやすいので注意してください。

88・89　　現行法上，被告人，弁護人等から保釈の請求があれば必ず保釈
を許可する建前となっています。これが**権利（必要的）保釈**です。

90　　しかし，起訴事実が短期1年以上の拘禁刑の重い罪に当たる場合
や罪証隠滅のおそれが認められる場合など一定の事由が認められ
るときには，権利保釈は認められず，保釈の許否は裁判所の裁量
にまかされます。これを**裁量（職権）保釈**といいます。

90　　なお，2016（平成28）年の法改正により，裁判所の裁量判断に
おける考慮事情が明文化されました。裁判所は，保釈された場合

　に被告人が逃亡しまたは罪証を隠滅するおそれの程度のほか，身体拘束の継続により被告人が受ける健康上，経済上，社会生活上または防御の準備上の不利益の程度その他の事情を考慮し，適当と認めるとき，職権で保釈を許すことができます（❍172頁。保釈中の被告人の出頭確保）。

93　　　**保証金額**　　保釈を許す場合には，裁判所は保証金額を定めなければなりません。その額は，犯罪の性質や被告人の資産等を考慮のうえ，被告人の出頭を確保するに足りる相当な額をもって定めるものとされています。この保証金額の決定に当たっては，被

43Ⅲ　告人等から意見を聴く必要は法律上はありませんが，弁護人の出頭を求め，被告人の資産状況や保証金の負担者等について報告を求めるなどして，金額の算定を行っています。

　このほか，勾留理由開示（50頁）や勾留の執行停止（55頁）が被疑者の場合と同様に適用されますが，保釈は被告人についてだけです。なお，これらの勾留に関する処分は，受訴裁判所が行う

280Ⅰ　のが原則ですが，第1回公判期日前については，予断防止の必要

規187　から，受訴裁判所を構成する裁判官以外の裁判官が担当するものとされています（132頁参照）。

　参考までに，保釈許可決定の書式を挙げます（**【書式7】**174頁）。

❍保釈中の被告人の出頭確保（172頁）

　2023（令和5）年5月，保釈中の被告人につきその逃亡を防止し，公判期日への出頭を確保するための「刑事訴訟法等の一部を改正する法律」が成立しました。

　新たに導入，拡充されたのは，①裁判所が，保釈中の被告人に対し，逃亡のおそれの有無の判断に影響のある住居や労働の状況など，生活上・身分上の事項やその変更の報告を命じることができる制度，②裁判所が保釈中の被告人を監督する者を選任する制度，③出頭等を確保するために必要な罰則，④現行刑法の逃走罪の主体を「法令により拘禁された者」に統一・拡大，⑤裁判所の命令により，保釈中の被告人にGPS端末を装着させ，一定の区域

に侵入した場合には速やかにその身柄を確保することで国外への逃亡を防止
する制度などです。

【書式7】

令和5年（わ）第555号

勾留　令和5年1月29日
起訴　令和5年2月7日

保　釈　許　可　決　定

被告人　京橋　四郎
　　　　平成7年11月1日生
　被告人に対する大麻取締法違反被告事件について，令和5年2月10日弁護人から保釈の請求があったので，当裁判所は，検察官の意見を聴いた上，次のとおり決定する。

主　　　文
　　被告人の保釈を許可する。
　　保証金額は金200万円とする。
　　釈放後は，下記の指定条件を誠実に守らなければならない。これに違反したときは，保釈を取り消され，保証金も没取されることがある。

指　定　条　件
1　被告人は，大阪市城北区桜島2丁目4番6-808号に居住しなければならない。住居を変更する必要ができたときは，書面で裁判所に申し出て許可を受けなければならない。
2　召喚を受けたときは，必ず定められた日時に出頭しなければならない（出頭できない正当な理由があれば，前もって，その理由を明らかにして，届け出なければならない。）。
3　逃げ隠れしたり，証拠隠滅と思われるような行為をしてはならない。
4　海外旅行又は3日以上の旅行をする場合には，前もって，裁判所に申し出て，許可を受けなければならない。

　　　　令和5年2月13日
　　　　　　大阪地方裁判所
　　　　　　　　裁　判　官　　天　神　橋　菊　香　㊞

IV　公判廷の構成

282　　　**公判廷**　　　公判期日における審理は，公開の法廷で行うのが原則です（➡183頁）。この公判廷には，裁判官および裁判所書記官が列席し，かつ検察官が出席することが必要です。

　典型的な現在の公判廷内の配置図を掲げておきます。裁判官席は一段高い位置にあります。これに対して，旧（刑訴）法時代には，裁判官（判事）とともに検察官（検事）も一段高い法壇上に着席し，両者が法服を着用していました（➡184頁）。法廷内の位置の変化は，旧法から新法への移行にともなう検察官の地位の変化や手続の進め方の変化（いわゆる当事者主義化）を象徴しているともいえるでしょう。なお，現在は，防御の打合せがスムーズにできるように被告人席を弁護人席に近づけて置いている法廷が多いようです。

　検察官の公判立会いについては，公判を担当する公判部が設けられていない小規模な検察庁の場合，捜査を担当し当該事件を起訴した検察官（主任検察官）が立ち会う（これを主任立会制といいます）のが通例ですが，大規模な検察庁では捜査を担当する刑事部

法廷内配置図

現行刑事訴訟法
（裁判員裁判以外の事件）

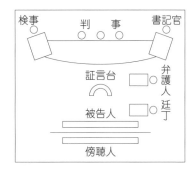

旧刑事訴訟法時代

等と公判部とが分かれているため，通常，公判部の検察官が立ち会うこととなっています（14頁参照）。

　なお，裁判員制度対象事件の裁判については，同制度が施行されてしばらくは，捜査と公判の連携の必要性から，公判部が設けられている検察庁でも，捜査担当の検察官が公判前整理手続に関与したり，自ら裁判の公判に立ち会う運用が施行されていましたが，現在では，裁判員制度対象事件の裁判も日常化し，多くの検察官が経験を積んできたため，裁判員制度対象以外の事件の運用と区別していない検察庁が多いようです。

　被告人も公判への出頭が原則として義務づけられています。しかし，公判期日への出頭は被告人の権利でもありますから，裁判所は召喚という方法で公判期日を被告人に通知しなければなりません（【書式8】次頁）。ただし，被告人が出頭している公判前整理手続期日または期日間整理手続期日において公判期日が指定された場合には，その通知は必要ではありません。

　もっとも，被告人の出頭は常に必要ということではなく，その例外として，①原則として50万円以下の罰金または科料に当たる事件の場合，②長期3年以下の拘禁刑または原則として50万円を超える罰金に当たる事件につき裁判所の不出頭許可があった場合（ただし，冒頭手続および判決宣告の期日は除く），③召喚を受けた勾留中の被告人が正当な理由がなく出頭を拒否し刑事施設職員による引致を著しく困難にした場合のその公判期日，④証人に対する圧迫を理由に被告人を退廷させた場合のその証人尋問手続などがあります。

　弁護人の出頭は，当然には公判開廷の要件とはされていませんが，死刑または無期もしくは長期3年を超える拘禁刑に当たる事件については，その出頭が開廷の要件であり，弁護人が出頭せずまたは弁護人がないときは，裁判長は職権で弁護人を付さなくてはなりません。これを**必要的弁護事件**といいます。

憲32

57・63

273Ⅱ

規217の
13・217の
29

284

285Ⅱ

286の2

304の2

289Ⅰ・Ⅱ

【書式 8】

令和 5 年（わ）第 555 号

公 判 期 日 召 喚 状

　住　居　　大阪市城北区桜島 2 丁目 4 番 6-808 号

　被告人　京　橋　四　郎

　被告人に対する大麻取締法違反被告事件について，令和 5 年 3 月 17 日午前 10 時 00 分に公判を開廷するから，当裁判所第 919 号法廷（9 階）に出頭されたい。

　　正当な理由がなく出頭しないときは，勾引状を発することがある。

　　令和 5 年 2 月 14 日

大阪地方　裁　判　所　第 16 刑事部

裁　判　官　　生　駒　睦　月　　　㊞

出頭の際は，この召喚状を差し出されたい。

▲本書 170 頁，176 頁。被告人に対して公判期日への出頭を求める令状を「召喚状」という（法 62 条・63 条）。

　なお，理由のない弁護人の不出頭や退廷に対応するものとして，1978（昭和53）年3月，刑事事件の公判の開廷についての暫定的特例を定める法律案（いわゆる弁護人ぬき法案）が内閣から提出されましたが，成立には至らず，翌年6月，廃案となりました。この法案は，一部の過激派事件にみられた異常事態に対処しようと

憲37Ⅲ

したものですが，弁護人依頼権を保障した憲法の規定との関連もあり，激しい議論を呼びました。また，裁判所が弁護人出頭確保のための方策を尽くしたにもかかわらず，被告人が弁護人の公判期日への出頭を妨げるなど，弁護人が在廷しての公判審理ができない事態を生じさせ，かつ，その事態を解消することがきわめて困難な場合には，その公判期日については法289条1項の適用がないものと解するのが相当であるとした判例があります（最決平成7・3・27刑集49巻3号525頁）。

　2004（平成16）年の法改正では，必要的弁護事件において弁護

289Ⅱ
289Ⅲ

人が在廷しなくなったときにも，裁判長は職権で弁護人を付さなければならないとされました。さらに，弁護人が出頭しないおそれがあるときは，裁判所は，職権で弁護人を付することができる旨の規定が追加されました。これは，弁護人の不出頭によって必要的弁護事件の公判期日が空転するのをあらかじめ避けることができるようにする趣旨で設けられたものです。

278の2

　また，裁判所は，検察官または弁護人の公判期日等への出頭を確保するため，必要と認めるときは，出頭および在廷を命じることができる旨が法定されました。出頭在廷命令を受けた検察官または弁護人が，正当な理由なくこれに従わないときは，裁判所は過料・費用弁償を命じることができ，さらに，検察官についてはこれを指揮監督する権限を有する者に，弁護士たる弁護人については所属弁護士会または日本弁護士連合会にこれを通知し，処置請求をしなければならないとされています。

　以上のほか，裁判所職員として裁判所速記官，また，被告人が

勾留中の場合には刑事施設の職員などが公判廷に列席することになります。裁判傍聴の機会（●183頁，184頁）があれば，これらのことは，容易に分かります。

　戦前の一時期を除き，わが国では陪審制や参審制（●184頁）のような一般国民が関与する制度は採られていませんでしたが，裁判員制度の対象事件の公判廷には，裁判員も列席することになりました（241頁以下参照）。

裁判員54

316の34　　また，一定の事件については，犯罪被害者等の**被害者参加人**またはその委託を受けた**被害者参加弁護士**は，公判に出席（傍聴席ではなく法廷内に着席）することができます。被害者参加人または

316の35　ではなく法廷内に着席）することができます。被害者参加人または被害者参加弁護士は，検察官に対し，その被告事件についての検察官の権限の行使に関し，意見を述べることもできます（●224頁）。

　裁判所・裁判官　　主に裁判所法（1947〔昭和22〕年法律59号）によりつつ，裁判所および裁判官について説明します（裁判所の意義。●185頁）。

▲最高裁判所小法廷

　　　　裁判官は，起訴前段階では主として令状発付の請求を受けて強制処分の司法審査を行う役割を担いますが（33頁，48頁，59頁参照），起訴後は公判手続の主宰者として活動します。

憲79 I
裁5
　　　　裁判官は，最高裁判所裁判官——同長官・同判事——と下級裁判所裁判官——高等裁判所長官・判事・判事補・簡易裁判所判事——に分かれます。

憲76 I
裁2 I
　　　　裁判所には，前に述べた（111頁参照）検察庁の組織・配置に対応して，最高裁判所（東京に1つ），高等裁判所（東京，大阪，名古屋，広島，福岡，仙台，札幌，高松の8庁），地方裁判所・家庭裁判所（都道府県庁所在地のほか函館，旭川，釧路に計50庁），簡易裁判所

裁22 I・31
I・31の5
（438庁）があります（2023〔令和5〕年3月現在）。高等裁判所および地方裁判所・家庭裁判所には，それぞれ支部がおかれています（高裁6，地裁・家裁各203）。刑事事件の審級は，第1審（原則として地方裁判所または簡易裁判所）→控訴審（原則として高等裁判所）→上告審（原則として最高裁判所）の**三審制**を採用しています（民事事件とは，控訴審，上告審が異なる場合がありますので注意してください）。

裁9
裁18
裁26
　　　　最高裁判所は，大法廷（15人の全員構成，定足数9人）または小法廷（5人構成，定足数3人）で，高等裁判所は**合議制**（3人）で審理が進められます。地方裁判所は**単独制**を原則としますが，一定の範囲内で**合議体**（3人）による審理も行われます（●185頁）。合議体を構成するために部がおかれています（第1刑事部というように）。簡易裁判所では1人の裁判官が事件を処理します。家庭裁

裁35
裁31の4
判所も単独制が原則ですが，2000（平成12）年に少年審判等で裁定合議制を可能とする法改正がなされました。

　　　　定員は，最高裁長官・判事15人，高裁長官8人のほか，判事2155人，判事補857人，簡易裁判所判事806人です（2022〔令和4〕年度）。裁判所には，裁判官以外にも，裁判所書記官，裁判所速記官，家庭裁判所調査官，廷吏，裁判所事務官（庶務，人事，会計等）など多種の職員がおかれています。裁判官は，良心に従い

憲76 III

独立してその職権を行使します。拘束されるのは憲法および法律

憲78　のみです。身分保障も憲法上認められています。

　　　　単独事件と合議事件　　裁判機関としての裁判所の構成の方法
には，1人制（単独制）と合議制があります。

裁35　　　すでに述べたように，簡易裁判所は1人制であり，高等裁判所
裁18・9　と最高裁判所は合議制です。前者は3人制，後者は5人制と15
裁26　　人制です。これに対して，地方裁判所では1人制と3人の合議制
裁判員2Ⅱ　の両方が用いられています（なお，裁判員制度対象事件の場合は，原
則として裁判官3人と裁判員6人で構成される合議体となります。242頁
参照）。すなわち，①〔裁判員制度対象事件およびそれ以外の〕
死刑，無期または短期1年以上の拘禁刑に当たる罪（ただし，強
盗犯2・3　盗罪や盗犯等ノ防止及処分ニ関スル法律の常習窃盗罪などは除く）にかか
る事件と，②合議体で審理および裁判する旨の決定が合議体によ
ってなされた事件が合議制となります。①を**法定合議事件**（244
頁），②を**裁定合議事件**といいます（◎185頁）。

　　　どのような事案を裁定合議事件とするかの基準はとくにありま
せんが，複雑な法律問題を含む事件や社会的影響の大きい事件な
ど合議体で審理・判決するのがふさわしいと考えられる場合に合
議決定がなされています。

23Ⅰ・Ⅱ　　このほか合議事件としては，忌避申立てに対する裁判，裁判官
429Ⅲ　の裁判に対する準抗告の裁判などがあり，地方裁判所では，これ
ら以外の事件は単独事件として1人制の裁判所が担当することに
なります。

　　　単独制は文字どおり1人が行う裁判ですからとくに進め方等に
問題は生じませんが，合議となると実務上その態様は様々で種々
の工夫が施されています。**首振り合議**などという言葉を耳にする
ことがありますが，これは実務上の工夫のひとつです（◎186
頁）。

　　　訴訟指揮　　秩序を保ちながら，しかも円滑に公判手続を進行

させることは，裁判所の重大な責務です。そのため，裁判所には

294

訴訟指揮権が与えられています。公判期日における訴訟指揮は裁

295

判長が行うものとされています。実務上よく行われるものとして

規 208

は，訴訟関係人の重複陳述等の制限や訴訟関係人に対する求釈明

309 Ⅱ

等があります。訴訟指揮が法令に違反している場合には，当事者

から異議の申立てをすることが認められています（216 頁参照）。

295 Ⅴ・Ⅵ

2004（平成 16）年の法改正では，刑事裁判の充実・迅速化の方

策のひとつとして，訴訟指揮権の実効性を担保するため，重複尋

問等を制限する裁判長の訴訟指揮に検察官または弁護人が従わな

かったときは，裁判所は，検察官を指揮監督する権限を有する者，

弁護士については所属弁護士会または日本弁護士連合会に通知し

て，適当な処置をとるべきことを請求をすることができるとされ

ました。この処置請求を受けた者は，とった処置を裁判所に通知

規 303

しなければなりません。なお，検察官および弁護人が訴訟手続法

規に違反して公判前整理手続の迅速な進行を妨げた場合も，処置

請求の対象となります。

法廷警察　　訴訟に対する妨害等を排除し，法廷の秩序を維持

裁 71 Ⅰ

する裁判所の権限を**法廷警察権**といいます。法廷警察権も合議体

の場合は裁判長が行使するものとされていますが，事件の内容と

は関係がないこと，傍聴人など訴訟関係人以外の者にも及ぶこと

裁 71 Ⅱ

などの点で訴訟指揮権とは異なっています。この権限は，退廷命

裁 71 の 2

令や発言禁止命令などの措置のほか，警察官の派出要請や法廷に

規 215

おける写真撮影・録音等の許可等となって現れています。

「法廷等の秩序維持に関する法律」（1952〔昭和 27〕年法律 286 号）

は，英米法の法廷侮辱を参考とし，裁判所の面前で行われた裁判

所の職務の執行を妨害する行為等に対して，即決で制裁（20 日以

下の監置もしくは 3 万円以下の過料，またはその併科）を科することを

裁 73

定めた法律です。このような簡略な方法による制裁が審判妨害罪

のほかに認められていることにつき，憲法上の疑義があるとする

憲 32・33・　見解もありますが，判例は合憲であるとしています（最大決昭和
34・37　　33・10・15 刑集 12 巻 14 号 3291 頁）。

●裁判の公開（175 頁，179 頁）

　裁判の公開は，民事・刑事共通に憲法の定める大原則です（憲 82 条 1 項）。
さらに憲法は，被告人の生命・自由・財産の帰趨がかかる刑事裁判について，
とくに「公開裁判を受ける権利」を保障しています（憲 37 条 1 項）。これを
「公開主義」と呼び，近代的な刑事裁判の基本原則として挙げられることも
あります。公開主義には，近代市民革命前の秘密裁判を廃し，司法手続を一
般国民に公開して公正を図るための制度として設けられたという歴史的な経
緯があるからです。

　公開とは一般国民（公衆）が法廷を自由に傍聴することができる状態で審
理を行うことをいい，現に，裁判を傍聴するに際しあらかじめとくに許可を
受ける必要はありません。裁判所庁舎内の各法廷には「傍聴人入口」と書か
れたドアがあり，そこから法廷内の傍聴席へ自由に出入りできるようになっ
ています。一般にどの裁判所でも「傍聴に際しては，裁判長の命令又は裁判
所職員の指示に従って下さい。服装を整えて法廷に入って下さい。はちまき，
ゼッケン，たすき，腕章などは使用しないで下さい。危険な物，旗，ヘルメッ
ト，ビラ，プラカードなどは持ち込まないで下さい。静かに傍聴して下さい。
拍手，発言など審理の妨げとなる行為は禁止されています。」といった「法
廷を傍聴される皆様に」が入口に掲示されています。近年は「法廷に入る際
には，携帯電話機などの音の出る機器の電源を切って下さい」との注意書き
などがみられるようになりました。

　かつては，一般傍聴人が法廷でメモやノートをとることは禁止されるのが
通常でしたが，最高裁は，特段の事情がない限り傍聴人の自由にまかせるべ
きだとの判断を示し（最大判平成元・3・8 民集 43 巻 2 号 89 頁，いわゆるレペタ訴
訟），その後は許されるようになっています。

　他方，より広範囲の情報伝達の媒体となり得る法廷内の写真撮影・録音・
放送については，これを裁判所の許可にゆだねる規則の条文があるものの
（規 215 条），報道機関による撮影・録画が被告人の入廷前短時間に限り認め
られているのが現状です。その当否については議論が分かれますが，アメリ
カの一部の地区では刑事裁判のテレビ中継が行われていますので，彼我の違
いは大きいものがあります。

　なお，例外的に事件の審理を非公開とし傍聴人を退廷させることができる

場合が認められていますが，判決の言渡しを非公開で行うことは許されません。また，政治犯罪，出版に関する犯罪，憲法の保障する国民の権利が問題となっている事件の審理は，常に公開しなければなりません（憲82条2項，裁70条）。

○法　服（175頁）

法廷で裁判官が着用している黒色の服を「法服」と呼びます。かつて，「裁判官の制服に関する規則」（昭和24年最高裁判所規則5号）に別表の図で定められ，「黒色羽二重」とされていました。現在は「黒色」と定められています。

法服の色は，戦前の裁判所構成法の時代から黒色とされていましたが，当時は，検察官，弁護士も法服を着用するものとされていました。法服が黒色とされたのは，黒色が他の色に染まることはないという点で，公正さを象徴する色として最適と考えられたためといわれています。

法　服　図

○傍聴券（179頁）

裁判は，公開の法廷，すなわち不特定多数の人たちによる傍聴が可能な形で行わなければなりません（憲37条1項・82条1項）。しかし，法廷の広さにも限界があります。法廷の傍聴席に収容できないほど傍聴を希望している者がある場合には，先着順または抽選により傍聴券を発行して傍聴人の数を制限することがあります。なお，裁判の報道と法廷の公開の趣旨に資するため，傍聴席の一部が報道関係者のための座席とされている場合があります。裁判傍聴の際に確認してみてください。

○陪審制・参審制（179頁）

裁判に一般国民を関与させる制度として，陪審制や参審制があります。陪審制は，事実の認定，有罪・無罪の決定に事件ごとに選ばれた一般国民が関与する（刑の決定は原則として裁判官が行う）のに対し，参審制は，一定の任期で選ばれた一般国民が職業裁判官とともに合議体を構成し，裁判官と同じ立場で関与する（有罪・無罪の決定のみならず刑も決定する）ものです。英米では陪審制が，ドイツ，フランス，イタリアなどでは参審制が採用され，国民の司法への参加が実現されています。わが国では，参審制は採用されておらず，

陪審制も法律（陪審法）はあるものの，昭和初期に一時運用されただけで，現在は停止されています。このような一般国民の司法制度への関与の適否やその形態に関する論議が高まったところ，司法制度改革審議会は，2001（平成13）年6月の最終意見書において，重大な刑事事件につき，裁判官と一般国民から選ばれた「裁判員」が評議して，

▲かつて陪審裁判が開かれた神戸地裁旧21号法廷

有罪・無罪の決定と刑の量定を行う新たな国民の司法参加の制度（裁判員制度）を提言しました。これを受けて，2004（平成16）年には，「裁判員の参加する刑事裁判に関する法律」（法律63号）が成立し，2009（平成21）年5月21日に施行されました（241頁参照）。

○裁判所の意義（179頁）

「裁判所」には，大別して二つの意義があります。

ひとつは，裁判機関として司法権を行使する場合の裁判所であり，これを「訴訟法上の裁判所」または「受訴裁判所」（152頁，244頁，342頁）といいます。刑事訴訟法に「裁判所」とあるのは，原則としてこちらを指します。

もうひとつは，司法行政権の主体としての裁判所であり，これを「国法上の裁判所」といいます。裁判所が独立して円滑に司法権を行使するためには，裁判所自身において，その職員を適切に任免，配置，監督するとともに，庁舎等の施設を設置，維持しなければなりません。この作用を司法行政といい，司法行政権は，各裁判所を構成する裁判官によって組織される裁判官会議（裁判所法12条，20条，29条，31条の5）に帰属しています。

具体的にはたとえば，起訴された事件について，その審理をどの裁判体に担当させるかを決める（裁判官会議によって定められた事務分配規程に従い，ほぼ機械的に割り振られていきます）のが国法上の裁判所であり，実際にその事件の審理を行うのが訴訟法上の裁判所（受訴裁判所）ということになります。

○合議体（180頁，181頁，302頁，330頁）

合議体の構成裁判官のうち，最もキャリアのあるベテラン裁判官が裁判長（裁判所法26条3項）を務めます。裁判長以外の裁判官を陪席裁判官といい，法廷で裁判長の右側に座る裁判官を右陪席，裁判長の左側に座る裁判官を左陪席といいます。3人のうち最も若手の裁判官が左陪席を務めるのが通例で

す。第１審（地方裁判所）では，左陪席が各合議事件の主任裁判官となり，裁判長や右陪席の指導，助言を受けながら，審理の進行を管理し，事実上，法律上の問題点を検討，調査する中で，裁判官としての経験を積んでいきます（第１審判決の作成の過程について305頁，控訴審裁判官の構成について330頁参照）。

➲首振り合議（181頁）

合議の態様は様々ですが，簡単な証拠採否の決定や当事者の異議に対する決定などの際に，裁判官が法壇に座ったままで行う合議をこのように呼ぶことがあります。これは，裁判長が順次，左右の陪席裁判官の方に顔を向けて各別に協議する姿を表現したもののようです。

Ｖ　公判期日における審理手続

1　冒頭手続

人定質問　　公判が開始された後，証拠調べ手続に入る前の段階を**冒頭手続**といいます（【書式30】402頁）。

規196
256Ⅱ①

冒頭手続のはじめに，裁判長は，被告人として出廷している者と，起訴状に記載されている被告人とが同一人物であることを確認するための質問をします。これが人定質問です。

規164Ⅰ

起訴状には，通常，被告人の氏名・生年月日・本籍・住居・職業などが記載されており（【書式22】394頁），これらによって検察官が起訴の対象とした被告人は特定されていますから，公判廷では，これらの事項を改めて被告人（として出廷している者）に対して確認をするという形で進行するのが普通です。

憲38Ⅰ

ただし，被告人が公判廷で氏名等を黙秘したような場合には，検察官に被告人の顔写真の提出を求めるなど他の適切な方法によって人違いでないことを確かめることが必要になります。なお，黙秘権の範囲が，被告人の氏名・住居等の被告人を特定するための事項に及ぶかどうかは見解の分かれるところです。

291Ⅰ

起訴状の朗読　　人定質問が終わると，検察官が起訴状を朗読します。起訴状の記載事項のうち，被告人の特定に関する事項はすでに人定質問で明らかになっていますので，「公訴事実」と「罪名及び罰条」だけが朗読されるのが実務の慣行となっています。これによって，審理し，判決すべき対象が公判廷にはじめて口頭で明示されるわけです。

規208

その際，起訴状の内容について被告人または弁護人から，訴因が特定されていないので明らかにしてほしいとの**釈明**の申出がな

されることがあります（○221頁）。共謀共同正犯の事例で「共謀の上」と書かれているだけの起訴状につき，共謀の日時・場所・内容の特定を求めるなどがその典型例です（128頁参照）。裁判所としては，被告人の防御上重要であり，被告人および弁護人が被告事件に対する意見陳述を行ううえで必要または有益な事項であると判断すれば，検察官に対して釈明を求めることになります。

316の5①③　　事件が公判前整理手続に付された場合には，訴因・罰条の明確化あるいは予定主張を明らかにさせることなどを通じて，同手続において整理が行われます。

290の2　　　なお，裁判所は，犯罪被害者を保護するため，性犯罪その他一定の事件について，その氏名・住所等の被害者特定事項を公開法廷で明らかにしない旨の決定をすることができます（209頁，○

291Ⅱ　　　222頁）。この秘匿決定があったときは，起訴状の朗読は被害者特定事項を明らかにしない方法で行われます。この場合，検察官は，被告人に起訴状を示さなければなりません。

291Ⅲ　　　また，2016（平成28）年の法改正で，証人等を保護するため，
290の3Ⅰ　裁判所は，その氏名・住所等の証人等特定事項を，公開法廷で明らかにしない旨の決定をすることができるとされました（150頁参照）。この秘匿決定があった場合の起訴状の朗読についても，被害者特定事項の場合と同様となります。

291Ⅳ　　　**黙秘権等の告知**　　起訴状の朗読に引き続き，裁判長から被告
規197　　　人に対し，終始沈黙し，または個々の質問に対し陳述を拒むことができる旨，陳述をすれば自己に有利な証拠となることもあるが，不利益な証拠となることもある旨が告げられます。

291Ⅳ　　　**被告人および弁護人の意見陳述**　　そのうえで，被告人および
規198　　　弁護人の双方に，被告事件について陳述する機会が与えられます。この手続を**罪状認否**と呼ぶことがあります。

被告人としては，裁判所に対し起訴事実についての意見を述べ

ることのできる最初の機会であり，また裁判所としては，事件の争点を明確にし，公判運営の指針を得るための手続ですから，重要な意味をもちます。この意見陳述はその大部分が，起訴事実そのものの認否や正当防衛，心神喪失その他の法律上の犯罪阻却事由ないし刑の減免事由の主張等に関するものですが，公訴権の濫用を理由とする手続打切りの申立て（111頁）など手続事項に関してもこの段階で意見が述べられることがあります。

　　被告人が起訴事実をそのまま認める陳述をしたときは，これをひとつの自白とみて，有罪認定の証拠とすることができるというのが判例です（最判昭和26・7・26刑集5巻8号1652頁）。

291の2　　　また，被告人の有罪である旨の陳述によって，証拠調べ手続の簡略化された簡易公判手続へと移行することがあります。

2　簡易公判手続

291の2
規197の2　　　**手続の簡易化**　　　裁判所は，冒頭手続において，被告人が起訴状に記載された訴因について有罪である旨を陳述したときは，検察官，被告人および弁護人の意見を聴き，その訴因に関して簡易公判手続によって審判する旨の決定をすることができます。対象
裁26Ⅱ②　　は，比較的軽い事件に限られ，死刑または無期もしくは短期1年以上の拘禁刑に当たる事件（法定合議事件）は，対象から除かれます。

307の2　　　この決定により証拠調べ手続が簡易化され，後に述べる検察官の冒頭陳述，証拠調べ請求の順序などの規定の適用はなく，「適当と認める方法」で行うことができるようになります。また，伝
320Ⅱ　　聞法則による証拠能力の制限（268頁参照）も，当事者が異議を述べない限り適用されないことになります。

　　なお，ここに有罪である旨の陳述とは，単に訴因事実を認める旨の陳述では足りず，違法性阻却事由または責任阻却事由の不存

簡易公判手続決定人員　　　（2021 年）

区分 裁判所	自白人員*	簡易公判手続決定人員	決定割合 (%)
地　　裁	39,745	34	0.1
簡　　裁	2,958	1	0.0

＊　法定合議事件を除く終局人員中，公訴事実全部につき自白した人員
（最高裁判所事務総局刑事局「令和 3 年における刑事事件の概況（上）」
法曹時報 75 巻 2 号による）

在についても認めることが必要です（●285 頁参照）。

実務では，一般に「この事件で処罰されてもやむを得ないと思いますか」などという質問が行われ，被告人の「事実はそのとおり相違ありません。別に述べることはありません」という程度で，原則として有罪である旨の陳述があったものとして扱われています。

そのねらい　　現行法は，その制定時に英米法のアレインメント制度（●222 頁）の採否をかなり検討しましたが，有罪であることを自認した場合でも，補強証拠を必要とすることによって，結局，その立法化を見送りました。その結果，被告人が全面的に事実を認めている場合であっても，一律に厳格な公判手続に従わざるを得ず，窮屈であるうえ訴訟経済上望ましくない状況が生じるため，事実上証拠調べ手続を簡略化するという傾向が出てきたことから，1953（昭和 28）年の法改正で成立したのがこの簡易公判手続です。軽微な自白事件の証拠調べを簡略化する一方，簡易公判手続の適用されない事件の証拠調べを充実させようというのがこの制度のねらいでした。

319Ⅲ

利用状況　　こうして生まれた簡易公判手続ですが，その利用率はあまり高くありません。ここ数年は，簡易公判手続を決定することのできる自白事件中，地裁で 0.1～0.5％，簡裁では以前は 40％ を超えていましたが，0.0～0.4％ になっています（上の表）。その理由としては，一般の事件と比べて証拠調べ手続にそ

規 203 の 2　れほど差はなく（一般の事件の証拠調べでも証拠書類の取調べが要旨の告知で足りることになったことは後に述べるとおりです。197 頁），裁判官が判決書を書く労力もほとんど同じであること，被告人に「簡易」な手続で処理しているという印象を与えることは好ましくないことなどが指摘されています。

350 の 16〜
350 の 29　なお，後に述べるとおり（359 頁参照），2004（平成 16）年の法改正で，簡易・迅速な手続として，**即決裁判手続**が新たに導入されています。

3　証拠調べ手続

(1) 冒頭陳述

292
296　**検察官の冒頭陳述**　冒頭手続が終わると，証拠調べ手続へと進みます。証拠調べのはじめに，検察官は，証拠にもとづいて証明しようとする事実を明らかにしなければなりません。これを検察官の冒頭陳述といいます（【書式 30】402 頁）。この冒頭陳述と前述した冒頭手続（187 頁）とを混同しないようにしてください。冒頭陳述は**冒陳**（ぼうちん）と略して呼ばれることもあります。これは，検察官が事案の全貌を明らかにし，今後の立証方針の骨子を示すものであり，裁判所に対しては証拠採否等の証拠調べに関する訴訟指揮に指針を与え，また被告人および弁護人に対しては起訴状よりいっそう具体的に防御の対象・範囲を知らせる重要な手続です。

　検察官は，犯罪自体に関する事実，犯罪と被告人との結びつきに関する事実，重要な情状に関する事実などを立証する必要があるので，冒頭陳述でこれらの事実を挙げることになりますが，具体的内容や順序は，事案の難易度や捜査段階での自白の有無などにより異なります。争いがない事件では，検察官がこれらの事実を歴史的順序に従って物語式に述べるのが通常であり，裁判所が事案を理解して証拠の採否等を判断するうえでも，そのような冒

頭陳述で特に支障は生じないでしょう。ただ，争いがあって公判前整理手続を経ていないような事件では，裁判所が事案を理解して証拠の採否等を適切に判断するため，たとえば重要な間接事実を整理して挙げるとともに，それら間接事実と証拠との関係を具体的に明らかにするなどといった工夫が必要であり，そのように工夫されている例もみられるようです（**【書式31】** 403頁）。

296但　　なお，当然のことですが，証拠能力のない資料（262頁参照）または取調べを請求する意思のない資料にもとづいて裁判所に偏見または予断を生じさせるおそれのある事項を述べてはならないとされています。もっとも，検察官の手持ち証拠にもとづいてなされた陳述である以上，その全部について最終的に立証できない結果となった場合でも冒頭陳述自体が違法となるわけではありません。

規198　　　**被告人または弁護人の冒頭陳述**　　検察官の冒頭陳述の後に被告人または弁護人は冒頭陳述をすることができます。検察官の場合とは異なり，義務的なものではありません。

　　冒頭陳述の時期は，検察官の冒頭陳述の直後でも，検察官側の証拠調べが終わった段階でもよいのですが，実務上は後者の段階で行われることが多かったようです。もっとも従前は，常に行われるというわけではなく，事件が複雑で争点が多岐にわたるような場合に，防御の立場から弁護人が行うことがあるというのが実情でした。

316の30　　これに対し前に述べたとおり，公判前整理手続に付された事件については，被告人または弁護人は，検察官の冒頭陳述に引き続き必ず冒頭陳述を行わなければなりません（166頁，250頁参照）（**【書式30】** 402頁，**【書式32】** 404頁）。

(2) 証拠調べの請求

298 I　　　**請求権者**　　証拠調べを請求することができるのは，検察官，
298 II　　被告人または弁護人です。裁判所の職権による証拠調べは補充的なものとされています。法は，証拠を提出する第一次的な責任を

当事者に負担させているということができます。

規193 I　　**検察官の請求**　　検察官は，事件の審判に必要なすべての証拠の取調べを請求しなければならないとされています。これは，検察官の原告官としての公訴維持の責任にもとづくものです。しか

規199　　し，すべての証拠といっても，必ずしも厳格ではなく，被告人側の主張・立証によって新たに必要となった証拠や審理の途中で発見された証拠については，その都度必要に応じて取調べを請求することができるものとされています。

316の32　　ただし，公判前整理手続に付された事件については，やむを得ない事由が認められる場合を除き，公判前整理手続が終わった後には，証拠調べを請求することができません（166頁参照）。

301　　なお，条文上，被告人の自白は，犯罪事実に関する他の証拠が取り調べられた後に請求すべきものとされています。この規定は，

憲38 III　被告人の自白のみで有罪とすることを認めない憲法および刑訴法
319 II　の趣旨を手続的な側面から保障しようとするものであり，裁判所が他の証拠（いわゆる補強証拠）に先立って自白と接することにより予断・偏見を抱くことを防ごうとするものです（291頁参照）。

規193 II　　**被告人側の請求**　　被告人または弁護人は検察官の証拠調べ請求が終わった後，必要な証拠の取調べを請求することができます。

316の32　公判前整理手続に付された事件について，証拠調べ請求の時期に制限があることは，検察官の場合と同様です。

規189 I　　**証拠調べ請求の方式**　　証拠調べの請求は，証拠と証明すべき事実との関係，すなわち**立証趣旨**を具体的に明示して行わなければならないことになっています。立証趣旨の明示が要求されるのは，裁判所が証拠の採否を決定する際の参考とするとともに，攻撃・防御の焦点を明らかにするうえで重要であるからです。

　もっとも，特定の立証趣旨にもとづいて証拠調べが行われた場合に，証拠の証明力（事実の認定に役立つ証拠の実質的な価値）が当初の立証趣旨の範囲に限定されるかどうか（**立証趣旨の拘束力**の存

否の問題）については議論のあるところです。

299 I　　証拠調べを請求するについては，あらかじめ証拠の内容を相手方に知らせ，防御の機会を与えることが必要です。すなわち，相手方に異議のない場合を除き，証人等の尋問を請求する場合にはその氏名および住居を知る機会を，証拠書類または証拠物の取調べを請求する場合にはこれを閲覧する機会を，与えなければなりません（149 頁参照）。

　　現在の実務では，証拠等関係カードと同じ様式の書面を提出して証拠調べの請求を行うこととされており，裁判所書記官は，この書面の記載を利用して証拠等関係カードを作成するという取扱いがなされています（【書式34】406 頁）。この証拠等関係カードは，公判調書などの一部となり，当該証拠に関する事項は，すべてこの証拠等関係カードに書き込まれることになるので，このカードを参照することによって，立証趣旨の範囲だけでなく，証拠調べ請求の有無やこれに対する相手方の意見，証拠調べの結果等が一見して分かるシステムになっています。

規 189 の 2　　なお，2005（平成 17）年の規則改正で，迅速かつ充実した審理の実現に資するため，証拠調べの請求は，証明すべき事実の立証に必要な証拠を厳選して行うようにしなければならない旨が定められています。

規 190 I　　(3) **証拠決定**　　証拠調べの請求に対して，裁判所は，証拠調べをする旨の決定またはこれを却下する旨の決定をします。これを証拠決定と呼んでいます。

規 190 II　　証拠決定をするについては，証拠調べの請求をした相手方またはその弁護人の意見を聴くことが必要です。「しかるべく」とは法廷でよく耳にするいかにも古めかしい言葉ですが（なお，406 頁，408 頁参照），相手方の証拠調べ請求などに対し，反対せず裁判所の判断に任せることを意味するものとして使われます。

　　証拠調べ請求の手続が法令に違反している場合や，取調べ請求

された証拠に法定の証拠能力（証拠となり得る資格）（262頁）がない場合には，裁判所は，請求を却下しなければなりません。また，取調べ請求された証拠が訴因との関連性を欠く場合や，すでに取り調べられた証拠と重複するなど証拠調べの必要性がないと認められる場合にも，裁判所は，請求を却下することができると解されています。

(4) 証拠調べの実施

規199 I　　**証拠調べの順序**　　証拠調べの順序は，採用決定のあった検察官請求の証拠をまず取り調べ，引き続き被告人および弁護人請求の証拠を取り調べるのが原則です。すなわち，検察官の立証段階から被告人側の立証段階へと進行するのが証拠調べ手続全体の流

規199 I但　れです。ただし，裁判所が相当と認めるときは，この順序を変更して随時，必要とする証拠を取り調べることができます。

　また，証拠の取調べは，犯罪事実について，客観的・直接的な証拠からはじめ，主観的・間接的な証拠へと移り，最後に被告人の経歴・性格・境遇・犯罪後の情況等の，いわゆる情状に関する証拠に及ぶのが通例です。検察官の証拠調べ請求（証拠等関係カードの記載）もほぼこの順序で行われています。2005（平成17）年の

規198の3　規則改正では，このような従来の運用を明文化し，犯罪事実に関しないことが明らかな情状に関する証拠の取調べは，できる限り，犯罪事実に関する証拠の取調べと区別して行うよう努めなければならないとの規定が追加されました。

　被告人の捜査官に対する供述調書や前科関係・身上関係を記載した書面を**乙号証**として，それ以外の証拠は**甲号証**として請求されます（**【書式34】**406頁，407頁）。

　甲号証には，証拠物や被害者の捜査官に対する供述調書，捜査機関が作成した捜査報告書，実況見分調書などが含まれます。

　2005（平成17）年の規則改正では，争点に関する証拠調べに集

規198の2　中するため，訴訟関係人は，争いのない事実については，誘導尋

326・327 間，法 326 条の同意や法 327 条の合意書面の活用を検討するなど
して（280 頁参照），当該事実および証拠の内容・性質に応じた適
切な証拠調べが行われるよう努めなければならない旨の規定が設
けられました。

　これに対して，起訴事実の存否が争われている事件の場合には，
通常，まずこの甲号証の証拠能力や証明力をめぐる攻撃・防御が
展開され，その後に乙号証（とくに自白調書）をめぐる論争へと争点
が移行していくことになります。なお，ここでも，2005（平成 17）
年の規則改正により，従来から時として深刻な争いが生じること

規 198 の 4 のあった自白調書等の作成状況をめぐる立証について，検察官は，
被告人または被告人以外の者の供述に関し，その取調べの状況を
立証しようとするときは，できる限り，取調べの状況を記録した
書面その他の取調べ状況に関する資料を用いるなどして，迅速か
つ的確な立証に努めなければならない旨の規定が設けられました。

301 の 2 Ⅱ 　さらに，2016（平成 28）年の法改正により，裁判員制度対象事
件等につき，身体拘束中の被疑者の取調べの全過程を録音・録画
し，自白の任意性が争われた場合には，検察官にその記録媒体の
証拠調べ請求を義務づける制度が導入されました（27 頁，97 頁，
289 頁参照）。

　　証拠書類の取調べ　　**証拠書類**とは，その記載内容が証拠とな
る書面をいい，被害者作成の被害届，医師の作成した診断書，被
告人の司法警察職員や検察官に対する供述調書，被告人の前科調
書等がその具体例です。

　現在の実務では，犯罪事実の立証のために必要な証拠として，
犯罪の行われた現場の概要を記載した実況見分調書等のほか，被
害者などの第三者の供述や被告人の供述も，司法警察職員または
検察官において供述調書等の形で記録化されており，このように
必要な証拠のすべてを証拠書類の形で証拠調べ請求されるのを通

326 Ⅰ 例としています。したがって，これらの証拠書類の全部が被告人

の同意等により証拠能力を認められ，裁判所の証拠決定を経てその取調べが行われると，検察官の立証は原則として終了することになります。

305

証拠書類の取調べ方法は，法廷における**朗読**です。裁判長は，証拠書類の取調べを請求した者にこれを朗読させるのが原則ですが，自らこれを朗読し，または陪席裁判官もしくは裁判所書記官にこれを朗読させることもできます。

290 の 2
290 の 3
305Ⅲ・Ⅳ

被害者特定事項の秘匿決定があったとき，および証人等特定事項の秘匿決定があったときは，証拠書類の朗読は，これら特定事項を明らかにしない方法で行います（188 頁，209 頁）。

なお，後に述べるビデオリンク方式による証人尋問（207 頁）の録画（記録媒体）がその一部とされた調書の取調べは，朗読に代えて，その録画を公判廷で再生するものとされています（276頁参照）。裁判長は，相当と認めるときは，この再生に代えて，記録された供述内容を告知させる等の方法で取り調べることもできます。

規203の2Ⅰ

朗読が原則ですが，規則によれば，裁判長は，訴訟関係人の意見を聴き，相当と認めるときは，この朗読に代えて，取調べの請求者，陪席裁判官もしくは裁判所書記官にその要旨を告げさせ，または自らこれを告げることができるとされています。これが**要旨の告知**と実務上呼ばれている手続であり，従来は，検察官の請求による証拠書類については，検察官がその要旨を告知することで朗読に代える取扱いが多かったところです。

要旨の告知は，証拠書類の全部を朗読することが実際上時間等の制約により困難であることから，しばしば朗読をすべて省略しようとする傾向が認められたため，朗読を実行可能な限度で正確に実現できるよう配慮して，1950（昭和 25）年に改正されたものですが，実際上，要旨の告知の手続すら省略される例もあり，その是非が問題とされていました。

　このような従前の運用に対して，裁判員制度対象事件の裁判の審理において，証拠書類の取調べをどのように分かりやすく行うかは，重要な課題となりました。裁判員に後から証拠書類を読み込んでもらうことはできず，公判廷で直接心証を採ってもらうため，証拠書類は全文朗読を原則とする運用が定着しつつあるようです（もっとも，証拠書類の中でも調書類などは，長文のものが少なくありませんので，事前準備として，検察官が弁護人の意見も踏まえ，立証に必要な限度で抄本化したものを用意し，それを読むのが実務的運用といえます）。

　このような裁判員制度対象事件の裁判の実施は，これら以外の裁判にも一定の影響を及ぼしています。どのような事件であれ刑事裁判においては，裁判所（裁判官）が公判廷で，主要な事実関係について証拠調べの際に直ちに心証を採り，その後の訴訟指揮の適正を期すということは大切です。裁判員制度対象事件の裁判の経験を踏まえて，要旨の告知を適切に行うことの意義が再認識され，検察官も証拠書類について，簡にして要を得た告知の工夫を凝らすようになってきました。

　　証拠物の取調べ　　　**証拠物**とは，物の存在または状態が証拠となるものをいいます。犯罪に使用された凶器，血痕の付着した被害者の衣服，被告人が所持していた覚醒剤等はその典型例です。

306　　　証拠物の取調べ方法としては，その請求者が法廷でこれを**展示**するのが原則です。

　展示とは，裁判所および訴訟関係人に対し，その存在や状態等を示すことをいいます。犯罪の凶器等について，これを被告人に示して，それが犯罪に使用されたものであることを確認することは法廷でよく行われますが，これは，後述する被告人質問（213頁）を通じて証拠物の同一性や起訴事実と証拠物との関連性を明らかにするという趣旨によるものです。

307　　　なお，脅迫罪に使用した脅迫状とか公文書偽造罪を組成した偽

造公文書等は，その書面の存在または状態そのものが証拠となると同時にその記載内容も証拠となることがあります。そこで，これを**証拠物としての書面**と呼んでいます。その取調べ方法は，朗読と展示の双方を必要とします。もっとも，証拠書類と，この証拠物としての書面の区別については，議論が分かれるところです。

　録音・録画された記録媒体については，展示し，かつ再生を行うことになります（録音テープにつき，最決昭和 35・3・24 刑集 14 巻 4 号 462 頁）。

(5) 証人尋問

証人とは　　証人とは，裁判所または裁判官に対し，自己の直接経験した事実またはその事実から推測した事実を供述する第三者をいい，その供述を**証言**といいます。同じく第三者の供述であっても，捜査機関に対する供述はここにいう証言には含まれません。

174　　自己が直接経験した事実であれば，それが特別の知識・経験によって知ることのできた事実に関するものでもよく，この証人を**鑑定証人**といいます。たとえば医師が自分の診察した患者の当時の症状について供述する場合がこれに当たります。

156　　証人が直接経験した事実のみならず，その事実から推測した事実を供述することも差し支えなく，その場合には特別な知識・経験にもとづく推測も許されます。しかし，単なる想像や個人的な意見の陳述には証拠能力がないとされています（262 頁参照）。

憲37Ⅱ　　憲法は，刑事被告人に対し，「すべての証人に対して審問する機会を充分に与へられ」ることと，「公費で自己のために強制的手続により証人を求める権利を有する」こととを保障しており，証人が証拠の中できわめて重要な地位を占めることを示しています。

運用　　検察官は，起訴事実を証人の証言によって立証しようと，はじめから証人尋問の請求を行う場合もときにはあります

（とくに，利害の激しい対立が予想される労働公安事件などでこういう方法が採られることがあります）。

しかし，大部分の証人尋問は，目撃者や被害者などの第三者（いわゆる参考人）の司法警察職員または検察官に対する供述調書（被害届や告訴調書なども同じ）の取調べ請求に対し，証拠とすることについての被告人の同意が得られなかった場合に行われます。すなわち，その書面（不同意書面と呼ばれます）の取調べ請求をいったん撤回し，あるいは請求自体は維持する一方で，不同意書面に代えて，目撃者等の第三者を証人として取調べ請求するという経緯をたどって証人尋問が行われるのです（【書式34】406頁，【書式36】410頁参照）。

もっとも，量刑に関連して，弁護人が請求するいわゆる**情状証人**の尋問はこういう経緯をたどらずに行われています。

証人適格　　証人には誰でもなることができます。原則として，証人適格はすべての者にあるわけです。ただし，法律上ないし理論上，一定の制約が加えられる場合があります。

公務上の秘密を保護するため，公務員または衆議院・参議院議員等が知り得た事実について，法は明文で証人適格を制限しています。しかし，いずれの場合も国の重大な利益を害する場合を除いては，その監督官庁，院等は証人として尋問することの承諾を拒むことができないとされており，これらは相対的な欠格事由にとどまります。

証人は，裁判のための証拠資料を提供する第三者であることが必要ですから，その事件の訴訟手続に実際に関与している裁判官および裁判所書記官は，そのままでは証人となることはできません。担当を離れれば証人となることができますが，それ以後は職務の執行から除斥されます（⬅140頁参照）。

検察官も，現に訴訟当事者の地位にある限り証人となることはできません。しかし，除斥の制度はありませんので，証人となっ

た後に再び元の職務を行うことは可能です。そこで，被告人を取り調べた検察官と公判立会検察官が同一人物である場合に（175頁参照），その検察官が，取り調べた際に作成した供述調書の任意性を立証する（289頁参照）ための検察側の証人として証言し（もちろん尋問は他の検察官が担当することになります），尋問終了後，再び検察官席に復帰するということなどは，実際上も起こり得ることです。

　なお，被告人については，立法論上若干の議論がみられるものの，その証人適格を否定すべきものとするのが通説です。憲法および刑訴法が**黙秘権**を保障していることから，証人としての証言義務を負わせることはこれと抵触すると考えられるためです。実務上も被告人が自己の事件につき証人となることを認めていません。

憲38 I
311 I

　弁論が併合され審理されている場合（233頁参照）の共同被告人の証人適格についても同様ですが，共同被告人は弁論を分離し，当該訴訟手続における被告人の地位を離脱させれば，分離前の相被告人の事件につき証人として尋問することができるとされています（最決昭和31・12・13刑集10巻12号1629頁）。

146〜149
164

証人の権利　証人の権利としては，**証言拒絶権**と旅費・日当・宿泊料の請求権とがあります。

146
憲38 I

　自分が刑事訴追や有罪判決を受けるおそれのある証言を拒む権利は，憲法の黙秘権（自己負罪拒否特権）にもとづくものです。自分が刑事訴追や有罪判決を受けるおそれがあるというわけではないとしても，新聞記者については明文がないこともあって，取材源（ニュースソース）について証言拒絶権が認められるかどうかは時折争われるところです。

　刑事免責　アメリカには共犯関係等にある者のうち一部の者に対して刑事免責を付与することによって黙秘権を失わせて証言を強制する制度がありますが，判例は，わが国の憲法がこのよう

　　な制度の導入を否定しているものとまでは解されないものの，採用するのであれば明文の規定によるべきであり，現行法はこれを採用していないと判示していました（最大判平成 7・2・22 刑集 49 巻 2 号 1 頁）。

157 の 2
157 の 3
　　2016（平成 28）年の法改正により，この刑事免責制度が導入されました。検察官の請求にもとづき，裁判所が，証人尋問に応じてした供述およびこれにもとづいて得られた証拠は，証人に不利益な証拠とすることができないこと，証人は，自己が刑事訴追を受け，または有罪判決を受けるおそれのある証言を拒むことができないとの条件により証人尋問を行う決定をするものです。検察官は，証人尋問開始前，または尋問開始後証人が自己負罪事項について証言を拒否する場合に，当該自己負罪事項についての証言の重要性，関係する犯罪の軽重および情状その他の事情を考慮して，必要と認めるとき，免責決定の請求をすることができます。

150〜153 の 2
　　証人の義務　　出頭，宣誓，証言は証人の義務です。裁判所は，相当の猶予期間を置いて，証人を召喚することができます。証人
143 の 2
が，正当な理由なく，召喚に応じないとき，または応じないおそれがあるときは，勾引することができます。

規 115
　　証人の取調べの方式　　証人に対しては，まず人違いでないことを確認します。これを**人定質問**といいます。

　　なお，証言台には「早口にならず，簡潔に，できるだけ大きな声で，はっきりと発言してください」などのメモが置かれていることがあります。

154・155
160・161
規 117・118
規 120・121
　　次いで，証人尋問の前に**宣誓**を求めます。「宣誓書」を証人に朗読させたうえ，これに署名・押印させるのです【**書式 37**】412頁）。宣誓した証人には偽証の罰および証言拒絶権が告知されます。

規 123
　　証人は，一人ひとり別々に尋問しなければなりません。後に尋

問する予定の証人が在廷するときは，退廷を命じなければなりません。これは，後に尋問される証人が先に尋問される証人の証言によって不当な影響を受けることを防ごうとするものです。

304Ⅰ・Ⅱ　　**交互尋問**　　法は，証人に対して裁判長または陪席裁判官がまず尋問し，これが終わった後，検察官，被告人または弁護人が尋問するのを原則としていますが，実務ではこの順序を逆転し，当事者が交互尋問の方式で尋問した後，裁判官が必要に応じ補充的**304Ⅲ**　に尋問する方法が定着しています（**【書式36】**410頁参照）。

規199の2　　交互尋問方式とは，証人尋問を請求した者がまず尋問し（これを主尋問といいます），次に相手方が尋問し（これは反対尋問と呼ばれます），その後も必要な範囲で交互に証人を尋問する（再主尋問，再反対尋問……）という方式のことです。再主尋問までは，権利として当事者に認められていますが，再反対尋問以降は「裁判長の許可」が必要です。

規199の3Ⅰ　　**主尋問**　　主尋問は，立証すべき事項およびこれに関連する事**規189Ⅰ**　項について行うもので，その際には，**誘導尋問**をすることは原則**規199の3Ⅲ**　として許されません。誘導尋問には，①尋問者の期待する答えを暗示する尋問（例，その人は20歳くらいでしたね＝肯定問），②「はい」「いいえ」の一言で答えることのできる尋問（例，その人は20歳くらいでしたか＝認否問），③争いのある事実またはいまだ供述に現れていない事実を存在するものと前提しまたは仮定してする尋問（例，その20歳くらいの人は，どんな服装でしたか＝前提問）があります。③は誤導尋問とも呼ばれています。

　誘導尋問をすることが許されないのは，主尋問をする側と証人とは好意的な関係にあることが多く，ともすれば証人が迎合的な証言をする危険があるからです。したがって，準備的な事項や争いのない事項については積極的に誘導し，争点に絞った尋問をす**規199の3Ⅲ**　ることはむしろ有益であり，また，証人の記憶が明らかでない場**①～⑤**　合や証人が主尋問者に対し敵意または反感を示す場合など，誘導

尋問によらないと真実の発見がしがたく，誘導尋問の弊害も少ないと考えられる一定の場合には，不当な誘導となるものでない限り，誘導尋問は許されることになっています。証人が予期に反する

規199の3
Ⅱ・Ⅲ⑥・
199の6

供述をしたような場合には，その証人の供述の証明力を争うために必要な事項，すなわちその証人の証言が信用できるかどうかにかかわる事項についても尋問することができます。

規199の4Ⅰ **反対尋問**　　反対尋問は，主尋問に現れた事項およびこれに関連する事項ならびに証人の供述の証明力を争うために必要な事項について行われ，必要があれば誘導尋問をすることも許されます。反対尋問の目的は，主尋問において述べられた相手方証人の証言の証明力を減殺し，自己の側に有利な証言を引き出すことにあります。しかし，効果的な反対尋問を行うためには，前提事実に対する十分な事前調査のほか，技術と経験が必要であり，主尋問の上塗りをし，かえって主尋問の結果を補強するいわゆる**壁塗り尋問**の結果に堕する場合も少なくないようです。

　なお，連日的開廷による集中的な審理を実現する趣旨で，2005

規199の4Ⅱ

（平成17）年の規則改正により，反対尋問は，特段の事情のない限り，主尋問終了後直ちに行わなければならない旨の規定が追加されています。従来の別の期日に行われる運用を改めようとするものです。

規199の5　　反対尋問をする者は，反対尋問の機会に自己の主張を支持する新たな事項についても裁判長の許可を得て尋問することができ，この場合，その事項については主尋問とみなされます。

規199の13　　**尋問の適正化**　　証人の尋問は，できる限り個別的かつ具体的で簡潔な尋問（一問一答の方式）によるべきであり，威嚇的または侮辱的な尋問をすることは許されません。また，すでにした尋問と重複する尋問，意見を求めまたは議論にわたる尋問，証人が直接経験しなかった事実についての尋問も正当な理由がない限りしてはならないとされています。

295 I	裁判長は，訴訟指揮として，訴訟関係人のする尋問がすでにした尋問と重複するとき，または事件に関係のない事項にわたるときその他相当でないときは，尋問を制限することができます。
規199の14	なお，2005（平成17）年の規則改正により，訴訟関係人は，立証すべき事項または主尋問もしくは反対尋問に現れた事項に関連する事項について尋問する場合には，尋問自体やその他の方法によって，裁判所にその関連性を明らかにしなければならない旨の規定が追加されました。これは，関連性の不明確な尋問がいつまでも続くような事態を改善しようとの趣旨で設けられたものです。
295 II	また，証人等やその親族の身体・財産に害を加えたり，これらの者を畏怖させ，困惑させる行為がなされるおそれがあって，これらの者の住居，勤務先その他通常所在する場所が特定される事項が明らかにされると証人が十分な供述をすることができないと認めるときは，裁判長は，住居等が特定される事項についての尋問を制限することができます（なお，149頁参照）。

書面等の利用　尋問するに当たっては，書面または物や図面などを利用することもできます。ただし，証人に不当な影響を及ぼす危険がありますので，証人の記憶を喚起するために書面等を提示する場合と，証人の証言を明確にするために図面等を利用する場合には，「裁判長の許可」が必要です。記憶喚起のためであっても，供述録取書を提示することはできません。

　証人に示す書面等は，証拠として採用されていなくてもよく，証人尋問調書の末尾に添付され，証言に引用された限度で証言の一部となり，同書面等を含む証言全体が証拠となります（最決平成23・9・14刑集65巻6号949頁，最決平成25・2・26刑集67巻2号143頁）。

公判期日外の証人尋問　証人は，公判期日に公判廷で尋問するのを原則としますが，例外的に公判期日外で尋問し，その結果を法廷に提出することが許される場合があります。

（規199の10〜199の12　規49）

281 ひとつは，公判準備として裁判所内で証人尋問を行うものです（この期日を**公判準備期日**といいます）。これは重要な証人が不意に外国に赴くことになり，公判期日の変更も相当でないような場合などに行われます。

158 もうひとつは，公判期日外に裁判所の建物以外の場所で所在尋問などの形で証人尋問を行うものです。たとえば証人が病気入院中にその病院で尋問を行うような場合です。

いずれも証人の重要性や事案の軽重等の事情を考慮し，尋問の
321 II 実施は必要と認められる場合に限られます。これらの尋問の結果を記載した調書は公判準備における供述録取書面として証拠能力
303 が認められ，公判廷で必ず取り調べられるものとされています（270頁参照）。

(6) 証人に対する配慮

2000（平成12）年の法改正により，刑事手続において犯罪被害者に対する配慮と保護を図るための諸措置が設けられましたが（◯222頁），証人尋問については，犯罪被害者等が証言する場合の不安・緊張を緩和し，証言にともなう精神的負担を軽減するための措置が盛り込まれることになりました。

157の4 **付添い**　その第1は，証人への付添いです。裁判所は，証人の年齢，心身の状態その他の事情を考慮して，証人が著しく不安または緊張を覚えるおそれがあると認めるときは，その不安・緊張を緩和するのに適当であると認める者を，証人の供述中，証人に付き添わせることができます。証人付添人は，裁判官・訴訟関係人の尋問や証人の供述を妨げたり，供述内容に不当な影響を与える言動をしてはなりませんが，証人の傍らに着席してその様子を見守り安心感を与えられる人，たとえばカウンセラーや年少者の保護者等が想定されています。

157の5 **遮蔽**　第2は，証人の遮蔽です。裁判所は，証人を尋問する場合に，犯罪の性質，証人の年齢，心身の状態，被告人との関係

その他の事情により，証人が被告人の面前で供述するときは，圧迫を受け精神の平穏を著しく害されるおそれがあると認める場合に，相当と認めるときは，被告人と証人との間で，一方からまたは相互に相手の状態を認識することができないようにするための遮蔽措置を採ることができます。また，裁判所は，犯罪の性質，証人の名誉に対する影響その他の事情を考慮し，相当と認めるときは，傍聴人と証人との間を遮蔽する措置を採ることもできます。性犯罪の被害者などが被告人や傍聴人の面前で証言する際に著しい心理的圧迫を受けて心情や名誉が害されるのを防ぐため，法廷内に衝立をおくなどして証人の姿を遮蔽し，このような圧迫を軽減しようとするものです。

　遮蔽方法を3つのパターンに分けて，次頁に概略図を示します。

157の6　　　**ビデオリンク方式**　　第3は，ビデオリンク方式による証人尋問です。公判廷という場で証言することにともなう心理的圧迫を軽減するため，証人を法廷外の別室に在席させ，別室と法廷を回線で接続して，テレビモニターを介して尋問する方式です。裁判官および訴訟関係人は法廷に在席し，別室にいる証人を，映像と音声の送受信により相手の状態を相互に認識しながら通話をすることができる方法によって尋問するものです。

　この方式を採ることのできる証人の類型は2つあり，ひとつは，性犯罪および児童に対する性的犯罪の被害者です。このような犯罪の被害者は，法廷で被害体験を証言すること自体が苦痛・精神的圧迫になるので，裁判所は相当と認めるときこの措置を採ることができます。いまひとつは，犯罪の性質，証人の年齢，心身の状態，被告人との関係その他の事情により，裁判官および訴訟関係人が尋問のために在席する場所で供述するときは圧迫を受け精神の平穏を著しく害されるおそれがあると認められる者です。

157の6Ⅱ　　　2016（平成28）年の法改正により，出頭・証言する証人の不安・危惧に一層配慮する等の趣旨で，証人が法廷と同一構内以外

遮蔽措置概略図

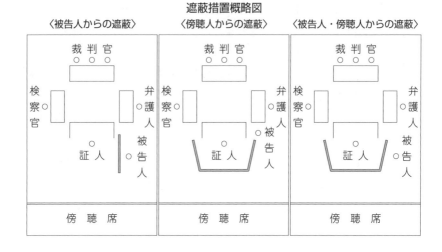

にある場所に在席してビデオリンク方式の証人尋問を行う方式が
導入・施行されました（**構外ビデオリンク**）。証人が同一構内に出
頭するときは精神の平穏を著しく害されるおそれがあると認めら
れるときのほか，同一構内への出頭にともなう移動に際し，証人
の身体・財産への加害行為または畏怖・困惑させる行為がなされ
るおそれがあるとき，同一構内への出頭後の移動に際し尾行その
他の方法で証人の住居，勤務先その他通常所在する場所が特定さ
れることにより，証人やその親族の身体・財産への加害行為また

証人に対する配慮措置の実施状況（2017 年〜2021 年）

年　次	2017 年	2018 年	2019 年	2020 年	2021 年
①付　添　い	78	144	118	107	133
②　遮　蔽	1,105	1,461	1,505	1,237	1,335
③ビデオリンク　構内	225	302	318	264	320
③ビデオリンク　構外		15	23	38	92

（最高裁判所事務総局刑事局「令和3年における刑事事件の概況（上）」法曹時報75
巻2号による）

は畏怖・困惑させる行為がなされるおそれがあるとき，裁判所は，この措置を採ることができます。このほか，証人が遠隔地に居住し，その年齢，職業，健康状態その他の事情により，同一構内への出頭が著しく困難と認められるときにもこの措置を採ることができます。

　なお，このような傷つきやすい証人（遠隔地居住の場合を除く）に同一事実（たとえば性犯罪の被害体験）に関する証言を繰り返させるのは酷ですから，裁判所は，ビデオリンク方式の証人尋問を行う場合に，その証人が後の刑事手続で同一事実につき再び証人として供述を求められる可能性があり，証人の同意があるときは，証人尋問の状況を録画して記録することができます。この証人尋問の録画は，公判調書の一部とされ，別の事件などの公判期日にこれを再生し，訴訟関係人に供述者に対する尋問の機会を与えれば，証拠として用いることができます（276頁参照）。

321の2

　以上の証人に対する配慮措置の実施状況は前頁のとおりです。2018年より制度施行が始まった構外ビデオリンクについては，遠隔地に居住する証人についての利用などその実施例が増加していることが分かります。

290の2
290の3

被害者特定事項の秘匿　　なお，従来から，性犯罪等の被害者について，被害者特定事項を秘匿する措置ができるとされていましたが（188頁，⤵222頁），被害者以外の証人等（証人，鑑定人，通訳人，翻訳人または供述録取書等の供述者）についても，2016（平成28）年の法改正により，裁判所が，証人等からの申出があるとき，証人等特定事項（氏名・住所その他の証人等を特定させることとなる事項）を秘匿する決定をすることができるとされました。特定事項が公開法廷で明らかにされることにより証人等もしくはその親族の身体・財産への加害行為またはこれらの者を畏怖・困惑させる行為がなされるおそれがあるとき，または，特定事項が公開法廷で明らかにされることにより証人等の名誉・社会生活上の平穏が

著しく害されるおそれがあるとき，この措置を採ることができま

291Ⅲ
305Ⅳ
す。被害者特定事項の秘匿決定の場合と同様に，起訴状の朗読お
よび証拠書類の朗読は，特定事項を明らかにしない方法で行うと
295Ⅳ
ともに，訴訟関係人のする尋問や陳述が特定事項にわたるときは，
裁判長により制限されます。

(7) 鑑定，通訳・翻訳

165
　　鑑定とは　　立証の対象となる事項との関係で，裁判所が特別
の知識・経験をもつ者の判断を求め，裁判上必要な知識・経験の
不足を補うこともしばしば行われています。この一連の手続を鑑
定といいます。この鑑定を命じられた者が**鑑定人**です。

　　鑑定人　　鑑定人は，特別の知識・経験にもとづいて裁判所の
判断を補助できる者であれば誰でもよく，この点において，証人
が，その人に固有の体験にもとづいて記憶する事実または推測す
152・162
171
る事項を供述するのと大きく異なっています。召喚に応じない証
人については勾引が許されるのに対し，鑑定人についてはこれが
許されないのは，この代替性の有無の点のほか，勾引することが
裁判所の知識・経験を補う立場にある鑑定人の地位にふさわしく
ないからであると考えられています。

　　鑑定事項　　鑑定がよく用いられるのは，被告人の犯行時およ
び現在の精神状態，被告人に対するアルコールまたは覚醒剤など
の薬物の影響の有無およびその程度，被害者の死因や創傷の部
位・程度などの医学に関するものです。そのほか，銃砲や刀剣の
性能，火災の原因や燃焼過程，凶器等に付着した血痕のDNA型
や血液型の判定なども行われ，また，交通関係の事件では，事故
原因の判定のためいろいろな角度からの鑑定が行われています。

　　鑑定人の権限　　鑑定人については，当事者の請求によるとき
165・166
規128
168
も，裁判所が鑑定を命じ，宣誓をさせることになっています。鑑
定人は，裁判所の補助者としての性格を有することから強い権限
が与えられており，鑑定について必要がある場合には，裁判所の

規132　　許可状により，人の住居等に立ち入り，身体を検査し，死体を解剖し，墳墓を発掘し，または物を破壊することができます。裁判

規134　　長の許可を得て，書類および証拠物を閲覧・謄写したり，被告人質問や証人尋問に立ち会って，自ら直接に問いを発することもで

裁判員50　きます。なお，裁判員裁判事件については，鑑定手続のうち，鑑定の経過・結果の報告以外のものを公判前整理手続において行うことができるようにする規定が設けられています（248頁参照）。

　　鑑定人尋問　　鑑定は，公判廷で行うこともないわけではありません（ごく簡単な筆跡鑑定など），ほとんどの場合裁判所外で行います。鑑定の結果の報告には，口頭による方法と書面（鑑定書）

304　　による方法があります。口頭の方法による場合は，証人尋問と同様の方式で報告が行われます。これが鑑定人尋問です。

321Ⅳ　　実務では，鑑定書による報告の方法が多く用いられていますが，この場合でも鑑定人は鑑定の経過および結果の正確性について公判期日に尋問を受けることがあります。

　　鑑定の結果について正確な報告を期するという観点からは，鑑定書の方法によるのが望ましいものの，正確で詳細な鑑定書の作成には多大の労力と時間を要しますので，近年では簡明な口頭による鑑定結果の報告の方法を見直そうとする動きも出てきています。また，裁判員制度対象事件の裁判においては，裁判員に対し鑑定の結果をどのように分かりやすく示すかが重要な課題となっており，そのための工夫が種々施されています。

　　このように鑑定は裁判所の知識・経験の不足を補うものですが，これによって得られた結果はあくまで証拠資料のひとつにすぎず，

318　　その証明力は裁判官の自由心証にゆだねられることになります。

167Ⅰ　　なお，被告人の心神または身体に関する鑑定をさせるについて必要があるときは，裁判所は期間を定め病院その他の相当な場所

167Ⅱ　に被告人を留置することができます。これは**鑑定留置**と呼ばれ，

規130の2　これには**鑑定留置状**が必要です。起訴前の鑑定留置については，

すでに説明しました（76頁）。

裁74　　　**通訳・翻訳**　　裁判所では日本語を用いるとされていますので，

175　日本語が分からない外国人に陳述をさせる場合には，通訳人に通

177　訳させたり，外国語を翻訳する必要が生じます。近年，来日外国
人の刑事事件が多発し，刑事手続にも解決困難な多くの問題が生
じています。たとえば，通訳人の登録者数が少ないいわゆる少数
言語については，適切な通訳人を確保するうえで困難がともない
ます。そのような事例では，通訳人が自分の居住地から遠方の裁
判所に係属する事件の通訳を受任することもありますが，近時，
構外ビデオリンク（208頁）を利用して，通訳人が自分の居住地近
くの裁判所に出頭して通訳を行う遠隔通訳の運用例がみられます。
通訳人の確保の困難さを緩和する方策のひとつといえるでしょう。

176　　　　耳の聞こえない者または口のきけない者に陳述させる場合にも，
手話などの通訳をさせることができます。

178　　　　通訳や翻訳は，言葉についての鑑定の性質をもっていますので，
規136　鑑定についての規定が準用されます。

128　　　**(8) 検証**　　裁判所は，事実発見のため必要があるときは，検
証をすることができます。強制処分ですが，裁判所が自ら行うも
のですから令状は必要とされていません（59頁）。

　　　　検証にも，公判廷におけるものと公判廷外におけるものとがあ
ります。公判廷における検証は，人の身体の状況（傷痕の部位・程
度など）の認識や，一定の状況（可燃物の燃焼状況など）を把握する
ための実験の実施などがその例です。

　　　　しかし，実務上は，犯行現場の検証などのように公判廷外で行
われる場合がほとんどです。

306・307　　　証拠物の取調べについては特別の規定がありますので通常は検
証とは呼びませんが，その法的性質は検証であり，したがって展

129　示（198頁）のほかに，必要な場合には証拠物の形状や痕跡の確
認などもできることになっています。

憲38 I
311

(9) **被告人質問**   憲法は，自己に不利益な供述を強要されない権利を保障していますが，刑訴法は，終始沈黙し，または利益であると不利益であるとを問わず供述をするかどうかの自由（黙秘権）を被告人に与えるとともに，旧刑訴法の**被告人訊問**の制度

旧133～139
旧338・323

を廃止し，新たに被告人質問の手続を設けました。旧刑訴法の被告人訊問においては，被告人の当事者としての地位はほとんど無視され，証拠方法として追及的な尋問がなされていた実情を反省し，当事者としての地位を確立する目的で被告人質問手続としたわけです。

311 I
311 II
311 III
規197 I

被告人質問において，被告人は「終始沈黙し，又は個々の質問に対し，供述を拒むことができる」のですが，被告人が任意に供述をする場合には，裁判長はいつでも必要とする事項につき被告人の供述を求めることができます。陪席裁判官，検察官，弁護人，共同被告人またはその弁護人も裁判長に告げてその供述を求めることができます。被告人が質問に答えて任意に供述をすれば，その供述は有利・不利を問わず証拠となりますから，被告人質問も広い意味での証拠調べの性質をもつものといえます。

もっとも被告人質問の目的は，事件についての弁解・意見を被告人に十分尽くさせるところにあり，ここに被告人質問の積極的な意義があります。このような観点からは，むしろ被告人に十分な供述の機会を与えることが要請されているということができます。

被告人質問の内容は，被告人が起訴事実を争っている否認事件の場合には，検察官の立証に対する反論や弁解が中心となり，起訴事実を認めている自白事件の場合には，被告人に有利な情状を引き出すことに重点がおかれます。

被告人質問の時期は，証拠調べに入った後は，審理の具体的な状況に応じ，いつでもよいのですが，実務では主な証拠調べが終わった段階で行われるのが一般的です。

　　　質問の方式としては，証人尋問の場合と同様に交互に質問する方式が原則として採用されており，通常は弁護人がまず質問し（主質問），これに対し検察官が反対質問をし，さらに必要に応じて裁判官が補充質問をするという順序で質問を行います（【書式38】413 頁）。

295 I　　　被告人に対する供述を求める行為についても，「相当でないとき」は制限されます。判例によれば，公判前整理手続（151 頁以下）を経た事件については，「公判前整理手続における被告人又は弁護人の予定主張の明示状況（裁判所の求釈明に対する釈明の状況を含む。），新たな主張がされるに至った経緯，新たな主張の内容等の諸般の事情を総合的に考慮し，前記主張明示義務に違反したものと認められ，かつ，公判前整理手続で明示されなかった主張に関して被告人の供述を求める行為（質問）やこれに応じた被告人の供述を許すことが，公判前整理手続を行った意味を失わせるものと認められる場合（例えば，公判前整理手続において，裁判所の求釈明にもかかわらず，『アリバイの主張をする予定である。具体的内容は被告人質問において明らかにする。』という限度でしか主張を明示しなかったような場合）には，新たな主張に係る事項の重要性等も踏まえた上で，公判期日でその具体的内容に関する質問や被告人の供述が」制限されることがあり得るとされています（最決平成 27・5・25 刑集 69 巻 4 号 636 頁）。

316 の 36　　　⑽ **被害者参加人等による尋問・質問**　　被害者参加人または被害者参加弁護士は，裁判所が相当と認めるときは，証人が情状について証言した際，その証明力を争うために尋問することがで
316 の 37　きます。一方，被告人質問では，裁判所が相当と認めるときは，情状に関する事項に限らず，質問することができます（◯224 頁）。

　　　⑾ **職権による証拠調べ**　　これまで述べてきたとおり，証拠調べは当事者の請求にもとづいて行われますが，裁判所は，必要
298 II

と認めるときは職権で証拠調べをすることができます。ときには
それが義務づけられることもあります。しかし，実務では，職権
による証拠調べの実例は少なく，立証の不十分な点について当事

規 208　者に立証を促すことで事実上その目的を達する場合が通常です。
なお，職権による取調べであっても，証拠法のルールは同じであ

326　り，たとえば証拠書類については，双方当事者の同意の存在など

321～　の伝聞例外の要件が必要です（270 頁参照）。

　現行法は，旧法における職権主義を排し，**当事者主義**を採用し
ました。裁判所を主宰者としてこれに権限を集中させるのではな
く，主張・立証など訴訟追行の主導権を当事者に与えることにし
たのです。利害が対立する当事者（検察官と被告人〔とその防御者で
ある弁護人〕）がそれぞれにとって有利な証拠を提出し，中立的な
立場の判断者（裁判官）がそれらを突き合わせて検討することで，
より正確な事実の認定ができるといえるでしょう。2004（平成

316 の 2～　16）年に行われた公判前整理手続等（151 頁以下），連日的開廷の

316 の 32　原則（148 頁），証拠の厳選など法および規則の改正は，この方向

281 の 6

規 189 の 2　性を進める趣旨と受けとめられています（最判平成 21・10・16 刑集
63 巻 8 号 937 頁参照）。裁判所の職権証拠調べのあり方は，このよ
うな基本原則との関連で議論されることになります。

⑿　異議申立て

309 Ⅰ　　　**証拠調べに関する異議申立て**　　　検察官，被告人または弁護人
は，証拠調べに関し異議を申し立てることができます。これは，訴
訟関係人の行為が訴訟法規の定めを逸脱した場合に，これを弾劾
し，その是正を求めることによって当事者が自己の利益を守るた
めの不服申立てです。異議申立ての対象となる行為は，証拠調べ
に関する行為であれば足り，冒頭陳述，証拠調べ請求の時期・方法，
証拠調べの範囲・方法・順序，証拠能力などすべてに及びます。

規 205 Ⅰ　　　**異議の理由**　　　対象となる行為が法令に違反している場合はも
ちろんのこと，その行為が相当でないというだけでも異議の理由

規205 I 但	となります。しかし，証拠調べの決定に対しては相当でないこと
	を理由とする異議申立ては許されません。これは，証拠決定をす
規190 II	る際に，すでに当事者の意見を聴いているので，再度相当性につ
	いての異議申立ては認めないとの考え方によるものです。
規205の2	この申立ては，個々の行為，処分または決定ごとに簡潔にその
	理由を示して直ちにしなければなりません。実務では，まず「異
	議あり」と述べて裁判所の注意を喚起し，そのうえで異議の理由
	を述べるのが通例です。
309 III	**決定**　　異議の申立てに対し，裁判所は遅滞なく決定しなけれ
規205の3〜	ばなりません。異議の申立てが不適法な場合は決定で却下し，申
205の6	立てを理由がないと認めるときは決定で棄却します。異議の申立
	てを理由があると認めるときは，行為の中止，撤回，取消しまた
	は変更を命ずるなど申立てに対応する決定をし，すでに取調べ済
	みの証拠につき証拠とすることができないと判断したときは，そ
	の全部または一部を証拠から排除する決定をしなければなりませ
規33 I	ん。異議に対して決定をするときは，訴訟関係人の陳述を聴くこ
	とを要します。
309 II	**裁判長の処分に対する異議申立て**　　証拠調べに関する異議と
	は別に，検察官，被告人または弁護人は，裁判長の処分に対して
309 I	も異議を申し立てることができます。裁判長の処分が証拠調べに
	関するものであるときは，前述の異議申立てによることになりま
	すから，ここではそれ以外の処分が異議の対象となります。裁判
287・288	長の処分として重要なものには，法廷警察権に関するものと訴訟
294・295	指揮権に関するものがあります。
規208	
規205 II	この場合の異議申立ては，処分に法令の違反があることを理由
	とする場合に限られ，不相当を理由として異議申立てをすること
	は許されていません。
	以上のいずれの異議申立てについても，実際の公判廷では，当
	事者の申立てが正式な異議申立てなのか，それとも単に裁判長の

294

訴訟指揮権の発動を促す程度にとどまるのか必ずしも明らかでないことが少なくありませんが，証人尋問の際の誘導尋問に対するように即時の対応が要求される場合には，後者に当たるものとして裁判長の訴訟指揮権の範囲内で処理されることが多いようです。

292の2　　⑬ **被害者等による意見の陳述**　　犯罪被害者に対する配慮と保護を図るための法改正（●222頁）によって，被害者等による心情その他の意見の陳述という手続が新たに導入されました。被害者やその遺族は訴訟の当事者ではありませんが，刑事事件に巻き込まれ手続のなりゆきに深い関心をもちますので，この点に配慮して，公判手続の場で主体的に意見を陳述する機会が設けられました。意見陳述ができるのは，被害者またはその法定代理人で，被害者が死亡した場合には，その配偶者，直系親族または兄弟姉妹です。

　裁判所は，被害者等から被害に関する心情その他の被告事件に関する意見の陳述の申出があるときは，原則として公判期日に意見を陳述させます。被害者の申出は検察官に対して行い，検察官が，意見を付してこれを裁判所に通知します。裁判所は，審理の状況等諸般の事情を考慮して，意見の陳述に代えて書面を提出させたり，意見の陳述をさせないことができます。

　被害に関する心情その他の被告事件に関する意見とは，被害者の抱く被害感情や被告人に対する処罰感情，事件に対する評価などをいいますが，犯罪事実は厳格な証明の対象ですから（261頁参照），犯罪事実自体に関する被害者の陳述内容を犯罪事実の認定のための証拠とすることはできません。ただ，裁判所は被害者の意見を量刑の資料として考慮することはできます。

　意見陳述は証人尋問ではありませんから，性質上，その信用性を弾劾する反対尋問はあり得ません。しかし，陳述内容の趣旨を明確にしたり確認する必要性はあるので，裁判官と訴訟関係人は，意見陳述の後に被害者等に質問することができます。裁判長は，

被害者の意見陳述や訴訟関係人の質問が，重複したり事件に関係のない事項にわたるときその他相当でないときは，これを制限することができます。

292 の 2 VI
157 の 4～
157 の 6　なお，意見を陳述する被害者が心理的圧迫から精神の平穏を害されないようにするため，前に述べた証人保護に関する，付添い・遮蔽・ビデオリンク方式に関する規定（207 頁以下）が準用されることになっています。

4　論告・求刑，最終弁論，結審

293 I　　　**論告**　　証拠調べが終わると，検察官はいわゆる論告を行います（**【書式 33】** 405 頁，**【書式 39】** 415 頁）。これは，事実および法律の適用についての意見の陳述です。論告において，検察官は，起訴事実の認定および情状について意見を述べるほか，刑罰法令の適用についても意見を述べ，その際，「懲役 3 年に処するのが相当と思われる」といった形で，科すべき具体的な刑罰の種類およびその分量についても言及する慣行となっています（懲役は刑法改正〔2022（令和 4）年法 67 号〕後は拘禁刑）。これがいわゆる**求刑**です。

　論告は，起訴事実の認定，情状，適条，求刑の順序で行われるのが一般的です。

　起訴事実の認定については，事実に争いのない事件では，「本件公訴事実は，当公判廷において取調べ済みの関係各証拠により，その証明は十分である」などと述べられるだけですが，事実認定に争いのある場合は，証拠の証明力を明らかにし，事実の証明に至る推論の過程を事案の性質に応じて具体的に述べるとともに，被告人側の主張・立証に対する反論も行います。

　情状についての陳述は，求刑の根拠を明らかにするものです。犯罪の動機・原因・手段・方法，被害の程度，社会的影響，被告人の前科・前歴の有無，被告人の性格，犯罪後の事情（改悛の情

の有無，被害弁償など），共犯者間の役割の程度など量刑事情とほぼ同じものですが，訴追側の視点ですから求刑事情とでも呼ぶべきでしょう。

　適条については，法令の適用は本来裁判所の職責でもありますから，とくに法令の解釈に争いのある場合のほかは，「相当法条適用のうえ」とだけ述べるのが通常です。

　求刑は，事件に対する検察官，すなわち訴追側の最終的な評価であり，法的には何ら裁判所を拘束するものではありませんが，裁判所は量刑の不均衡を防ぐためもあって，求刑意見をも参考にして量刑を決めるのが実情です。また，犯罪事実を認めた被告人にとっては，この求刑こそが最大の関心事であるといっても過言ではありません。

裁判員6I③・66I　裁判員制度対象事件の裁判では，裁判員も量刑判断に関与しますので，求刑のもつ意味は，一段と重要になります。

　論告においては，検察官は被告人に有利な事情も当然考慮しなければならず，審理の経緯により場合によっては無罪判決を求める論告が行われることもあります。

316の38　**被害者参加人の弁論としての意見陳述**　検察官の意見の陳述の後に，被害者参加人またはその委託を受けた弁護士は，裁判所が相当と認めるとき，事実または法律の適用について意見を陳述
292の2　することができます。この意見陳述は，被害者の心情・意見の陳述制度（217頁）とは異なり，訴因として特定された事実の範囲内で許され，証拠にはなりません（⊃224頁）。

293II　**最終弁論・最終陳述**　論告に引き続いて，被告人および弁護人も，意見を陳述することができます（【書式33】405頁，【書式40】416頁）。実務上は，先に弁護人が陳述し，最後に被告人が陳述し
規211　ます。前者を弁論または最終弁論といい，後者を最終陳述といいます。被告人または弁護人が述べたことに対して検察官が反論した場合には，その反論に対する意見を述べる機会を被告人側に与

えます。最後の発言権は被告人側にあるのです。

　最終弁論の内容は，論告の内容に対応して，事実に関する主張，法律上の主張，情状に関する主張を被告人・弁護人の立場から行うものです。事実に争いがない事件では，刑の執行が猶予されるかそれとも実刑に処せられるかの点に防御側の関心が集中することも少なくなく，このような場合には，どのようにして被告人に有利な情状を裁判官に訴え，その心情に迫るかが最終弁論のポイントになります。裁判員制度対象事件の裁判では，求刑同様ことさらこの点が重要な意味をもつといってよいでしょう。

43 I　　論告および最終弁論は，**口頭弁論主義**の当然の帰結として，公判廷において口頭で行われますが，複雑な事件とか争点の多い事件については，陳述の要旨，すなわち論告要旨・弁論要旨を書面に記載して裁判所に提出することも実務ではよく行われています。裁判員制度対象事件の裁判では，このほかチャート図のようなもの（1枚紙のレジュメ）を準備して配布する運用も定着しつつあります（**【書式 39】** 415 頁，**【書式 40】** 416 頁）。

規 211 の 2　　なお，2005（平成 17）年の規則改正により，検察官，被告人または弁護人が証拠調べの後に意見を陳述するに当たっては，証拠調べ後できる限り速やかに，これを行わなければならない旨が定

規 211 の 3 められました。また，論告・弁論において，争いのある事実については，その意見と証拠との関係を具体的に明示しなければならないと定められました。いずれも裁判員制度対象事件の裁判をも想定した迅速・的確な判断に資する趣旨です。

　　結審　　弁護人の最終弁論が終わると，続いて被告人が最終陳述を行い，こうして審理手続は終了し，判決の宣告だけが残ることになります。これを審理の終結すなわち結審と呼んでいます。

313 I　　なお，結審後，新しい重要証拠が出てきたりすると，弁論が再開されることになります（234 頁参照）。

5　判決の宣告

342
規35

　　宣告　　以上の手続を経て，しめくくりとして，裁判長が判決を言い渡します（【**書式41**】417頁）。判決の宣告は，主文および理由を朗読する方法，または主文の朗読と同時に理由の要旨を告げる方法によって行われます。「被告人を拘禁刑3年に処する」，「被告人は無罪」のように，まず主文を朗読し，続いて理由に移るのが通例ですが，死刑判決などの場合には主文の朗読を最後に行うという措置が採られることもあります。

　　なお，理由については要旨の告知で足りることから，必ずしも判決宣告前に判決書の原本が作成されていなければならないとは解されておらず，実務上も一般に，原本は，判決宣告の後に作成

民訴252

されています（306頁，【**書式42**】418頁）。この点で，判決書の原本にもとづいて判決が言い渡される民事訴訟の場合とは異なります。

373
374
規220

　　有罪判決の宣告の場合には，14日以内に控訴ができること，控訴申立書（控訴状）は第1審裁判所に差し出すべきことがあわせて被告人に告知されます。

規221

　　説諭　　裁判長は，有罪判決を言い渡した後，被告人に対し，反省を促したり生き方の指針を示すなど適当な説諭（訓戒）をすることができます。とりわけ刑の執行を猶予する場合に被告人の将来について適宜の助言を行うことが多いようです。

　◑起訴状に対する釈明（129頁，187頁）
　一般に釈明とは，訴訟関係人が裁判官の発問に応じて法律上・事実上の点について明確にすることをいいます。裁判長や陪席の裁判官は，必要と認めるときは，訴訟関係人に対し，釈明を求めたり立証を促すことができ，また訴訟関係人は，裁判長に対し，釈明のための発問を求めることができます

（規208条）。裁判官が釈明を求めるこのような活動・権限は，**求釈明**ないし**釈明権**と呼ばれることもあります。起訴状の記載に不明確な点がある場合に，被告人側の求めに応じて裁判長が検察官に対し釈明を求めるのはこの例です。

　なお，起訴状の記載だけでは訴因が不特定である場合に，検察官の釈明により訴因の特定が認められることもありますが，この場合の釈明は，訴因の補正（◐139頁）の一種です。

◐アレインメント（arraignment）制度（190頁，292頁）

　裁判所が被告人に対して起訴事実について有罪を認めるか否かを確かめる段階，すなわち，罪状認否手続（アレインメント）において，被告人が「有罪の答弁（guilty plea）」を行えば，事実認定のための証拠調べ手続（公判審理）をすべて省略して，直ちに量刑資料の収集，刑の宣告手続に移る英米法上の制度をいいます。当事者に事件について一種の処分権を認めたものです。そこでは当事者間に「取引（plea bargaining）」が行われることにもなります。

　わが国ではこのアレインメント制度は採用されていません（法319条3項参照。292頁）。これは刑訴法が被告人側について当事者処分（権）主義を採らないことを示しています。なお，アレインメント制度を採る英米では，被告人が罪状認否の段階で無罪を主張した事件のみが原則として陪審による公判審理（trial）に付されることになります。日本のように有罪を認めている事件が公判審理に付されることはないのです。

◐犯罪被害者に対する配慮と保護を図るための立法（115頁，150頁，188頁，206頁，209頁，217頁）

　とくに1990年代半ば，犯罪被害者やその遺族に対する配慮や保護についての社会的関心が急速に高まり，これに応じた刑事司法の実務運用が進展してきました。警察関係では，「被害者対策要綱」の策定（1996〔平成8〕年）や被害者に対する配慮・通知・保護を盛り込んだ「犯罪捜査規範」の改正が行われ（1999〔平成11〕年），検察関係では，1999（平成11）年から全国統一的な「被害者等通知制度」が行われるようになりました（114頁参照）。このような動きに引き続いて，法制審議会は，2000（平成12）年2月「刑事手続における犯罪被害者保護のための法整備に関する要綱骨子」を答申しました。この答申にもとづいて，同年5月，①「刑事訴訟法及び検察審査会法の一部を改正する法律」と②「犯罪被害者等の保護を図るための刑事手続に付随する措置に関する法律」が制定・公布されました。この2法には，これまで制度的な対応がなかった裁判所における手続を中心に，犯罪被害者に対する配

慮と保護を図るための様々な制度が盛り込まれています。

①には，刑事手続に直接関わる事項が規定されました。性犯罪の告訴期間の撤廃（法235条1項但書改正。その後，2017〔平成29〕年法改正により非親告罪となりました。13頁），証人の負担を軽減するための措置——証人への付添い（法157の4），証人の遮蔽（法157の5），ビデオリンク方式による証人尋問（法157の6）——の導入（207頁以下），ビデオリンク方式による証人尋問の録画の証拠化（法321条の2）（276頁），被害者等による心情・意見の陳述手続の導入（法292条の2）（217頁），検察審査会法の一部改正（116頁）がその内容です。

②は，「犯罪により害を被った者及びその遺族がその被害に係る刑事事件の審理の状況及び内容について深い関心を有するとともに，これらの者の受けた身体的，財産的被害その他の被害の回復には困難を伴う場合があることにかんがみ，刑事手続に付随するものとして，被害者及びその遺族の心情を尊重し，かつその被害の回復に資するための措置を定め，もってその保護を図ることを目的とする」法律です（犯罪被害保護1条）。裁判長に対し，被害者等による公判手続の傍聴に特別の配慮を要請する規定（同2条），被害者が民事の損害賠償請求や保険の請求をするのに資するため，公判係属中であっても，刑事訴訟記録の閲覧および謄写を認める規定（同3条），被害者等と被告人との間で被害弁償等に関する合意ができた場合，刑事事件を審理している裁判所に対しその合意内容を公判調書に記載する申立てをし，合意が公判調書に記載されると，その記載内容に民事上の執行力が与えられる制度（民事上の争いについての刑事訴訟手続における和解，同19条〜22条）が盛り込まれていました。

その後，2005（平成17）年4月には，刑事手続にとどまらず，犯罪被害者のための施策をひろく総合的・計画的に推進して犯罪被害者の権利利益を保護することを目的とした「犯罪被害者等基本法」（2004〔平成16〕年法律161号）が施行され，同年12月には，これにもとづいて「犯罪被害者等基本計画」が閣議決定されました。その中には「犯罪被害者等が刑事裁判に直接関与するこのとできる制度の検討及び施策の実施」が検討項目として掲げられました。

「犯罪被害者等基本法」施行後，被害者の保護に関しては，2007（平成19）年の刑訴法一部改正によって，性犯罪その他の事件で被害者の氏名・住所等被害者特定事項が公開法廷で明らかになるとその名誉や社会生活の平穏が害されると認められる事件等について，被害者等の申出により，裁判所が相当と認めるとき，被害者特定事項を法廷で明らかにしない旨の決定ができると

の規定が設けられました（法290条の2）。起訴状朗読，冒頭陳述や論告・弁論等の場面等で従来から配慮されてきた運用を明文化したものです。これに合せて被害者特定事項にわたる尋問・陳述に対する裁判長の制限措置に関する規定も設けられています（法295条3項）。また，検察官が証拠開示に際して，弁護人に対し，被害者特定事項の秘匿を要請することができる旨の規定も整備されました（法299条の3）。

　なお，前出②は，2007（平成19）年に，その法律名が「犯罪被害者等の権利利益の保護を図るための刑事手続に付随する措置に関する法律」と改められ（法律95号），後述の被害者参加のほか，刑事訴訟記録の閲覧および謄写の範囲の拡大（犯罪被害保護3条・4条）や，損害賠償命令（同23条〜40条）に関する規定も整備されました。

　◯被害者参加（179頁，214頁，219頁）

　2007（平成19）年の法改正により，上に述べた「犯罪被害者等基本法」を受けて，「被害者参加」の制度が新設されました。これまでも，被害者等が主体となって行う「意見陳述」の制度はありましたが（法292条の2，217頁），被害者参加は，一定の対象犯罪（人の生命，身体または自由を害する罪）について，被害者等が「被害者参加人」として刑事裁判に関与するものです（法316条の33〜316条の39）。

　被害者参加人または被害者参加弁護士に認められているのは，本文でも述べたように，①公判期日への出席（316条の34），②検察官の権限行使についての意見陳述（316条の35），③証人尋問（316条の36），④被告人質問（316条の37），⑤弁論としての意見陳述（316条の38）です。

Ⅵ　公判期日におけるその他の手続

1　訴因の変更

訴因の変更とは　　訴因とは，裁判所の審判対象の範囲を画するものですから，明確に主張されなければなりません。しかし，訴訟はいわば生き物ですから，傷害の訴因について審理していたところ被害者がその受傷がもとで死亡したことが判明したという場合や，窃盗の訴因について証拠調べをしたところ盗んだのではなく預かっていた物を着服して横領したとの事実が明らかとなってきたという場合も考えられます。

　この場合に，検察官に対して，傷害，窃盗の主張を取り下げて，別個に傷害致死，横領の事実で起訴し直させるのは，手続的にやや厳格すぎますし，一般に被告人にとってかえって負担となるでしょう。

　しかし，こういったケースでも，裁判所は，勝手に訴因の範囲を超えて審理・判決することはできません（**不告不理の原則**。135頁，228頁）。裁判所が傷害致死や横領の事実について審理・判決するためには，その事実を審判の対象として明示させる手続が必要となります。そのための手続が検察官による訴因の変更です。これは検察官主張の傷害，窃盗の事実と，明らかになった事実とが一定の関係を保っているならば，同一の訴訟内で問題を解決しておこうとするものです。

　法は，この点について，裁判所は，検察官の請求があれば，**公訴事実の同一性**を害しない限度で，訴因の追加，撤回または変更を許さなければならないと定めました。訴因の設定は本来当事者である検察官の権限に属する事柄と考えられているからです。

312Ⅰ

　訴因の**追加**とは，もとの訴因をそのまま残しておいて，これに新しい訴因をつけ加えることです。窃盗の訴因に，それと科刑上一罪の関係にある住居侵入の訴因をつけ加える場合がその典型例ですが，実務上は，窃盗の訴因に，それと予備的または択一的関係にある横領の訴因をつけ加える場合も追加の例とされます。

　撤回とは，このような関係にある数個の訴因のうち一部を取り除くことです（なお，科刑上一罪の関係にある事実をつけ加えたり，科刑上一罪の一部を取り除く場合を訴因の変更と解する説もあります）。

　変更とは，訴因の内容を変える場合で，先に挙げたとおり，傷害→傷害致死，窃盗→横領などがその例です。実務上は，傷害→傷害致死は**交換的変更**となりますが，窃盗→横領は，「窃盗，そうでなければ横領」というように，予備的追加の形で行うのが通例です（130頁参照）。

　訴因の追加・撤回・変更を一括して訴因の変更（広義）と呼ぶこともあります。

312 I 　**訴因変更の限界（公訴事実の同一性）**　公訴事実の同一性の限度を超える場合には，検察官は訴因の変更という方法によることはできず，新たに別の事件として起訴し直さなければなりません。同一訴訟内では解決できないのです。これとは反対に，起訴した

338③
339 I ⑤ 訴因と公訴事実の同一性がある訴因について，別個の起訴を行えば，二重起訴となり手続が打ち切られることになります。

　このように，「公訴事実の同一性」という概念は，訴因変更の限界を画する働きをもっています。

　どのような場合に公訴事実の同一性があるのかについては諸説が多様に展開され，今なお議論が続いていますが，ここでは，判例・通説を中心に概説するにとどめます。

　公訴事実の同一性は，これまで公訴事実の単一性の問題と狭義の公訴事実の同一性の問題とに分けて議論されてきました。

　公訴事実の単一性とは，公訴事実が1個であるといえる範囲は

どこまでかという問題です。公訴事実が1個であるかどうかは，すなわち犯罪が1個であるかどうかということにほかならず，結局，実体法（刑法）の罪数判断に帰着します。したがって，単純一罪や包括一罪だけでなく，科刑上一罪（観念的競合・牽連犯）の場合も公訴事実としては1個ということになります。このように公訴事実が1個であるといえる場合には，同一の訴訟内で処理するため訴因を変更することができます。これに対して，一罪ではなく併合罪の関係にある事実は公訴事実の単一性を欠きますから，訴因変更は許されず，別の事件として起訴し直さなければなりません。

　なお，1個の公訴事実には1個の判決が対応しますから，科刑上一罪の一部について無罪とする場合（住居侵入・窃盗の訴因に対し住居侵入は有罪，窃盗は無罪とするような場合），無罪の点は判決主文には現れず，判決理由中で一部無罪の判断を示せばよいことになります（308頁）。

　狭義の公訴事実の同一性とは，最初に掲げた事例（225頁）のように，当初の訴因（起訴状に記載された事実）とその後の審理の経過によりあるいは結果として明らかとなった事実との間にくい違いが生じたとき，当初の訴因が新しい事実を記載した訴因へと移行しても，なお「同一の公訴事実」といえるかどうかの問題です。訴因の変更がどの限度まで許されるかは，もっぱらこの狭義の同一性を認める基準をどのように設定するかによって決まることになります。

　狭義の同一性の判定基準につき，判例は，社会通念上，旧訴因と新訴因に記載された具体的事実を比較し，基本的な事実関係が同一であれば，両訴因に公訴事実の同一性があるとする考え方に立っています（この考え方は，**基本的事実同一説**と呼ばれています）。

　もっとも，基本的事実が同一か否かの判断は，論理的・画一的に決まるわけではなく，構成要件や罪質の類似性，さらには，犯

行日時・場所の近接や地理的な関係，被害者や被害物件の同一性
などの具体的な事情などを判断資料として同一の訴訟内で処理す
るのが妥当な場合かどうかを個別的にみていくことになります。

　また，この基準を別の視点から明確にする方法として，判例は，
一般に，日時・場所，態様等が同一のまたは近接する2つの訴因
について，一方の犯罪が認められるときは他方の犯罪を認めるこ
とができない関係にあるかどうかを検討し，この関係（併存両立
しない関係）がある場合に，基本的事実は共通しており公訴事実
の同一性があるとする考え方を採っています（これを**択一関係説**と
いいます）。

　したがって，判例のような立場によると，新旧の両訴因が事実
として併存しえない関係にある場合（狭義の同一性が認められます）
と，併存し得る場合であっても両訴因が罪数論上一罪（科刑上一
罪を含みます）を構成する場合に公訴事実の（広義の）同一性が認
められ，訴因の変更が可能になります。

　　訴因変更の許否　　訴因変更は「公訴事実の同一性」を害しな
ければ許されるのですが，ただ同一性があっても，長年月にわた
って審理が続けられたにもかかわらず，公判の最終段階で，それ
まで攻防の対象となってきた訴因を実質的に変更することは，そ
れまでの審理経過を無にするおそれがあり問題を含みます。**時機
に遅れた変更**の問題と呼ばれますが，公判前整理手続を経た後の
公判審理における変更の許否も時折問題となっています。

　　訴因変更の要否（訴因変更の必要性）　　審判の対象は訴因です
から，訴因には拘束力があり，裁判所は訴因の記載を超えた判決
をすることはできません（**不告不理の原則**。135頁，225頁）。訴因の
範囲を逸脱した判決は，審判の請求を受けない事件について判決
したものとして，絶対的控訴理由に当たることになります。たと
え裁判所が証拠調べの結果，ある犯罪について有罪であるという
心証を形成したとしても，それが訴因と実質的に異なる場合には，

378③

訴因と心証とに「公訴事実の同一性」が認められても，訴因変更の手続を経ない限り，心証どおりの判決を言い渡すことはできません。したがって，裁判所が判決で訴因として記載されていない犯罪事実を認定しようとするときは，まず訴因変更の手続を経ることが必要になります。

しかし，訴因と裁判所の認定とが少しでも異なれば，常に訴因変更の手続を経なければならないとするのは形式的にすぎるといえます。そこで，訴因と認定事実とのくい違いはどの程度まで許されるのか（言い換えればもとのままの訴因でどの程度違う事実を認めることができるか）が問題とされ，くい違いが生じたとき，訴因変更手続を経なければならないのはどのような場合かを明らかにすることが必要となります。これが訴因変更の必要性の問題です。

この点について，以前は，訴因の拘束力をどの構成要件に当たるかという法的評価（法律構成）の面に求める考え方（法律構成説）も主張されましたが，現在では，記載されている具体的事実そのものに訴因の拘束力を認める考え方が支配的となっています。事実面の変化に重点をおく，この**事実記載説**は，実務上広く用いられています。

たとえば，法律構成は同じ殺人であっても，犯行の日時がひと月ずれていた場合とか，犯行方法が素手で絞殺したという事実と拳銃で射殺したという事実とでは具体的事実のくい違いが大きいので訴因の変更が必要であると考えるわけです。

これとは反対に，適用罰条に変動があっても，具体的事実に変わりがない限り，事実記載説に立てば訴因の変更は必要ではないことになります。同一事実を横領とみるか背任とみるかの違いなどがその例です。

312 I 　　もっとも，この場合でも適用する罰条が異なりますから，**罰条の変更**は必要となります。

　(a)　**事実のずれ**　　事実面に変化があればといってもそこには

ずいぶん幅があります。犯行の日時・場所・態様などについての
ごくわずかなずれの場合も訴因変更が必要とすると手続がわずら
わしくなりますし，よほど大きな事実のずれに限ると防御上の支
障が出てきます。

　そこで，一般的には，被告人側にとって，防御するうえで実質
的な不利益をもたらすおそれのあるような事実にずれがあるかど
うかが基準と考えられているとみることができます。これは重要
な事実にずれがあるか否かと言い換えてもよいでしょう。

　(b)　**防御上の利益**　　もっとも，防御上の不利益の有無といっ
た場合，さらにこれを訴因と認定事実の対比から抽象的・一般的
に判定する（**抽象的防御説**）のか，それとも被告人の防御の仕方な
どの個々の審理の具体的な経過も含めて具体的・個別的に判定す
る（**具体的防御説**）のか見解が分かれてきますが，実務では，訴因
制度の趣旨を尊重し，抽象的防御説に近い線で運用されてきたと
思われます。

　その後，判例は，殺人の共同正犯の実行行為者につき訴因と異
なる認定をした事案について，①「審判対象の画定という見地」
からは，必ずしも訴因変更が必要とはいえないが，②実行行為者
が誰であるかは防御上重要な事項であるから，争点明確化などの
ため実行行為者の明示は望ましく，訴因において実行行為者の明
示をした以上，判決でこれと異なる認定をするには，原則として
訴因変更が必要である，③しかしながら，被告人の防御の具体的
状況等の審理経過に照らして，被告人に不意打ちとならず，かつ
被告人にとってより不利益でない場合には，例外的に，訴因変更
を要しない旨の判断を示し（最決平成13・4・11刑集55巻3号127
頁），この判例が訴因変更の要否の一般的基準を提示したもので
あるという理解がみられるようになりました。また，最高裁は，
上記平成13年最決の示した①から③に従い，現住建造物等放火
事件において，ガスコンロの点火スイッチを作動させて点火し，

台所に充満したガスに引火，爆発させたとの訴因に対し，訴因変更手続を経ることなく，何らかの方法により上記ガスに引火，爆発させたと認定した原判決の手続を違法と判断しました（最決平成24・2・29刑集66巻4号589頁）。

　(c) 行為の態様のずれ　　現実にあった一例を挙げましょう。業務上（自動車運転）過失（過失運転）傷害（追突事故）の事例です。

　訴因の記載が一時停止の状態から発進する際に足を滑らせてクラッチペダルから左足を踏みはずした過失であったのに対し，第1審は，訴因の変更なしに，交差点前で一時停止中の他車の後ろに進行接近する際ブレーキをかけるのが遅れた過失を認定して有罪を言い渡しました。最高裁は，この点につき，両者は明らかに過失の態様を異にするから被告人に防御の機会を与えるため訴因の変更手続を要すると判示しました（最判昭和46・6・22刑集25巻4号588頁）。過失態様のずれは防御方法に実質的な影響を与えるとみたからです（ただし，「進路前方を注視せず，進路の安全を確認しなかった」との訴因に対し，「進路前方を注視せず，ハンドルを右方向に転把して進行した」旨認定するには，訴因変更を要しないとしたものとして，最決平成15・2・20判時1820号149頁）。

　(d) 縮小理論　　以上が原則ですが，例外的に，事実にずれがあっても，訴因の変更を要せず，これと異なる事実を認定することができるとされている類型があります。殺人未遂の訴因に対し傷害を認定し，窃盗既遂の訴因に対し窃盗未遂を認定する場合などがその典型例で，縮小の理論または「大は小を兼ねる」の理論と呼ばれます。訴因が認定事実を包摂しており，一般に防御の利益を実質的に害しないからだと説明されます（共同正犯→幇助犯も一般にこの一例として挙げられますが，事案によっては変更を必要とすることもあります。名古屋高判平成18・6・26判タ1235号350頁）。

312Ⅱ　　　　**訴因変更命令**　　裁判所は，審理の経過にかんがみ適当と認めるときは，訴因の変更を検察官に命じることができます。これを

訴因変更命令といいます。

　これは，検察官の判断と裁判所の判断がくい違う場合に生じる不都合（たとえば，他の訴因に変更すれば明らかに有罪であるのに裁判所が訴因に拘束される結果，無罪とせざるを得ない事態が起こるなど）を避けるためのものですが，当事者が主体となって訴訟を進めるという当事者主義の原則（215頁）からは，あくまでも例外的措置として，命令は慎重に発せられるべきことになります。

規208　　実務でも裁判所が求釈明権の行使により，まず検察官に対して訴因変更を促す示唆・勧告を行い，検察官の自発的な変更請求を待ち，訴因変更命令にまで至らずに訴因変更の手続が採られるのがほとんどです。

　訴因変更が命じられても，事実上，検察官がこれに従わず，変更の手続を採らない場合には，裁判所は，現訴因について判断を示すほかありません。すなわち，裁判所の命令には**形成力**（訴因を変更する効果）はないのです（最大判昭和40・4・28刑集19巻3号270頁）。

　また，裁判所において訴因変更を促しまたは命じる義務があるかどうかも議論されていますが，判例は，促しまたは命令を出さないと著しい不正を招くような場合（たとえば，審理の経過にかんがみ訴因を変更すれば有罪になることが証拠上明らかで，かつその罪が相当重大なものである場合）には例外的に義務があるとしています（殺人の訴因の重過失致死への変更について，最決昭和43・11・26刑集22巻12号1352頁）。このような場合に，裁判所が訴因変更を促しまたは命じる措置を採らないまま無罪判決を言い渡すと，審理を尽くさなかった違法があるとされます（328頁参照）。

規209Ⅵ　　**変更の手続**　　検察官は，被告人が在廷する公判廷で訴因の変更請求を行う場合は例外的に口頭によることも許されていますが，
規209Ⅰ　一般にはその重要性に照らして，起訴状に準じ書面によって訴因変更を行わなければなりません。

規209Ⅱ　　　　この書面には被告人の数だけの謄本を添付することが要請され
規209Ⅲ　ており，これらを受け取った裁判所は，直ちに謄本を被告人に送
312Ⅲ　達しなければなりません。防御の機会を与えるためです。

312Ⅳ　　　**手続の停止**　　　裁判所は，訴因の変更により被告人の防御に実
質的な不利益をもたらすおそれがあると認めるときは，被告人ま
たは弁護人の請求により，防御の準備のために必要な期間，公判
手続を停止しなければなりません（235頁参照）。職権による停止
は認められていません。もっとも，防御の準備についての配慮は
公判期日の設定に工夫を施すことでも可能な面がありますので，
実務上はこの停止はほとんど行われていないようです。

2　弁論の併合・分離・再開

　　複数の起訴事実または被告人　　　検察官が，同一の被告人につ
いて複数の事実を一括して起訴した場合とか，複数の被告人を1
通の起訴状で一括起訴した場合には，審理手続が複数存在するこ
とになります。ここから生じる手続が弁論の併合・分離です。な
お，ここにいう弁論とは，審理・判決の手続全体を指す広い意味
です。

313Ⅰ　　　　このように，弁論の複数には，起訴事実が複数の場合と被告人
が複数の場合とがありますが，どちらの場合も，裁判所は，適当
と認めるときは，検察官または被告人・弁護人の請求により，決
定で弁論を分離したり併合したりすることができます。職権で行
うことも可能です。

　　弁論の併合とは，複数の事件を1個の手続であわせて同時に審
理することをいいます。複数の事実が同一の裁判所に起訴された
場合はもとより，別個の裁判所に起訴された場合にも併合するこ
とができます。

　　弁論の分離とは，併合された複数の事件を分割して別個の手続

で審理することです。もっとも，1通の起訴状で複数の事件が一括して起訴された場合には，とくに分離しない限り，黙示の併合決定があったものとして扱われています。しかし，共同被告人XおよびY相互間に利害の対立があって防御が相反するなどの事由で被告人の権利を保護するため必要があると認めるときは，弁論を分離しなければなりません。Xは「犯罪を実行したのはYだ」と主張し，一方，Yは「実行者はXだ」と主張しているような場合です。

313Ⅱ
規210

　　実際の例　　実務では，同一の被告人が数個の罪を犯したとされる場合に，検察官が弁論の併合を予定して**順次起訴**（追起訴）することもよく行われます。複数の起訴事実について併合審理することは訴訟関係者にとって手続の節約になりますし，有罪の場合には，量刑の点で一般的には被告人に有利になると考えられています。もっとも，追起訴が起訴後の勾留を利用した，余罪捜査の結果として行われる場合には，令状主義との関連に気をつける必要がありますし，追起訴が重なりすぎると，訴訟の進行が遅れるといった弊害も起こり得ます。

　　証拠調べの予定されている期日に共同被告人XおよびYのうち，Yのみが出席しXが欠席した場合，期日が空転することを避けるために，弁護人に異議のないときは欠席した被告人Xについて弁論を分離して公判準備期日（206頁）に切り換え，公判期日と公判準備期日を併存させて証拠調べを行い，次回期日に弁論を併合するという運用が行われることもあります。このような弁論の分離は，将来の併合を前提にするもので，本来の弁論の分離に対し，**仮の分離**とも呼ばれています。

313Ⅰ

　　弁論の再開　　裁判所は，適当と認めるときは，当事者の請求または職権により，いったん終結した弁論を再開することができます（220頁参照）。実務上は，被害者との間で示談が成立し，示談書や嘆願書の取調べ等が必要となった場合等に再開の手続が採

られることが多いようです。再開後の手続は再開前の手続と一体のものとなり，再開後証拠調べが行われたときは，再び論告（求刑）・最終弁論・最終陳述を経て結審することになります。

3　公判手続の停止と更新

314　　**手続の停止**　　裁判所は，①被告人が心神喪失の状態にあるとき（最決平成 7・2・28 刑集 49 巻 2 号 481 頁，最判平成 10・3・12 刑集 52 巻 2 号 17 頁＝心神喪失の状態とは，「訴訟能力，すなわち，被告人としての重要な利害を弁別し，それに従って相当な防御をすることのできる能力」を欠く状態をいうとする），②被告人が病気のため出頭することができないとき，③犯罪事実の存否の証明に欠くことのできない証人が病気のため出頭できないときには，医師の意見を聴いたうえ，

312Ⅳ　　公判手続を停止しなければなりません。そのほか，④訴因変更にともなう公判手続の停止があることについては前に述べたとおりです（233 頁参照）。

315　　**手続の更新**　　審理の途中で裁判官がかわったときは，公判手続が更新されます。裁判官の交替には，合議体の裁判官の一部が交替した場合も含まれます。むろん検察官または弁護人の交替は更新手続とは関係がありません。

315 但　　弁論がすでに終結し，判決宣告のみが残っている場合には，裁判官の交替があっても公判手続の更新は必要ではありません（305 頁）。この場合には交替後の裁判官は，判決を朗読（代読）するのみで審理に関与しないからです。

規 213 の 2　　**更新の方法**　　裁判長は，まず検察官に公訴事実の要旨を陳述させ，被告人・弁護人に対し被告事件について陳述する機会を与えます。続いて，更新前の証拠調べの結果（公判調書，供述調書等の証拠書類など）について，職権で取調べを行い，取り調べられた各個の証拠については訴訟関係人の意見および弁解を聴きます。

こうした手順を経て新しい構成の裁判所は心証を形成していくことになります。

　公判手続の更新によって，更新前の証人等の供述は，公判調書（証拠書類）の記載内容の形に転化して証拠となりますが，更新前になされた証拠決定や当事者の請求・申立ては，そのまま更新後も効力が維持されます。

規213の2④　　**実務**　　規則は，訴訟関係人の同意を条件として，証拠調べを部分的に簡略化し，「相当と認める方法」で足りるとしています。転勤等による裁判官の交替が多く，しかも手持ちの事件数がかなりの量にのぼる場合に対する配慮です。

　ただし，現実には，当事者の同意があれば，手続が形骸化し，証拠調べの「省略」に近い傾向が生じ，逆に当事者の同意が得られない場合には，多量の公判調書，供述調書等の取調べに多大の労力・時間を要する事態も生じ，運用上の問題点となっています。

裁判員61　　なお，裁判員制度対象事件の裁判における公判手続の更新をどのような方法で実施するかは，検討課題です（250頁参照）。

規213Ⅰ　　**その他の更新**　　公判手続の更新は，そのほか，①開廷後被告
規213Ⅱ　人の心神喪失により公判手続を停止したとき，②開廷後長期間にわたり開廷しなかった場合で必要があると認められるとき，③簡
315の2　易公判手続による旨の決定が取り消されたとき，にも行われることになっています。

4　公判調書

48Ⅰ　　公判期日における訴訟手続については公判調書が作成されます（**【書式30】**402頁，**【書式33】**405頁，**【書式41】**417頁）。公判調書は，公判期日における訴訟手続の経過および結果を明らかにすることにより，訴訟手続の公正を担保しようとするものです。公判調書が作成されることによって公判の途中で裁判官が交替した場合に

も，その後の審理が可能となり，また，審理が長期間にわたる場合にも裁判官の記憶を確保することができ，さらに，事件が上訴審に係属した場合に原審で行われた審理の状況を知ることができることになります。

規37　　公判調書を作成するのは，公判廷に列席した**裁判所書記官**です。
48Ⅱ　公判調書には，規則に定められた，公判期日における審判に関す
規44　る重要な事項が記載されます。

52　　公判期日における訴訟手続で公判調書に記載されたものは，公判調書のみによってこれを証明することができるとされています。これは，上訴審の判断資料を原審の公判調書に限定し，他の資料ではくつがえすことができないようにして，上訴審の便宜を図ったものです。したがって，公判調書には正確性が担保されていな
規46　ければならず，法は裁判長の認印の制度や当事者の閲覧権・異議
40・299の　申立て権などを認めています。
6・49・
270・51　　証拠調べ手続の経緯や被告人の供述がなされた事実などは「証拠等関係カード」に記載されます（**【書式34】** 406頁）。

5　迅速な裁判

迅速な裁判の保障　　「訴訟の遅延は裁判の拒否に等しい」という諺があるとおり，刑事裁判手続の進行が著しく遅延すると，様々な不都合が起こります。時が経つにつれて証拠が散逸したり，関係者の記憶が減退するなどの結果，事案の真相を明らかにするという訴訟の目的を達することが困難になりますし，刑罰権の実現という観点からは，犯人の速やかな処罰が妨げられるという側面もあります。何よりも被告人が事実上様々な負担・不利益をともなう不安定な地位に長期間おかれるような事態は，有罪となるにしろ，無罪となるにしろ，できる限り避けなければなりません。
1　　法が刑罰法令の「適正且つ迅速」な適用実現を法律の目的に掲

規1 I
憲37 I

　げ，規則が「裁判の迅速と公正」を解釈・運用の指針としている
のは，いずれも訴訟の遅延を防ごうという趣旨です。憲法は，刑
事被告人に対しその基本的権利として「迅速な……裁判を受ける
権利」を保障しています。

　もっとも，迅速な裁判を受ける被告人の権利は，刑事被告人の
他の基本的権利とはやや異なった複雑な側面をもっています。有
罪となる可能性のある被告人にとって迅速な裁判は，実質上迅速
に処罰を受けることを意味しますから，ここには単純に被告人の
権利・利益と割り切れない面があります。また，事案が複雑で起
訴事実に争いのある事件では，審理が長期にわたることが予測さ
れるため，場合によっては手続を主宰する裁判所側の迅速・効率
的な訴訟運営の要請と，被告人・弁護人側の十分な準備にもとづ
く慎重・綿密な審理の要請とが対立して，被告人側から迅速すぎ
る裁判に対して批判の声があがることさえあるのです。

　　　迅速な裁判に資する制度と運用の実際　　法や規則は，裁判の

271 II
281の6
規178の2～
316の2～

迅速な進行を図るための様々な制度を設けています。前述の，起
訴状謄本不送達の場合の公訴の失効（143頁），連日的開廷の法定
化（148頁），第1回公判期日前の事前準備や2004（平成16）年改
正により導入された公判前整理手続・期日間整理手続（151頁以下，
167頁）を活用して各期日の審理内容を充実させ効率化すること

291の2
350の16
277・規182
規179の4～
規189の2
規303

をめざす集中審理，簡易公判手続（189頁），即決裁判手続（359
頁）などがその例です。一度決めた期日の変更をなるべく避ける
ための規定，証拠調べの請求において証明すべき事実の立証に必
要な証拠の厳選を求める規定，検察官・弁護人の訴訟遅延行為に
対する処置の定めも設けられています。

裁判迅速化
2

　また，2003（平成15）年には「第一審の訴訟手続を二年以内の
できるだけ短い期間内に終局させ……る」という目標を示した
「裁判の迅速化に関する法律」（法律107号）が制定されています。

　このうち，連日的な開廷を要請する継続審理の理想はまだ実現

されていません。前に述べたとおり，期日は月ないし週の単位で
とびとびに開かれているのが実情です。このような日本独自の審
理のやり方は，「歯科治療方式」などと呼ばれることもあります。
しかし，とくに裁判員制度対象事件については，連日的開廷の実
現が強く要請されており，少なくともその裁判についてはこの要
請は満たされるようになりました。

　2020（令和2）年の通常第1審の平均審理期間をみると，地裁
の自白事件で3.0月，否認事件で10.1月となっています（事案が
複雑な裁定合議事件をとると，12.8月となります）。また受理から終局
までの平均開廷間隔は地裁の自白事件で1.4月，否認事件で1.6
月です。

　これが通常の事件の審理期間の概況ですが，係属して2年を超
える長期係属事件の人員について統計があり，これによれば地裁
についてそののべ人員は，年々減少しているものの2020（令和2）
年末現在410人です。また地裁で係属2年を超える実人員233人
について係属期間の分布をみると，3年以内56.2%，4年以内
12.4%，5年以内5.6%，10年以内11.6%，15年以内3.0%，15
年を超える11.2%という状況です。なお，高裁・地裁・簡裁で
係属10年を超える人員は37人ですが，長期化の理由の大部分は
被告人の逃亡・所在不明等であり，事案複雑，期日指定困難，期
日変更延期多数を理由に長期化しているケースはありません。

　　裁判の著しい遅延に対する救済　　裁判が著しく遅延した場合
の措置について法に明文の規定はありませんが，最高裁は，起訴
後15年あまり審理が行われずにいたいわゆる高田事件について，
遅延の期間，その理由，遅延がやむを得ないものかどうか，憲法

憲37 Ⅰ

の迅速裁判保障の趣旨がどの程度害されたかなど諸般の事情を総
合判断して，憲法違反の「異常な事態が生じた場合には，これに
対処すべき規定がなくても，もはや当該被告人に対する手続の続
行を許さず，その審理を打ち切るという非常救済手段がとられる

べき」であるとの憲法解釈を示し，実際の事件について免訴判決で手続を打ち切りました（最大判昭和 47・12・20 刑集 26 巻 10 号 631 頁）。

　この高田事件判決は，憲法違反を理由に手続を打ち切るという被告人の救済の途を示した画期的なものでしたが，その後いくつかの事件が判断の対象になったものの，最高裁は，「異常な事態」とまではいえないなどの理由で免訴の主張を斥けており，手続を打ち切ったケースはありません。

Ⅶ　裁判員の参加する公判手続

1　裁判員制度の導入

導入の経緯と趣旨　2001（平成13）年，司法制度改革審議会意見書は，「刑事訴訟事件の一部を対象に，広く一般の国民が，裁判官と共に，責任を分担しつつ協働し，裁判内容の決定に主体的，実質的に関与することができる新たな制度」（**裁判員制度**）の導入を提言しました。これを受けて2004（平成16）年5月に**裁判員の参加する刑事裁判に関する法律**（法律63号）が制定・公布され，2009（平成21）年5月21日から施行されました。

　かつてわが国では，1928（昭和3）年から重大刑事事件について陪審制度が実施されていましたが，約15年で制度が停止されており，裁判員制度は，約60年ぶりに改めて国民の司法参加制度を導入することになったのです（陪審制・参審制。◑184頁）。

裁判員1　裁判員法は，制度導入の趣旨として，一般国民の中から選任された裁判員が裁判官とともに刑事訴訟手続に関与することが司法に対する国民の理解の増進と信頼の向上に資することを挙げ，裁判員の参加する刑事裁判に関し，裁判所法および刑訴法の特則その他の必要な事項を定めると規定しています。

　裁判員制度の導入にともない，一般の国民が裁判に参加しやすいようにするため，裁判が迅速に行われるようにする措置が必要となり，前に述べた刑事裁判の充実・迅速化を目標とした刑訴法と刑訴規則の改正が実現しました（151頁以下参照）。また，裁判員制度のもとでは，裁判の手続や判決の内容を法律家でない裁判員に理解しやすいものとする必要があるため，国民にとって分かりやすい裁判が実現されることも期待されています（以下，裁判

員の参加する裁判を「裁判員裁判」，その対象事件を「裁判員裁判事件」といいます）。

最高裁判所は，裁判員制度導入の趣旨や司法権に係る規定との関係を検討して，裁判員裁判の合憲性を認めています（最大判平成23・11・16刑集65巻8号1285頁）。

ここでは，裁判員法の規定のうち，刑事訴訟手続全般と公判手続に密接に関連する部分を説明しておきます。

2 裁判員制度の基本構造

裁判員2Ⅱ本文　**合議体の構成**　裁判員の参加する合議体の構成は，原則として，職業裁判官3人，裁判員6人です（法廷内配置図は253頁参照）。裁判員裁判事件は，法定合議事件の中でもとくに重大な事件ですから（244頁参照），現行の法定合議事件と同様に，裁判官3人を含む裁判体による審理裁判が必要であるとされたのです（なお，**裁判員2Ⅱ但・Ⅲ・Ⅳ** 例外として，公判前整理手続による争点および証拠の整理において公訴事実につき争いがないと認められ，検察官，被告人および弁護人に異議がなく，事件の内容その他の事情を考慮して裁判所が適当と認めるときは，職業裁判官1人，裁判員4人から成る合議体を構成して審理および裁判をすることができますが，これまでに活用されたことはありません）。

裁判員10　**補充裁判員**　裁判所は，審判の期間その他の事情を考慮して必要と認めるときは，補充裁判員を置くことができます。その員数は合議体を構成する裁判員の員数（通常は6人）を超えることはできません。多くの事件では2人または3人ですが，長期に及ぶ裁判では枠一杯の6人が選任されることがあります。補充裁判員は，裁判員の関与する判断をするための審理に立ち会い，合議体の裁判員の員数に不足が生じた場合に，不足した裁判員に代わって，裁判員に選任されます。補充裁判員は，裁判員に選任される前であっても，訴訟に関する書類および証拠物を閲覧すること

裁78　　　ができます。補充裁判員の制度は，裁判所法に定められた補充裁
判官と同趣旨のもので，選任後，公判手続の更新は不要です。

　　　　職業裁判官と裁判員の権限　　裁判官と裁判員が基本的に対等
の権限を有する事項（裁判員の関与する判断）と，職業裁判官のみ
が権限を有する事項の区別があります。

裁判員6Ⅰ　　　実体裁判における**事実の認定**，**法令の適用**および**刑の量定**は，
・66Ⅰ　　　受訴裁判所の構成員である職業裁判官（以下，「構成裁判官」といい
ます）および裁判員の合議によります。

裁判員6Ⅱ　　　これに対して，**法令の解釈**に係る判断や**訴訟手続**に関する判断
・68Ⅰ　　　については，構成裁判官のみの合議によることになっています。
これらの事項は，専門的で複雑な法律判断を要すること，迅速な
判断を求められる場合もあること，法的安定性が強く要請される
ことなどから，専門家である裁判官の判断にゆだねることが適当

裁判員68Ⅲ　　とされたのです。もっとも，これらの事項についても，構成裁判
官は，その合議により，裁判員に評議の傍聴を許し，意見を聴く

裁判員6Ⅲ　　ことができます。審理についても，裁判員の関与する判断をする
ための審理は構成裁判官および裁判員で行い，それ以外の審理は

裁判員60・　構成裁判官のみで行うのが原則ですが，構成裁判官の合議により，
6Ⅱ②　　　裁判員の立会いを許すことができます。

　　　　たとえば，殺人事件において，被告人が殺意を争っている場合
に，「殺意があるといえるためには殺害結果の認識・認容を要し，
これで足りる」という構成裁判官の刑法の解釈に関する判断を前
提として，裁判員は，構成裁判官とともに，被告人の供述や凶器
の形状，傷害の部位・程度などに関する証拠にもとづいて事実を
認定し，これを踏まえて，「殺意」が認められるかどうかという
法令の適用についても判断することになるわけです。

裁判員56〜　　**公判手続等における裁判員の権限**　　裁判員は，裁判員の関与
59　　　する判断に必要な事項について，証人を尋問し，被告人に質問す
るなどの権限を有します（【書式36】410頁，【書式38】413頁）。裁

判員は，尋問または質問するに当たっては，その旨を裁判長または構成裁判官に告げることを要します。

裁判員2 I **裁判員裁判事件** 次のいずれかに当たる事件（裁判員裁判事件）は，原則として，裁判員の参加する合議体で取り扱われます。被告人は，裁判員裁判を辞退することはできません。

①死刑または無期の拘禁刑に当たる罪に係る事件

② ①を除き，法定合議事件（裁判所法26条2項2号に掲げる事件）であって，故意の犯罪行為により被害者を死亡させた罪に係るもの

したがって，現行の法定合議事件は，裁判員裁判事件と，それ以外の合議事件の2種類に分かれることになります（181頁）。

裁判員3 ただし，例外として，裁判員裁判事件であっても，裁判員候補者や裁判員，その親族等の生命，身体，財産に危害が加えられるおそれ，あるいはこれらの者の生活の平穏が著しく侵害されるおそれがあるために，裁判員候補者が畏怖し，その出頭確保が困難な状況にあること，あるいは，裁判員が畏怖し，その職務遂行ができずこれに代わる裁判員の選任も困難である場合には，裁判員の負担が過重となりかねないなどの理由から，例外的に裁判官のみの合議体で取り扱うこととされています。

この要件の有無は，被告人の言動，被告人がその構成員である団体の主張もしくはその団体の他の構成員の言動，現に裁判員候補者もしくは裁判員に対する加害もしくはその告知が行われたことその他の事情に照らして，個別の事件ごとに，地方裁判所が合議体で判断します。受訴裁判所を構成する裁判官は，この合議体の構成員となることはできません。

裁判員3の2 また，裁判員裁判事件であっても，公判前整理手続による争点および証拠の整理の結果，審理期間が著しく長期にわたること，または公判期日回数が著しく多数に上ることを回避することができないとき，裁判所は，他の事件における裁判員の選任・解任の

状況，裁判員選任手続の経過その他の事情を考慮し，裁判員の選任が困難であり，または審判に要する期間の終了まで裁判員の職務遂行の確保が困難と認めるときは，例外的に裁判官のみの合議体で取り扱う決定をすることができます。この例外は 2015（平成27）年の法改正で追加されました。著しい長期審理が見込まれ，裁判員の選任が困難となるようなごく例外的な事件を想定したものです。

裁判員 4　　なお，裁判所は，裁判員裁判事件以外の事件でも，その弁論を裁判員裁判事件の弁論と併合することが適当と認められるものについては，決定により，裁判員の参加する合議体で取り扱うことができます。たとえば，殺人被告事件とその被害者の死体に係る死体遺棄事件のように，併合審理が適当である場合も想定されますので，そのような場合には，裁判員裁判事件以外の事件であっても，これを裁判員の参加する合議体で取り扱うことができるようにしたものです。裁判所は，裁判員裁判事件以外の事件を裁判員の参加する合議体で取り扱う決定をした場合には，その事件の弁論を裁判員裁判事件の弁論と併合しなければなりません。

裁判員 5　　また，裁判員裁判事件が，罰条の撤回・変更により裁判員裁判事件に該当しなくなった場合でも，その事件は，引き続き，裁判員の参加する合議体で取り扱うのが原則です。ただし，裁判所が，審理の状況その他の事情を考慮して適当と認めるときは，その事件が裁判員裁判事件でない法定合議事件となった場合には裁判官3 人の合議体で，単独事件となった場合には裁判官 1 人で，取り扱うことができます。これは，たとえば，訴因の撤回・変更が審理の初期に行われたため，その後も相当期間の審理が予定されており，引き続き裁判員の関与を求めるのは，主に裁判員の負担等の観点から適切でないと思われる場合を想定したものです。

　　なお，裁判員裁判事件以外の事件が，審理中に，罰条の変更により裁判員裁判事件となった場合には，裁判員の参加した合議体

でその事件を取り扱うことになります。この場合には，新たに裁判員を選任し，後に述べる公判手続の更新を行って（250頁），審理を継続することになります。

3　裁判員の選任

　　裁判員候補者の呼出し　　裁判所は，毎年，衆議院議員の選挙権を有する18歳以上の者の中から無作為に選ばれた者で構成される裁判員候補者名簿を作成します（2022〔令和4〕年から，裁判員および補充裁判員になることができる者の年齢が20歳以上から18歳以上に引き下げられました）。さらに裁判所は，個別の事件ごとに必要な裁判員候補者の人数を定めて裁判員候補者名簿の中からくじで選定し，選ばれた裁判員候補者を呼び出します。ここでは，裁判員候補者の中から，個別の事件の審理判決に参加する裁判員を選任する手続を説明します。

裁判員30　　裁判所は，裁判員の選任手続に先立ち，裁判員候補者の資格の有無等の判断に必要な質問をするため，質問票を用いることがで

裁判員27V　きます。質問票の内容から法定の欠格事由等が認められれば，裁判所は，その候補者の呼出しを取り消さなければなりません。実際にも，通常の事件であれば，選定された70〜80名程度の裁判員候補者のうち，呼出しを取り消される裁判員候補者は少なくなく，選任手続に出頭する候補者の数は20〜30名程度のようです。

裁判員32　　**裁判員の選任手続**　　裁判員等選任手続は，裁判官，裁判所書記官，検察官および弁護人が出席して開きます。裁判所は，必要

裁判員33Ⅰ　と認めるときは，被告人を出席させることができます。裁判員等選任手続は非公開です（なお，【**書式29**】401頁参照）。

裁判員34
Ⅰ・Ⅱ　　裁判長は，裁判員候補者に対し，裁判員の資格の有無等を判断するため，必要な質問を行います，陪席裁判官または当事者は，裁判長に対し，必要と思料する質問をするよう求めることができ

ます。裁判長は，相当と認めるときは，求められた質問を行います。

裁判員14・15・17・18・34Ⅳ
裁判員16・34Ⅶ

　裁判所は，質問の結果，法定の欠格事由，就職禁止事由，事件に関連する不適格事由に該当し，またはその他裁判所が不公平な裁判をするおそれがあると認めた者について，当事者の請求または職権により，不選任の決定をします。また，裁判所は，辞退の申立てをした裁判員候補者について，質問の結果，法定の辞退事由に該当すると認めたときは，不選任の決定をします。

裁判員36

　さらに，検察官および被告人は，それぞれ4人の裁判員候補者（ただし，裁判官1人，裁判員4人の合議体で審判する場合は3人。補充裁判員が置かれる場合には，その員数が1または2人の場合は1人，3または4人の場合は2人，5または6人の場合は3人を加えた員数）につき，理由を示さずに不選任の請求をすることができ，裁判所は，この請求があった裁判員候補者について不選任の決定をします（**理由なき不選任**）。

裁判員37

　以上の手続を経た後，裁判所は，最高裁判所規則で定めるくじその他作為が加わらない方法に従い，不選任の決定がなされなかった裁判員候補者から，裁判員および補充裁判員を選任する決定

裁判員39
裁判員の参加する刑事事件に関する規則36

をします。裁判長は，裁判員および補充裁判員に対し，その権限，義務のほか，事実の認定は証拠によること（259頁），被告事件について犯罪の証明をすべき者（264頁）および事実の認定に必要な証明の程度（265頁）について説明し，裁判員および補充裁判員は，法令に従い公平誠実に職務を行うことを誓う旨の宣誓をします。

裁判員9Ⅰ・Ⅲ・Ⅳ・10Ⅳ

　裁判員の義務　　こうして選任された裁判員および補充裁判員は，法令に従い公平誠実にその職務を行わなければならず，裁判の公正さに対する信頼を損なうおそれのある行為，その品位を害

裁判員39Ⅱ・52

するような行為をしてはなりません。また，裁判員および補充裁判員は，公平誠実な職務の遂行につき宣誓をする義務および裁判員の関与する判断をするための審理をすべき公判期日等に出頭する義務を負います。

裁判員66Ⅱ
・Ⅳ・63Ⅰ
　このほか，裁判員は，評議に出席し，意見を述べる義務，構成裁判官の合議による法令の解釈に係る判断，訴訟手続に関する判断に従って職務を行う義務，判決等の宣告期日に出頭する義務を負います。

裁判員9Ⅱ・
10Ⅳ・70Ⅰ
　さらに，裁判員および補充裁判員，これらの職にあった者は，評議の秘密（評議の経過，各裁判官・裁判員の意見，その多少の数）その他の職務上知り得た秘密を漏らしてはなりません，すなわち守秘義務を負います。

4　裁判員裁判の手続

　以下では，裁判員裁判に関連する裁判員法の規定について説明します。

裁判員49
　公判前整理手続の実施　　本来の職業や家庭等を有する裁判員が裁判に関与するに当たっては，審理に要する見込み期間があらかじめ明らかになっているとともに，充実した迅速な審理が行われることが必須の前提となります。そこで，裁判員裁判事件は，第1回公判期日前に必ず事件を公判前整理手続に付さなければなりません（153頁参照）。

裁判員50
　第1回公判期日前の鑑定　　これまでの実務のように，公判開始後に鑑定のために審理が相当期間中断することになると，それまでの審理によって裁判員が得た心証が薄れるおそれがあるほか，裁判員の負担も大きくなります。そこで，結果の報告がなされるまでに相当の期間が見込まれる鑑定については，裁判所の決定により，公判開始前に，鑑定の経過および結果の報告以外の鑑定に

規129
関する手続を行うことができることにしました（211頁参照）。たとえば，鑑定人に，公判開始前に，精神鑑定のための面接，鑑定書の作成等の作業を行ってもらい，その終了を待って公判を開始するという手続の進め方ができます。

裁判員64Ⅰ **接見交通の制限等についての刑訴法の規定の適用に関する特例**
81　　被告人と弁護人等以外の者との接見禁止等に関し，被告人が裁
判員または補充裁判員もしくは選任予定裁判員に，面会，文書の
送付その他の方法により接触すると疑うに足りる相当な理由があ
るときに，接見禁止等の措置を講ずることができるとされていま
89⑤　　す。また，必要的保釈の除外事由として，上記と同じ理由がある
96Ⅰ④　　場合が付け加えられました。保釈等の取消しに関しても同様です。

裁判員51 　**裁判員の負担に対する配慮**　　裁判官，検察官および弁護人は，
裁判員の負担が過重なものとならないようにしつつ，裁判員がそ
の職責を十分に果たすことができるよう，審理を迅速で分かりや
すいものとすることに努めなければなりません。

281の6　　具体的には，迅速な審理の実現の観点からは，争点中心の充実
した審理を連日的に行うことが求められ，分かりやすい審理の実
現との関係では，たとえば，難解な法律用語や法律概念（故意，
正当防衛，責任能力など）を裁判員に分かりやすく説明し，証拠の
説明に当たっては図面を用いるなどの工夫が求められることにな
ります。専門家による鑑定が行われた事件では，鑑定人との事前
のカンファレンス（打合せ）をしたうえで，一問一答ではなく鑑
定人が口頭で鑑定結果の要点をプレゼンテーション方式で報告し，
その後，当事者や裁判所が疑問点について尋問を行う方式をとる
事例が多くみられます。

　冒頭陳述では，検察官と弁護人が各自の主張や争点を簡潔に明
示した1枚紙を配布するなどし（【書式31】403頁，【書式32】404
頁），争いのない事実は，捜査段階で作成された書類をそのまま取
り調べるのではなく，複数の書類の必要部分のみを1通に取りま
とめた統合捜査報告書（282頁。【書式35】409頁）等で立証します。

　そのうえで，争いのある事件では，争いのある事項に焦点を当
てて，被害者や目撃者などの重要な関係者の証人尋問や被告人質
問が行われ，裁判員を含む裁判体がこれらを法廷で直接聴き，そ

の供述の信用性を吟味することになります。

　争いのない事件についても，重要な関係者の証人尋問を行い，被告人にも被告人質問で供述してもらうという人証中心の審理方法が多くとられています。公判前整理手続において書証は通常，同意されますが，裁判所として証拠の採否を留保しておくのです（公判廷で想定どおりの供述が得られれば検察官は書証の証拠調べ請求を撤回することになります）。事件全体に争いがなくとも，どのような事案であったのかをよく理解するためには，法廷で証人に直接話してもらうことがより効果的な場合が多いでしょう。重要で核心的な事実について口頭の供述から裁判体が直に心証を形成できるという大きなメリットがあるからです。

　また，遺体や傷口の写真のような，裁判員にとって重い精神的負担となることが予想される証拠（刺激的な証拠）については，その証拠が真に立証上必要であるのか，他の証拠で代替できないかについて検討し，真に必要な場合に限り採用し，採用した場合も白黒写真やイラストで代用するなどの工夫が施されています。

裁判員55　　　**冒頭陳述に当たっての義務**　　裁判員が争点および証拠を把握しやすくなるように，当事者が冒頭陳述を行うに当たっては，公判前整理手続における争点および証拠の整理の結果にもとづき，

裁判員49　証拠との関係を具体的に明示しなければなりません。なお，前に述べたとおり裁判員裁判事件では，公判前整理手続が必要的とさ

316の30　れ（153頁，248頁），2004（平成16）年の刑訴法改正により，公判前整理手続に付された事件については，被告人側の冒頭陳述が必要的なものとされています（166頁，192頁）。したがって，裁判員裁判事件については，被告人側の冒頭陳述も必要的です。

　現在は，前述のとおり検察官も被告人側（弁護人）も1枚紙のメモを配布する運用が一般化しています。

裁判員61　　　**公判手続の更新**　　当初から審理に立ち会っていた補充裁判員が裁判員となる場合を除き，新たな裁判員が加わるときは，公判

手続を更新しなければなりません。裁判員が新たに合議体に加わる場合には，裁判官の場合と異なる配慮が必要であり，更新の手続は，新たに加わる裁判員が，争点および取り調べた証拠を理解することができ，かつ，その負担が過重とならないようなものとしなければならないとされています。

裁判員63Ⅰ　**判決の宣告等**　　裁判員が権限を有する事項に係る裁判，つまり，いわゆる実体裁判の宣告期日への出頭は，裁判員の義務です。ただし，現実には，一部の裁判員の出頭が得られない事態も生じないとはいえず，それによって判決等の宣告ができなくなってしまうのは相当でないので，裁判員の不出頭は宣告を妨げるものではないとされています。

裁判員48　**裁判員等の任務の終了**　　裁判員の任務は，終局裁判を告知したとき，裁判員裁判事件からの除外または罰条の撤回・変更により，裁判員の参加する合議体で取り扱っている事件のすべてを裁判官のみが取り扱うこととなったときに終了します。

裁判員71〜89　**部分判決制度**　　1人の被告人に対して複数の裁判員裁判事件が起訴され，これを併合して審判する要請が強い場合に，参加する裁判員の負担を軽減しようという制度として部分判決制度が設けられています。

　裁判所は，裁判員裁判事件を含む複数の事件の弁論が併合された場合には，裁判員の負担等を考慮し，一定の場合に，併合した事件のうち一部の事件を区分して審理する旨の決定をすることができます（**区分審理決定**）。この場合は，順次，区分した事件ごとに審理を担当する裁判員を選定して審理し，事実認定に関する「部分判決」を行います。これを踏まえて，新たに選任された裁判員の加わる合議体が残りの事件を審理したうえ，併合した事件全体について刑の言渡しを含む終局判決を行うのです。

　終局判決をする裁判体に参加する裁判員は，事実関係の審理に関与していない区分事件についても併せて刑の量定を行うことに

なりますが，部分判決の中で，犯行動機，態様および結果その他
罪となるべき事実に関連する情状に関する事実が示されますので，
これをもとに判断することになります。

憲37 I　　このような区分審理制度は，「区分事件審判及び併合事件審判
の全体として公平な裁判所による法と証拠に基づく適正な裁判が
行われることが制度的に十分保障されている」ことから，憲法
37条1項に違反しないというのが判例の立場です（最判平成27・
3・10刑集69巻2号219頁）。

　　刑の量定　　裁判員制度は，刑事裁判に国民の視点を入れるた
めに導入されました。したがって，量刑に関しても，裁判員制度
導入前の先例の集積結果に相応の変容を与えることがあり得るこ
とは当然に想定されていたということができます。その意味では，
裁判員裁判において，それが導入される前の量刑傾向を厳密に調
査・分析することは求められておらず，これに従うことまで求め
られているわけでもありません。しかし，裁判員裁判といえども，
他の裁判の結果との公平性が保持された適正なものでなければな
らないことはいうまでもなく，評議に当たっては，これまでのお
おまかな量刑の傾向を裁判体の共通認識としたうえで，これを出
発点として当該事案にふさわしい評議を深めていくことが求めら
れています（最判平成26・7・24刑集68巻6号925頁）。

　　控訴審および差戻し審　　裁判員法は，控訴審について裁判所
法および刑訴法の特則を規定していません。したがって，現行法
どおり，裁判官のみで構成することとなるとともに，控訴審にお
ける破棄自判も不可能ではありません（332頁参照）。

　　この点については，控訴審における事実誤認の審査につき，第
1審判決の認定に論理則・経験則等の違反がないかを審査すべき
であるとした最判平成24・2・13刑集66巻4号482頁（327頁参
照）など，一連の最高裁判例が出されており，控訴審のあり方に
関する議論が続けられています。

　差戻し審についても特則はないので，第1審として新たな裁判員を選任して審理および裁判をすることとなり，その構造は，完全な審理のやり直しではなく，裁判員裁判以外の場合と同様に続審となるものと考えられます（334頁参照）。

裁判員裁判の法廷内配置図

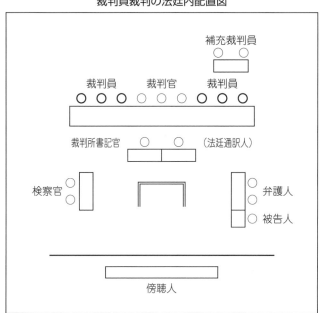

▲本書242頁。なお，裁判員裁判以外の事件の法廷内配置図については175頁参照。

5　裁判員裁判の実施状況

　最後に，裁判員裁判の運用について触れておきます。2019（令和元）年5月で裁判員制度が施行されて10年が経過しました。最高裁判所事務総局が同月に公表した「裁判員制度10年の総括報告書」によりますと，2018（平成30）年12月までに1万件以上の裁判員裁判が実施され，裁判員等を経験した人数は約8万

裁判員裁判の平均審理期間・公判前整理手続期間・平均実審理期間の推移

		裁判員裁判			
		2018 年	2019 年	2020 年	2021 年
総数	判決人員	1,027	1,001	905	904
	平均審理期間(月)	10.1	10.3	12.0	12.6
	うち公判前整理手続期間の平均(月)	8.2	8.5	10.0	10.5
	平均実審理期間(日)	10.8	10.5	12.1	13.8
自白	判決人員	496	491	432	419
	平均審理期間(月)	7.7	7.9	9.9	9.8
	うち公判前整理手続期間の平均(月)	6.1	6.4	8.1	7.8
	平均実審理期間(日)	7.3	6.8	8.3	9.4
否認	判決人員	531	510	473	485
	平均審理期間(月)	12.3	12.5	13.9	15.1
	うち公判前整理手続期間の平均(月)	10.0	10.5	11.7	12.9
	平均実審理期間(日)	14.0	14.1	15.6	17.6

【備考】 審理期間とは,起訴から終局までの期間であり,公判準備期間を含む。
実審理期間とは,第 1 回公判期日から終局までの期間であり,公判準備期間を含まない。
(最高裁判所事務総局による「平成 30 年における裁判員裁判の実施状況等に関する資料」～「令和 3 年における裁判員裁判の実施状況等に関する資料」)

9000 人にのぼっています。アンケート調査によりますと,参加した経験者のうち,「非常によい」経験と感じた者は 57.3%,「よい」経験と感じた者は 38.4% となっており,多くの国民に肯定的に受け止められてきたことが分かります。

　裁判員裁判の成果としては,①検察官,弁護人による訴訟活動の工夫もあいまって,裁判員が公判廷で心証を取りやすい連日的開廷や人証中心の分かりやすい審理が実現していること,②裁判員との協働を意識し,裁判官が難解な法律概念や量刑の考え方について,分かりやすい説明を心掛けていること,③国民の多様な視点や感覚が反映され,量刑に変化がみられるとともに,以前よりも簡明な判決が増加したことなどが挙げられるでしょう。他方で,公判前整理手続が長期化していることや,施行当初と比較して裁判員の辞退率が上昇していることなどが課題として指摘され

ています。

　また，裁判員裁判は，裁判員裁判以外の事件についてその審理・判決のあり方，控訴審による第1審判決に対する審査のあり方，さらには保釈の運用など身柄の問題にまで大きな影響を与えているということができます（198頁など）。国民の司法参加の基盤である裁判員裁判の運用については，今後も注意深く見守っていく必要があります。

CHAPTER 4

証 拠 法

I 証拠法とは

証拠裁判主義 手続の進行にともなって，当事者の主張がはっきりしてくると，その主張には正当な根拠があるかを調べなければなりません。裁判所は，このような当事者の主張する事実の認定を証拠によって行います。

317 これが近代裁判の原則である証拠裁判主義と呼ばれるものです。刑訴法は「証拠」の節の冒頭に，「事実の認定は，証拠による」と規定しています。

日本古代にみられた盟神探湯（く　が　た　ち）（⊃266頁）といった神判（神意にもとづく裁判）は，迷信的であまりに非科学的です。これらを排斥するのが，この原理の第1のねらいです。

また，古く1873（明治6）年の改定律例には，「罪ヲ断スルハ口供結案（自白の意）ニ依ル」との規定がおかれていました。自白によって罪責の有無が決められるということですから，当時は自白させるための拷問事例も少なくありませんでした。このような事態も解消しなければなりませんでした。

そこで，1876（明治9）年には，これが「罪ヲ断スルハ証ニ依

治罪法146Ⅱ ル」との規定に改められ，さらに1880（明治13）年の治罪法およ
旧旧90 び1890（明治23）年の旧々刑訴法において，「諸般ノ徴憑（証拠の意）」は裁判官の判断にゆだねるとの規定がおかれ，これらが

旧336・337 1922（大正11）年の旧刑訴法の「事実ノ認定ハ証拠ニ依ル」，「証拠ノ証明力ハ判事ノ自由ナル判断ニ任ス」との条項となり，現行法に引き継がれていったのです。

この証拠にもとづいて事実を認定するプロセス全体を規律する法を**証拠法**と呼んでいます。

証拠とは 裁判上，事実認定の基礎とすることのできる資料，すなわち**証明**（⊃266頁）の手段が証拠です。たとえば，犯行を目

撃した証人の証言，被害者の供述調書の記載内容，犯行に使われた凶器の形状などがこれに当たります。とくに，これを**証拠資料**と呼び，これと区別するために，証拠資料のもとになる証人，調書，凶器を**証拠方法**と呼ぶことがあります。

　証拠の分類　　刑事手続で利用される証拠には多種多様のものが含まれており，いろいろな角度から分類されます。

　第1に，証拠を得るための強制処分の違いによって**人的証拠**（証人，鑑定人など）と**物的証拠**（それ以外のもの）に分けられます。前者は，原則として召喚，勾引という方法が採られ，後者は押収という方法が採られます。

　第2に，証拠調べの方法の差異によって，**人証**（証人，鑑定人など），**書証**（供述調書などの証拠書類），**物証**（犯行に使用された凶器などの証拠物）を区別することができます。

　第3に，供述証拠と非供述証拠に分けることができます。**供述証拠**とは，証人の証言や参考人の供述などのように，人の言葉によって表された事柄を証拠として用いる場合の証拠のことであり，それ以外の証拠が**非供述証拠**です。供述証拠には，それが法廷に到達するまでの過程で，人の知覚の誤り，記憶の誤り，表現・叙述の誤りが介在する危険が常に存在しますので，反対尋問によってその正確性・信頼性をテストしない限り，原則として証拠として

320 I

用いることができないという法則（後述する**伝聞法則**〔268頁〕）が採用されています。これに対して，非供述証拠についてはこのような危険はありませんから，後に説明するとおり，違法に収集された証拠として排除されることはあるものの（295頁），立証すべき事実との**関連性**が明らかである限り証拠とすることができます。

　証拠の分類については，このほかに，犯罪事実を直接に証明する証拠かどうかで，**直接証拠**と**間接証拠**に分けられます。自白や目撃証人の証言は直接証拠の典型例です。間接証拠は，犯罪事実

以外の一定の事実（この事実は**間接事実**と呼ばれています）を証明し，これを通じて犯罪事実の存在を確認させる証拠のことです。間接証拠は**情況証拠**とも呼ばれますが，情況証拠という用語は多義的に用いられていますので，注意が必要です。また，証拠には，主要事実や間接事実を立証するための証拠（**実質証拠**）とは異なり，他の証拠の証明力（262頁参照）に影響を与える事実（**補助事実**）を立証するための証拠（**補助証拠**）があります。補助証拠のうち，他の証拠の証明力（信用性）を弱める補助証拠は，**弾劾証拠**と呼ばれます（282頁）。

　　厳格な証明・自由な証明　　証拠によって証明されるべき対象の中心はもちろん犯罪事実の存否ですが，犯罪事実には，故意・過失など主観的事実と行為・結果等の客観的事実の双方が含まれます。この犯罪事実の証明は，法定の証拠能力を備え，かつ，公判廷における適法な証拠調べの手続を経た証拠によるものでなければならないとされ，これを厳格な証明と呼んでいます。このような制約のない証明が自由な証明です。

320Ⅱ・307
の2

　　厳格な証明は，一般に，犯罪事実（前述のような構成要件事実，違法性・有責性を基礎づける事実）のほか，法律上の刑の加重の事由（累犯加重など）について，つまり刑罰権の存否または範囲について，必要と解されています。さらに，判例は，一定の補助事実（弾劾事実）についても厳格な証明を要するとしています（最判平成18・11・7刑集60巻9号561頁。283頁参照）。

　　量刑の資料となる情状に関する事実については，犯罪の態様や結果の大小のように犯罪事実そのものの内容に属するものについては厳格な証明が必要であるとし，被告人の経歴や性格，犯罪後の情況など単に情状として考慮される事実は自由な証明で足りるとするのが多数の考え方です。しかし，実務では，慎重を期して，後者についても厳格な証明による運用が多いようです。

民訴179　　民訴法では当事者間に争いのない事実については証明の必要が

ないとの原則が採用されているのに対して，刑訴法ではこのよう

憲38Ⅲ
319Ⅱ・Ⅲ
な原則の適用は認められていません。しかし，通常の知識・経験
を有する一般人が疑いをさしはさまないような事実，すなわちい
わゆる**公知の事実**（大地震の発生といった著名な歴史上の出来事，被告
人が県知事選挙に立候補し当選したことなど）については，その証明
の必要はないとされています。

証拠能力と証明力　証拠能力とは，厳格な証明の資料として
用いることができる証拠の法律上の資格をいいます。証拠能力が
ない証拠は事実認定の根拠に用いてはなりませんし，証拠調べを
すること自体許されません。なぜなら，そのようなことをしても
無意味であったり，また裁判官の心証形成に誤った影響を事実上
与えてしまうおそれがあるからです。

これに対して，証明力という語がありますが，これは一定の事
実の存否を推認させる証拠の実質的な価値をいいます。証明力の

319Ⅱ
318
判断は，自白の補強法則（291頁）の場合を除き，裁判官の自由
な心証にゆだねられています。

証拠能力の有無は，①**自然的関連性**，②**法律的関連性**，③**証拠
禁止**という3つの観点から規律されます。

①自然的関連性がないとは，証拠の性質上，証明力がほとんど
ゼロに近いものをいいます。証明しようとする事実（これを**要証
事実**と呼びます）を推認させる可能性がほとんどない証拠には，証
拠能力が認められません。たとえば，単なる意見，うわさ，想像
などがこれに当たります。なお，近年では，いわゆる科学的証拠，
たとえば筆跡鑑定書，ポリグラフ検査結果回答書，声紋鑑定書，
毛髪鑑定書，DNA型鑑定書，犬の臭気選別結果報告書などが証
拠として取調べ請求される例が増えていますが，これらについて
は，後述する伝聞の問題（268頁参照）のほかに，自然的関連性を
めぐっても議論のあるところです。②法律的関連性がないとは，
証明力はあるが，定型的に裁判を誤らせる危険のある証拠をいい

320 I　　ます。自白法則（任意性説による場合。288頁），伝聞法則，悪性格
の立証（➡266頁）がこれです。③証拠禁止に当たるとは，一定の
政策のために証拠とする資格を否定し，事実発見を犠牲にしても
やむを得ないとしたものです。違法に収集された証拠の排除はそ
の例です（295頁参照）。

　　　　自由心証主義　　すでに述べたように，証拠の証明力は，裁判
318　　官の自由な判断にゆだねられます。これが自由心証主義です。有
罪とするためには一定の証拠を必要とし，または一定の証拠が存
在すれば必ず有罪としなければならないとする**法定証拠主義**と対
立する原理です。もっとも，自由な判断といっても裁判官の恣意
が許されるものではなく，その判断は客観的に合理的であること
が必要です。そのためには，健全な社会常識に立脚し，論理
〔法〕則・経験〔法〕則に矛盾することのない判断が要請される
裁判員62　　ことになります（338頁参照）。この点は，一般国民として裁判官
とともに事実認定に当たる裁判員にも同様に当てはまります。

　　　法定証拠主義から自由心証主義への移行は，極端に具体的妥当
性を欠く判断を排除し（法定証拠さえあれば有罪にできるというので
は，不合理な結論になることもあるでしょう），また，法定証拠主義と
結びついていた自白偏重の傾向（有罪とするためには自白が必要であ
るとすると，何が何でも法定証拠を得ようとして，捜査機関は無理な自白
追及を行う危険があります）からの脱却を試みた点に歴史的な意義
があります。しかし，無制限の自由ではないとはいうものの，い
きつくところ自由心証主義は裁判官への信頼を前提とした原則で
あることは否定できません。したがって，上訴制度，証拠調べの
方法，前に述べた証拠能力や証明力の制限など，判断の合理性を
担保するための制度・手続，およびそのあり方が種々議論されて
いるところです。

　　　　挙証責任　　立証すべき事実についての必要な証拠調べが尽く
されたにもかかわらず，事実の存否について裁判所が確信を得る

に至らない事態（真偽不明）が生ずることが考えられます。このような場合でも，裁判所が事実認定についての判断を放棄・留保することは許されませんから，事実は「存在する」，「存在しない」のいずれかを認定判断し，判決することになります。その結果，不利益な認定を受ける当事者の地位に立つことを，挙証責任（実質的挙証責任）を負うといいます。立証責任や証明責任と呼ばれることもあります。

　刑事訴訟においては，**無罪推定の原則**が妥当し，挙証責任は原則としてすべて検察官が負担することになります。**疑わしいときは被告人の利益に**（●267頁）とは，このような原理を表現したものです。したがって，犯罪事実（構成要件事実）だけでなく，違法性阻却事由や責任阻却事由についても真偽不明の場合には無罪の結論となります。

　このような原則が採られているのは，中世に存在したきわめて不合理な**嫌疑刑**を排除するためです。もし被告人に挙証責任を負わせるとなると，被告人は無罪の証明に成功しなければ有罪と判断されることになり，罪を犯したからではなくて，訴訟の進め方がまずかったため処罰されることにもなりかねません。無実の者がまちがって処罰されることは，何よりも警戒しなければならないのです。

　しかし，検察官に挙証責任があるといっても，それは証拠調べの終わった後において，真偽不明の場合に裁判官の事実認定の段階で本来的に機能するものです。検察官は，起訴事実のほか，犯罪の成否に関する事実のすべてについてその存在または不存在の立証活動をあらかじめ行う必要はなく，正当防衛などの違法性阻却事由，責任無能力などの責任阻却事由については，それらが現に争点として浮上してこない限り，立証活動をする必要はありません。自首などの刑の減免事由に関しても同様です。

　したがって，これらの点を問題にしようとするときは，被告人

側にも公判廷に争点として何らかの形で提示する一種の責任があると考えることができ，これを**証拠提出の責任，争点形成の責任，主張責任**などと呼んでいます。また，挙証責任は，当事者の立証活動の要否という面からもとらえることができ，挙証責任のこの側面を**形式的挙証責任**（あるいは立証の負担）ということがあります。

犯罪事実が立証されたというためには，通常人ならば，誰でも疑いをさしはさまない程度に真実らしいとの**確信**が裁判官の心証として得られることが必要です。アメリカ法にいう「**合理的な疑いを超える証明**」とほぼ同じ水準を意味するもので，判例も，「刑事裁判における有罪の認定に当たっては，合理的な疑いを差し挟む余地のない程度の立証が必要である」としています（さらに語を継いで，「ここに合理的な疑いを差し挟む余地がないというのは，反対事実が存在する疑いを全く残さない場合をいうものではなく，抽象的な可能性としては反対事実が存在するとの疑いをいれる余地があっても，健全な社会常識に照らして，その疑いに合理性がないと一般的に判断される場合には，有罪認定を可能とする趣旨である」と判示しています。最決平成19・10・16刑集61巻7号677頁）。証明の程度がこのような水準にまで到達しないかぎり犯罪の成立は認められないことになるのですから，検察官の負う挙証責任はきわめて重いものということができます。

証明がこのような程度まで果たされなければ犯罪事実が立証されたと認められないのは，情況証拠（261頁）によって事実を認定する場合も変わりません。上記判例は，「情況証拠によって事実認定をすべき場合であっても，直接証拠によって事実認定をする場合と比べて立証の程度に差があるわけではない」と述べています（なお，判例には，情況証拠によって事実を認定する場合，「直接証拠がないのであるから，情況証拠によって認められる間接事実中に，被告人が犯人でないとしたならば合理的に説明することができない（あるいは，

少なくとも説明が極めて困難である）事実関係が含まれていることを要する」と判示するものがあり，その一般則としての意義について議論されています。〔最判平成 22・4・27 刑集 64 巻 3 号 233 頁〕）。

刑 207
刑 230 の 2

公害犯罪 5

　以上に対して，被告人側が例外的に挙証責任を負うようにみえる場合としては，刑法の同時傷害や名誉毀損の真実性の証明，「人の健康に係る公害犯罪の処罰に関する法律」の推定規定などがありますが，例外的にせよ被告人側に挙証責任を負担させることを容認できるかについては異論もあり，これらの規定が被告人側への**挙証責任の転換**を認めたものかどうかについては，立法趣旨等の理解も含め，種々の見解が対立しています。

➲盟神探湯 (くがたち)（259 頁）

　自己の供述が正しいことを神に誓わせた後，熱湯の入ったカメの中の小石を無事摘み出した者は無罪，手が焼けただれた者は有罪と決める方法。日本では古代に用いられたといわれています。もっとも自白強制のための威嚇・拷問の手段とされた例が多かったようです。

➲証　明（259 頁）

　証明とは，裁判官が，証拠によってある事実の存否について一定の心証を抱くことをいいます。なお，裁判官の心証にはそのレベルに応じて 3 つの種類があります。まず，①一応確からしいとの心証を得た場合を**疎明**といいます。次に，②肯定証拠が否定証拠を上回る程度の心証を**証拠の優越**といいます。犯罪無実の証明として要求される，③合理的な疑いを生ずる余地がない程度に真実らしいとの心証＝**確信**は，最も高い水準のものです。

　なお，ある証拠をどのような方法で取り調べて事実を認定すべきかという**証明の方式**と，そのような方式による証明を経て心証が形成された場合，ある事実を認定するにはその心証形成がどの程度に達していることが必要かという**証明の程度**は，別個の問題です。厳格な証明や自由な証明（261 頁）は前者の，確信，証拠の優越や疎明は後者の問題です。

➲悪性格の立証（263 頁）

　起訴された犯罪事実を立証するために，被告人の粗暴さや虚言癖といった

被告人の悪い性格についての証拠を公判廷に持ち出すことは，原則として許されません。被告人の悪性格が当該事案における犯罪事実を推認させる証明力は疑わしいうえに，判断者に不当な予断・偏見を与えてしまい，公平な裁判を妨げてしまうおそれがあるからです。

また，被告人の過去の類似行為についても，類似行為から被告人の悪性格を推認すること自体の証明力は認められるかもしれませんが，そこからさらに当該事案における犯罪事実を推認する点で，被告人の粗暴さや虚言癖からの推認と同様の問題が生じます。

判例は，被告人の同種の前科証拠について，「前科証拠は，単に証拠としての価値があるかどうか，言い換えれば自然的関連性があるかどうかのみによって証拠能力の有無が決せられるものではなく，前科証拠によって証明しようとする事実について，実証的根拠の乏しい人格評価によって誤った事実認定に至るおそれがないと認められるときに初めて証拠とすることが許されると解するべきである」と判示しています（最判平成24・9・7刑集66巻9号907頁）。そのうえで，この判例は，同種の前科証拠から被告人の犯人性を立証する場合につき，「前科に係る犯罪事実が顕著な特徴を有し，かつ，それが起訴に係る犯罪事実と相当程度類似することから，それ自体で両者の犯人が同一であることを合理的に推認させるようなものであって，初めて証拠として採用できるものというべきである」とも述べています。さらに，最高裁は，以上の理が「前科以外の被告人の他の犯罪事実の証拠を被告人と犯人の同一性の証明に用いようとする場合にも同様に当てはまる」ことを明らかにしています（最決平成25・2・20刑集67巻2号1頁）。

●疑わしいときは被告人の利益に（264頁，313頁）

これは，法の明文にはありませんが，近代的な刑事裁判では，共通して採用されている原則です。**利益原則**と称されます。最高裁の判例もこれを「刑事裁判における鉄則」と呼び，通常の公判手続における事実認定のみならず，再審の請求に対する審判の手続にも適用されるとしています（最決昭和50・5・20刑集29巻5号177頁。348頁参照）。

Ⅱ 伝聞法則

1 伝聞法則の意義

伝聞法則とは **伝聞証拠**とは，事実認定のもとになる事実をその体験者自身が公判廷で供述せず，他の方法で公判廷に提出される供述証拠のことです。

それには，原供述（元の供述）が書面の形で示される場合と，他人の供述により媒介され間接的に示される場合の2つがあります。**供述書**（被害届，上申書のように供述者自ら作成した供述記載書面）とか**供述録取書**（参考人の捜査機関に対する供述調書のように，第三者が供述者の供述を録取した書面）などが前者の典型例です。後者は，体験者以外の者が体験者から聞いた話の内容を公判廷で供述する場合で，**伝聞証言**と呼ばれます。どちらの場合も，原供述の内容となっている事実の真実性を証明するために用いることは，原則として許されません。これを伝聞法則（**伝聞証拠禁止の法則**）といいます。

320 Ⅰ

伝聞法則の根拠 伝聞証拠が排斥される理由は，次のように説明できます。人が知覚・体験した事実について供述する場合，典型的には，その事実を知覚し，知覚した内容を記憶し，記憶にもとづいて表現・叙述するという過程をたどります。以上の供述に至る過程には，どれも人の精神活動が介在するため，見間違い，記憶の減退・混乱，不誠実な言動や言い間違い等により，証明の対象となる事実と供述される事実との間にずれが生じる危険があります。そこで，供述された内容どおりの事実を認定しようとする場合，誤りが混入していないかどうかを慎重に吟味することを要します。供述内容の真実性を吟味するための最も有効な法的手

規199の4 段は，原供述者に対する相手方当事者の**反対尋問**です（204頁）。しかし，供述が公判廷外において行われたものである場合，原供述者は公判廷において反対尋問を受けることがありません。したがって，公判廷外における供述をその内容の真実性を立証するための証拠とすることは，原則として許されないのです。

憲37Ⅱ前段 　この伝聞法則と憲法の**証人審問権**との関係については議論のあるところですが，近時の多数の見解は，刑訴法上の伝聞法則の規定は憲法上の証人審問権の保障に由来するものと解しています。

　非伝聞 　以上の伝聞法則の根拠からすると，立証しようとする事実が原供述の内容の真実性（供述内容どおりの出来事が存在すること）とは関係がない場合には，伝聞法則の適用は最初から問題になりません。これを**伝聞法則の不適用**（**非伝聞**）といいます。

　たとえば，Xに対する名誉毀損事件の裁判において，「Bは詐欺師である」というXの発言を聞いたAが，証人としてその発言内容を供述する場合です。ここではXの発言があったこと自体が名誉毀損罪の構成要件に当たる事実として立証の対象とされており，「Bは詐欺師である」という供述の内容が真実かどうか（Bが本当に詐欺師であるかどうか）は犯罪（名誉毀損罪）の成立とは無関係であるからです（これに対して，Bに対する詐欺事件の裁判において，Aの証言に含まれるXの供述内容どおりに，本当にBが詐欺を実行したことを立証する場合には，伝聞証拠に当たります）。同じく，脅迫事件における脅迫文言も，文言の中身が真実かではなく，そういう文言があったかどうかが問題ですので，やはり非伝聞です。

　そのほか，ある言葉を発したこと自体を情況証拠として，一定の事実を推認する場合も，伝聞ではありません。たとえば，「私は宇宙からの使者だ」との言葉を述べたことを情況証拠として，その者の異常な精神状態を推認する場合などです。

　非伝聞かどうかは，心の状態に関する供述（たとえば「Aは憎らしい」）などを含めて，まだまだ議論はありますが，要は，伝聞

法則が適用されるかどうかを考えるに当たって，常に要証事実（その証拠によって直接に立証しようとする事実）は何かを吟味する必要があることに注意してください。

2 伝聞法則の例外

321〜 　　**例外の類型**　　この伝聞法則にも，一定の範囲で例外が認められています。

　　それは，おおむね，①実質的に供述内容の信用性をテストする反対尋問の十分な機会がすでに与えられている場合，②反対尋問の行使を考えることが無意味な場合，③反対尋問の実施が困難な場合，④反対尋問によるテストと同視できるほどの信用性の情況的保障があり，かつ証拠として用いる必要性が高い場合，のいずれかに当たるものです。

321 I ②後段　　なお，「信用すべき特別の情況」，「特に信用すべき情況」は，
321 I ③　　**特信性**または**特信情況**と称され，その供述が行われた外部的状況からみて，特に供述の信用性が担保されていることを意味しますが，判例は，その判断に当たって供述自体の内容も資料とすることができるとしています（最判昭和 30・1・11 刑集 9 巻 1 号 14 頁）。

320 I 前段　　「公判期日における供述に代えて書面を証拠と」することはできないと定められているとおり，書面の形式による伝聞証拠には，原則として，証拠能力は認められませんが，以下の場合にはその例外として証拠能力が認められます。

321 I 　　　**被告人以外の者が作成した供述書または被告人以外の者の供述録取書面で署名・押印のあるもの**は，次の要件のいずれかを満た
規 61　　す場合，証拠能力が認められます（病気療養中の者についての代署を「署名」があるのと同視できるとした事例として，最決平成 18・12・8 刑集 60 巻 10 号 837 頁）。

321 I ①　　　①　裁判官の面前における供述を録取した書面については，そ

の供述者が，(a)死亡，精神・身体の故障のため，所在が不明である・国外にいるため，公判準備・公判期日において供述することができないとき，または，(b)公判準備・公判期日において前の供述と異なった供述をしたとき。

　(a)は供述の再現不能を，(b)は現に異なった供述がされたことを理由に，前に裁判官の面前という信用性の保障が高い状況で供述がされたことを踏まえ，真実発見等の見地からその供述に証拠能力が認められるものです。

179・226・227　　証拠保全としての証人尋問調書，他事件の公判調書などがこの書面に当たります。実務上，これは，**裁判官面前調書**（略して裁面調書）とか**一号書面**と呼ばれます。なお，ビデオリンク方式による証人尋問（207頁）の調書もこれに含まれます。

321Ⅰ②　　②　検察官の面前における供述を録取した書面については，その供述者が，(a)死亡，精神・身体の故障のため，所在が不明である・国外にいるため，公判準備・公判期日において供述することができないとき，または，(b)公判準備・公判期日において前の供述と相反するかもしくは実質的に異なった供述をしたとき。ただし，(b)の書面については，前の供述を信用すべき特別の情況の存するときに限られます。

　これは，**検察官面前調書**（略して検面調書）とか**二号書面**と呼ばれます。参考人の検察官の面前における供述を録取した書面がこの中心です。(a)は一号書面におけると同様に，供述不能が要件となっており，証拠とする必要性の高い場合です。条文上，「供述者が死亡，精神若しくは身体の故障，所在不明若しくは国外にいるため公判準備若しくは公判期日において供述することができないとき」と規定されていますが，最高裁は，「供述者が……供述することができないとき」として供述不能事由が掲記されているのは，その供述者を裁判所において証人として尋問することを妨げるべき障害事由を示したものであって，これと同様またはそれ

以上の事由の存する場合において検察官面前調書に証拠能力を認めることを妨げるものではないと判示しています（最大判昭和27・4・9刑集6巻4号584頁）。たとえば，証人が公判廷で証言を拒絶したとき，入国管理局による退去強制によって本国に強制送還されたときを(a)に当たるとした判例があります（前者につき，最決昭和44・12・4刑集23巻12号1546頁，後者につき，最判平成7・6・20刑集49巻6号741頁）。なお，最判平成7・6・20は，手続的正義の観点から公正さを欠くと認められるときは，証拠とすることが許容されないこともあるとしており，その後，実務では，同判例の要請を充たすため，証人尋問の可能性がある共犯者等で公判の時点では国外にいることが見込まれるものについて，検察官が第1回公判期日前の証人尋問（77頁参照）を請求し，裁判官が弁護人を立ち会わせて尋問の機会を与える例が多くなっています。

(b)の自己矛盾の供述の場合は，信用性の情況的保障を要件として証拠能力が認められる場合です。

この信用性（特信性）は，三号書面（273頁）のような絶対的なものではない（公判期日等における証言と「前の供述」を比較して判断することから，**相対的特信情況**と呼ばれています）うえに，検察官は裁判官と異なり一方の当事者でもあるため，憲法上の証人審問権との関係で疑義があるとする見解も主張されているところです。ただし，実務上は，第三者ないし共犯者が，捜査段階で行った供述を公判廷で証人として証言する際にひるがえすこともかなりみられ，検察官に対する供述調書が(b)によって証拠能力を取得できるかどうかが公判廷での争点となることはめずらしくありません。

憲37Ⅱ

しかも，現にこのような検面調書が(b)の要件を満たしたとして採用されることが多いので（特信情況の存在が否定された例として，札幌高判平成18・8・31判タ1229号116頁），この事実が，後で述べます同意による書証の活用という事実とあいまって，日本の刑事公判は〔捜査段階で取り調べた被疑者を含む事件関係者の供述調

書が主要な役割を果たしがちであるという意味で〕「**調書裁判**」

300　化しているとの指摘も行われています（なお，(b)に当たり証拠能力
が認められる書面については，検察官は，必ずその取調べを請求しなけれ
ばなりません）。近年では，公判中心主義の観点から，従前に比して
相反性や特信性の判断についてその運用が厳格になってきました。

　なお，供述を録音録画した記録媒体についても同じ要件で判断
されます。たとえば，近時，広がりを見せる年少者に対する**司法
面接**（29 頁参照）の際に記録された録音録画記録媒体について，
面接時の検察官の聴取方法の工夫や面接に先立って被害女児に誘
導・暗示を与えないようにする措置をとったことなどの具体的事
情を考慮し，特信性を肯定した裁判例があります（大阪高判令和
元・7・25 判タ 1475 号 84 頁）。

321 I ③　　③　①，②以外の書面については，供述者が死亡，精神・身体
の故障のため，所在が不明である・国外にいるため，公判準備・
公判期日において供述することができず，かつ，その供述が犯罪
事実の存否の証明に欠くことができないものであるとき。ただし，
その供述がとくに信用すべき情況のもとにされたものであるとき
に限ります（前述した二号書面とは異なり，その供述自体についての絶
対的な判断が求められることから，この要件は，**絶対的特信情況**と呼ばれ
ています）。一般に，**三号書面**と呼ばれます。被害者作成の被害届，
参考人の司法警察職員の面前における供述を録取した書面（略し
て員面調書），捜査報告書，弁護人が参考人の供述を録取した書面
などがこれに当たります。

　　三号書面が証拠能力を認められる要件は厳しく，信用性の情況
的保障と必要性の双方が必要とされています。実務上も三号書面
として証拠採用されるケースはごく少ないようです（これは重要
な参考人については，二号書面の検察官面前調書が作成されることが多い
ことにもよると思われます）。とくに，供述者を証人として喚問のう
え証言させることが可能な場合には，本号が適用される余地は，

ほとんどありません。判例では，国際捜査共助にもとづき中華人民共和国において同国の捜査官によって作成された供述調書が三号書面に当たるとされた事例があります（最判平成 23・10・20 刑集 65 巻 7 号 999 頁）。

　なお，供述書と供述録取書の定義は前に述べたとおりです（268 頁参照）。むろん，いずれも書面の形式による伝聞証拠ですが，

321 I　とくに，供述録取書は，いわば**二重の伝聞**（原供述者の体験と，その体験供述を捜査機関が聴き取り，書面へ転換するという，複数名の供述過程が含まれるもの）ですから，この二重性を除去し，録取の正確性を担保するために供述者の署名・押印を要求しているのです。現在使用されている捜査機関の供述調書の様式では，供述記載部分の末尾に，たとえば，被害者，目撃者など供述者の署名・押印があり，これに続いて「以上のとおり録取して読み聞かせた（ま

223 II・198 V　たは閲読させた）ところ誤りのないことを申し立て署名押印（または指印）した」という文言があり，最後に録取者が署名・押印することになっています（**【書式 14】**383 頁）。

321 II　　　　**裁判所の検証調書等**（①被告人以外の者の公判準備・公判期日における供述録取書または②裁判所・裁判官の検証の結果を記載した書面）
　いずれも実質的に反対尋問権の保障があったとみることのできる書面であり，無条件に証拠能力が認められています。①の書面に

158・281　は，公判準備における証人尋問調書（205 頁参照），公判手続更新前の公判調書（236 頁）などがあります。②の検証調書のうち，もっとも多いのは，被告事件の証拠調べとして，公判期日外に，当事者の請求にもとづきまたは職権で行われるものです（212 頁参照）。なお，検証調書には，通常，立会人が検証現場で行った指示説明も記載されており，その証拠能力をどのように考えるかにつき伝聞法則との関連において議論があります。

321 III　　　　**捜査機関の検証調書**（検察官，検察事務官または司法警察職員の検証の結果を記載した書面）　　作成者が公判期日において証人として

尋問を受け，検証調書が真正に作成されたものであることを供述
したときに証拠とすることができます。「真正に作成されたもの
であることを供述したとき」とは，単に，まちがいなく自分が作成
したという作成名義の真正だけでなく，作成者が正しく記載した
という内容の真実性についても，反対尋問に応じて答えた場合を
いうと解されています（東京高判平成 18・6・13 判タ 1229 号 350 頁参照）。

　なお，判例・実務上，捜査機関が裁判官の令状によらずに任意
処分として行う実況見分（60 頁参照）の結果を記載した**実況見分
調書**（**【書式21】**392 頁）についても，書面の性質は変わらないと
して，同様の要件のもとに証拠能力が認められています（最判昭

321 I ②・③
322 I

和 35・9・8 刑集 14 巻 11 号 1437 頁）。ただし，捜査官が被害者や被
疑者に被害・犯行状況を再現させた結果を記録した実況見分調書
で，実質上の要証事実が再現されたとおりの犯罪事実の存在であ
ると解される書証の場合，この要件のほか，再現者の供述録取部
分については，さらにこれに応じた伝聞例外の要件を満たす必要
があります（最決平成 17・9・27 刑集 59 巻 7 号 753 頁）。

321Ⅳ

　　鑑定書　　裁判所・裁判官の命じた鑑定人の作成した鑑定書は，
捜査機関の作成した検証調書と同様，鑑定人が公判期日において
証人として尋問を受け，真正に作成されたものであることを供述
したときは証拠とすることができます。鑑定の場合は，一般にそ
の内容が複雑であり，口頭で述べるより文書のほうがかえって正
確であると考えられることによるものです。実務上は，捜査機関

223 I

から鑑定を嘱託されたいわゆる鑑定受託者（76 頁）の作成した鑑
定書も，これに準じて証拠能力があるものとしています（最判昭
和 28・10・15 刑集 7 巻 10 号 1934 頁）。消防士としての勤務経験が長
く，約 20 年間にわたって火災原因の調査，判定に携わってきた
者（私人）が作成した，放火罪に係る火災原因に関する「燃焼実
験報告書」についても同様の判断が示されています（最決平成
20・8・27 刑集 62 巻 7 号 2702 頁）。ただし，医師の作成した診断書

にも鑑定書と同様の証拠能力を肯定した判例（最判昭和32・7・25刑集11巻7号2025頁）に対しては，診断書には診断結果のみが記載され，診断の経過が示されないことから，反対する見解も有力です。

　筆跡鑑定書，ポリグラフ検査結果回答書（⊃285頁），声紋鑑定書，毛髪鑑定書，犬の臭気選別結果報告書などの証拠能力については，その自然的関連性につき疑問があるとの議論もありますが（262頁参照），判例・実務上は鑑定書ないし検証調書として証拠能力が認められた例があります。近年では，人の遺伝子DNAの固有の塩基配列状態を識別・比較して個人識別に利用するDNA型鑑定も活発に利用されるようになっています（ただし，いわゆる足利事件〔349頁〕において，警察庁が開発したMCT118法につき，「その科学的原理が理論的正確性を有し，具体的な実施の方法も，その技術を修得した者により，科学的に信頼される方法で行われたと認められる」とした最決平成12・7・17刑集54巻6号550頁に疑念が生じ，司法の場における科学的鑑定の活用の難しさが浮彫りになりました。東京高決平成21・6・23判時2057号168頁参照）。また，近年の防犯ビデオやドライブ・レコーダーの普及にともない（284頁参照），これらの画像を利用して犯人と被告人との同一性を明らかにすることを目的にするなど様々な画像解析（画像鑑定）が行われるようになっており，その信用性が争われる事案もあります。

　裁判実務では一般に，鑑定実施者の専門的知識・経験は十分か，その技術に信頼性は認められるか，鑑定の手法は科学的承認を得られたものであるかなどの点を考慮して，証拠能力と証明力が判断されています。

157の6
Ⅲ・Ⅳ
ビデオリンク方式による証人尋問の録画　　ビデオリンク方式による証人尋問（207頁，271頁参照）が実施され，尋問，供述とその状況を記録した記録媒体（録画）が作成されたときは，その
321の2　記録媒体は調書の一部とされます。証人尋問の録画がその一部と

された調書は，証人に同一事項について繰り返し証言させる負

305 V　担・苦痛を軽減するために作成されるものですから，代わりに公
判期日に，録画を再生して取り調べた後，訴訟関係人に対し，そ
の供述者を尋問する機会を与えれば，証拠とすることができます
（209 頁参照）。録画は，証人尋問の状況を映像と音声により鮮明に
記録しており，これを再生することは，その公判期日において証
人が供述するのと実質的に異なりませんので，反対尋問の機会が
与えられれば証拠能力が認められるとされたものです。その被告
事件の第 1 回公判期日前に実施された証人尋問や，別の事件にお
いて実施された証人尋問の録画が対象となります。

321 の 2 III　なお，録画の再生は，その公判期日に証人が供述するのと同様
に扱われ，再生の後に行われる尋問において，裁判長は重複する
尋問等を制限することができます。また，再生された供述の内容
が，ほかに存在する一号書面や二号書面の供述内容と異なるとき
は，その裁判官面前調書や検察官面前調書を証拠とすることが可
能になります。

322 I　　　**被告人の供述書・供述録取書**　　被告人が作成した供述書，ま
319　たは被告人の供述を録取した書面で署名・押印のあるものは，供
述の内容が自白（287 頁参照）その他自己に不利益な事実を**承認**
（●285 頁）するものであるときに証拠能力が認められます。真実
に反してまで自己に不利益となる事実を認めることはないという
経験則に照らすと，不利益供述は類型的に信用性が高いと考えら
れるため，無条件で伝聞法則の例外として認められるのです（た
だし，**自白法則**により，その供述が任意にされたものでない疑いがあると
きは除かれます。288 頁）（**【書式 14】**383 頁）。

これに対して，供述の内容がアリバイの立証に役立つなど自己
に有利なものである場合には，検察官による反対質問に代わる信
用性の情況的保障を反映した要件が求められますから，とくに信
用すべき情況のもとにされたものであるとき，その証拠能力が認

められます。

　被告人の供述については，被告人自身が反対尋問をすることは不可能です。また，被告人には黙秘権がありますから，検察官は反対尋問をすることができません。そこで，①自白を含む自己に不利益な事実を承認する供述については，任意性のあることを要件として証拠能力が付与されることとされています。人は真実に反してまで自己に不利益な事実を認めることはないと考えられますから，不利益供述には定型的な信用性が認められる反面，そのような供述が任意にされていなければ定型的に虚偽の危険が高まるため，任意性が求められていると考えることができます。他方で，②自己に利益な供述および中立的な内容の供述については，①とは異なり定型的な信用性は認められませんから，反対当事者，すなわち検察官による反対尋問の機会に代わるものとしての特信性を要件として，証拠能力が付与されることとされています。

　しかし，実際の法廷で被告人の公判期日外の供述をめぐって論議の対象となるのは，もっぱら自白ないしは不利益な事実を承認した捜査機関に対する供述調書の任意性についてであり（287頁参照），一方，被告人に有利な内容の供述調書は同意書面（280頁参照）となるのが通例で，問題を生じることはあまりありません。

326

322 II　被告人の公判準備・公判期日における供述を録取した書面は，その供述が任意にされたものと認められる限り，証拠能力が認められます。

321 I ①〜③　**共同被告人の公判外供述**　共同被告人（相被告人）の公判外供述を記載した書面を証拠とする際に，どの伝聞例外規定を適用すべきかについては争いがあります。共同被告人も「被告人以外の者」ですから，321条1項各号によるべきであるというのが判例です（最決昭和27・12・11刑集6巻11号1297頁）。

323①〜③　**とくに信用すべき書面**　以下の書面は，いわゆる特信書面として何らの制約もなく証拠とすることができます。

　　①　戸籍謄本，公正証書謄本その他公務員が職務上証明することができる事実について，その公務員の作成した書面。不動産登記簿謄本や印鑑証明書などがこれに当たります。

　　②　商業帳簿，航海日誌その他業務の通常の過程において作成された書面。

　　③　その他とくに信用すべき情況のもとに作成された書面。①②との対比上，信用性および必要性がともに類型的に高度なものであることが必要です。これに含まれるものとしては，広く使用されている人名簿，市場価格表，数表，年表，学術書，家系図などが挙げられます。

　　これらの書面は，その性質上，高度の客観性・信頼性が認められるとともに，書面作成者を証人として尋問するよりも，書面自体を証拠とする方が適切であると考えられるためです。

324
320 Ⅰ後段
　　伝聞供述の形式による伝聞証拠　　伝聞証言（268頁）は，原則として証拠能力はありませんが，例外的に，被告人以外の者の公判準備・公判期日における供述で，①被告人の供述を内容とするものについては，前出の被告人の供述書・供述録取書（277頁）

324Ⅰ・322Ⅰ
についての要件を満たすときに，②被告人以外の者の供述を内容

324Ⅱ・321
Ⅰ③
とするものについては，三号書面（273頁参照）についての要件を満たすときに証拠能力が認められます。

　　被告人の公判準備・公判期日における供述で被告人以外の者の供述を内容とするものについての規定はありませんが，その内容が被告人に不利な場合には，自己に不利な内容を被告人が供述し

322Ⅰ
た場合の規定である法322条1項を準用できるという見解が有力です。これに対して，被告人に利益となる場合については，検察

324Ⅱ・321
Ⅰ③
官による反対尋問に代わる必要性と特信性を担保するため，法324条2項と同様に法321条1項3号を準用する見解が有力です。

3 任意性の調査

325 　　　これまで挙げてきたような形において証拠とすることができる書面または供述であっても，あらかじめ，その書面に記載された供述または公判準備・公判期日における供述の内容となった他の者の供述が，任意にされたものかどうかを調査した後でなければこれらを証拠とすることができません。

　　　この任意性の調査時期について，判例は，「刑訴法 325 条にいう任意性の調査は，……必ずしも［当該書面又は供述の］証拠調べの前にされなければならないわけのものではなく，裁判所が右書面又は供述の証拠調後にその証明力を評価するにあたってその調査をしたとしても差し支えない」と判示しています（最決昭和 54・10・16 刑集 33 巻 6 号 633 頁）。

　　　自白のように任意性が証拠能力の要件となっているものについてその存否が争点となっている場合には，当然任意性についての調査および判断が証拠調べに先行して行われるべきものですから，この判示は，このような場合以外の書面や供述について，さらに，その証明力を評価する際に，あわせて任意性を調査する義務を課

規 207 し，場合によっては任意性に疑いがあるとして証拠排除決定をす
規205の6Ⅱ るなど，不当な心証形成を防止しようとするものと解されています。

4 同意書面と合意書面

326 Ⅰ 　　**同意書面**　　伝聞法則によって本来排斥される書面または供述であっても，検察官および被告人が証拠とすることに**同意**すれば，証拠とすることができます。法文上は，「その書面が作成され又は供述のされたときの情況を考慮し相当と認めるときに限り」と

の制約が課されていますが，任意性を欠いたり証明力がきわめて低いといった証拠について同意があることは一般に考えられませんから，相当性の要件を欠くと判断される場合はほとんどないのが実情です。

公訴事実に争いのない自白事件においては，検察官の請求した証拠書類の全部がこの同意書面として証拠採用されて検察官の立証が終わります（証拠物がある場合でも，異議がなければ簡単な展示で証拠調べを終わります）。前に述べた「要旨の告知」がときに簡略化されることもあって（197頁参照），その審理の実態につき，調書裁判化（272頁）とか，書面審理化しているといった評価が出てくることになります。

規203の2

もっとも，争いのある事件であっても，審理の争点を絞り，的確かつ迅速な訴訟運営を実現するために，書面の一部同意（たとえば供述調書の第何項のみ不同意とし，その他の部分は同意する）も常に考慮されるようになっています。いわゆる**部分同意**の活用です。このように争点以外の部分については同意を得るよう審理が運営されているのが通例です。

規178の6
規198の2

ともあれ，「同意」は，伝聞法則の例外といわれながらも，実務上はいわばトップ・バッターの役割を果たすわけです。

同意の方法　同意の実質は反対尋問権の放棄であると説明されますが，当事者が伝聞証拠に証拠能力を付与することを積極的に認める訴訟行為であるとの説明もあります。これは，法文上は検察官と被告人のみに与えられた重要な権限です。しかし，弁護人がついている場合には，いわゆる包括的代理権にもとづいて，弁護人が被告人に代わって同意または不同意を表明し，被告人は何も述べないのがふつうです。ただし，その場合でも少なくとも被告人の黙示的な追認があったものと認められる状況は必要です。

326Ⅱ

被告人が出頭しないでも証拠調べを行うことができる場合において，被告人が出頭しないときは，代理人または弁護人が出頭し

ている場合を除き，同意があったものとみなされます。不出頭の
事実の中に反対尋問権の放棄も含まれるとするもので，**擬制同意**

284〜
286の2　と呼ばれています。その適用される例としては，出頭義務が免除
される場合，出頭拒否の場合などがあります（176頁参照）。判例

341　は，被告人が秩序維持のため退廷を命じられ，法341条によって
審理を進める場合においても適用されると解しています（最決昭
和53・6・28刑集32巻4号724頁）。

327　　　**合意書面**　　　裁判所は，当事者双方が合意のうえで，公判期日
に供述すべき者の供述内容等を記載した書面を提出すれば，これ
を証拠とすることができます。これは合意書面と呼ばれます。ア
メリカ法に由来する制度ですが，同意書面によって目的を達する
ことができるため，これまで合意書面が用いられることはめった
にありませんでした。

規198の2　　　裁判員裁判では，分かりやすい審理の実現に資するために，時
に争いのない事項について合意書面を利用することが検討されて
いましたが，その利用はそれほど多くないようです。ただし，争
いのない客観事実を書証で立証する場合は，検察官が実況見分調
書，捜査復命書，捜査関係事項照会回答書，診断書などの客観的
証拠をもとに取りまとめ，弁護人が内容の調整に関与するなどし

326 I　　たうえで同意を与えた**統合捜査報告書**が活用されており（【**書式**
35】409頁），これは実質的に合意書面と同様の機能を果たすもの
といえるでしょう。

5　証明力を争うための証拠（弾劾証拠）

328　　　伝聞法則の適用により証拠とすることができない書面または供
述であっても，公判準備・公判期日における被告人，証人その他
の者の供述の証明力を争うためには，これを証拠とすることがで
きます。弾劾証拠といいます（261頁）。たとえば，公判廷におけ

る証人の証言内容が，以前にその証人のした供述の内容と異なるとき，前に行われた自己矛盾の供述をもち出して公判廷での証言の証明力を減殺するというのが典型例です。

したがって，「証拠とすることができる」というのも公判期日等の供述の証明力を争う限度であって，弾劾証拠を直接，犯罪事実を認定するために用いることは許されません。なお，証拠とすることができるのは，この例のように，同一人の自己矛盾の供述に限られるのか，それとも他の者の公判廷外の供述等も含むのかについては見解が分かれていますが，この点につき判例は，「刑訴法 328 条は，公判準備又は公判期日における被告人，証人その他の者の供述が，別の機会にしたその者の供述と矛盾する場合に，矛盾する供述をしたこと自体の立証を許すことにより，公判準備又は公判期日におけるその者の供述の信用性の減殺を図ることを許容する趣旨のものであり，別の機会に矛盾する供述をしたという事実の立証については，刑訴法が定める厳格な証明を要する趣旨であると解するのが相当である」としています（最判平成 18・11・7 刑集 60 巻 9 号 561 頁）。

6　写真，録音・録画データ等

現在，写真，録音・録画データといった証拠が法廷に提出されることは一般的です。また，これは，使用方法を工夫すれば被告人側からの有力な反証の材料ともなり得るものです。問題は，これを供述証拠とみるか非供述証拠とみるかです。

写真　　写真を撮影し，現像または記録・保存等を行う過程は人間の手による作業をともない，そこに誤謬や人為的操作の危険（供述過程類似の危険）があることから，供述証拠に準じるものとして扱うべきかどうかが問題となります。供述証拠として利用する場合には伝聞法則との関係が問題とならざるを得ません。

　どちらと解するかは，たとえば，犯行現場を撮影した写真（現場写真）についていえば，その機械的な記録性を強調するか，機械的作用をとおして撮影者が知覚した事物を報告する点を重視するかの違いによります。証拠法上は，撮影者が所在不明で証人として喚問できないような場合において，非供述証拠（260頁参照）とみる考えによれば，何らかの形で立証しようとする事実との関連性が明らかになれば証拠能力を認めることができますが，供述

321Ⅲ　証拠とすれば，前出の321条3項書面に類した取扱いとなりますので（274頁参照），証拠として使うことが難しくなります。供述証拠と解する立場は，写真の作成過程に作為や過誤が介入するおそれを警戒するわけです。

　なお，判例は，撮影者の尋問ができなかった事案について非供述証拠とみる立場を採り，当該写真自体またはその他の証拠により関連性が認められる限り証拠能力を具備するとしています（最決昭和59・12・21刑集38巻12号3071頁）。実務では，まず同意があるかを確かめ，それが得られなければ，撮影者を尋問して，写真の撮影過程を明らかにしたうえで証拠として採用するか否かを決めているようです。

　録音・録画データ　　録音・録画データについても，それが犯行の現場の状況を記録したものであれば，これは現場録音・録画ですから，現場写真で述べたことがそのまま当てはまります。このような解釈論を踏まえ，昨今は，録音・録画技術の進歩，それにともなう録音・録画の社会一般への普及，複製の容易化などにより，犯行状況や犯行前後の状況が録音・録画された防犯ビデオなどの音声・映像データを複写したDVDや，電話での会話が録音された音声データを複写したCDなどが，非供述証拠として取り調べられることが増えています。さらには，映像データの必要部分を写真の形に落とした写真撮影報告書，音声データを文字に書き起こした捜査報告書なども，頻繁に作成されており，弁護人

の同意によって書証として取り調べられることが多くなっています。

これに対して，被疑者や第三者の供述を録音した供述録音については，供述証拠として用いることになりますから，同意がない限り，その原供述の性格に応じて，前に述べた二号書面，三号書面，被告人の供述録取書などに準じて証拠能力を判断すべきことになります。

証拠能力がある場合の証拠調べの方式は公判廷で録音・録画デ
321の2 ータを再生する方法によります。なお，ビデオリンク方式による
305V 証人尋問の録画の証拠能力と証拠調べの方式については，特別の規定が設けられています（207頁，276頁）。

近年では，被疑者に犯行状況を再現させて，その場面を録画したビデオ（いわゆる犯行再現ビデオ）を犯罪事実や自白の任意性の立証に用いようという動きもありますが，その証拠としての性質や証拠能力については様々な議論が展開されています。

➲ポリグラフ検査（276頁）

ポリグラフ検査とは，被検者に質問して，応答させ，その際の生理的反応を，ポリグラフという機械（いわゆるうそ発見器）に記録させ，専門家がその記録から被検者の心理的変化を判定する検査をいいます。実施には被検者の承諾が必要です。人がうそをつくときには，良心との衝突をまねき，その衝突は感情・情動の変化を引き起こし，それが外部から測定可能な生理的変化をもたらします。ポリグラフ検査は，呼吸，血圧，脈波，皮膚電気反応などの生理的変化を測定し，波状の曲線として記録紙に記録します。検査者は，この検査記録を観察分析して，被検者の「はい」「いいえ」という単純な応答の真偽等を判断して，検査の経過と結果を回答します。これをポリグラフ検査結果回答書といい，証拠として採用されることがあります。

➲承　認（189頁，277頁，287頁）

承認は，自分に不利益な事実を認める供述（法322条）を意味します。自白は，犯罪事実の主要部分を認める供述をいいます（287頁参照）。したがって，犯罪事実の一部とか間接事実だけを認める供述，前科を認める供述等は，

承認には当たるものの，自白ではないことになります。自白の証拠能力に関する法319条の規定は，「承認が自白でない場合においても」準用されますが（法322条1項），自白と自白でない承認との区別は，補強証拠を必要とするか否かにかかわってきます（法319条2項）。なお，有罪である旨の陳述（法291条の2）とは，有罪とされてもよいとの供述で，有罪の自認（法319条3項）といわれます（189頁参照）。

Ⅲ 自　　白

319
322
291の2

自白とは　　自白とは，自己の犯罪事実の主要な部分を認める被告人の供述であり，不利益な事実の承認（◎285頁）の一種です。有罪である旨の陳述とは異なりますから，殺害の事実を認めつつ，責任無能力を理由とした無罪の主張をしても自白であることに変わりはありません。かつて自白は「証拠の王」と呼ばれましたが，現在でも証拠に占める自白の地位には大きいものがあります。そこで憲法および刑訴法は自白についての証拠法上の特別の制約を設けました。証拠能力の要件としての「**任意性**」と，証明力についての「**補強証拠**」がそれです。

　　公判廷におけるものであれ，捜査機関に対するものであれ，民事訴訟の証人としてであれ，その形式や時期にかかわらず，自己の犯罪事実の主要な部分を認める被告人の供述であれば，自白として取り扱われます。

1　自白の証拠能力

憲38Ⅱ

自白の任意性　　憲法は，「強制，拷問若しくは脅迫による自白又は不当に長く抑留若しくは拘禁された後の自白は，これを証拠とすることができない」と規定し，刑訴法も，この憲法の規定をうけて，「強制，拷問又は脅迫による自白，不当に長く抑留又は拘禁された後の自白その他任意にされたものでない疑のある自白は，これを証拠とすることができない」と定めています。

319Ⅰ

　　刑訴法は，憲法が掲げる場合のほか，任意性に疑いのある自白を排除することを明らかにしたものであり（さらに，自白以外の「不利益な事実の承認」にまで拡げられています），その結果，偽計，約束，圧迫，利益誘導，疲労などのため，被告人または被疑者の

322Ⅰ但

自由な意思決定が妨げられ，その供述の任意性に疑いを生じたときは，自白の証拠能力が認められないことになります。このように任意性に疑いのある自白を排除することを**自白法則**といいます。

　自白法則は，伝聞法則とは違って，任意性のない自白調書に同意しても証拠として使えませんし，自由な証明の証拠とすることもできません。

　このように任意性を欠く自白が証拠とならない実質的な根拠は何かという点について，①任意性を欠く自白は定型的に信用性が乏しい，すなわち虚偽の自白を誘引する危険性を論拠とする**虚偽排除説**，②供述の自由を中心とする被告人の人権の保障に論拠を求める**人権擁護説**，③自白を得る手段の違法性に注目し，違法収集証拠の排除の考え方（295 頁参照）を端的に導入する**違法排除説**が対立しています。①と②の考え方を併せて**任意性説**と呼びます。

　判例の立場は，従来①の虚偽排除説に立つものと理解されてきましたが，近年の判例には，②の人権擁護説や③の違法排除説への接近をうかがわせるものもあります。

　判例上，任意性に疑いがあるとされたものには，種々の例がありますが，両手錠を施したままの取調べが，反証のない限り，心身に何らかの圧迫を受け，任意の供述は期待できないものと推定される旨述べた事例（最判昭和 38・9・13 刑集 17 巻 8 号 1703 頁）とか，約束・利益誘導の例として，自白すれば起訴猶予も考えられる案件だとの検察官の話が弁護人に伝えられ，それを信じて，起訴猶予を期待してした自白は任意性に疑いがあるとした事例（最判昭和 41・7・1 刑集 20 巻 6 号 537 頁），偽計の例として，いわゆる切り違え尋問による自白（最大判昭和 45・11・25 刑集 24 巻 12 号 1670 頁。拳銃等の所持につき，被告人の妻は被告人との共謀の事実を認める供述をしていないのに，妻が共謀を自供した旨を告げて被告人を説得したところ，被告人も共謀を認めるに至った事例について，偽計により被疑者が心理的強制を受けて誘発された自白は任意性に疑いがあるとした）などが

著名です。

任意性の立証　　公判廷における自白の任意性が問題とされることはほとんどありませんが，捜査機関の取調べにより得られた自白（自白調書）の任意性が争点となることは理論上も実務上もしばしば起こります。この場合，任意性に疑いがあるとする理由が何かにもよりますが，通常は，まず，被告人側が任意性を争う事実を示し，続いて被告人質問を行って任意性についての事情を明らかにしたうえ，必要に応じて自白調書の作成者である司法警察職員または検察官，調書作成に関与した検察事務官等を任意性を立証するための検察側の証人としてその供述を求め，これらを踏まえて裁判所が任意性の有無につき判断するという経過をたどることになります（なお，争点形成の責任については，265 頁参照）。

　　その結果，被告人側と捜査官との間で，不当な取調べがあったか否かで水掛け論になることが稀ではありません。そこで刑訴規則は，任意性の挙証責任を負っている検察官に対し，取調べ状況を立証しようとするときは，「できる限り，取調べの状況を記録した書面その他の取調べ状況に関する資料を用いるなどして，迅速かつ的確な立証に努めなければならない」として，立証上の工夫を求めることとしました。「取調べの状況を記録した書面」（26 頁参照）以外の「資料」としては，留置人出入簿，留置人動静簿，留置人接見簿，捜査官の作成メモなどが挙げられますが，近年ではとくに取調べの状況を録音・録画した記録媒体（DVD 等）の活用が図られ，裁判例上も登場するようになっていました（東京高判平成 20・6・30 高検速報平成 20 年 100 頁など）。

規 198 の 4

規範 13

301 の 2Ⅳ　　このような状況の下で，2016（平成 28）年の法改正により，身体拘束された被疑者を裁判員裁判事件と検察官独自捜査事件について取り調べる場合に，原則としてその取調べ状況の全過程を録音・録画する制度が導入・施行されました（26 頁，97 頁参照）。検

301 の 2Ⅰ　察官が，対象事件の取調べや弁解録取の際に作成され，自白を含

む不利益な事実の承認を内容とする供述調書等の証拠調べを請求した場合に，被告人・弁護人がその任意性を争ったときは，検察官は任意性の立証のため，調書等が作成された取調べまたは弁解録取の開始から終了に至るまでの間における取調べ状況を録音・録画した記録媒体の取調べを請求することが義務づけられました。

301の2Ⅱ

検察官がこの記録媒体の取調べを請求しないときは，裁判所は自白調書等の証拠調べ請求を却下しなければなりません。これは，取調べ状況の録音・録画を任意性の立証のための必要的な証拠とすることにより，的確な任意性の立証と取調べ状況の適正確保を図ろうとする趣旨です。

　前述したとおり（26頁参照），試行時期を含めると録音・録画が実施されてからかなりの年月が経過しました。公判廷において供述の任意性が争点となる事例は徐々に減少しており，全体的に録音・録画の運用も定着していくであろうという見方が一般的といえそうです。

　ところで，取調べ状況の録音・録画は，本来，自白調書の存在を前提にその任意性の立証を念頭においたものですが，近年では，録音・録画記録を実質証拠として用いること，すなわち，犯罪事実を認定する証拠として録音・録画された供述そのものを用いることが許容されるかが議論されるようになってきました。訴追側には，実質証拠として録音・録画記録を活用することに積極姿勢を看取することができますが，裁判例には直接主義・口頭主義の観点から，あるいは供述態度等を素材にした心証形成には危険をともなうとして慎重な姿勢を示すものもみられ（東京高判平成28・8・10判時2329号98頁など），この点に関する実務の様相はなお流動的です。

2　自白の証明力

憲38Ⅲ　　　**自白と補強証拠**　　憲法は，「自己に不利益な唯一の証拠が本人の自白である場合」には有罪とすることができない旨を宣言し，

319Ⅱ　刑訴法も，「公判廷における自白であると否とを問わず」自白のみによる有罪認定を許さないことを規定しています。**補強法則**と呼ばれます。これは自白の証明力を制限したものですから，自由心証主義の例外ということになります（263頁参照）。この場合の自白以外の証拠を補強証拠といいます。

　　補強証拠を必要とする実質的な理由は，自白の強要・偏重にともなう弊害を避け，あわせて誤判の危険を防ぐことにあるとするのが一般です。

301　　　手続的にも，自白は補強証拠が取り調べられた後でないと取調べができないとされ，自白偏重防止が図られています（193頁参照）。

　　　公判廷における自白　　補強証拠を必要とする「被告人の自白」について2つの問題があります。そのうちの「共犯者の自白」については後述することとして（293頁参照），ここでは，先

憲38Ⅲ　ほど挙げた憲法38条3項の解釈として，「本人の自白」には公判廷における自白も含まれるかどうかについて述べます。言い換えると，憲法上，公判廷における自白にも補強証拠が必要か，が論点です。判例は，公判廷における自白は含まれず，したがって，公判期日における自白を唯一の証拠として有罪判決を言い渡しても憲法に違反しないとしています（最大判昭和23・7・29刑集2巻9号1012頁ほか）。公判廷の自白には高度の任意性があり，また自白の真実性・信用性は，これを直接見聞きした裁判所で判断できると考えられたためでしょう。

319Ⅱ　　　この問題は，訴訟法レベルでは刑訴法に明文規定がありますか

ら，いずれにせよ補強証拠を必要とするという結論となるわけで
すが，憲法の解釈としてどちらの結論を採るかは，公判廷におけ
る自白を唯一の証拠として有罪を宣告した場合，刑訴法違反であ

405①　るだけでは上告理由とはなりませんので，上告理由としての憲法
違反になるかどうかの違いとなってあらわれます（ひいては，立法

319Ⅲ　論としてアレインメント制度（○222頁）を採用すべきか否かの議論にも
関連してきます）。判例によれば，刑訴法の規定は，憲法の精神を
さらに拡充させたものととらえることになります。

　　補強の範囲　　「補強証拠」そのものについても3つの問題点
を挙げることができます。

　　第1に，補強証拠は犯罪を構成する事実のうちどの範囲につい
て必要かです。

　　図式的には，形式説と実質説の対立が指摘されます。**形式説**は，
犯罪を構成する事実のうち，客観的事実（行為・結果という罪体）
の全体ないし主要部分につき補強証拠を要求するのに対して，**実
質説**は，罪体に限らず，ともかく自白された事実の真実性を担保
するに足りる補強証拠があればよいとする立場です。

　　形式説に立っても，犯罪事実のうち，被告人が犯人であること
（犯罪と被告人との結びつき）とか故意・過失，目的犯の目的などの
主観的要素については，補強証拠は不要であるとするのが通例で
す。捜査機関に困難を強いることになるからだと説明されます。
また，犯罪事実以外の事実，たとえば累犯前科，犯行の動機・経
緯などについても補強証拠は不要です。

　　判例は，実質説の立場に立つものと理解されていますが，無免
許運転の罪について，運転行為の事実と無免許であった事実の双
方に補強証拠が必要であると判示した事例もあり（最判昭和42・
12・21刑集21巻10号1476頁），形式説との実質上の違いがどこに
あるかにつき種々議論が生じているところです。

　　補強の程度　　第2の問題点は，第1の点とも関連しますが，

補強をどの程度まで要求するかです。この点については，補強証拠それ自体の証明力の程度を問題にする考え方（絶対説）と，自白の証明力との相関関係で補強の程度を考える考え方（相対説）があります。

　絶対説によれば，これだけで要証事実について一応の心証を得られる程度の証明力が必要であることになりますが，**相対説**では，自白とあいまって要証事実の認定ができればよいことになります。

　補強証拠適格　（補強証拠適格）の問題です。補強証拠も犯罪事実認定の根拠となる証拠にほかなりませんから，証拠能力のある証拠でなければならないことは明らかです。さらに，補強証拠は自白を補強するものですから，自白以外の証拠であることが必要です。自白で自白を補強することはできません。

　なお，判例には，食糧管理法違反の事件につき，被告人が犯罪の嫌疑を受ける前に，備忘のためその都度記入して作成していた未収金控帳の記載内容は，被告人の自白ではなく，商業帳簿のように業務の通常の過程で作成された書面として証拠能力を有し，自白の補強証拠とすることができると判示したものがあります（最決昭和 32・11・2 刑集 11 巻 12 号 3047 頁）。

323②

　共犯者の自白（供述）　共犯者が，被告人と共同して犯罪を行ったとか，被告人に教唆されて犯罪を実行した旨供述した場合，その供述を共犯者の自白といいます。

　共犯者の自白は，被告人以外の者の供述ではあるものの，まったくの第三者の供述と異なり，自己の罪責を免れたり軽減してもらおうとして，被告人に責任を転嫁したり被告人を巻き込むなど虚偽が入りこむ危険性があります。

　そこで，次のような問題が議論されます。被告人が犯行を否認していた場合において，共犯者の自白を唯一の証拠として被告人を有罪とすることができるか，それともその共犯者の自白にもさ

憲 38Ⅲ
319Ⅱ

らに補強証拠を必要とするかです（解釈論としては，憲法 38 条 3 項および刑訴法 319 条 2 項の「自白」に「共犯者の自白」も含まれるかという形で展開されることになります）。

　一方では，共犯者の自白についてはその証明力の評価に慎重を期するために，共犯者の自白を本人の自白と同一視し，これに補強証拠がなければ被告人を有罪にすることはできないとの見解も有力です。

　しかし，判例は，かつて若干の揺れを示したものの，現在では，共犯者も結局は被害者・目撃者などと同様に被告人にとって第三者であることには変わりはなく，反対尋問によって（共犯者が共同被告人の場合は反対質問によって）その信用性を争うことができるから，裁判官の自由心証にゆだねられるべきであるとして，共犯者の自白には補強証拠を要しないとの立場を採用しています（最大判昭和 33・5・28 刑集 12 巻 8 号 1718 頁）。

　もっとも，判例のように解するとしても，他に特段の補強証拠もなしに共犯者の自白のみで安易に被告人を有罪にすることはもちろん許されるわけではなく，十分に反対尋問（共同被告人の場合は反対質問）を尽くさせるなど慎重な対応が必要です。

　なお，協議・合意制度（83 頁参照）により検察官との間で不起訴等の合意をした共犯者の供述については，軽い処分がなされることを期待して検察官の意向に沿うような供述をする危険性を払拭できず，現在のところこの制度の利用はきわめて限定的であるといえます。

Ⅳ　違法に収集された証拠の排除

証拠排除法則　　これまで述べてきたように，供述証拠（とり
320Ⅰ・319Ⅰ　わけ自白）については明文による証拠能力の制限があり，収集の
手続や過程に供述の任意性に疑いを生じさせる違法があれば一定
の限度でそれは証拠から排除されることになります（排除される
実質的根拠については，288頁参照）。これに対し，証拠物の収集手
続に違法があった場合，その証拠能力がどうなるかについては直
接の規定がありません。

　　証拠物の収集手続が違法であっても，証拠物それ自体の性質や
形状に変化はないわけですから，証拠としての価値には変わりは
なく，また，違法な捜査に対する救済は損害賠償や公務員に対す
る制裁などの方法で行えばよいとみれば，証拠能力を認めるべき
であるという考え方もできなくはありません。

憲31〜　　　しかし，**適正手続の保障**を定めた憲法の精神からすると，少な
くとも憲法違反その他手続の重大な違法があった場合には，捜査
の違法を防止し適正な手続の保障を担保するという意味において，
その得られた証拠の証拠能力を否定（**証拠禁止**）するという考え
方も十分成り立ち得るところです。この考え方は，アメリカ法の
影響を受けて，学説上広く普及しました。これを**違法収集証拠の
排除法則**といいます。

　　判例　　排除法則は下級審判例にもしだいに浸透していき，
1978（昭和53）年には，最高裁が，覚醒剤の押収手続の違法性が
問題とされた事案につき，「証拠物の押収等の手続に，憲法35条
及びこれを受けた刑訴法218条1項等の所期する令状主義の精神
を没却するような重大な違法があり，これを証拠として許容する
ことが，将来における違法な捜査の抑制の見地からして相当でな
いと認められる場合においては，その証拠能力は否定されるもの

と解すべきである」と判示し，違法収集証拠が排除される場合の
あることを明らかにしました（最判昭和 53・9・7 刑集 32 巻 6 号 1672
頁）。

　本判決以後，実務では，具体的にどのような違法が重大であり，
獲得された証拠を許容するのが相当でない場合に当たるのかとい
う点に，論点が移っていきました。

　本判決では，職務質問の要件が存在し，かつ所持品検査の必要
性と緊急性が認められる状況下で，被告人の承諾なしにその上衣
内ポケットから所持品を取り出した警察官の行為を違法としまし
たが，その違法は所持品検査として許される限度をわずかに超え
たにすぎないこと，警察官に令状主義の規定を潜脱する意図がみ
られないこと，ほかに強制等がなかったことなどの事情を挙げて，
押収された覚醒剤の証拠能力を肯定しています。

　その後，最高裁は，覚醒剤使用の事案において，違法な所持品
検査，任意同行，留め置きなどの先行手続に引き続いて採尿と尿
鑑定が実施されている場合，先行手続が覚醒剤事犯の捜査という
同一目的に向けられ，これを**直接利用**して採尿が行われたとの関
係にあるときは，先行手続の違法が採尿の手続にも影響を及ぼし，
これも違法性を帯びることになるとの判断を示すようになりまし
た（最判昭和 61・4・25 刑集 40 巻 3 号 215 頁，最決昭和 63・9・16 刑集
42 巻 7 号 1051 頁）。

　しかし，結論として，捜査の違法を認めながら証拠能力を肯定
しているケースが多く（最決平成 6・9・16 刑集 48 巻 6 号 420 頁，最
決平成 7・5・30 刑集 49 巻 5 号 703 頁，最決平成 21・9・28 刑集 63 巻 7 号
868 頁，最判令和 4・4・28 刑集 76 巻 4 号 380 頁など），最高裁において
証拠排除の結論を出したのは，窃盗の逮捕手続に違法があり，こ
れに引き続く採尿の結果，判明した覚醒剤使用の事案における 1
件だけです（最判平成 15・2・14 刑集 57 巻 2 号 121 頁）。逮捕令状が
呈示されていないだけでなく，事後的に虚偽の捜査報告書が作成

されており，総合的に考慮すると，本件逮捕手続の違法の程度は重大で，この逮捕に密接に関連する尿の鑑定書の証拠能力は否定されるとしたものです。

　一方，下級審では，覚醒剤の所持や使用の事案で，重大な違法捜査を理由に，その結果得られた証拠（たとえば被告人の所持していた覚醒剤や被告人の尿の鑑定書）の証拠能力を否定して無罪を言い渡す事例は時折みられます（大阪高判平成4・1・30高刑集45巻1号1頁など。大麻所持の事案につき，東京高判平成19・9・18判タ1273号338頁など）。当然ながら，違法収集証拠排除法則の適用に際しては，その証拠が収集された具体的状況を認定し，それを前提に，問題とされている証拠の収集手続の違法の重大性を判断する必要性があります（最判令和3・7・30刑集75巻7号930頁）。

　このほか，排除法則の関連問題として，違法収集証拠に対して，証拠とすることに同意があった場合にその証拠を用いることができるか，違法収集証拠にもとづいて発見された他の証拠のうちどこまで排除されるか（これを「**毒樹の果実**」論ということがあります。前出の最判平成15・2・14では，証拠能力が否定される尿の鑑定書と覚醒剤およびそれに関する鑑定書との関連性は密接なものではないとされ，後者の証拠能力は肯定されました。違法な取調べにより直接獲得された自白のみならず，それと密接不可分な関連性を有する覚醒剤やその鑑定書等の証拠能力が否定された事例として，東京高判平成25・7・23判時2201号141頁があります），排除の申立てをすることのできるのは誰か（これは「**申立ての適格**」論と呼ばれます）などが多様に議論されています。

CHAPTER 5

公判の裁判

I　裁判とは

1　裁判の種類

判決・決定・命令　　公判の審理を踏まえ，しめくくりとして裁判長は判決を言い渡します（221頁，【書式41】417頁）。

この判決は，いうまでもなく最も重要な裁判の形式ですが，裁判の形式にはそのほか決定・命令があります。裁判する主体や成立手続の態様の違いによる区別です（◯58頁）。

43 I
44 I

判決は，裁判所のする裁判であり，原則として口頭弁論にもとづいて行われ，必ず理由を付さなければなりません。

43 II

決定も裁判所による裁判ですが，口頭弁論にもとづく必要がない点で判決と異なります。

命令は裁判長，受命裁判官などの裁判官による裁判で，やはり口頭弁論を経なくてもかまいません。

43 III
規33 I

もっとも，決定・命令いずれについても，事実の取調べをすることはできます。また，決定については，申立てにより公判廷で行う場合などには，訴訟関係人の陳述を聴かなければならないことになっています。

372・405
420・429
430

判決に対する不服申立ての方法は**控訴・上告**ですし，決定に対するそれは**抗告**，命令に対するものは**準抗告**です。なお，準抗告は捜査機関による一定の処分（もちろんこれは裁判ではありません）に対しても認められています（342頁参照）。

433

決定・命令の場合，最高裁判所に対しては，憲法違反等を理由とする場合に限って**特別抗告**が認められています。

終局裁判・中間裁判　　裁判は，その審級について訴訟手続を終了させる効果をもたらすかどうかによって，終局裁判と終局前

裁判（これを中間裁判といいます）に区別されます。

333 I・336
329・337・
338
339 I
385・386　有罪・無罪の裁判（実体裁判），管轄違い，免訴，公訴棄却の裁判は，いずれも終局裁判です。終局裁判は，ふつう判決の形式で行われますが，公訴棄却の決定，控訴審による控訴棄却の決定のように，決定の形式が採られることもあります。

　決定は，このような例外を除き，いずれも判決に至る過程で手続の進行に関してされる裁判であり，終局前裁判（中間裁判）に属します。

　実体裁判・形式裁判　　終局裁判は，起訴事実の存否についての判断を経たうえで言い渡す裁判かどうかによって，実体裁判と形式裁判に区別されます。

　①**有罪**，②**無罪**の判決は実体裁判ですし（308頁参照），③**管轄違い**の判決，④**公訴棄却**の判決・決定，⑤**免訴**の判決は形式裁判です（315頁参照）。形式裁判は，公訴提起の許されない事由が存在する場合や裁判所に管轄権がない場合など手続上の障害があることを理由に，有罪・無罪の実体判断に立ち入らず手続を打ち切るものです。これら5種類の裁判は，公訴の提起に対応してされる裁判であり，**公判の裁判**と呼びます。

2　裁判の成立過程

　評議（合議）　　単独裁判官による裁判の場合には，裁判の内容はその裁判官の内面のみにおいて形成されるわけですが，合議体の場合（180頁，◎185頁）には，たとえば，地方裁判所（裁判員裁判を除く）および高等裁判所ですと，3人の裁判官による協議が必要となります。これを評議といいます。実務では合議と呼ばれています。

　合議は，訴訟手続の進行にあわせて随時必要な点について行うこともありますし，とくに，時間を設定して行う場合もあり，そ

の態様は様々ですが，事実認定の困難な事案や法令の解釈・適用
が争点となっているような事案では，合議のために長時間を費や
すことが少なくありません。

裁 75　　　合議を開き，問題点を整理するのは裁判長です。裁判官は，合
裁 76　　議において，その意見を述べなければなりません。合議は非公開
です。

裁 77 Ⅰ　　**評決**　　合議を重ね，議論を尽くしても裁判官の意見が一致し
ないときは，多数決（単純多数決）により評決を行います。

裁 77 Ⅱ②　　裁判所法は，合議体としての意見を形成するについて，「過半
数になるまで被告人に最も不利な意見の数を順次利益な意見の数
に加え，その中で最も利益な意見」によるものと定めています。
これによれば，裁判官Ａが拘禁刑 5 年，Ｂが拘禁刑 3 年，Ｃが
拘禁刑 2 年と意見が分かれた場合には，Ａの意見をＢに加え，
過半数となったＢの意見に従い，拘禁刑 3 年を合議体の意見と
することになります。

　　しかし，意見の対立が量的にではなく質的に異なる場合（たと
えばＡは正当防衛により無罪，Ｂは心神喪失により無罪，Ｃは有罪）には，
合議体の意見の形成がきわめて困難となることも考えられ，この
ような場合，有罪・無罪の結論について評決すべきであるとする
説（結論説）と，各理由ごとに評決すべきとする説（理由説）の対
立があり，そのいずれに従うかによって結論が異なる（上記の例
の場合，理由説によると有罪とされる可能性がある）ことにもなります。
もっとも，これは多分に理論的なレベルの問題で，実際の裁判で
は，十分な議論が尽くされる結果，全員一致の結論が得られるの
がほとんどであり，多数決による評決にまで至ることはむしろ稀
なようです。

裁 75　　　**秘密**　　裁判官は，合議の経過や意見の内容・多少の数等合議
の内容について秘密を守るよう要求されています。最高裁判所の
裁 11　　各裁判官が裁判書にその意見を表示しなければならないとされて

いるのは，その例外となるわけです。

3　裁判員裁判の評議・評決

裁判員66 I　　**評議**　　裁判員の関与する判断のための評議は，裁判官と裁判
裁 75 II　　員が行いますが，裁判長が主宰します。裁判長は，必要と認める
裁判員66 III　　ときは，評議において，裁判員に対し，職業裁判官の合議による
法令の解釈に係る判断および訴訟手続に関する判断を示さなけれ
ばなりません。

裁判員66 V　　また，裁判長は，評議において，裁判員に対して必要な法令に
関する説明を丁寧に行うとともに，評議を裁判員に分かりやすい
ものとなるように整理し，裁判員が発言する機会を十分に設ける
など，裁判員がその職責を十分に果たすことができるように配慮
しなければなりません。

裁判員67 I　　**評決**　　裁判員の関与する判断の評決は，裁判官および裁判員
裁 77　　の双方の意見を含む合議体の員数の過半数の意見によります。裁
判所法 77 条が原則としている単純多数決を基本としつつ，裁判
官と裁判員が責任を分担しつつ協働して裁判内容を決定するとい
う裁判員制度の趣旨を考慮するとともに，法による公平な裁判を
憲37 I　　受ける権利を保障している憲法の趣旨にもかんがみ，裁判官また
は裁判員のみによる多数では判断をすることができないことにし
たのです。

裁判員2 II　　もっとも，合議体の構成は，「裁判官 3 人および裁判員 6 人」
（または「裁判官 1 人および裁判員 4 人」）ですから，裁判員が加わら
ないと過半数を形成することはありません。したがって，「裁判
官及び裁判員の双方の意見を含む」との付加的な要件が実際に意
味をもつのは，過半数の意見に最低 1 人の職業裁判官が加わって
いることを要するという点です。

　つまり，裁判員の関与する判断についての評決の結果，過半数

の意見が，裁判員のみの賛成する意見であった場合には，評決の要件を満たさないことになります。その場合には，検察官が立証責任を負う事実の存在（不存在）が認定できないことになります。

裁判員66Ⅱ・66Ⅳ・63Ⅰ　**裁判員の義務**　裁判員には，評議に出席し意見を述べる義務，職業裁判官の合議による法令の解釈に係る判断，訴訟手続に関する判断に従って職務を行う義務，判決等の宣告期日への出頭義務があります。

裁判員9Ⅱ・70Ⅰ　また，裁判員および補充裁判員ならびにこれらの職にあった者は，評議の経過ならびにそれぞれの裁判官および裁判員の意見ならびにその多少の数（評議の秘密），その他の職務上知り得た秘密

裁判員68Ⅲ　を漏らしてはならない**守秘義務**を負います。評議には，裁判官および裁判員が行う評議と職業裁判官のみが行う合議で裁判員の傍聴が許されたもの双方を含みます。

4　裁判の外部的成立・内部的成立

342　裁判は，これを受ける者に対して告知されたとき，判決の場合であれば公判廷における宣告のときに成立します。これを**外部的成立**といいます。告知されるまでは，裁判所は，裁判の内容を自由に変更できますが，すでに裁判の内容が確定し，告知の手続だけが残される状態に達したときは，裁判の**内部的成立**があったも

315但　のとされます。これ以降は，裁判官が交替しても，公判手続の更新を要しないことになります（235頁参照）。

　なお，合議体の場合，判決のもとになるものは，合議にもとづいてその事件の主任裁判官（両陪席裁判官のうちの1人が主任裁判官となるのが通例です）が作成（起案）し，他の2名の裁判官の回覧・検討を経て完成に至ります。その間に裁判内容の細部についての合議も随時行われ，それに必要な修正が加えられます。

5　裁 判 書

規53　　　　**判決書**　　裁判するについては，裁判書（実務では，音読した際に「裁判所」とまぎらわしいため「さいばんがき」と読みます）を作らなければなりません。したがって，草稿にもとづいて判決が宣告された場合も（221頁参照），必ず判決書が作成されます（【書式42】418頁）。

規56
規58 I
規55
裁判員63 I
・48①

判決書には，被告人の氏名・年齢・職業・住居，出席検察官の官氏名が記載されるほか，公文書作成の例に従い，作成年月日，作成者の所属官公署も表示され，判決をした裁判官が署名押印します。なお，裁判員裁判の場合，裁判員は判決宣告期日に出頭して宣告に立ち会いますが，そこで裁判員としての任務は終了しますので，後に作成される判決書には裁判官のみが署名押印することになります。

判決書は，判決そのものではなく，判決の内容を証明するための文書ですから，裁判官が宣告の際に判決書（草稿）の主文を読み誤った場合（実務でも時々生ずることです）には，口頭で告知されたものが判決の内容となります（判決の宣告については，221頁参照）。

46　　　　訴訟関係人は，裁判書（または裁判を記載した調書）の謄本または抄本の交付を請求することができます。訴訟関係人の請求が必要とされる点で，判決書の正本が当事者に送達される民事訴訟の

民訴255

場合とは異なります。

規53但
　　　　調書判決　　決定・命令の宣告については，裁判書（決定書・命令書）を作成せず，これを調書に記載させることもできます。

規219 I
46

判決についても，宣告後，上訴の申立てがなく判決が確定した場合で，判決書謄本の請求もないときは，宣告期日の公判調書の末尾に，判決主文，罪となるべき事実の要旨，適用した罰条を記載して判決書に代えることができることになっています。これは

手続の簡素化を認めたもので，調書判決といい，単独事件につい
てはかなりの割合で用いられています。

II　実体裁判

1　有罪判決

実情　被告事件について犯罪の証明があったときは，有罪判決が言い渡されます。有罪判決には，刑の免除の判決も含まれます。

333 I
334

　有罪率のきわめて高いことは，わが国刑事司法の大きな特徴です。最近の統計によると，第１審における有罪率は，有罪・無罪の人員を対比する算定方法によると，約99.9％に達しており，略式手続等を除いた通常第１審手続に限っても約99.8〜99.9％の高い率を示しています。

　もっとも，科刑上一罪の一部について無罪とする場合（たとえば住居侵入・窃盗の起訴に対して住居侵入についてのみ有罪を認定する場合。227頁参照）や，いわゆる**認定落ち**の場合（たとえば殺人未遂の起訴に対して傷害の限度で有罪を認定する場合。これは質的な一部無罪とい

裁判の結果

① **通常第１審の終局区分（地裁・簡裁総数）**　　　　　　　　（2021年）

区分 終局総人員	有罪							無罪	公訴棄却	その他
	総数	死刑	懲役	禁錮	罰金	拘留	科料	刑の免除			
50,026 (%)	48,175 (96.3)	3 (0.0)	43,297 (86.5)	2,621 (5.2)	2,247 (4.5)	5 (0.0)	2 (0.0)	—	91 (0.2)	207 (0.4)	1,553 (3.1)

② **通常第１審の無罪人員・無罪率**

区分 裁判所	判決人員（有罪人員＋無罪人員）	全部無罪人員	一部無罪人員	全部無罪率（％）
地　　裁	45,226	88	67	0.19
簡　　裁	3,040	3	—	0.10

（最高裁判所事務総局刑事局「令和３年における刑事事件の概況（上）」法曹時報75巻2号による）

えます）には，その点の判断は理由中で示されるにとどまり，主文に無罪の判断は現れませんから（227頁参照），このような場合を除くとすれば，有罪率（検察官の主張が全面的に認容されたという意味で**完全有罪率**と呼ぶことができます）は，もう少し低くなるはずです。

　　主文　　判決は，主文と理由とによって構成されます。実際の判決書には，それ以外に，事件番号や被告人の表示，前文・後文なども記載されますが，これらの点については，判決書の書式例を参照してください（**【書式42】**418頁）。

　　主文は，裁判の対象とされた事項についての最終的な結論を示すものです。主文の中心は，主刑の表示であり，刑の種類とその分量（刑期・罰金額）とが示されることになっています。書式例のような「被告人を懲役5年に処する。」とか，「被告人を罰金3万円に処する。」といった形です。

　　これまで懲役，禁錮（刑法改正〔2022（令和4）年法67号〕後は拘禁刑）の刑期は，「2年6月」，「4月」というように表示するのが固定した実務慣行でしたが，判決書の平易化の動き（⊃314頁）とともにこのような書き方は少しずつ減り，現在では「2年6か月」（「2年半」とは記しません），「4か月」と表示する例もみられます。

333Ⅱ
刑25
　　刑の執行猶予　　刑の執行を猶予する場合も，刑の言渡しと同時に，判決でその言渡しをしなければなりません。したがって，その旨が主文に記載されます。たとえば「この裁判が確定した日から3年間その刑の執行を猶予する。」と記載します。

　　最近の統計によると，法律上執行猶予の可能な者について，懲役刑の約64%，禁錮刑の約98%が刑の執行を猶予されており，かなり高い比率を示しています（地裁）。

刑27の2〜
27の7
　　なお，2016（平成28）年6月から刑の一部執行猶予制度がスタートし，各地の地方裁判所で，一部執行猶予付き判決が言い渡され始めました（たとえば「被告人を懲役2年に処する。その刑の一部である懲役6か月の執行を2年間猶予し，その猶予の期間中被告人を保護観

察に付する。」という判決言渡しを可能にする制度です）。2021（令和3）年では，懲役刑の約2.6%が刑の一部の執行を猶予されています（禁錮刑の該当者はいません）。

　書式例には未決勾留日数の算入（368頁）も主文に記載されていますが，このように有罪判決の主文には，主刑等のほか，労役場留置，保護観察，没収，追徴，被害者還付，仮納付，訴訟費用の負担などの処分も記載します（【書式42】418頁，【書式9】357頁）。

44 I
335 I
335 II
　理由　　裁判には理由が付されます。とくに，有罪判決については，罪となるべき事実，証拠の標目および法令の適用を示すことが要求されています。また，法律上犯罪の成立を妨げる理由または刑の加重減免の理由となる事実が主張されたときは，これに対する判断も示さなければなりません。正当防衛，心神喪失・心神耗弱，中止未遂の主張などがこれに当たります。

　このように，理由の説明が必要とされるのは，結論（主文）に至るまでの裁判官の判断の過程が判決のうえで明らかにされることにより，裁判の正当性が基礎づけられ，また，訴訟関係人にとっては，示された判断過程の合理性を検討することによって，さらに上級審の判断を求めるかどうかの資料ともなるからです。

　罪となるべき事実　　罪となるべき事実とは，犯罪を構成すべき積極的要件に当たる事実をいい，具体的には，㈠特定の構成要件および処罰条件に当たる事実，㈣故意・過失に関する事実，㈥未遂に当たる事実，㈢共犯に当たる事実がこれに相当するものと考えられています。近年では，「罪となる事実」，「犯罪事実」と記すこともあります。

　罪となるべき事実は，被告人の刑事責任の法律的・事実的理由ですから，その事件に適用される刑罰法規の構成要件に該当する事実の該当性を判定するに足りる程度に具体的に示される必要があるうえ，日時・場所・方法などの六何の原則（127頁参照）を中心に，他の同種の犯罪事実と区別できる程度に具体的に特定され

ていなければなりません。それは，起訴状において主張された訴
因との関係や後に述べる判決の確定により生ずる一事不再理の効
力の及ぶ範囲を明らかにしておくためにも必要だからです（313
頁参照）。したがって，犯罪の日時・場所，犯行の手段・方法・
結果，過失の態様などについては，これをできるだけ具体的に記
載すべきことになります。しかし，犯罪の性質や証拠の内容など
の関係で，ある程度の幅のある認定（いわゆる概括的認定）もやむ
を得ないことがあります。覚醒剤使用の罪などにその例をみます
（128頁参照）。

　犯罪の動機は，殺人や放火などのいわゆる動機犯と呼ばれてい
る犯罪類型については，それが事件の全体を物語り，量刑にも大
きな影響を与えますので，詳しく記載される場合があります。と
くに，殺人などの場合には，「犯行に至る経緯」などの見出しの
下に，犯罪の背景となった事情が記載されることもあります。

　近年では，「罪となるべき事実」の表現方法はずいぶん工夫が
加えられ，分かりやすくなってきました。

規218　　なお，罪となるべき事実を摘示するに当たっては，起訴状に記載
された公訴事実等を引用することも許されることになっています。

　証拠の標目　　ここに「証拠」とは，罪となるべき事実を認定
する基礎となった証拠をいい，「標目」とは，その証拠の同一性
を示すに足りる表題・種目をいいます。有罪判決に証拠を示すこ
とが必要とされる趣旨は，これによって裁判官の事実認定の合理
性を担保し，その批判を可能にしようというところにあります。

　ただし，現行法は，書式例にあるとおり，証拠の標目を列挙す
旧360Ⅰ　れば足り，旧法のように証拠の採否に関する判断や証拠から判示
の事実を認定するに至った心証形成の過程などについての説明
（いわゆる**証拠説明**）は要求されていません（【書式42】418頁）。

　すると，現行法のもとでは，先に挙げた趣旨が十分に達成され
ない事態が生じるおそれもあります。そこで，被告人側が起訴事

実を強く争っている場合（たとえばアリバイを主張しているようなとき）や間接証拠による犯罪事実の認定について推論過程が複雑である場合などでは，実務においても，それが重要な争点である限り，証拠の標目を列挙した後，書式例のように「争点についての判断」，あるいは「事実認定の補足説明」の項目を設けて，犯罪事実を認定するに至った経過や証拠の信用性についての判断を示すのが通例となっています【**書式 42**】418 頁参照）。

　　法令の適用　　罪となるべき事実として記載された被告人の行為が，どの法条に当たるか，どのようにして処断刑が形成されたかを示すのが，法令の適用です。未決勾留日数の算入や刑の執行猶予などの付随処分があった場合にも，その適用が示されることになっています。近年では，法令の適用に関する文書形式も，処理内容を箇条書きにして条文を列記することが多くなってきました。

335 Ⅱ　　**訴訟関係人の主張に対する判断**　　「法律上犯罪の成立を妨げる理由又は刑の加重減免の理由となる事実」が主張された場合には，それに対する判断を示さなければなりません（310 頁参照）。実務上，弁護人からの主張がほとんどですから，その表題も「弁護人の主張に対する判断」とされるのが通例です。

　　量刑の理由　　刑の量定，すなわち量刑の理由を判決書に記載することは法律上は要求されていませんが，実務上は記載する例が増してきています。とくに，重い刑罰を科する場合とか，反対に殺人等の重大事件につき刑の執行を猶予する場合などは，量刑の理由を判示するのが大部分です。近年では，量刑上重視した要因を順序だてて記すことにより，「とくに考慮した事情」は何かを被告人に対し明らかにするよう努められています。

　判決書に記載がない場合でも，法廷での宣告の際に，通常，口頭で量刑の理由は述べられますので，量刑についての判断過程およびとくに考慮した事情が被告人等にまったく示されないということではありません。

2 無罪判決

336 **どういう場合か** 無罪判決は，起訴事実が罪とならないとき，または犯罪の証明がないときに言い渡されます。

「証明がない」というのは，有罪判決のいわば裏返しであり，有罪の証明が十分でない場合（利益原則。◐267 頁）と積極的に無罪が明らかとなった場合（アリバイが成立したり，真犯人が出現したようなとき）の両方が含まれます。いずれも無罪であることに変わりはありません。

「罪とならない」というのは，起訴事実が犯罪を構成しない場合（適用罰条が憲法に違反し無効であるときなど）と，正当防衛や心神喪失などの犯罪の成立を妨げる事実がある場合をいうとされています。

主文・理由 主文は「被告人は無罪。」とするのが通例です。
44 Ⅰ 有罪判決の場合とは異なり，理由に関してはその記載事項につき何らの定めもありません。要するに，無罪の根拠が示されていれば足りるわけですが，実務上は，最初に起訴事実を挙げ，その後，争点ごとに順次判断を示す例がほとんどです。

3 実体裁判の確定とその効力

373・358 **確定** 判決の宣告後，14 日以内に控訴の申立てがなければ，判決は確定します。有罪・無罪の実体裁判と後に述べる免訴の判決（316 頁参照）は，確定することにより，同一の事件について再度の公訴提起を許さない効力が生じます。これが**一事不再理の効**
憲 39 **力**です。すでに無罪とされた行為，また同一の犯罪については，重ねて刑事上の責任を問われないとする憲法上の**二重の危険の禁止**にもとづくものと考えるのが一般的です。その範囲は，訴因だ

けではなく公訴事実を同一にする範囲の事実に及びます。それは，検察官がこの範囲の事実について，訴因を変更するなどして，1回の訴追活動で審判を求めることができたはずだからです（225頁以下参照）。仮に確定判決と同一の事実について再度公訴が提起されれば，それに対しては免訴判決が言い渡されます。また，有罪判決については，確定により，その裁判を執行することができるようになります。

337①
471

◯判決書の平易化の動き（309 頁）

　これまで，判決書は「悪文の代表」とやゆされたり，ひとつの文が長く難解であると批判されることがしばしばありました。しかし，これではいけないと，裁判所内部でも，被告人，一般国民に分かりやすく時代の要請に応える判決書をとの気運が盛り上がり，できるだけ分かりやすいものに改めようという動きが活発になってきました。

　一文で記載していた「罪となるべき事実」を複数の短文に区切ったり，恐喝罪の「喝取した」を「脅し取った」と言い換えたりするなどの工夫が試みられています。本文にある「2年6か月」も同様の試みです。これは，刑法の平易化の動き（平易化された改正刑法は 1995〔平成 7〕年 6 月 1 日から施行）と基本的に同じ考えにもとづくものということができます（4 頁参照）。

　裁判員裁判の判決書についても，分かりやすさという観点から多様な工夫が施されているところです。たとえば，裁判員裁判事件の判決書の中には，量刑の理由について，単に被告人に有利な事情と不利な事情を列記し総合考慮のうえ具体的な刑期を述べるという形式ではなく，それらをどのように考慮するのかを十分に評議したうえで，その検討の論理的筋道をできるだけ明らかにするような記載の仕方をするものが多くなってきています（**【書式 42】** 418 頁以下参照）。

　このように，どのような論理的筋道を経て量刑の結論に至るべきかが明確に議論されるようになり，また，その前提として，そもそもどのような事情が量刑上重視されるべきかについても活発に検討されるようになっており，裁判員裁判以外の裁判でも，このような議論や検討を踏まえた判決書が見られるようになりました。

Ⅲ　形式裁判

　　前にも述べたとおり，有罪または無罪の実体判断を行うことなく手続を打ち切る裁判を形式裁判と呼び，これには管轄違い，公訴棄却，免訴の３種類があります（302頁参照）。

329〜331　　**管轄違い**　　管轄違いの判決は，公訴の提起を受けた裁判所が，その事件は自己の管轄に属しないと認めたときに言い渡されます。

民訴16　民事訴訟では管轄違いによる移送を認めていますが，刑事訴訟では原則として認められていません。

338　　**公訴棄却**　　次の場合には，判決で公訴が棄却されます。

　　①被告人に対する裁判権が欠けるとき。

340　　②公訴の取消し後，新たに重要な証拠が発見されないまま同一事件を起訴したとき（139頁，361頁）。

　　③同一裁判所に対して二重に事件を起訴したとき。

　　④公訴提起の手続が無効であるとき。

339　　　決定で公訴を棄却するのは，次の場合です。

271Ⅱ　⑤起訴状の謄本が起訴後２か月以内に被告人に送達されないとき。

　　⑥起訴状に記載された事実が事実であっても，そこには何らの罪となるべき事実が含まれていないとき（たとえば，戦後廃止された姦通罪，不敬罪に当たる事実が起訴されたとき）。

257　　⑦公訴が取り消されたとき（公訴は，第１審判決があるまで取り消すことができます。139頁参照）。

　　⑧被告人が死亡し，または被告人としての法人が存続しなくなったとき。

10・11　⑨同一事件が異なった裁判所に重複して起訴されたとき。

　　決定による公訴棄却は，口頭弁論による審理を経るまでもなく，その事由の存在が明らかなときを予定していますが，①〜④と⑤

～⑨の区別に実質的理由があるかは議論のあるところです。

338④　　なお，④は，親告罪であるのに告訴が欠けていたとか（13 頁参照），訴因が不特定で起訴状に方式違反があったとか（129 頁参照）がその典型ですが，そのほか，少年の事件につき家庭裁判所から刑事処分相当として送致されていないのに起訴した場合（362 頁参照）や交通反則者に対する通告が欠けていたり，反則金がすでに納付済みである場合も含みます。また，現在では公訴権濫用（112 頁参照）の場合もこれに当たるとの解釈が一般化し，④は，公訴棄却による手続打切りを導くための包括的な規定として，解釈上の根拠とされることがあります。

337　　**免訴**　　次の場合には，免訴の判決を言い渡さなければなりません。

　①すでに確定判決を経ているとき。

　②犯罪が終わった後，適用されるはずの罰条が法令の改正により廃止されたとき。

　③大赦があったとき。

　④公訴時効が完成したとき（135 頁参照）。

公訴棄却の事由と免訴の事由とはどういう基準で区別されているのか，免訴事由がある場合において被告人側が無罪判決を求めたときはどうすべきか等，いくつかの論点をかかえています。

　　形式裁判の効力　　管轄違いの裁判と公訴棄却の裁判は，いずれも手続上の不備を理由とするものですから，確定しても実体裁判のような一事不再理の効力（313 頁参照）は生じません。通常は手続の不備を補って，同一事件について再び公訴を提起することができます。

　免訴は形式裁判ですが，その事由がいずれも当該事件について訴訟の続行を妨げるものですので，一般に一事不再理の効力があると考えられています。

CHAPTER **6**

上　　訴

Ⅰ　控　訴

控訴とは　　これまで述べてきた手続を経て第1審判決が言い渡されます。この判決に不服があれば，被告人および検察官は，高等裁判所に対して，その取消し・変更を求めることができます。これが**控訴の申立て**です。

裁16①
372
裁24③

　　第1審判決は，地方裁判所だけでなく，簡易裁判所によるものも同じです。なお，民事では，第1審が簡易裁判所である場合には，控訴審は地方裁判所が管轄する点で刑事手続と異なっています。

　　第1審判決であっても，これを変更することは法的安定性を害することになりますが，他方，訴訟手続，事実認定，法令の適用，量刑，いずれの点でも誤りは避けられませんので，その是正のため設けられた制度です。一般に，裁判の確定前にその是正を求めて上級裁判所に不服を申し立てることを**上訴**といいます。控訴も後に述べます上告（335頁）や抗告（340頁）とともに上訴の一種です。

429
385Ⅱ・428
Ⅱ
415Ⅰ

　　類似の制度として再審および非常上告がありますが，これらは判決が確定した後に，例外的に認められるもので，上訴ではありません（347頁参照）。また，上訴は，上級裁判所への不服申立制度ですから，同一審級の裁判所への不服申立てである準抗告（342頁），異議申立て（高等裁判所）（344頁），訂正判決の申立て（最高裁判所）（339頁）とも異なることになります。

　　近年，地方裁判所の第1審判決のうち11〜12%，簡易裁判所の第1審判決のうち5〜6%に対し控訴が申し立てられています。

　　なお，すでに述べたように，裁判員裁判の第1審判決に対する控訴審の審査については特則を一切設けていません（252頁参照）。これまで同様，裁判官のみによる裁判体が第1審判決の当否を審

査し，破棄すべきか否かを審査することになります。

1 控訴手続

　　控訴申立権者　　控訴を申し立てることができるのは，第1審
判決を言い渡した手続の当事者である検察官および被告人ですが，
被告人に関しては，被告人の法定代理人，保佐人および原審（第
1審）における弁護人または代理人（たとえば法人が被告人の場合）
も被告人のために控訴の申立てができるとされています。ただし，
被告人の明示した意思に反した申立ては許されません。

　　なお，判例は，原判決言渡し後，控訴申立て前に選任された弁
護人は，第1審における弁護人には当たらないものの，被告人を
代理して控訴を申し立てることができるとし（最大判昭和24・1・
12刑集3巻1号20頁），さらに，これを被告人以外の選任権者が選
任した弁護人にも広げました（最大決昭和63・2・17刑集42巻2号
299頁）。2021（令和3）年中の控訴事件のうち，98.7％が被告人
側からのもので，1.0％が検察官，0.2％が双方控訴というのが
実情です。

　　控訴申立期間　　控訴はいつでもできるのではなく，期間の制
限があります。第1審の判決の宣告のあった日から14日（ただし，
初日は算入されないので，判決宣告当日を含めると15日）以内に，高等
裁判所宛ての控訴申立書を第1審裁判所に提出しなければならな
いことになっています。

　　控訴申立期間には延長が認められていませんので，被告人が思
わぬ不利益を受けぬように，身柄を拘束されている被告人につい
ては上記の期間内に刑事施設の長に控訴申立書を提出すれば，第
1審裁判所に到着するのが遅れても期間内に控訴したものとみな
されます。また，被告人の責めに帰すことのできない事由（たと
えば大災害による郵便の遅れ）により，期間を守ることができなか

（左欄外）
351 I
353
355
356

373
358
55 I
374

366 I

362〜

った場合に備えて上訴権回復の請求制度が設けられています。

不利益変更の禁止等　裁判に誤りがないとはいえない以上，第1審判決に不服のある当事者，ことに被告人の控訴申立権を過度に抑制するような結果となる制度は極力避けるべきでしょう。

そのため法は，被告人側が控訴した場合には，第1審判決より実質的に被告人に不利益な量刑がなされることのないよう定めて，被告人が不利益な結果をおそれて控訴を差し控えることのないようにしています。これが**不利益変更禁止の原則**です。したがって被告人の控訴によって，実質的に刑が重くなるという結果は起こりません（もっとも，この原則に違反するか否かが微妙なケースもあります。懲役1年の実刑に処した第1審判決を破棄して懲役1年6月，3年間の保護観察付き刑の執行猶予を言い渡した第2審判決は実質上被告人に不利益であるとはいえないとされます〔最決昭和55・12・4刑集34巻7号499頁〕。なお，被告人だけでなく，検察官も控訴した場合には上記の原則の適用がありませんので，第1審判決より刑が重くなる可能性はあります）。

また，勾留中の被告人が控訴を申し立てた場合には，控訴の提起期間ぎりぎりまで控訴申立てを迷ったとしても，第1審判決宣告の当日から控訴申立ての日の前日までの未決勾留日数は全部刑に法定通算されますし，検察官が控訴したか，または被告人が控訴して第1審判決が破棄された場合には，さらに，控訴申立ての日以降控訴審判決の宣告の日の前日までのすべての未決勾留日数が法定通算されることとなっており，法は，控訴したことによる事実上の不利益を最小限度にとどめようとしています（368頁参照）。

控訴の利益　控訴の制度は，当事者ことに被告人の具体的救済を主眼とするものですから，被告人にとって実益のない控訴は許されません。明文の規定はありませんが，無罪の判決に対しては，控訴の利益がないので被告人から控訴を申し立てることはできないというのが判例・通説の考え方です。また，免訴や公訴棄

却の形式裁判があった場合も被告人からの控訴は許されないというのが判例です（最決昭和53・10・31刑集32巻7号1793頁）。

検察4　これに対し，検察官は「法の正当な適用」の請求者ですから，被告人の利益のためにも控訴することができ，その意味では控訴の利益の存在は要求されていません（もっとも，実際上被告人の利益になる方向で控訴する例はほとんどありません）。

357　　**控訴の範囲および効果**　　主文で2個以上の刑の言渡しがあった場合等，裁判が可分である場合には，その一部に対して控訴す

刑256Ⅱ　ることができます（ただし，当然ながら盗品等の有償譲受罪のように，1個の罪について拘禁刑と罰金刑が言い渡された場合は可分ではありません）。しかし，もし控訴申立権者が部分を限らず控訴を申し立てた場合には，判決の全部について控訴したものとみなされます。罪となるべき事実が複数の場合でも，併合罪として主文で1個の刑が言い渡された場合には，不可分となって，一部上訴は許されません。

包括一罪，科刑上一罪は一罪ですから，むろん不可分であり，仮に一部について控訴しても，全部について控訴したものとみなされます。ただし，判例は，科刑上一罪の一部を無罪とし，他を有罪とする第1審判決があり，これに対して被告人のみが控訴を申し立てた場合には，一罪についての一部上訴ですから観念上は事件全部が控訴審に係属しますが，無罪部分に不服のなかった当事者の意思を尊重し，控訴審においては無罪部分に職権調査を及ぼして無罪部分を変更することは許されないとしました（最大決昭和46・3・24刑集25巻2号293頁，新島ミサイル事件）。実質上，科刑上一罪について一部控訴を認めたわけです。被告人に不利益な方向での職権調査に限界を設けたところから，これは判例法理として**攻防対象論**と名付けられました。その後，判例は，本位的訴因とされた賭博開張図利の共同正犯は認定できないが，予備的訴因とされた賭博開張図利の幇助犯は認定できるとした第1審判決

に対し，被告人のみが控訴を申し立て検察官が控訴の申立てをしなかった場合に，控訴審が職権により本位的訴因について調査を加えて有罪の自判をすることは，職権発動として許される限度を超え違法であるとしました（最決平成 25・3・5 刑集 67 巻 3 号 267 頁）。単純一罪の訴因に関しても攻防対象論の適用の余地を認めたことになります。

期間内に適法に控訴が申し立てられますと，その効果として判決の確定が阻止され，事件が控訴審に係属するとともに判決内容について執行停止の効果が認められます。同じ上訴であっても通常抗告のように執行停止の効果が発生しないものとはこの点で異なります（341 頁参照）。

424

控訴の放棄および取下げ　第 1 審判決に不服がない当事者は控訴期間の経過を待つことなく，早く裁判を確定させるために控訴期間内に控訴権を放棄することができます。被告人および検察官の双方が控訴権を放棄した時点で直ちに第 1 審判決は確定することになります。ただし，控訴権が誤って軽率に放棄されることのないよう，放棄は必ず書面によらなければならず，被告人のための控訴権者は被告人から書面による同意を得なければ控訴権の放棄はできません。また，死刑，無期刑という重い刑の判決については控訴権の放棄が一切許されません。

359

360 の 3
360
360 の 2

いったん，控訴を申し立てたものの，何らかの事情で第 1 審判決に服することを決めた当事者は，いつでも控訴を取り下げることができます。取下げは書面のみならず，控訴審の公判廷において口頭で行うこともできます。控訴申立期間経過後に取り下げられ，かつ他方の当事者が控訴していなければ，第 1 審判決は直ちに確定することになります。

359

規 224

控訴の放棄，取下げをした者は，その事件について再び上訴することはできません。

361

無罪判決後の勾留　犯罪の証明がないとして第 1 審で無罪判

60 I

決が言い渡された場合であっても，判例は，勾留の時期には特段
の制約がないから，控訴裁判所は，記録等の調査により，無罪判

60 I　決の理由の検討を経たうえでもなお罪を犯したことを疑うに足り
る相当の理由があると認めるときは，勾留の理由があり，かつ，
控訴審における適正，迅速な審理のためにも必要があると認める
限り，その審理の段階を問わず，被告人を勾留することができ，
新たな証拠の取調べを待たなければならないものではないと判示
しています（最決平成 12・6・27 刑集 54 巻 5 号 461 頁）。また，その

60 I　場合における刑訴法 60 条 1 項にいう「被告人が罪を犯したこと
を疑うに足りる相当な理由」の有無の判断は，無罪判決の存在を
十分に踏まえて慎重になされなければならず，嫌疑の程度として
は，第 1 審段階におけるものよりも強いものが要求されると解す
るのが相当である，としています（最決平成 19・12・13 刑集 61 巻 9
号 843 頁）。

2　控訴審の構造

旧396・401 I　　**事後審制**　　旧刑訴法は，控訴の申立てがあった場合には，事
件の審理を全面的にやり直す**覆審制度**を採用していました。他方，
民訴296 II・　民訴法は，控訴の申立てによって事件を第 1 審口頭弁論終結直前
298 I・297　の状態に戻し，それに控訴審で提出された証拠を加えて，原判決
の当否を判断する**続審制度**を採用しています。

現行刑訴法はこれらと異なり，原則として，第 1 審判決当時の
証拠のみにもとづいて原判決の当否を判断する**事後審（事後審査
審）制度**をとっています。したがって，控訴審においては，第 1
審で提出しなかった証拠を提出して，第 1 審判決に不服を述べる
ことは，原則としてできない建前になります。これによって第 1
審の訴訟手続と判決を重視し，第 1 審の強化充実を期するととも
に，濫上訴を抑制しようとしたのです。

　　事後審制度を採った結果，控訴審は，原判決の瑕疵の有無を判断する職責をもつことになりますが，瑕疵の具体的指摘は当事者が行います。すなわち，控訴を申し立てた当事者は，高等裁判所の定めた期間内に（実務では，控訴趣意書差出期間の通知が到着した後，およそ 30 日ないし 40 日），原判決の瑕疵を具体的に指摘し，かつその理由を原判決当時の証拠にもとづき**控訴趣意書**に簡潔に記載し，控訴申立書と別個に高等裁判所に提出することが義務づけられています。期間内に控訴趣意書が提出されなければ，決定によって控訴が棄却されます。なお，控訴の相手方は，控訴趣意書に対する意見を記載した**答弁書**を提出することができますが，原則として義務的ではなく，その内容が裁判所の判断の参考とされるのみです。

376
規 236
規 240
386 Ⅰ ①
規 236
規 243

　　控訴審の実際　　このように控訴審においては，争点の設定は当事者の義務であり，これに応じて，控訴裁判所は，控訴趣意書に挙げられた事項について調査し判断を示す義務を負います。控訴趣意書に記載されていない事項については，必要と認めたときにのみ，職権で調査し，判断すればよいのです。

392 Ⅰ

　　しかしながら，控訴審が純粋な事後審制を貫き，控訴審では新たな事実の主張やそのための新証拠の提出をまったく許さないとすることは，当事者に過酷な結果を招く場合も考えられます。そこで，例外として，事実誤認または量刑不当を主張する場合に限り，①やむを得ない事由によって第 1 審の弁論終結前に取調べを請求することができなかった証拠（たとえば第 1 審当時海外に滞在していた証人）によって証明することのできる事実や，②第 1 審の弁論終結後判決前に生じた事実を控訴趣意書に援用することが許されています。また，とくに量刑不当については，控訴審が必要と認めれば職権によって第 1 審判決後に発生した情状事実（たとえば第 1 審判決後の示談成立の事実）について自由に取り調べることができることとし，事後審制度の緩和を図っています（331 頁参

382 の 2

393 Ⅱ

照）。

　実際には，全控訴審事件の約 37% について，控訴審において新たな事実の取調べが行われています。これは実質上新たな証拠とはいえない被告人質問を比較的広範囲に許容していることや，原判決後の情状に関する証拠の取調べが積極的に行われることによるものです。

　もっとも，控訴審が記録と控訴趣意書を対比検討した結果，職権によってでも事実を取り調べる必要があると感じる場合には，**382の2 I** 前に述べた原審において取調べを請求することができなかった「やむを得ない事由」をある程度緩やかに解し，当事者の申請する書証や証人を採用して取り調べている実情があることも否定できません。

3　控訴理由

　控訴趣意書に記載することのできる原判決の瑕疵，すなわち控訴理由は，何でも主張できるわけではなく，原判決の瑕疵のうちとくに重要なものに限られ，法に列挙されています。

　主なものを大別すると，(1)第 1 審における訴訟手続の法令違反，(2)事実の誤認，(3)法令の解釈適用の誤り，(4)量刑の不当，の 4 種となります。このほか特殊な理由として再審請求事由の存在，判決後に刑の廃止や変更または大赦があったことが控訴理由として定められています。

　　絶対的控訴理由・相対的控訴理由　　　(1)の訴訟手続の法令違反**377** のうちとくに重大な事由，たとえば，
　　①法律に従って判決裁判所を構成しなかった
　　②判決に関与できない裁判官が判決に関与した
　　③審判の公開に関する規定に違反した
場合とか，

378　　　　④不法に管轄または管轄違いを認めた

　　　　　⑤不法に公訴を受理・棄却した

　　　　　⑥審判の請求を受けた事件について判決せず（審判遺脱），また
　　　　　　は審判の請求を受けない事件について判決した（不告不理の
　　　　　　原則違反）

　　　　　⑦判決理由に不備やくい違いがあった

　　　　場合は，それ自体重大な訴訟手続の違反ですから，その違法が判
　　　　決に影響を及ぼすか否かにかかわらず，このような違法が存在す
　　　　ることのみを控訴理由として主張することができます（**絶対的控
　　　　訴理由**）。

379　　　　その他の訴訟手続の法令違反（たとえば証拠能力のない証拠を採用
380
382　　　して取り調べたこと等），法令の解釈適用の誤り，事実誤認を控訴
　　　　理由として主張する場合には，いずれもその誤りが判決に影響を
　　　　及ぼすことが明らかでなければ，控訴理由とすることができませ

381　　　ん（**相対的控訴理由**）。量刑不当の主張にはこの要件がありません。

　　　　　最高裁は，上記の「事実誤認とは，第1審判決の事実認定が論
　　　　理則，経験則等に照らして不合理であることをいう」（したがって，
　　　控訴審が第1審判決に事実誤認があるというためには，第1審判決の事実
　　　認定が論理則，経験則等に照らして不合理であることを具体的に示すこと
　　　が必要である）と判示しています（最判平成24・2・13刑集66巻4号
　　　482頁。さらに，最決平成25・4・16刑集67巻4号549頁，最決平成25・
　　　10・21刑集67巻7号755頁）。

　　　　　なお，2004（平成16）年に新設された即決裁判手続においてさ

403の2Ⅰ　れた判決に対しては，罪となるべき事実の誤認を理由とする控訴
　　　　の申立てはできません（360頁参照）。

　　　　　実情　　ここ数年では，控訴申立人のうち約70%が量刑不当
　　　　を主張し，ついで事実誤認を主張するもの約30%，相対的控訴
　　　　理由としての訴訟手続の法令違反および法令適用の誤りを主張す
　　　　るものが約11%です（合計が100%を超えているのは，同時に2個以

上の控訴理由が主張される場合が少なくないからです）。ここからも分かりますように，控訴審では，審判対象の重点が量刑不当と事実誤認におかれているのが実情です。

　なお，実務上，**審理不尽**という語が用いられ，古い判例にはこれを明文の規定のない独立の控訴理由として取り扱っているものもみられます。しかし，実質上は第1審裁判所の求釈明義務違反，職権証拠調べ義務違反等の訴訟手続の法令違反に含めて理解できる事項であって，審理不尽という解釈上の控訴理由の概念を入れる必要はないとの考え方が一般的になっています。

4　控訴審における審理

　事前準備　　前に述べましたように，控訴審は事後審としての性格を有し，原則として，原判決当時の証拠によって原判決の当否を判断すべきであるとされていますので（324頁），控訴審においては，第1回公判前の事前準備がきわめて重要となります。控訴裁判所は，控訴理由とされている事項について調査し判断する義務があります。もっとも，この調査は原則として原判決当時の証拠によって行えば足ります。第1審のような予断防止の原則の適用はありません。控訴趣意書と原判決とを対比検討するだけでなく，あわせて原審の訴訟記録と証拠物のすべてをつぶさに検討し，控訴理由または職権調査を及ぼすべき事項の有無，その判断のため控訴審における事実の取調べが不可欠か否かの検討を第1回公判前に行うことが可能なのです。実務もそのように運用されており，第1回公判前の合議（**事前合議**）もほぼ例外なく行われているようです。

392 I

392 II
393

404　　**控訴審における公判手続**　　控訴審の審判においても，原則として第1審の公判手続の規定が準用されますが，第1審判決の瑕疵の有無を判断することが任務とされているために，次のような

特色があります。

　まず，当事者は，控訴理由を適切に指摘したり，相手方の主張に十分反論する必要がありますので，高度の法律知識を必要とします。そこで専門家である弁護士以外の弁護人（特別弁護人）の選任は許されないことになっています。また公判への被告人の出頭は，権利とされている（したがって，公判期日の召喚状は第1審と同様，必ず送達されていなければなりません）ものの義務ではなく，公判開廷の要件ともなっていません（とはいえ実際上，大部分の事件では出頭しています）。

　仮に出頭しても，被告人自身による弁論は認められておらず，被告人作成の控訴趣意書が提出されている場合にも，弁護人がその必要性を認めたときでなければ，被告人の控訴趣意書にもとづく弁論が弁護人によって行われることはありません。このため控訴審では，第1審で弁護人が選任されていない場合でも，職権で国選弁護人を選任するのが通常です。

　審理も，控訴裁判所が事前の検討によって直ちに原判決の当否につき判断できると考えている場合には，第1審とは異なってくることになります。すなわち，一方当事者による控訴趣意書の陳述（不明確な控訴趣意書については，いずれの控訴理由を主張するかについて裁判長からの求釈明があります）とそれに続く相手方の答弁の後，事実の取調べをまったくせずに結審し，次回公判期日に判決を宣告することになるのです。

　とはいえ，実際には被告人が出頭すれば，被告人質問を許したり，在廷している情状証人を取り調べることが多いことは前述したとおりです（326頁）。また，控訴裁判所が原判決の当否を判断するため事実の取調べの必要を感じているときには，当事者から申請のあった証拠のうち必要と認めるものを積極的に採用し，何回か公判期日を重ねて，それを取り調べることもあります。

　後者の例は件数的にはさほど多くありませんが，その中には真

相究明の困難な事案が少なくないのが実情です。控訴審が最も苦心し，力を入れているのは，この事実誤認の有無の判断であるといってよいでしょう。

　なお，控訴審において訴因の追加・変更が許されるかについては，原判決の当否のみを判断するという事後審の性格上争いがあります。控訴審において原判決を破棄して自判する場合に備え，被告人の実質的利益（反対尋問権や審級の利益など）を害することはないと考えられる場合には，検察官の訴因の追加・変更の請求を許可すべきであるというのが判例の立場です（最判昭和30・12・26刑集9巻14号3011頁）。

裁18　　　　　**構成・執務状況**　　控訴審の職責が第1審判決の審査ということにあるため，その職務を誤りなく遂行できるよう，高等裁判所の審理，判決はすべて合議体（3人）で行われます（◯185頁）。裁判長には，ふつう，経験年数30年前後，右陪席には20年前後，左陪席には10年以上の裁判官が充てられ，第1審における経験を踏まえて合議が進められるのが実情です。

　1つの裁判部（裁判官3〜5人で構成）が通常週2ないし3回公判廷の審理に臨み，他の日を記録検討，判決起案，合議にあて，月間20件程度の事件を処理しているのが高等裁判所（東京高裁など）の平均的執務状況です。

5　控訴審における裁判

385 I　　　　**控訴棄却**　　控訴裁判所は，控訴申立ての手続に違法がある場
386 I　合，たとえば控訴申立権者でない者の控訴申立て，控訴権消滅後の控訴申立て，控訴趣意書提出期間の徒過，控訴趣意書に理由が記載されていない場合等については，いずれもその事実が明らかであれば弁論を経ることなく，決定で控訴を棄却します（もっとも，実際にはこれらの例はごく限られています）。

396　　　　これに対し，適法な控訴の申立てがあった場合には，控訴理由の有無について判決で判断を示す義務がありますが，控訴理由に該当する事由がないと判断した場合には，当然ながら，その理由を明らかにした判決で控訴棄却を宣告します。

　　　　また，控訴理由に該当する事由が認められても，判決に影響を及ぼすことが明らかでない場合には控訴が棄却されます。前述のとおり（327頁参照），これを相対的控訴理由といいます。判決への影響とは，主文に影響する場合に限らず，理由中の判断を含めて犯罪の構成要件的評価に直接，間接に影響を及ぼす場合すべてを含みます。したがって，有罪・無罪に関係する場合や量刑に変更をきたす場合はむろんのこと，法定刑が同一で，量刑も同一刑を言い渡す場合でも，たとえば横領罪に当たる事実を背任罪と認定しているときは判決に影響があることとなりますし，逆に窃盗罪における被害金額，数量のわずかな誤認などは判決に影響を及ぼすことが明らかではないとされます。

397 Ⅰ　　　**破棄**　　控訴理由に該当する事由が認められた（相対的控訴理由については，判決への影響が認められた）場合には，その理由がそのまま原判決の破棄理由となり，控訴裁判所は，判決で原判決を破

403の2Ⅱ　棄することとなります。なお，原裁判所が即決裁判手続によって判決をした事件については，罪となるべき事実の誤認を理由として原判決を破棄することはできません（327頁，360頁参照）。

397Ⅱ　　　　原判決破棄の裁判は，このほか，原判決後の情状について控訴

393Ⅱ　審が職権で調査した結果，原判決を破棄しなければ明らかに正義に反すると認めるとき（たとえば原判決後の示談成立の事実の立証があったとき）にも行われます（325頁参照）。しかし，これは原判決自体には瑕疵が認められない場合であって，先ほどのものと性質をまったく異にします。

397　　　　刑訴法は同一条文で，1項と2項に分けて2種の破棄事由を書き分けましたので，実務上，前者を**1項破棄**，後者を**2項破棄**と

いって区別しています。

　実際に控訴審において第 1 審判決が破棄される割合は，2020
（令和 2）年で控訴審終局人員の約 10% に達しています。破棄理
由としては，2 項破棄（344 件）のほうが 1 項破棄の各理由を合算
した数（180 件）よりも多くなっています。1 項破棄の理由のうち，
事実誤認は 41.1%，次に量刑不当が 36.1%，訴訟手続の法令違
377・378　反・法令適用の誤りが 18.3%，法 377 条・378 条への該当は 4.4
% です。

　近年の傾向として 2 項破棄の増加が指摘され，これは控訴審実
務のひとつの特徴となっています。量刑上，事後の被害弁償や示
談などが重視されるという実務の状況が 2 項破棄の増加理由と考
えられますが，このような増加傾向をどのように評価すべきかは
難しい問題です。

　また被告人側控訴のみで破棄率をみますと，近年約 9% 前後で
あるのに対し，検察官控訴の場合には 40〜70% の割合で破棄さ
れており，大きな差があります（検察官の控訴は，関係の検察官の協
議〔控訴審議〕を経て慎重に決められることが一因とも指摘されています）。

398　　　**差戻し・移送と自判**　　控訴裁判所が控訴理由があるとして原
399
400　判決を破棄した場合には，原則として，事件を原裁判所に差し戻
すか，同等の他の裁判所に移送する必要があります。これは，控
訴審がもっぱら第 1 審判決の当否を判断するものであって，自ら
事実を認定し，これに法令を適用し，量刑する場ではないという
事後審の構造から当然生ずる結論です。

400 但　　　ところが，実務上は，むしろ破棄した場合に控訴審自らが新た
に判決（**自判**）するのが通例であり，破棄差戻し，移送をするこ
とは稀です。

　これにはそれなりの実務上の理由があるからです。たとえば，
第 1 に，第 1 審に差し戻し，移送すれば，当事者は裁判のやり直
しを強いられて長期裁判となり，破棄理由の大半を占める量刑不

控訴審の終局人員

①　控訴理由・破棄理由別終局人員内訳　　　　　　　　　　　　　　（2021 年）

理由\区分	総　数	絶対的控訴理由	訴訟手続の法令違反法令適用の誤り	量刑不当	事実誤認	判決後の情状	その他
被告人側申立て	5,277 (%)	66 (1.3)	582 (11.0)	3,768 (71.4)	1,588 (30.1)	388 (7.4)	9 (0.2)
検察官申立て	67 (%)	—	26 (38.8)	11 (16.4)	30 (44.8)	—	1 (1.5)
破　棄	513 (%)	21 (4.1)	38 (7.4)	58 (11.3)	71 (13.8)	337 (65.7)	—

（複数の理由があるものは重複計上）

②　控訴審の終局区分　　　　　　　　　　　　　　　　　　　　　　（2021 年）

終局総人員	破　棄		控訴棄却		公訴棄却	取下げ
	自　判	差戻し・移送	判　決	決　定		
5,331 (%)	499 (9.4)	14 (0.3)	3,828 (71.8)	8 (0.2)	25 (0.5)	957 (18.0)

（最高裁判所事務総局刑事局「令和 3 年における刑事事件の概況（上）」法曹時報 75 巻 2 号による）

当の場合などには訴訟経済上好ましくない結果を招くと考えられますし，第 2 に，事実誤認を理由として破棄する場合には，第 1 審の訴訟記録と控訴審において取り調べた証拠によって控訴裁判所の心証が新たな事実の認定をすることができる程度に達していることが多いため，自判が適当であると考えられるからです。

400 但　　　　　**自判の条件**　　自判することができるのは，訴訟記録および原裁判所・控訴裁判所において取り調べた証拠によって直ちに判決をすることができる場合，換言すれば判決するのに熟していると認められる場合です。

　　たとえば，第 1 審判決の事実認定を変えず，法令の適用や量刑についてのみ変更する場合とか，控訴審において新たに取り調べた証拠により新たな事実を認定するけれども，その核心部分については控訴審において厳格な証明による証拠調べを行い，かつ当

事者に十分な反証の機会を与えているので，当事者の審級の利益は奪われていないと認められるときなどがこれに当たります。

　したがって，犯罪の証明がないとして無罪を言い渡した第1審判決を破棄して有罪の自判をするときには，犯罪事実認定の中核となる証拠について控訴審において新たに厳格な証明による証拠調べを行い（たとえば決め手となる重要証人の再尋問），被告人側に防御を尽くさせる必要があります。控訴審でこのような証拠を調べることなく，訴訟記録および第1審裁判所で取り調べた証拠のみでいきなり自判することは許されません（最大判昭和31・9・26刑集10巻9号1391頁，最判令和2・1・23刑集74巻1号1頁）。

　以上から分かるとおり，破棄自判する場合の控訴審は，本来の事後審の性格を離れ，第1審の審理に控訴審の審理を加えて判断する続審の性格を有することになります。

裁4　　　**差戻し審**　　上級審の裁判所における判断は，その事件について下級審の判断を拘束しますので，破棄差戻しがあった場合，差し戻された第1審は，審理をやり直すことになりますが，第1審裁判所は法律問題，事実問題に限らず，控訴審が破棄の前提とした判断には従わなければなりません（**破棄判決の拘束力**）。もっとも，事実問題に関しては，差戻し後の第1審で新たな証拠調べをした場合，別の認定をすることも可能です。

Ⅱ　上　告

1　意義と実情

405　　　　　**上告とは**　　高等裁判所の判決（通常は控訴審判決）に対して憲法違反または判例違反があることを理由に，最高裁判所あてにその取消し，変更を申し立てることを上告といいます（例外的に，

裁 16④　　内乱罪の事件のように第1審が高等裁判所であるケースがありますが，これに対する不服申立ても上告です。122頁参照）。

　　　　　未確定の事件に対する上訴の一種ですが，控訴審と異なり最高裁判所は憲法判断と法令の解釈統一を任務としていますので，事実誤認や量刑不当は上告理由とされていません。

　　　　　この趣旨を徹底するため，憲法違反，判例違反以外の場合でも

406　　法令解釈に関する重要な事項を含む事件については，①判決の確定前に職権発動を促す旨の申立てがあれば最高裁判所の裁量的判

規257〜264　断によって上告事件として特別に受理する**事件受理の申立**制度，②簡易裁判所または地方裁判所が言い渡した第1審判決において法律・命令等が憲法に違反すると判断したり，地方公共団体の条例・規則が法律に違反すると判断した場合に，控訴審を経由せず

規254・255　直接最高裁判所に上告することを認めた**跳躍（飛躍）上告**の制度，③控訴審において憲法違反または憲法解釈の誤りのみが控訴理由となっている場合に，最高裁判所の許可を受けて事件を最高裁判

規247・248　所に移送することを認めた**事件移送**の制度がそれぞれ設けられています。

411　　　　**職権判断**　　もっとも，他方で，法は，上告審においても控訴理由と同様の理由，すなわち(1)判決に影響を及ぼすべき訴訟手続・実体法上の法令違反，(2)はなはだしい量刑の不当，(3)判決に

影響を及ぼすべき重大な事実誤認，⑷再審事由の存在，⑸判決後の刑の廃止・変更，大赦の存在の各事由があって，かつ原判決を破棄しなければ「著しく正義に反する」（控訴審における2項破棄の際の「明らかに」より厳格であることを意味します）と認める場合には原判決を破棄できると定めています。したがって，これらは上告理由ではないものの，最高裁判所の職権判断の対象となっていることになりますので，控訴審と絶対的な差異があるとまではいえません。

　実情　高等裁判所で判決を受けた総人員のうち，45％前後につき上告申立てがなされており，そのうち圧倒的多数（約99％）が被告人側からのものです。事件受理申立ては年間数件にとどまり，跳躍上告，事件移送はほとんどありません。

　上告申立理由のうち，憲法違反または判例違反を主張するものは35％程度です。他はすべて先ほど挙げた職権発動を促す理由を主張するものです。中でも量刑不当を主張するものが圧倒的に多い状態ですから，法令の解釈統一という上告制度本来の趣旨に沿った上告申立ては限られているのが実情ということになります。

2　上告申立手続および上告審における審理

414　　　**控訴審との対比**　　　上告も上訴の一種として，その手続は原則として控訴審と同様です。つまり上告申立権者の範囲，申立期間（14日），上告の利益の存在，上告の範囲と効果，上告の放棄・取下げがそうですし，審理についても，その構造が事後審であること，必要と認めれば事実の調査ができること，弁護士のみが弁護人となることができかつ弁論能力を有すること等については，控訴審で述べたことがそのまま上告審にも当てはまります。

409　　　しかしながら，上告審の任務が原則として法令解釈の統一に限

規 265　　定されていることから，公判期日に被告人の召喚を要しないとさ
規 253　　れている点（被告人には公判期日に出頭する権利もありません），判例
　　　　　　違反を主張する場合には，上告趣意書にその判例を具体的に摘示
規 256　　する義務があること，最高裁判所は原判決が違憲判断をしている
　　　　　　場合には他のすべての事件に優先して判断しなければならないと
　　　　　　されている点などに手続上の特色があります。

裁 9　　　　**構成と審理**　　最高裁判所は 15 人の裁判官で構成されていま
　　　　　　すが，事件はまず 5 人ずつの裁判官で構成された第一ないし第三
　　　　　　小法廷に係属します（180 頁参照）。最高裁判所の裁判官は法曹以
　　　　　　外の学識経験者からも選任されますから，必ずしも訴訟手続に精
　　　　　　通しているとは限らないため，このような点については主として
　　　　　　中堅以上の裁判官をもって構成する最高裁判所調査官が補佐し，
　　　　　　最高裁判所の裁判官が法令解釈の基本的部分について妥当な判断
　　　　　　を下せるような仕組みとなっています。

裁 10　　　　　初めての論点について憲法判断を下す場合，違憲判断を下す場
最高裁判所　　合，最高裁判所の判例を変更する場合，小法廷における意見が二
裁判事務処　　説に分かれ同数の場合（欠員等のため小法廷が 4 人で構成されている
理規則 9　　　ときに起こります），その他重要な論点を含むため大法廷で裁判す
　　　　　　るのが相当と小法廷において認めた場合には，15 人の裁判官で
　　　　　　構成する大法廷で審理し，判決することとされています。

3　上告審の裁判

414　　　　　**上告棄却**　　上告申立てが方式に違反している場合，上告権消
385　　　　滅後に上告が申し立てられたり，上告趣意書が提出されなかった
386　　　　り，上告趣意書に憲法違反，判例違反の主張が含まれていないな
　　　　　　ど不適法な上告申立てに対しては控訴審と同様，弁論を経ないで，
　　　　　　決定により上告が棄却されます。憲法違反や判例違反の主張が形
　　　　　　式上は記載されていても，実質上は量刑不当，事実誤認，訴訟手

続の法令違反，法令適用の誤りの主張であると認められる場合も
同様です。

408　　　また，特別に，上告趣意書その他の書類によって上告理由は適
法であるが上告申立ての理由がないことが明らかであると認める
ときは，弁論を経ないで，判決で上告棄却することができるとの
43 I　制度が最高裁判所には認められています。判決で終結する場合に
は口頭弁論を経ることが原則ですが，その例外を認めているわけ
です。

　　　憲法違反，判例違反に名を借りた事実誤認等の主張を決定で棄
却するか，一応適法な上告申立てと扱って明らかに理由がないと
し判決で棄却するかは微妙なところです。その違いは，判決で棄
却された場合には 10 日以内に後出の訂正申立てができるのに対
し，決定で棄却された場合には 3 日以内に異議申立てができるの
みである点にあります。

　　　実際には，上告棄却事件のうち，判決によって終局するのは，
近年 2〜5 件程度です。

410　　　**破棄**　　　上告理由があると認められるとき（ただし，この場合に
おいても判決に影響しないことが明白なときと判例変更を相当とするとき
411　は棄却されます）および上告理由がない場合でも，先ほど挙げた職
権発動を促す事由があって，破棄しなければ著しく正義に反する
と認められるときは判決で原判決を破棄します。その際は，原則
413　として事件を原裁判所または第 1 審裁判所に差し戻すか，これら
と同等の他の裁判所に移送しなければなりませんが，控訴審と同
様，判決するのに熟している場合には自判することもできます。
上告審において事実誤認の主張がされた場合，その審査方法につ
き判例は，「当審が法律審であることにかんがみ，原判決の認定
が論理則，経験則等に照らして不合理といえるかどうかの観点か
ら行うべきである」としています（最判平成 21・4・14 刑集 63 巻 4
号 331 頁）。

上告審の終局区分 (2021 年)

終局総人員	破 棄		上 告 棄 却		公訴棄却	取下げ
	自 判	差戻し・移送	判 決	決 定		
1,852 (%)	1 (0.1)	2 (0.1)	2 (0.1)	1,576 (85.1)	8 (0.4)	263 (14.2)

（最高裁判所事務総局刑事局「令和 3 年における刑事事件の概況（上）」法曹時報 75 巻 2 号による）

　　　　破棄されるものは年間数件，1% にも満たないのが実情です（上の表）。

413 の 2　　　なお，第 1 審裁判所が即決裁判手続によって判決をした事件については，罪となるべき事実について重大な誤認があることを理由として原判決を破棄することはできません（360 頁参照）。

4　訂正判決の申立て・異議申立て

訂正判決の申立てとは　　最高裁判所の判決は最終審の裁判ですから，判決の宣告によって直ちに確定させる制度も考えられますが，その判決にも誤りがないとはいえませんので，判決宣告の

415　　　日から 10 日以内に検察官，被告人または弁護人は判決の訂正を申し立てることができることとされています。したがって，最高

418　　　裁判所の判決は，①宣告日から 10 日間が経過したとき，②判決訂正の申立てがあった場合には訂正の判決または申立てを棄却する決定があったときに確定することとなります。

414　　　**異議申立てとは**　　最高裁判所による上告棄却決定に対しては，
385Ⅱ　高等裁判所の決定に対する異議申立ての規定を準用して，3 日以
422　　内に最高裁判所に対し異議申立てができることとされていますから，上告棄却決定は，①3 日間が経過したとき，②異議申立てに対する裁判のあったときに確定することとなります。

Ⅲ　抗　告

　　抗告とは　　判決に対する上訴である控訴・上告と異なり，裁判所の決定に対する上訴を広い意味での抗告といいます。これには通常抗告，即時抗告，特別抗告が含まれます。とくにこのうち通常抗告のみを狭義の抗告と呼びます。

　　はじめに，抗告一般に共通する事項を述べておきます。これは後出の準抗告や異議申立てにも準用されます（342頁，344頁参照）。

352　　　抗告は，検察官，被告人やその代理人などのほか決定を受けた者（たとえば保釈保証金没取決定を受けた保釈保証金納付者）もすることができます。

423　　　抗告をするには，控訴と同様，抗告申立書を原裁判所，すなわち抗告の対象となる決定をした裁判所に提出しなければなりません。原裁判所は申立書を抗告裁判所に送付する前に，自ら抗告の理由があると認めるときは決定を更正しなければなりません。これを**再度の考案**といいます。原裁判所が抗告に理由がないと認めるときは，その旨の意見書を添えて3日以内に抗告申立書を抗告裁判所に送付します。

43Ⅲ　　　抗告裁判所は，記録を調査するほか，必要があれば事実の取調べをしたうえ（判決手続と異なり厳格な証明が要求されていませんから

426　　適当な方法ですることができます），抗告が手続に違反しているとき（たとえば明文の規定のない即時抗告）や抗告に理由がないときは決定で抗告を棄却し，抗告が理由のあるときは，決定で原決定を取り消し，必要がある場合には，さらに裁判をしなければなりません。明文の規定はありませんが，実務上，原裁判所で判断をすることが相当と認めるときは差戻しもできると解されています。以下，各抗告の差異を説明します。

419　　　**通常抗告とは**　　通常抗告は，裁判所の決定のうち，①抗告禁

止の規定がある決定，②即時抗告ができる旨の規定がある決定，

420 Ⅰ・Ⅱ　③管轄または訴訟手続に関し判決前にした決定（ただし，勾留，保釈，押収，鑑定留置に関する決定には抗告ができます）の三者を除く決定全般に対し，高等裁判所に不服申立てをする制度です。

421　　　　即時抗告と異なるのは，提起期間の制限がなく抗告の利益が認められる限りいつでも抗告申立てができる代わりに，原決定の執

424 Ⅰ本文　行停止の効果が認められない点です（323頁参照）。

実務では，保釈の許可，却下または取消しに関する抗告申立てが多いようです。少年を少年院に送致するなどの保護処分に対する抗告も少なくありません。

即時抗告とは　　即時抗告は，裁判所のした決定のうち，とくに即時抗告ができる旨定められた決定について高等裁判所に不服申立てをする制度です。判決に比して派生的な手続ではあるものの，対象となる決定には，人権に重大な影響を及ぼしかつ迅速な

422　解決を要するものが多いため，即時抗告の申立期間を3日間と短

425　期に制限している反面，即時抗告の申立てにより原決定の執行が停止される点に特色があります。

349の2
Ⅰ・Ⅴ　　　実務上は，刑の執行猶予取消決定，再審請求棄却決定に対する
450・447 Ⅰ　即時抗告が多いようです。

433 Ⅰ　　**特別抗告とは**　　特別抗告は，法によって不服申立てができないとされている決定または命令（たとえば，抗告裁判所による決定，準抗告裁判所による決定等）について，憲法違反，判例違反を理由

433 Ⅱ　として最高裁判所に不服申立てをする制度です。提起期間は5日間です。なお，最高裁は特別抗告についても，上告に関する法

411　411条の準用を認めています（最大決昭和37・2・14刑集16巻2号85頁。法411条については，335頁参照）。

Ⅳ　準　抗　告

　　準抗告とは　　準抗告とは，Ⓐ裁判官の行う一定の裁判（**命令**）またはⒷ捜査機関による一定の処分に対する不服申立ての制度です。なお，これは条文上の用語ではありません。

　　Ⓐの裁判は，法律で受命・受託裁判官（◯169頁），起訴前または第1回公判前の処分をする裁判官が行うこととされているものを指し，決定と区別してこれを命令といいます（301頁）。単独体の受訴裁判所による裁判は決定ですから，これに対する準抗告は原則として許されません。（下記の①の場合は例外）。

429Ⅰ　　　具体的には，①忌避申立てを却下する裁判，②勾留，保釈，押収，押収物の還付に関する裁判（なお，44頁，103頁），③鑑定留置命令，④証人などに対する過料・費用賠償の命令，⑤身体検査を受ける者に対する過料・費用賠償の命令です。このうち最も活用されているのは，②です（49頁参照）。

430　　　　Ⓑの処分とは，検察官，検察事務官または司法警察職員が行っ
39Ⅲ　　　た，⑴被疑者と弁護人との接見交通の指定処分（98頁参照），⑵押収または押収物の還付に関する処分をいいます。

　　性質　　Ⓐは，簡易裁判所の裁判官の場合を除き，同一審級裁判所に対する不服申立てですから，厳密な意味では上訴とはいえませんが，実質的には上訴に近いのに対し，Ⓑは，本来行政処分に対する不服申立てとして行政事件訴訟として争われるべきものをとくに迅速・適正に解決するため刑事手続の中に取り入れ，そ
430Ⅲ　　　の不服申立ての形式として準抗告を採用したもので（したがって行政事件訴訟に関する法令の規定は適用されません），両者はまったくその性質を異にします。

429Ⅰ　　　**手続**　　手続としては，Ⓐはその裁判をした裁判官の所属する
430Ⅰ・Ⅱ　　　裁判所に対して（簡易裁判所の裁判官がした裁判については管轄地方裁

準抗告事件の処理状況

(法 429 条)　(地裁)　　　　　　　　　(法 430 条)　　　　　　(2017 年〜2021 年)

区分／年次	新受人員	取消し・変更のあったもの
2017	11,166	2,205
2018	13,263	2,541
2019	14,643	2,832
2020	15,347	2,906
2021	15,154	2,794

区分／裁判所／年次	新受人員		取消し・変更のあったもの	
	地裁	簡裁	地裁	簡裁
2017	110	3	6	1
2018	102	3	8	1
2019	123	6	5	―
2020	142	10	14	―
2021	107	9	15	2

(最高裁判所事務総局刑事局「令和 3 年における刑事事件の概況 (上)」法曹時報 75 巻 2 号による)

判所に対して)，Ⓑはその処分をした検察官または検察事務官が所属する検察庁の対応する裁判所に対して，命令や処分の取消し，変更の請求を行うことになります。司法警察職員のした処分に不服がある者は，司法警察職員の職務執行地を管轄する地方裁判所または簡易裁判所に請求することになります。

429Ⅲ
430
　　　Ⓐの準抗告は，地方裁判所，家庭裁判所の合議体で審判され，Ⓑは，地方裁判所，簡易裁判所の単独体で審判されます。

　　実情　　準抗告の数は，年によってかなり動きがあります。2021 (令和 3) 年についていえば，Ⓐにつき新受人員 1 万 5154 人，Ⓑにつき 116 人であり，うち取消しまたは変更があったのは，それぞれ 2794 人，17 人となっています (上の表)。

Ⅴ 高等裁判所のした決定に対する異議申立て

428　　　**高等裁判所のした決定に対する異議申立ての手続**　　高等裁判所の決定に対して，最高裁判所に対する抗告を認めることは最高裁判所の過重負担を導きかねませんので，法は，最高裁判所への抗告申立てを全面的に禁止することとしました（前述〔341頁〕の特別抗告を除きます）。しかし，本来であれば通常抗告または即時抗告を申し立てることが許されるような性質のものについて一切不服の申立てを許さないのは妥当とは思われません。

　そこで法は，抗告禁止に代わる措置として，同じ高等裁判所に不服申立てができる旨定めることとしました。それがこの異議申立ての手続です。準抗告同様，上訴ではありませんが，それに近い性質を有しています。

　このようにその実質は上訴に類しますので，一般抗告の規定が準用され，通常抗告が許される決定に対する異議申立てについては通常抗告の，即時抗告が許される決定に対する異議申立てについては即時抗告の，各規定が準用されます。したがって，後者の場合，異議申立期間は3日であり，執行停止の効力が認められることになります。

　実務上，この異議申立ては，高等裁判所のした保釈却下決定に対するものが多いようです。

　この制度が最高裁判所による上告棄却決定に対して準用されるのは，先に述べたとおりです（339頁参照）。

CHAPTER 7

確定後救済手続

確定後救済手続とは　　裁判が確定した場合に，事実問題であれ，法律問題であれ，その不当を主張してさらに争わせることは，裁判の機能を失わせ法的安定性を著しく害することになりますから，原則として許されません。しかし，他方，重大な誤判を放置することは具体的正義に反し，ひいては司法に対する信頼を根底から揺るがすことになりかねません。そこで，刑訴法は，**再審**と**非常上告**という2種の確定後救済手続を設けました（一般に，**非常救済手続**と呼ばれますが，呼称としては，より平明で，端的に手続内容を示す確定後救済手続のほうが妥当でしょう）。

I 再 審

435・436

439

438

再審とは　　再審の請求とは，有罪の確定判決について，その事実認定の誤りを救済する目的で，その言渡しを受けた者の利益のため，①言渡しを受けた本人，②本人の法定代理人，保佐人，③本人が死亡した場合や心神喪失の状態にある場合には一定の近親者，④検察官，から原判決をした裁判所に申し立てるものです。この申立てに一定の再審事由が認められれば再審の開始が決定され，この決定が確定した場合には，原判決をした裁判所が裁判をやり直すことになります。

　　検察官からの請求も一定数あり，最近3年間（2019～2021年）の請求事件の既済人員596人のうち5人（1.0%）が検察官からの請求です（350頁の表）。

　　この制度は，刑事補償の点での実益は別として，不当な有罪判決を受けた者の社会的な名誉・信用の回復をもねらいとしていますから，裁判の執行終了後でも，また本人の死亡後でも請求することができ，期間の制限がまったくありません。また，再審が開始され無罪の判決が言い渡されて確定した場合には，その旨を官報と新聞紙上に公示することとなっています。

453

435・436　　**再審事由**　　再審事由は，法に限定的に列挙されています。そのうち，435条6号に定められた無罪，免訴，刑の免除，または原判決より軽い罪を認めるべき「明らかな証拠」**(証拠の明白性)**

435⑥　を「あらたに発見した」**(証拠の新規性)** ときという再審事由（これを**6号事由**と呼びます）以外は，すべて有罪判決の証拠が偽造や偽証によるものであったことなどが確定判決によって証明された場合を指していますので，これらはほぼ一義的です。

　それに対して，6号事由は解釈の余地が多分にあり，現に著名な再審請求事件のほとんどはこの6号を再審事由として申し立てられたものです。

　　請求の状況　　最近3年間（2019〔令和元〕～2021〔令和3〕年）の再審請求人員は596人です（既済人員）。

　うち再審請求理由の主張がないとされたのは205人を数えますが，これは原裁判所の訴訟手続の法令違反を主張するにとどまるものです。

　再審請求理由の主張のあるものを請求理由別にみると，数が多いのは，1号事由88人，2号事由71人，6号事由331人，7号事由75人などです（1人につき複数の請求事由がある場合があります）。

　　6号事由　　判例は，従来，法的安定性を重視し，6号事由における証拠の明白性・新規性を厳格に解釈してきましたので，長い間，再審請求が容れられるのは「ラクダが針の穴を通るより困難である」といわれてきました。ところが，1975（昭和50）年，最高裁がいわゆる白鳥決定において，「再審開始のためには確定判決における事実認定につき合理的な疑いを生ぜしめれば足りるという意味において，『疑わしいときは被告人の利益に』という刑事裁判における鉄則が適用される」と判示するに至り（264頁参照），事態が動きはじめました（最決昭和50・5・20刑集29巻5号177頁）。それまでの明白性の要件を緩和したのです。

　この決定がきっかけとなって，重大事件について再審開始が決

定され，再審の結果無罪となる事例が相次ぎました。中でも，特記すべきは，社会の耳目を集めた，確定死刑因の再審無罪判決が4件も出たことです。免田事件（1983〔昭和58〕年），財田川事件（1984〔昭和59〕年），松山事件（1984〔昭和59〕年），島田事件（1989〔平成元〕年）です。近年では，強姦・同未遂の氷見事件（2009〔平成21〕年），わいせつ誘拐・殺人・死体遺棄事件の足利事件（2010〔平成22〕年，276頁参照）などの無罪判決が注目されました。現在も再審をめぐっては，死刑確定判決の再審開始が確定するなど（袴田事件。東京高決令和5・3・13 LEX/DB 25594670），注目される裁判の動きがみられます。

再審請求事件の審理　再審請求を受理した裁判所は，決定手続で再審事由の有無を判断します。必要であれば職権で事実の取調べを行うこともできますが，再審請求権者から証拠調べの申立てがあっても，それは職権発動を促す意味しかありません。

裁判所は，再審の請求について決定をする場合には，請求者とその相手方の意見を聴く義務があります。検討の結果，再審の請求が法令上の方式に違反したり，請求権の消滅後（たとえば再審請求を取り下げた場合や以前に同一理由で請求を棄却する決定があった場合など）であったり，再審事由がないときは再審請求を棄却します。

再審の請求に理由があるときは，再審開始の決定をしなければなりません。いずれの決定に対しても即時抗告を申し立てることができますが，再審開始決定が確定しますと，その審級に従って再審の裁判が行われることになります。再審裁判においては不利益変更禁止の原則（321頁）が適用され，原判決より重い刑を言い渡すことはできません。

なお，近時，弁護士サイドから再審請求手続における証拠開示の法制化等，刑事再審規定の改正を求める主張が展開されるようになっています。

実情　最近3年間（2019〔令和元〕～2021〔令和3〕年）の既済

人員 596 人の終局区分を示すと，請求棄却 534 人，再審開始決定 5 人，取下げ 16 人，その他 41 人です。

　請求人別にみると，検察官請求 5 人については，すべて再審開始が決定されており，本人側請求 591 人については，請求棄却 554 人，取下げ 16 人，その他 41 人で，再審開始決定はありませんでした（下の表）。

　開始決定があった事件はすべて簡易裁判所の事件であり，罪種は道交法違反と自動車運転過失傷害（過失運転致傷。8 頁参照）とで 7 割以上を占めています。ケースとしては，交通事犯に関する確定した略式命令につき，①犯人の身代わり，②保険金目あての事故偽装，③氏名冒用などが発覚したために，それを理由として検察官が再審請求したものなどがあります。

　請求棄却 554 人の内訳は，手続違反 238，請求理由なし 349，その他 27 です（棄却理由は重複計上）。なお，最近 5 年間における再審開始決定事件の内訳は，原裁判が通常訴訟事件であった 3 人および略式命令請求事件であった 10 人のいずれもが無罪です。

再審請求事件の請求人別終局区分（2019 年～2021 年累計）

（高裁・地裁・簡裁）

区分 / 終局区分	既済人員	検察官請求	本人側請求
総数	596	5	591
請求棄却	554	—	554
再審開始決定	5	5	—
取下げ	16	—	16
その他	41	—	41

（最高裁判所事務総局刑事局「令和 元・2・3 年における刑事事件の概況（上）」法曹時報 73・74・75 巻各 2 号による）

Ⅱ　非常上告

454　　　**非常上告とは**　　非常上告は，再審と同じく裁判の確定後にその不当を主張して争うことを例外的に許した救済手続ですが，再審のように事実認定を変更して有罪の言渡しを受けた者を救済するのではなく，法令の解釈の統一を主な目的として，検事総長が，確定判決の審判が法令に違反したことを発見したときに最高裁判所に申し立てる制度です。確定判決には，控訴棄却決定や略式命令も含まれます。法令違反には，手続法・実体法双方の違反が含まれます。

458・459　　この制度は，法令解釈の統一を図ることが目的ですから，原判決が破棄されても被告人の利益のため最高裁判所が新たな裁判をしたとき以外は，被告人に何らの効果も及ぼしません。

　　非常上告が申し立てられるのは，制度の趣旨上，当然のこととはいえ，年間わずか数件にとどまります。2021（令和3）年は，新受人員，既済人員および未済人員いずれも0人でした。

CHAPTER 8

特別手続

I　略式手続

趣旨　これまで述べてきた公訴提起の方式は，通常の公訴提起，すなわち公判請求の場合の方式です（108頁参照）。

461　法は，このほかに，簡易裁判所が検察官の請求によって，刑訴法の定める公判手続によらず，書面審理のみで被告人に100万円以下の罰金または科料を科する裁判（**略式命令**）をする，公判前の手続を認めました。これを**略式手続**といいます。書面審理ですから，公開の法廷で当事者の陳述を聴くことはありません。

比較的軽い財産刑に処すべき事犯の数が大量にのぼることから，このような事件を簡易・迅速に処理するために考えられた手続です。一般に，国家の財政的負担が軽減されるだけでなく，被告人にとっても公判に出頭することなく非公開で迅速に手続が終結する点で利益があると評価されています。

憲37I・II　もっとも憲法は，被告人に迅速な公開裁判を受ける権利を保障するとともに，証人審問権を認めていますから，当初，この手続
461の2　は違憲ではないかとの議論がありました。しかし，判例は，略式手続は被告人にこの手続によることにつき異議のない場合に限ら
465　れていること，略式命令が発せられても，被告人はなお正式裁判の申立てをして本来の公判手続による裁判を受ける権利を行使できること，訴訟経済および被告人の便宜に合致した有益な制度であることなどを理由にこれを合憲とし（最判昭和37・2・22刑集16巻2号203頁），今日に至っています。

運用　略式手続は「特別」手続の一種ではありますが，量的な面だけからいえば，刑事手続の枢要な位置を占めています。起訴される者のうち，7割前後が略式手続によって処理されているのです。2021（令和3）年は68.7%です。うち交通事犯，すなわ
自動車運転　ち道路交通法違反と過失運転致死傷罪が圧倒的に多いのですが，

それ以外の犯罪についても起訴件数の約半数は略式命令請求事件です（1987〔昭和62〕年施行の道路交通法の一部改正により交通反則通告制度の適用範囲が拡大され，以降略式命令請求事件の数はやや減少しています。それまでは約95％が略式命令でした）。終局処分をみても，罰金・科料の言渡し事件は，その100％近くが略式手続で処理されているのが実情です。

461の2　　**手続**　　略式命令の請求は，検察官が起訴前に被疑者に対し略

462　式手続の内容について説明し，通常の手続で審判を受けることが

規288　できる旨を告げたうえ，略式手続によることに異議がないかどうかを確認し，被疑者作成の異議がないことを示す書面（定型化さ

規289　れています）を起訴状に添付し，証拠書類・証拠物とともに簡易裁判所に提出して行います。いわゆる起訴状一本主義（132頁）の例外に当たります。

　　請求を受けた簡易裁判所は，書面審理のみ（伝聞法則の適用はあ

463　りません）で判断し，略式命令のできない場合（たとえば罰金・科料の定めのない事件），検察官が略式手続の説明を怠ったり，同意書を添付していない場合および裁判所が公開の法廷で審理することが相当であると認めた場合（たとえば事案が複雑であるとき，証人調べを必要と考えるとき）は，職権で通常の公判手続に回さなければ

規290　なりませんが，このような事由がないときは，請求のあった日から14日以内に略式命令を発し，略式命令書の謄本を被告人に送達します。

　　略式命令の書式例を挙げておきます（**【書式9】**次頁）。ご覧のと

464　おり，これには主文としての罰金の額，罪となるべき事実，適用した法令，併せて正式裁判を請求することができる旨が記載されています。ただ，判決と異なり証拠の標目はありません。

　　内容に不服があればもちろん，とくに不服がなくても公判審理

465　を受けることを希望する場合は，被告人は告知を受けた日から14日以内に，書面で正式裁判の申立てをすることができます（検

【書式 9】

令和 5 年（い）第 888 号

略　式　命　令

被告人　淀川　五郎
　本籍（国籍），住居，職業，生年月日及び事件名は，起訴状の記載を引用する。

　　上記被告事件について，次のとおり略式命令をする。

主　　文

　被告人を罰金 30 万円に処する。
　この罰金を完納できないときは金 5000 円を 1 日に換算した期間被告人を労役場に留置する。
　ただし，端数を生じたときはこれを 1 日とする。
　この罰金に相当する金額を仮に納付することを命ずる。

罪となるべき事実

　起訴状記載の公訴事実を引用する。

適 用 し た 法 令

　起訴状記載の罰条を引用するほか

　刑法 18 条，刑事訴訟法 348 条

　　令和 5 年 3 月 20 日
　　　　大 阪 簡 易 裁 判 所
　　　　　裁 判 官　芦 原 橋 吾 郎　㊞

　この命令送達の日から 14 日以内に正式裁判の請求をすることができる。被告人は，いつでも弁護人を選任することができ，貧困その他の事由で弁護人を選任することができないときは，弁護人の選任を裁判所に請求することができる。

468 II　察官も正式裁判の申立てができます）。適法な正式裁判の申立てがありますと，事件は通常の手続に移行し，通常の公判手続に従って起訴状の朗読から審理が開始されることになります。

467
468Ⅲ
　　　正式裁判の申立ては上訴ではありませんから不利益変更禁止の原則（321頁）の適用はありません。したがって，正式裁判の結果，有罪判決が下された場合には，その科刑が略式命令よりも重いこともあります（実際には略式命令と同一の罰金額が言い渡されることが多いようです）。

469
470
　　　判決が確定すると，当然，先に発せられていた略式命令は失効します。逆に略式命令送達後正式裁判の申立てをしないで14日間を経過したり，公判手続中判決までの間に正式裁判の申立てを取り下げたりすると，略式命令は，確定判決と同一の効力をもつこととなり，これを争うには再審手続を利用するしか方法はありません。

交通裁判
1・2・3Ⅰ
　　交通事件即決裁判手続　　1954（昭和29）年，刑訴法の特例として，道路交通法違反事件（道路交通法第8章の罪に当たる事件）の簡易・迅速な処理のために，「交通事件即決裁判手続法」によって，簡易裁判所が公判前，即決裁判で50万円以下の罰金または科料を科すという手続が設けられました。しかし，被告人の出頭が要件とされており，公開の法廷で行われるため略式命令より負担が重く，その数が39万人を超えた1962（昭和37）年を頂点に減少しはじめ，1979（昭和54）年以降，実際には利用されなくなりました。

Ⅱ 即決裁判手続

趣旨 2004（平成16）年の法改正（法律62号）によって創設された**即決裁判手続**は，争いのない簡易明白な事件について，公訴提起後できるだけ早期に公判期日を開き，簡易な方法による証拠調べを行ったうえ，原則として即日判決を言い渡す手続です。

争いのない事件の裁判を簡易・迅速に行うことができるよう手続の合理化・効率化を図り，争いのある事件，裁判員裁判事件等の捜査・公判手続に，人員等の資源をより重点的に投入することを可能にしようという趣旨で設けられました。

なお，即決裁判手続に関する規定は，被疑者段階の国選弁護人の選任に関するものを含みますので，被疑者に対する国選弁護人の選任制度（90頁）と同様に，2006（平成18）年10月2日から施行されています。2021（令和3）年は，地方裁判所で137人，簡易裁判所で8人が即決裁判手続に付されました。罪名別にみると，地方裁判所では出入国管理及び難民認定法違反が全体の約57％，大麻取締法違反と覚醒剤取締法違反が約33％，簡易裁判所ではすべてが窃盗罪となっています。

350の16
Ⅰ・Ⅱ 　　　**即決裁判手続の申立て**　　　検察官は，公訴を提起しようとする事件について，事案が明白かつ軽微であり，公判での証拠調べが速やかに終わると見込まれることなどの事情を考慮し，相当と認めるときは，被疑者の同意を得たうえで，公訴の提起と同時に，即決裁判手続の申立てをすることができます。ただし，「死刑又は無期若しくは短期一年以上の拘禁刑に当たる」重大事件については，申立てをすることができません。なお，被疑者に弁護人が

350の16Ⅳ ある場合には，被疑者の同意のほか，弁護人が同意し，または意見を留保する場合に限ります。

350の17 　　被疑者が同意をするかどうかを明らかにしようとする場合に，

貧困その他の事由により弁護人を選任することができないときは，裁判官は，被疑者の請求により，国選弁護人を選任しなければなりません。

350 の 18～
350 の 21
　　公判準備および公判手続　　裁判所は，即決裁判手続の申立てがあった事件について，弁護人が意見を留保しているとき，または申立てがあった後に弁護人が選任されたときは，弁護人に対し，できる限り速やかに，同手続によることについて同意をするかどうかの確認を求めなければなりません。また，申立てがあった場

規 222 の 18
合，できる限り早い時期（公訴が提起された日から 14 日以内）に公判期日を開かなければならず，それが可能となるように，裁判所，検察官は，それぞれ，弁護人の選任，証拠開示等の公判準備をできる限り速やかに行わなければならないとされています。

350 の 22
　　裁判所は，公判期日の冒頭手続において，被告人が訴因について有罪である旨の陳述をしたときは，事件が即決裁判手続によることが相当でないと認めるとき等を除き，同手続によって審判す

350 の 24
350 の 28
る旨の決定をします。即決裁判手続では，裁判所は，適当と認める簡易な方法による証拠調べを行ったうえ，原則として即日判決

350 の 27
を言い渡さなければなりません。当事者が異議を述べない限り，伝聞法則による証拠能力の制限（268 頁参照）は適用されません。

350 の 25
　　ただし，裁判所は，即決裁判手続によって審判する旨の決定後，判決を言い渡すまでに，被告人または弁護人が同意を撤回したときや，同手続によることが相当でないと認めたとき等には，同決定を取り消さなければなりません。なお，被告人の権利保護のた

350 の 23
め，弁護人が選任されていないときは，即決裁判手続に係る公判期日を開くことができないとされています。

350 の 29
　　裁判および上訴に関する特例　　即決裁判手続では，拘禁刑の言渡しをする場合には，刑の執行猶予の言渡しをしなければならないという**科刑制限**があります。

403 の 2
　　また，手続の迅速・効率化を図るため，即決裁判手続による判

413の2　決に対しては，罪となるべき事実の誤認を理由とする上訴はできないとの**上訴制限**が設けられています（327頁参照）。被告人は，弁護人の助言を得つつ即決裁判手続によることについて同意をし，また，判決が言い渡されるまでは，同意を撤回して，通常の手続による審判を受けることができたのですから，事実誤認を理由とする上訴を制限しても，被告人の権利保護に欠けるものではない

憲32　と考えられたのです。判例は，これを憲法に違反するものではないと判断しました（最決平成21・7・14刑集63巻6号623頁）。

350の26　　**公訴取消し後の再起訴の特例**　　即決裁判手続の対象となる簡易な自白事件でも，被告人が否認に転じた場合に備えて念のための捜査をしておくのが一般的実務であるため，これが捜査の合理化・省力化の妨げとなり，ひいては即決裁判手続の活用が限定的なものにとどまる原因となっていました。そこで，2016（平成28）年の法改正（法54号）により，即決裁判手続の申立てがなされた後，被告人が否認に転じるなどしたために同手続によらない

340　ことになった場合，公訴取消し後の再起訴制限の例外として，検察官がいったん公訴を取り消し，再捜査を行ったうえで，「犯罪事実につきあらたに重要な証拠を発見した場合」でなくとも，同一事件について再起訴することができることとされました（139頁参照）。このように起訴後再び捜査に戻ることができる途を設けることで，念のための捜査をせずに起訴する動機づけをしようとする趣旨です。

Ⅲ　少年事件の特別手続

少年事件の特徴　　少年事件の手続については，刑訴法の特則

少1　として少年法に規定が設けられ，少年の健全な育成と性格の矯正，環境の調整を目的とする少年法上の保護処分の趣旨を活かしながら，刑事手続との間にできる限り連続性，統一性を図ろうとしています。

すなわち，少年の刑事事件は，すべてまず家庭裁判所に送致さ

少20　れます。家庭裁判所が調査の結果，刑事処分が相当であると判断し，検察官に事件を送致し（**逆送決定**と呼ばれます。**20条決定**ともいいます），これを受けて検察官が公訴を提起しなければ，少年が刑事訴訟手続に組み入れられることはありません。また，逆送決

少45⑤　定があると，検察官は成人の刑事事件と異なり，原則として起訴を強制されます。

なお，2000（平成12）年の「少年法等の一部を改正する法律」

少20Ⅰ　（法142号）により，従来16歳以上に限定されていた刑事処分可

刑41　能年齢の制限が撤廃されたため，犯行時14歳以上（刑事責任年齢）

少20Ⅱ　の少年であれば，逆送決定を行うことが可能になりました。また，故意の犯罪行為により被害者を死亡させた罪の事件で，犯行の時16歳以上の少年については，逆送決定を行うことが原則とされました。もっとも，家庭裁判所が調査の結果，犯行の動機および態様，犯行後の情況，少年の性格，年齢，行状および環境その他の事情を考慮し，刑事処分以外の措置を相当と認めるときは，逆送決定を行わず，保護処分に付することもできるとされています。

さらに，2021（令和3）年の「少年法等の一部を改正する法律」（法47号）によって，18・19歳の者が罪を犯した場合には，その立場に応じた取扱いをするため**特定少年**として17歳以下の少年とは異なる特例が定められました。具体的には，逆送決定の対象

事件の範囲が拡大されたほか，不定期刑（366頁），刑の執行（366頁），労役場留置（367頁，369頁）に各記載の成人と異なる取扱いが適用されなくなりました。

少年事件の手続　少年の犯罪を認知した司法警察員は，捜査を遂げたうえ，事件を検察官に送致します（罰金以下の刑に当たる軽微事件については，検察官を経由せず，直接，家庭裁判所に送致します）。検察官は補充捜査をした後，さらに家庭裁判所に送致しますが，このとき検察官は非行なしと思料する場合以外は，成人であれば起訴猶予相当の事案でもすべて家庭裁判所に送致する義務があります（**全件送致主義**と呼ばれます）。

少40
少41

少42

次に，家庭裁判所において調査の結果，刑事処分を相当と認め逆送決定をした場合には，事件は再び検察官に送致され，検察官は再度証拠を検討し，事件の一部について公訴を提起するに足りる犯罪の嫌疑がないか，新たな情状または送致後の情状を発見して訴追を相当でないと思料するとき（いずれの点についても家庭裁判所の事前審査を経ていますから，検察官が新たに発見することはきわめて少ないのが現状です）以外はすべて地方裁判所または簡易裁判所に公訴を提起しなければなりません。**起訴強制主義**であり，成人の刑事事件における検察官起訴専権主義・起訴裁量主義（108頁，109頁）の例外に当たります（114頁参照）。

少20

少45⑤

家庭裁判所に送致された犯行時14歳以上の少年のうち逆送決定を受けるのは4.7％で，そのうちの大部分は略式命令請求される交通事犯であり，一般事件は11％程度です（2021〔令和3〕年）。

このようにして刑事訴訟手続に組み入れられた少年事件では，捜査，公判，処分の各段階について，次のような少年固有の特別手続が定められています。

捜査段階の特則　通常の捜査そのものについては，少年にも刑訴法が全面的に適用され，法的に特別な手続は定められていませんが，少年の情操に対する影響の大きい勾留について次のよう

な特則が定められています。

少 43Ⅲ
少 48Ⅰ
　　検察官は，少年に逃亡や罪証隠滅のおそれがあっても，留置施
設（52頁）や拘置所に収容する勾留については，やむを得ない場
少 43Ⅰ・Ⅱ
合（少年鑑別所の定員超過等）でなければ請求できず，これに代え
少 44Ⅱ・Ⅲ
少 17Ⅰ②
少 17Ⅰ①
て少年鑑別所に収容する**観護措置**（裁判官の発する観護令状によりま
す）を請求しなければならないこととなっています。この措置の
ほか，家庭裁判所調査官の観護に付することの請求もできること
とされていますが，身柄保全の効果がなく活用されていません。

　　こうして，捜査のため少年の身柄拘束が必要とされるときでも
成人の被疑者との接触を避け，少年の情操にも十分な配慮をする
ことのできる少年鑑別所に収容することにしているわけです。こ
60Ⅰ
の観護措置は勾留に代わるものですから，刑訴法 60 条 1 項各号
の要件が必要で，勾留質問等成人と同様の手続が採られます。し
少 44Ⅲ
かし，期間は 10 日間と定められ，延長が認められていませんか
ら，検察官は 10 日以内に家庭裁判所に送致するか否かを決めな
少 48Ⅱ
ければなりません。なお，やむを得ない事由があって勾留する場
合，勾留場所のみを少年鑑別所とすることもできることになって
208Ⅱ
います。刑訴法の定めによる勾留期間延長も可能です。

少 17Ⅶ
少 17Ⅲ・
Ⅳ・Ⅸ
　　家庭裁判所に送致されますと，勾留に代わる措置はそのまま家
庭裁判所が審判の必要のために認めた観護措置とみなされ，最長
8 週間少年鑑別所に収容されます。調査の結果，逆送決定が出さ
れ，検察官に事件が身柄付きのまま送致されますと，その拘束は
少 45④
送致の日から公訴提起に向けての身柄拘束として，刑訴法上の勾
208
208 の 2
留とみなされます。勾留の期間は刑訴法に従って送致の日から原
則 10 日間で，最大 15 日間の延長が認められますが，家庭裁判所
少 45④
送致前に勾留状が発せられた事件である場合には，期間延長が許
されません。

　　公判手続の特則　　少年の刑事公判手続においても，その情操
少 49Ⅱ
に配慮して，被告事件はできる限り関連成人事件と分離して審理

少50・9
規277

し，その審理方針も懇切を旨とし，事案の真相を明らかにするため家庭裁判所の取り調べた証拠（ことに家庭裁判所調査官，鑑別所技官等の調査結果を記載した**社会記録**）を努めて取り調べなければならないとされています。実務では，地方裁判所と家庭裁判所の申し合わせにより，地方裁判所が社会記録を取り寄せる旨決定し，家庭裁判所もこれに応じる取扱いがされています。

　しかし，いずれも訓示規定であり，ことに反対尋問に親しまない出生の秘密や日ごろの行動の詳細などが記載されていることもある社会記録について，これを公開の法廷で取り調べることを励行すべきかについては，刑事裁判官，少年事件担当裁判官の双方に賛否両論があります。少年事件も裁判員裁判事件の対象から除外されてはいません（244頁参照）。原則として逆送決定される少年事件の大部分は，証拠書類の全文を朗読することが望ましいとされる裁判員裁判事件です（198頁参照）。プライヴァシー保護との関係上，社会記録をどう取り扱うか，難しい問題です。

少55

　また，刑事裁判所で審理して，少年を保護処分に付するのが相当であると認めるときは，再び家庭裁判所に事件を移送しなければなりません。

少46

　刑事処分　少年がすでに保護処分を受けていることが判明したときは，一事不再理の効力が認められていますから，審判を経た事件について刑事訴追をすることはできません。

　少年に対して罪を認定し刑事処分が相当であるとする場合には，次のような大きな特色があります。

少51Ⅰ

　①**刑の減軽**　犯行時に18歳未満であった少年に対しては死刑に処することができず，死刑相当の場合は無期刑を科します。これは，児童の権利に関する条約37条(a)で「死刑又は釈放の可能性がない終身刑は，18歳未満の者が行った犯罪について科さないこと」が求められていることにも合致しています。また，無

少51Ⅱ

期刑相当の場合には，裁判所の裁量で10年以上20年以下の有期

拘禁刑に処することができるとされ，刑の緩和が図られています。

刑66・68　なお，刑法の酌量減軽や法律上の減軽の規定も適用されます。

少52　　②**不定期刑**　　特定少年を除く少年に対しては，成人にはない不定期刑の定めがあります。有期の拘禁刑が処断刑となるすべての場合に，長期と短期を定めた不定期刑が科されます。たとえば，「拘禁刑1年以上3年以下に処する」というように宣告されます。不定期刑の長期は15年，短期は10年を超えることはできません。ただし，刑の執行を猶予する場合（309頁参照）には，定期刑が科されます。

　　長期と短期を定めるに当たっては，処断すべき刑の範囲内において長期を定めたうえで，長期の2分の1（長期が10年を下回るときは，長期から5年を減じた期間）を下回らない範囲において短期を

少52Ⅱ　定めます。短期については，少年の改善更生の可能性その他の事情を考慮し特に必要があるときは，処断すべき刑の短期の2分の1を下回らず，かつ，長期の2分の1を下回らない範囲内において，これを定めることができるという特則が置かれています。

　　成人の刑事事件における定期刑の量刑が期間の中間程度になることを目安として科刑されている例が多いようです。

少56Ⅰ　　③**刑の執行**　　刑の執行についても特則があり，拘禁刑の言渡しを受けた少年（特定少年を除く）に対しては，少年刑務所または一般の刑務所内のとくに分界を設けた場所でその刑を執行します。

少56Ⅲ　さらに，16歳未満の少年については，16歳に達するまでの間，刑務所ではなく少年院に収容したうえで，作業を行わせるのに代えて，矯正教育を授けることができるとされています。また，少

少58・59　年のときに拘禁刑の言渡しを受けた場合には，仮釈放も早期になされるよう定められています。ただし，死刑を緩和して無期刑を科した場合，この特則は適用されません。

　　付随処分　　付随処分についても特則があり，未決勾留（368

少53　頁）については，前に述べた3種類の観護措置がすべて未決勾留

少54

とみなされ，未決勾留日数の算入の対象となりますし，特定少年を除く少年に罰金または科料の刑を言い渡した場合にも，成人と異なり労役場留置の言渡しができません。

Ⅳ　付随手続

刑21　　　　**未決勾留日数の法定通算**　　被疑者・被告人が裁判が確定する
まで刑事施設において身柄を拘束されている状態を未決勾留とい
います。刑法では，この未決勾留の期間が刑の執行そのものとは
異なるものの，実質的に自由刑の執行と同様の身柄拘束をともな
うものであることから，その全部または一部を本刑（自由刑のみ
ならず財産刑をも含みます）に算入する**裁定算入**の制度が認められ
495　　　ており，一方，刑訴法は，一定の未決勾留日数を必ず本刑に通算
することを定めた**法定通算**を規定しています（310 頁）。

　　　　法定通算は，上訴に関し被告人の責めに帰することのできない
期間については，被告人に事実上の不利益がないようにしようと
したもので，次の 4 種については，いずれも判決主文に表示され
ませんが，当然に本刑に通算され，その期間すでに刑の執行を受
けたと同様の効果が発生します（321 頁参照）。

　　　　①被告人側上訴の場合は，判決言渡しの日から上訴提起の日の
　　　　　前日までの未決勾留日数全部
　　　　②検察官が上訴した場合（双方上訴を含みます）は，上訴提起の
　　　　　日以降上訴審判決言渡しの日の前日までの未決勾留日数全部
　　　　③被告人側が上訴したケースにおいて，原判決が破棄された場
　　　　　合には，上訴提起の日以降上訴審判決言渡しの日の前日まで
　　　　　の未決勾留日数全部
　　　　④上訴裁判所が原判決を破棄し，原裁判所に差戻しまたは移送
　　　　　した場合には，破棄判決言渡しの日から差戻しまたは移送を
　　　　　受けた裁判所における判決言渡しの日の前日までの未決勾留
　　　　　日数全部

348　　　　**仮納付**　　裁判所は罰金，科料または追徴を言い渡す場合にお
いて，判決の確定を待っていてはその執行をすることができず，

またはその執行をするのに著しい困難を生じるおそれがあると認めるときは，検察官の請求によりまたは職権で，被告人に対し刑の言渡しと同時に，判決中（略式命令を含みます）で仮に罰金，科料または追徴に相当する金額を納付すべきことを命じることができます【書式9】357頁）。この仮納付の裁判は直ちに執行でき，執行後に罰金，科料または追徴の裁判が確定すると直ちに刑の執行を終わったとみなすこととされています。道路交通法違反事件についての略式命令のほとんどに仮納付の裁判が付されています。

労役場留置　　罰金または科料の刑を言い渡す場合には，被告人が法人または少年（特定少年を除く）である場合を除いて，労役場留置の言渡しをしなければなりません。これを**換刑処分**といいます。貧困等のため財産刑の執行が不能となっても，労役場に留置することによって罰金等の納付と同じ効果を発生させようという制度です。

したがって，労役場に1日留置するごとに何円の罰金，科料の執行とみなすかの換算割合を判決主文で示す必要があります。一般に，「この罰金を完納できないときは金○○円を1日に換算した期間被告人を労役場に留置する」と判示します【書式9】357頁参照）。通常の罰金刑においては，1日を5000円に換算する例が多いようですが，労役場留置期間は2年以内と定められていますから，罰金が高額になれば1日の換算割合も高くなることになります。

没収・追徴　　没収，追徴も判決と同時に主文で言い渡されます（310頁参照）。その要件は，裁量的没収，追徴については刑法19条および19条の2に，必要的没収，追徴は刑法の各本条（たとえば刑法197条の5）または特別法（たとえば公職選挙法，覚醒剤取締法）にそれぞれ規定されています。

没収物は検察官が処分します。偽造手形のように民事訴訟等で利用される可能性のあるものについては，偽造部分に偽造である

494

刑18
505
少54
少67Ⅳ

刑19・19の2
刑197の5
公選233
覚醒剤41
の8Ⅰ
496・498

旨を表示し本来の流通ができないようにしてから権利者に還付します。

刑19の2　追徴は，裁判時にすでに被告人が没収物を処分するなどして没収することができない場合に，没収に代えてその物に相当する価額を被告人から徴収する裁判です。価額は，没収物の授受当時の価額で算定すべきであるというのが判例です（最大判昭和43・9・25刑集22巻9号871頁）。

347　　**被害者還付**　判決を言い渡す際に，裁判所が押収している贓物（財産犯罪によって得られた物）について被害者に還付すべき理由が明らかなものは，主文で被害者に還付する旨の言渡しをしなければなりません。これを被害者還付制度といいます。

刑訴費2　　**訴訟費用の負担**　刑事事件における訴訟費用とは，①証人の旅費，日当，宿泊料，②鑑定人，通訳人，翻訳人および国選弁護人に対する旅費，日当，宿泊料，鑑定料，通訳料・翻訳料，報酬

181 I　を指します。有罪判決をした場合には，原則としてその全部また
182　は一部について主文で被告人に負担（共犯者がある場合は連帯負担
185　も）させなければなりません。被告人の責めに帰すべき費用を国が負担することを避けるためです。

　　　被告人の責めに帰することのできない場合，すなわち無罪判決等，刑の言渡しをしない場合には原則として負担を命じることは
181Ⅲ　できませんし，検察官のみが上訴を申し立て，その上訴が棄却されたときおよびその上訴が取り下げられたときも，上訴審で生じた訴訟費用は原則として被告人に負担させることはできません。

181 I但　有罪判決の場合であっても，被告人が貧困のため負担能力がない場合には，裁判所は裁量によって訴訟費用の負担を免除することができ（この場合には主文に表示されません。【書式42】418頁参照），

500　仮に負担させる旨の判決が確定しても，被告人であった者は訴訟
規295〜　費用負担の裁判の執行免除の申立てをすることができます。
295の5

CHAPTER 9

書式でみる刑事手続

　　書式と刑事手続　　刑事手続では，捜査から公訴提起，公判，上訴，再審に至るまで，各過程においていろいろな書類が作成されます。これらの書類の大部分については，一定の書式が定められており，中には，起訴状や弁護人選任届のように，法や規則によって書面主義が明記されている例もあります。また，すでに述べたとおり，これらの書類は，証拠法上も重要な役割を果たします（260 頁，268 頁参照）。

256 I
規 18

　　しかし，みなさんは書式自体を目にしたことはほとんどないでしょう。そこで，この最終章では，書式をとおして刑事手続をながめてみることとします。ある具体的な裁判員裁判事件を素材としていますので，書式の記載内容を読み進めてもらえれば，刑事事件の進行を理解できるはずです。

　　補足説明　　書式につき若干の補足説明をしておきます。

　　①2001（平成 13）年 1 月より，書式はすべて横書きとなりました。

　　②本章の書式に現れた裁判員裁判事件は架空の事案です。関係者の氏名や事件現場などのほか，事件番号や裁判部（大阪地裁第 16 刑事部）も実在しません。実在の名を使用している地裁，地検，弁護士会なども，便宜上のもので，本件が大阪で実際に発生した事件というわけではありません。

　　③実際の訴訟記録には多数の書類が綴じられています。ここに挙げたのはそのうちのごく主要な書式だけです。一事件を追ったものですので，主要な書式でも，通常逮捕の場合の逮捕状請求書と逮捕状，捜索差押許可状，保釈許可決定書などは入っていません。そこで，本章に挙げられていない主要書式の若干は，別途，本文中に入れておきました（【書式 1】35 頁，【書式 2】37 頁，【書式 3】62 頁，【書式 4】64 頁，【書式 5】66 頁，【書式 6】144 頁，【書式 7】174 頁，【書式 8】177 頁，【書式 9】357 頁）。これらの書式に現れた事件も架空の事案です。

　なお，訴訟記録の編綴には定められた順序がありますが，理解の便のために，本章では原則として手続の進展に沿って掲記しています。

　④書式の多くについて，かつては，定型文言を不動文字としてあらかじめ印刷しておき，空欄の部分に個々の事件に応じてゴム印を押したり手書きで文字を書き込んだりして全文を完成させるという方法が採られてきました。しかし，近時は，ワープロソフトの普及により，定型的部分も含めて事件ごとにワープロで書面全体を作成するのが通例になってきています。本書に挙げた書式は，ほとんどがそのようにして作成されたものです。

　もっとも，逮捕状や勾留状などの令状に関しては，裁判官が発付した後，捜査機関や裁判所が必要な事項を順次その原本に書き入れていく方式が現在も維持されています。また，証拠等関係カードにも，後の期日に行われた手続が手書き等により追加記入されていきます。本章の書式については，それらの追加記入部分も便宜上すべて活字化して表記しています。

本章の事案の概要と事件の経過

　本章で採り上げた事案の概要と事件の経過は以下のとおりです。

〔**事案の概要**〕

　難波一郎が引き起こした自動車を使ったひったくり行為が強盗致傷罪（刑法240条前段）に該当するとして起訴された事案です（以下，難波一郎のことを「被告人」と称します）。強盗致傷罪は，裁判員裁判事件であるため，公判前整理手続に付され，裁判員が加わった合議体で審理・判決されることになります。

　ひったくりの事案は，窃盗罪（刑法235条）で起訴されることが多いようですが，被害者に加えた有形力行使の態様が，相手方の反抗を抑圧するに足りる程度の暴行にまで達していて，被告人にその認識（故意）があれば強盗罪（刑法236条）が成立する（被

害者が受傷していれば強盗致傷罪が成立する）ことになります。

　被告人および弁護人は，被告人がひったくり行為をしたことは認めた上で，被告人には強盗の故意がなかったとして強盗罪の成立を争いましたが，裁判所の判断は，強盗致傷罪の成立を認めるものとなっています。

〔事件の経過〕

　この事件の捜査および公判の大まかな経過を【書式10】から【書式42】までの各書式を中心に説明します。

　被告人は，ひったくり行為に及んだ後，捜査中の警察官に発見され，職務質問を経て，強盗致傷罪で緊急逮捕されました。【書式10】の緊急逮捕手続書には，逮捕までの経緯が記載されています。【書式11】は緊急逮捕状です。被害品のショルダーバッグは警察官が領置しました（【書式12】はその領置調書）。

　司法警察員に引致された被告人は弁解の機会を与えられます。【書式13】が被告人の弁解内容を記載した弁解録取書です。【書式14】はその翌日に被告人が司法警察員に対して供述した内容を録取した供述調書です。

　事件は司法警察員から検察官に送致されます。【書式15】がその送致書です。検察官は裁判官に対して勾留を請求し，これが認められました。【書式16】が勾留請求書，【書式17】が裁判官による勾留質問調書，【書式18】が勾留状です。

　被告人は私選弁護人を選任しており，【書式19】が私選弁護人選任申出書，【書式20】が弁護人選任届です。

　【書式21】は司法警察員が被害者吉野櫻立会いの下に事件現場の実況見分をした結果を記載した実況見分調書です。

　この事件は大阪地方裁判所に起訴されました。【書式22】がその起訴状です。この事件は，前記のとおり，裁判員裁判事件であるため，公判前整理手続に付されることになります（153頁，248頁）。【書式23】は公判前整理手続に付する決定などを一覧性のあ

る書面にまとめたもの，【**書式 24**】は弁護人が提出した第 1 回公判前整理手続についての期日請書です。

この事件では 3 回にわたり公判前整理手続期日が開かれました。【**書式 28**】がその第 3 回公判前整理手続調書です（第 1 回，第 2 回の調書は省略しています）。同手続の中では，当事者から色々な書面が裁判所に提出されます。【**書式 25**】は検察官の証明予定事実記載書，【**書式 26**】は弁護人の類型証拠開示請求書，【**書式 27**】は弁護人の予定主張記載書です。【**書式 29**】は，公判前整理手続の終了後，裁判員・補充裁判員を選任した期日の経過を記載した裁判員等選任手続調書です。

この事件の公判期日は 3 回開かれました。【**書式 30**】は第 1 回公判で行われた手続を明らかにした公判調書です。第 1 回公判では，検察官の冒頭陳述（【**書式 31**】），弁護人の冒頭陳述（【**書式 32**】）のほか，統合捜査報告書（【**書式 35**】）が取り調べられ，被害者吉野櫻の証人尋問（【**書式 36**】はその証人尋問調書，【**書式 37**】は証人の宣誓書）などが行われました。

第 2 回公判（【**書式 33**】が第 2 回公判調書）では，被告人質問（【**書式 38**】はその被告人供述調書）のほか，検察官の論告（【**書式 39**】），弁護人の弁論（【**書式 40**】）などが行われています。そのほかの証拠調べ等の内容はすべて【**書式 34**】の証拠等関係カードに記載されています。

第 3 回公判では，判決が言い渡されました（【**書式 41**】が第 3 回公判調書，【**書式 42**】が判決書です）。

【書式10】

緊 急 逮 捕 手 続 書

　下記被疑者に対する強盗致傷被疑事件につき，被疑事実の要旨及び急速を要し逮捕状を求めることができない旨を告げて被疑者を逮捕した手続は，下記のとおりである。

記

1　被疑者の住居，職業，氏名，年齢
　　　大阪市城南区青山台2丁目3番4―506号
　　　飲食店従業員　　　　　　　　　　　　　　　難 波 一 郎
　　　　　　　　　　　　　　　　　　　　　　　平成2年10月11日生

2　逮捕の年月日時
　　　令和4年10月28日午前7時15分

3　逮捕の場所
　　　大阪市城北区緑山台1丁目2番3号先路上

4　罪名，罰条
　　　強盗致傷　刑法第240条前段

5　被疑事実の要旨
　　　別紙のとおり

6　被疑者が5の罪を犯したことを疑うに足りる十分な理由
　(1)　本職と芦屋雅一巡査は，令和4年10月28日午前2時58分頃，警ら用無線自動車北中央3号で大阪市城北区内を警ら中，本署基地局から無線で「自動車を使用したひったくり事案発生。女性被害者から110番入電。被害者は吉野櫻（35歳）。被害場所は大阪市城北区緑山台1丁目2番3号先路上。犯行使用車両は黒色のセダンで，ナンバープレートの末尾2桁が『11』。犯人は30代くらいの若い男1人。犯人は，運転席から通行中の被害者の黒色ショルダーバッグを奪い取り，同所から通称太閤筋を南方向に逃走した。被害者は，道路上を引きずられ，右肘と右膝を負傷して，現在，救急車で病院に搬送中。北中央3号は，太閤筋を南進し，犯行使用車両の検索，発見に当たれ。」との指令を受けた。
　(2)　本職らは，直ちに太閤筋を南進し，同市城南区青山台付近の駐車場等を中心に検索中，同日午前4時10分頃，同区青山台2丁目4番6号所在のコインパーキングに駐車中の普通乗用自動車「北大阪・ぬ・6311」（ベンツ・黒色・右ハンドル）を発見した。同車は，ナンバープレートの末尾2桁が通報内容と一致し，黒色セダンである点も共通している上，助手席には女性用の物と思われる黒色ショルダーバッグが置かれていたことから，犯行使用車両の可能性が高いと思料された。本職らは，北中央3号を同コインパーキング脇の路上に移動させ，車内から同駐車場及びベンツの監視を続けることとした。
　(3)　そうしたところ，同日午前6時30分頃，30代と思われる若い男（以下「被疑者」という。）が同駐車場に現れ，ベンツに乗り込む素振りを見せたので，当職らは被疑者に対する職務質問を開始した。
　(4)　被疑者は，職務質問の当初こそひったくりの犯行への関与を否定していたものの，助手席にある黒色ショルダーバッグについて鋭意追及すると態度を変え，程なく関与を認めるに至った。そこで，被疑者の同意の下，ショルダーバッグの中身を確認すると，免許証入れの中に吉野櫻名義の運転免許証が確認できた。被疑者に犯行場所への案内を求めたところ，被疑者がこれに同意したので，被疑者を北中央3号に同乗させ，被疑者の指示に従って太閤筋を北進し，同日午前7時14分頃，同市城北区緑山台1丁目2番3号先路上に至った際，被疑者が「ショルダーバッグをひったくったのはこの場所です。」と指示説明をしたものであり，被害場所も被害者と被疑者の指示説明が一致した。
　(5)　以上の状況から，被疑者が強盗致傷を犯したことを疑うに足りる十分な理由が認められた。

7　急速を要し裁判官の逮捕状を求めることができなかった理由
　　　被疑者は，職務質問開始時から逮捕場所に至るまでの間，被疑事実を基本的には認めながらも，終始落ち着きがなく，常に周囲をうかがうような素振りを見せるなど逃走する気配がうかがわれた。本件犯行の重大性にも照らすと，直ちに逮捕しなければ逃走及び罪証隠滅に及ぶおそれがあった。

8　逮捕時の状況
　　本職が強盗致傷の被疑者と認め逮捕する旨告げたところ，「強盗のつもりはありませんでした。」
　　と述べつつも，逮捕には素直に応じた。

9　証拠資料の有無
　　なし

　　本職は，令和4年10月28日午前7時35分，被疑者を大阪府大阪北中央警察
署司法警察員に引致した。
　　　　上記引致の日
　　　　　　　　　　　　大阪府大阪北中央警察署
　　　　　　　　　　　　　　司法警察員巡査部長　鳴　尾　克　一　㊞
　　本職は，令和4年10月28日午前10時15分，大阪地方裁判所裁判官に対し，
上記被疑者に対する逮捕状を請求した結果，同日，同裁判所裁判官桜井崇一から
逮捕状が発せられた。
　　　　上記逮捕状発付の日
　　　　　　　　　　　　大阪府大阪北中央警察署
　　　　　　　　　　　　　　司法警察員警部補　　高　田　正　一　㊞

　　本職は，令和4年10月29日午後3時00分，被疑者を関係書類とともに，大
阪地方検察庁検察官に送致する手続をした。
　　　　上記送致の日
　　　　　　　　　　　　大阪府大阪北中央警察署
　　　　　　　　　　　　　　司法警察員警部補　　高　田　正　一　㊞

　　（別紙）
　　被疑者は，通行人から金品をひったくって強取しようと企て，令和4年10月28日午前2時
53分頃，大阪市城北区緑山台1丁目2番3号先路上において，自動車を運転して進行し，通
行中の吉野櫻（35歳）の左側方を後方から追い抜く際，同人が左肩に掛けていた同人所有の
現金約8万8000円等在中のショルダーバッグ1個の持ち手をつかんで引っ張り，同人を路上
に転倒させた上，そのまま引きずる暴行を加えて，上記ショルダーバッグ1個を強取し，その
際，上記暴行により，同人に相当期間の加療を要する右肘擦過傷，右膝擦過傷等の傷害を負わ
せたものである。

▲本書40頁，41頁。法210条の緊急逮捕が行われた場合に作成される。なお「別紙」記載の
　被疑事実の要旨は，以下の逮捕状【書式11】379頁，勾留状【書式18】388頁も同様である。

【書式11】

<table>
<tr><td colspan="2" align="center">逮　捕　状（緊急逮捕）</td></tr>
<tr><td>被 疑 者 の 氏 名</td><td>難 波 一 郎</td></tr>
<tr><td>被 疑 者 の 年 齢
住 居，職 業
被 疑 事 実 の 要 旨
請 求 者 の 官 公 職 氏 名
逮 捕 者 の 官 公 職 氏 名
逮 捕 の 年 月 日 時 及 び 場 所
引 致 の 年 月 日 時 及 び 場 所</td><td>別紙逮捕状請求書のとおり〔別紙は省略〕</td></tr>
<tr><td colspan="2">上記の被疑事実により，被疑者の逮捕を認める。

　令 和 4 年 10 月 28 日
　　　大 阪 地 方 裁 判 所
　　　　　裁 判 官 　　桜 井 崇 一　㊞</td></tr>
<tr><td>送 致 す る 手 続 を し た
年 　 月 　 日 　 時</td><td>令 和 4 年 10 月 29 日 午後 3 時 00 分</td></tr>
<tr><td>記 　 名 　 押 　 印</td><td>高 田 正 一　㊞</td></tr>
<tr><td>送 致 を 受 け た 年 月 日 時</td><td>令 和 4 年 10 月 29 日 午後 3 時 20 分</td></tr>
<tr><td>記 　 名 　 押 　 印</td><td>守 口 如 月　㊞</td></tr>
</table>

▲本書36頁，40頁，41頁。緊急逮捕が行われた後，裁判官がその適法性を審査して発付する。「被疑者の逮捕を認める。」と記載される。

【書式 12】

	令和 4 年 　領第 9876 号

領 置 調 書（甲）	差 出 人	大阪市城南区青山台 2 丁目 3 番 4―506 号
	住居, 氏名	難 波 一 郎

令和 4 年 10 月 28 日

　　大阪府大阪北中央警察署

　　　　　司法警察員　巡査部長　鳴 尾 克 一　㊞

　被疑者難波一郎に対する強盗致傷被疑事件につき，本職は，令和 4 年 10 月 28 日，大阪市城北区中央 1 丁目 1 番 1 号大阪府大阪北中央警察署において，差出人が任意に提出した下記目録の物件を領置した。

押 収 品 目 録

符号	番号	品　　名	数量	所有者の住居, 氏名	備考
1	1	ショルダーバッグ	1 個	大阪市城北区緑山台西 3 丁目 4 番 5―607 号　吉 野 櫻	添付

　▲本書 60 頁。捜査機関が，法 221 条により被疑者等の遺留した物を領置する場合に作成される。領置調書（甲）は，所有者等が任意提出した物を領置する場合の書式，（乙）は，事件現場等に遺留された物を領置する場合の書式である。

【書式 13】

弁 解 録 取 書

住　居　　大阪市城南区青山台2丁目3番4—506号

職　業　　飲食店従業員

氏　名　　　　　　　　　　　難　波　一　郎
　　　　　　　　　　　平成2年10月11日生（32歳）

　本職は，令和4年10月28日午前7時40分頃，大阪府大阪北中央警察署において，上記の者に対し，緊急逮捕手続書記載の犯罪事実の要旨及び別紙記載の事項につき告知及び教示した上，弁解の機会を与えたところ，任意次のとおり供述した。

　1　私が女性からショルダーバッグ1個をひったくって奪ったことは間違いありませんが，強盗をするつもりはありませんでした。女性がけがをしたことは間違いないと思います。

　2　弁護人のことは分かりました。

　　　　　　　　　　　　　　　　　難　波　一　郎　(指印)

　以上のとおり録取して読み聞かせたところ，誤りのないことを申し立て，署名指印した。

　　　　前同日

　　　　　　　大阪府大阪北中央警察署

　　　　　　　　司法警察員　警部補　高　田　正　一　(印)

▲本書40頁。弁解の機会を与えるのは，司法警察員が被逮捕者に対し「直ちに」行わなければならない手続である（法211条・203条）。

別紙

1　あなたは、弁護人を選任することができます。

2　あなたに弁護人がない場合に自らの費用で弁護人を選任したいときは、弁護士、弁護士法人（弁護士・外国法事務弁護士共同法人を含む。）又は弁護士会を指定して申し出ることができます。その申出は、司法警察員（送致された場合は検察官）か、あなたが留置されている施設の責任者（刑事施設の長若しくは留置業務管理者）又はその代理者に対してすることができます。

3　あなたが、引き続き勾留を請求された場合において貧困等の事由により自ら弁護人を選任することができないときは、裁判官に対して弁護人の選任を請求することができます。裁判官に対して弁護人の選任を請求するには資力申告書を提出しなければなりません。あなたの資力が50万円以上であるときは、あらかじめ、弁護士会に弁護人の選任の申出をしていなければなりません。

4　あなたが、弁護人又は弁護人となろうとする弁護士と接見したいことを申し出れば、直ちにその旨をこれらの者に連絡します。

【書式14】

供 述 調 書

本　籍　　大阪市城南区青山台2丁目3番地
住　居　　大阪市城南区青山台2丁目3番4−506号
職　業　　飲食店従業員
氏　名　　　　　　　　　難　波　一　郎
　　　　　　　　　　　　平成2年10月11日生（32歳）

　上記の者に対する強盗致傷被疑事件について，令和4年10月29日，大阪北中央警察署において，本職は，あらかじめ被疑者に対し，自己の意思に反して供述をする必要がない旨を告げて取り調べたところ，任意次のとおり供述した。

1　私の出生地は本籍地と聞いています。

2　位記，勲章，年金などを受けたことはなく，公務員になったこともありません。

3　前科は1犯あります。京都市内で単身生活をしていたときに金に困り，車上荒らしを何回かしました。京都地裁に窃盗罪で起訴され，令和元年9月10日に懲役2年，執行猶予3年の判決を受けました。その猶予期間は無事に経過しています。

4　私は，町工場で工具をしていた父難波喜一，母紅葉との長男として生まれました。他に兄弟姉妹はいません。父は5年前に他界しました。私は，現在は独身で，住居地で母と同居しています。

5　学校は，地元の小中学校を出て，大阪市内の工業高校に進学し，卒業しました。卒業後，京都市内の建設会社に就職し，26歳の時に会社の同僚の女性と結婚し，長女も生まれたのですが，性格の不一致などから28歳のときに離婚してしまい，会社も辞めてギャンブルにおぼれる中で，前科の車上荒らしを犯してしまいました。前科の判決を受けた後は，大阪に戻って現在まで母と二人で暮らしています。長女は別れた妻が兵庫県内の実家で養育しています。

6　私の資産，収入等ですが，昨年から城北区内の居酒屋で働いており，月給は手取りで20万円ほどです。特に資産と呼べるようなものはなく，貯金が90万円近くあるだけです。なお，現住居は市営住宅で，母親が借りています。母親は近所のスーパーで働いていますが，どの程度の収入があるのかよくわかりません。

7　私は，昨日，通行中の女性からショルダーバッグ1個を強取し，その際，女性の右肘等に擦過傷を負わせたという強盗致傷の罪で逮捕されましたが，ショルダーバッグをひったくり，女性にけがを負わせたことに間違いありません。しかし，強盗をするつもりはありませんでした。詳しい経緯については，後日改めて話します。

難　波　一　郎　㊞（指印）

　以上のとおり録取して読み聞かせた上閲覧させたところ，誤りのないことを申し立て，各葉の欄外に指印した上末尾に署名指印した。

　　前同日

大阪府大阪北中央警察署
司法警察員　巡査部長　貝　塚　匡　一　㊞

▲本書24頁，94頁，274頁，277頁。司法警察員が行った第1回目の被疑者取調べの調書である。供述調書は部分的に問答形式が採られることもあるが，多くは物語形式である。参考人の調書とは異なり，供述拒否権の告知をした旨の記載がある（法198条2項）。

▲【書式34】407頁の検察官請求乙1の証拠。

【書式15】

不拘束	通常	㊞緊急	現行	告訴	告発	自首		閲	主任検察官
								㊞	桑名	

送　致　書

令和4年10月29日

大阪地方検察庁
　　検察官検事正　　伏　見　隆　一　殿
　　　　　大阪府大阪北中央警察署署長
　　　　　　司法警察員　警視正　羽　衣　清　一　㊞
　下記被疑事件を送致する。

検　番　号 罪名, 罰条	被疑者の住居, 氏名, 年齢等	前科	身上	逮捕の日時	身柄連行
検　第12345号　強盗致傷　刑法240条前段	住居　大阪市城南区青山台2丁目3番4―506号 ふりがな　なんば いちろう 氏名　難波一郎 平成2年10月11日生（32歳）性別男 外国人登録　年　月　No.	㊤添付 月 日 照会	㊤添付 月 日 照会	10月 28日 午前 7時 15分	㊤有 無
検　第　　号	住居 ふりがな 氏名 　年　月　日生（　歳）性別 外国人登録　年　月　No.	添付 月 日 照会	添付 月 日 照会	月 日 午 時 分	有 無
検　第　　号	住居 ふりがな 氏名 　年　月　日生（　歳）性別 外国人登録　年　月　No.	添付 月 日 照会	添付 月 日 照会	月 日 午 時 分	有 無
捜査主任官の職氏名	刑事第一課長 　　　　　　警部　江坂信一　警電				

（注意）1　送致と送付に兼用する。
　　　　2　左上欄外及び前科, 身上, 身柄連行欄の各該当部分に赤○を付け, かつ, 前科・身上照会中の場合は, 月日を記入すること。

---

1 犯罪発覚の端緒

  被害者からの通報による。

---

2 余罪の有無

  なし

---

3 関連する事件につき，被疑者の氏名，逃走中，取調中，送致未送致の別， 送
  致年月日等

---

4 犯罪事実及び犯罪の情状等に関する意見

  〔略〕

▲本書14頁，123頁。司法警察員から検察官への被疑事件の送致書である。

【書式 16】

令和 4 年 10 月 30 日

勾　留　請　求　書

大阪地方裁判所
　　　裁判官　殿

大阪地方検察庁
　　　　検察官検事　桑　名　皐　月　㊞

　下記被疑者に対する強盗致傷被疑事件につき，被疑者の勾留を請求する。

記

1　被疑者
　　　氏　名　　難　波　一　郎
　　　年　齢　　平成 2 年 10 月 11 日生
　　　職　業　　飲食店従業員
　　　住　居　　大阪市城南区青山台 2 丁目 3 番 4－506 号

2　被疑事実の要旨
　　　逮捕状請求書記載のとおり

3　勾留すべき刑事施設
　　　大阪府大阪北中央警察署留置施設

4　被疑者に弁護人があるときは，その氏名

5　被疑者が現行犯人として逮捕された者であるときは，罪を犯したことを疑う
　に足りる相当な理由

6　刑事訴訟法 60 条 1 項各号に定める事由
　　　刑事訴訟法 60 条 1 項 2，3 号

7　検察官又は司法警察員がやむを得ない事情によって刑事訴訟法に定める時間
　の制限に従うことができなかったときは，その事由

▲本書 48 頁。規則 147 条により検察官が被疑者の勾留を請求する書式である。

【書式 17】

（被疑者国選弁護対象事件用）

裁判官認印　⑪

勾　留　質　問　調　書

被　疑　者　難　波　一　郎

　被疑者に対する強盗致傷被疑事件について，令和4年10月30日，大阪地方裁判所において，

裁　判　官　大　宮　葉　月　は，
裁判所書記官　深　草　純　一　を

立ち会わせて，被疑者に対して次のように質問した。

　問　氏名，年齢，住居及び職業について述べてください。

　答　氏名は，難　波　一　郎

　　　年齢は，平成2年10月11日生

　　　住居は，大阪市城南区青山台2丁目3番4－506号

　　　職業は，飲食店従業員

　裁判官は，終始沈黙し，又は個々の質問に対し陳述を拒むことができる旨を告げ，勾留請求書記載の被疑事実を読み聞かせた。

　問　検察官からこのような事実について勾留の請求があったが，これに対して
　　　何か述べることはないですか。

　答　強盗をするつもりはありませんでした。その他の事実は，概ねそのとおり
　　　間違いありません。

　裁判官は，弁護人選任権を告げ，弁護士，弁護士法人（弁護士・外国法事務弁護士共同法人を含む。）又は弁護士会を指定して弁護人の選任を申し出ることができる旨及びその申出先を教示し，また，国選弁護人選任請求権を告げ，弁護人の選任を請求するには資力申告書を提出しなければならない旨及びその資力が基準額以上であるときは，あらかじめ，大阪弁護士会に弁護人の選任の申出をしていなければならない旨を教示し，

　勾留した場合の通知先を尋ねたところ，

　答　勾留通知先は，母親の難波紅葉に願います。

　以上のとおり読み聞かせたところ，相違ない旨申し立て署名指印をした。

被疑者　難　波　一　郎　⑪指印

　　　前同日同庁

裁判所書記官　深　草　純　一　⑪

　即日勾留通知済　同日同庁　裁判所書記官　⑪

▲本書49頁。

【書式18】

	勾　留　状	指揮印 ㊞
被疑者	氏　　名　難　波　一　郎 年　　齢　平成2年10月11日生 住　　居　大阪市城南区青山台2丁目3番4−506号 職　　業　飲食店従業員	延　長 ㊞

被疑者に対する強盗致傷被疑事件について，同人を大阪府大阪北中央警察署留置施設に勾留する。

被 疑 事 実 の 要 旨	別紙のとおり〔別紙は省略〕
刑事訴訟法60条1項 各号に定める事由	次葉のとおり
有　効　期　間	令和4年11月6日まで

この令状は，有効期間経過後は，その執行に着手することができない。この場合には，これを当裁判所に返還しなければならない。

令和4年10月30日 　　大阪地方裁判所 　　　　　　　　　裁　判　官　大　宮　葉　月　㊞	
勾 留 請 求 の 年 月 日	令和4年10月30日
執 行 し た 年 月 日 時 及　　び　　場　　所	令和4年10月30日　午前　11時30分 　　　　大阪地方検察庁
記　名　押　印	大阪府大阪北中央警察署 司法警察員巡査部長　住　吉　弥　生　㊞
執行することができな かったときはその事由	
記　名　押　印	令和　　年　　月　　日
勾 留 し た 年 月 日 時 及　び　取　扱　者	令和4年10月30日　午前　11時50分 　　大阪府大阪北中央警察署 　　司法警察員　警部補　堺　　典　一　㊞

（被疑者用）

刑事訴訟法 60 条 1 項各号に定める事由
下記の 2, 3 号に当たる。 1　被疑者が定まった住居を有しない。 2　被疑者が罪証を隠滅すると疑うに足りる相当な理由がある。 3　被疑者が逃亡し又は逃亡すると疑うに足りる相当な理由がある。

勾　留　期　間　の　延　長	
延　長　期　間 　　　　令和 4 年 11 月 18 日まで	延　長　期　間 　　　　令和　年　月　日まで
理　　　　由 1 被害者の取調べ未了 2 被害者及び被疑者供述の各裏付け捜査 　（現場引き当たり等）未了 3 上記1, 2を踏まえた被疑者の取調べ未了	理　　　　由
令和 4 年 11 月 8 日 　大阪地方裁判所 　　　　裁判官　大宮葉月　㊞	令和　年　月　日 　　裁判所 　　　　裁判官
勾留状を検察官に交付した年月日	勾留状を検察官に交付した年月日
令和 4 年 11 月 8 日 　　裁判所書記官　樟葉俊一　㊞	令和　年　月　日 　　裁判所書記官
勾留状を被疑者に示した年月日時	勾留状を被疑者に示した年月日時
令和 4 年 11 月 8 日午後 4 時 10 分 　大阪府大阪北中央　警察署 刑事施設職員　巡査部長　高石和一　㊞	令和　年　月　日午　時　分 刑事施設職員

▲本書46頁, 49頁, 52頁。検察官の勾留請求に対して法207条5項により裁判官が発付した勾留状である。

【書式 19】

令和 4 年 11 月 1 日

　　大阪弁護士会　御中

　　　　　　　氏　名　　難　波　一　郎
　　　　　　　（昭和・平成　2 年　10 月　11 日生）（男・女）

　　　　　　収容場所　大阪府大阪北中央警察署留置施設
　　　　　　　　　　（連絡先：○○─○○○─○○○○）

　　　　　　　　私選弁護人選任申出書

　　私に対する下記の被疑事件について，私選弁護人選任の申出をします。
　　　　　　　　　　　　記
1　□　逮捕日　／　■　勾留日　　令和 4 年　10 月　30 日
　※　勾留されている場合には勾留日の前の□を■にした上で勾留された日を記
　　入してください。
　　　　逮捕されてまだ勾留されていない場合には逮捕日の前の□を■にした上で
　　逮捕された日を記入してください。
2　罪　名・罰　条　　　　強　盗　致　傷　・　刑法第 240 条前段
　※　逮捕・勾留された事件の罪名・罰条を記入してください。
3　添付書類
　　　□　有り　■　無し

（以下は，弁護士会が通知をする際に記入する欄です。）
　　　　　　　　　　　　　　令和＿＿＿＿年＿＿＿＿月＿＿＿＿日
　　申　出　人　殿
　　　　　　　　　　　　　　　大　阪　弁　護　士　会
　　　　　　　　　　通　　知　　書
　　貴殿からの上記の私選弁護人選任申出について，■印を記した事項を通知します。
　□　当弁護士会は，貴殿に対し，貴殿の弁護人となろうとする者として＿＿＿＿＿＿
　　　＿＿＿＿＿＿＿弁護士を紹介しましたが，弁護士が貴殿からの私選弁護人選任の申
　　込みを拒みました。
　□　当弁護士会には，貴殿の弁護人となろうとする者がいませんでした。

　※　国選弁護人選任請求をする際には，この書面も提出してください。

▲本書 88 頁，92 頁。弁護士会に対する私選弁護人選任申出書である（法 78 条）。

【書式20】

令和4年11月2日

弁 護 人 選 任 届

大阪地方検察庁　御中

被疑者　難 波 一 郎

　被疑者に対する強盗致傷被疑事件について，大阪弁護士会所属弁護士宇治五月，
同桂沙羅を弁護人に選任しましたので，連署をもって届け出します。

被疑者　　難 波 一 郎　㊞

　本人の指印であることを証明する。

大阪府大阪北中央警察署　総務課留置管理係

巡査部長　門 真 伸 一　㊞

〒530−○○○○

大阪市北区西天満○丁目〔以下略〕　○○法律事務所

電 話　06−○○○○−○○○○

FAX　06−○○○○−○○○○

大阪弁護士会

弁護人　宇 治 五 月　㊞

弁護人　桂　　　沙 羅　㊞

▲本書88頁，145頁。規則18条により被疑者と弁護人が連署して差し出した弁護人選任届である。

【書式21】

実 況 見 分 調 書

令和4年11月15日

大阪府大阪北中央警察署

司法警察員　巡査部長　橋　本　暁　一　㊞

　被疑者難波一郎に対する強盗致傷被疑事件につき，本職は，下記のとおり実況見分をした。

記

1　実況見分の日時

　　令和4年11月9日午後3時30分から午後4時15分まで

2　実況見分の場所，身体又は物

　　大阪市城北区緑山台1丁目2番3号付近路上

3　実況見分の目的

　　被害状況の模様を明らかにし，犯行の手段方法の認定と証拠保全のため

4　実況見分の立会人（住居，職業，氏名，年齢）

　　被害者

　　　大阪市城北区緑山台西3丁目4番5－607号

　　　　　看護師　吉野　櫻　35歳

5　実況見分の経過

　　本見分は，令和4年10月28日午前2時53分頃，大阪市城北区緑山台1丁目2番3号先路上において発生した，被害者吉野櫻（当時35歳）に対する強盗致傷被疑事件につき，同人を立会人として被害状況の模様を明らかにし，犯行の手段方法の認定と証拠保全を図るために実施した被害再現見分である。

　　本見分の詳細は，別添「検証・実況見分調書補助用紙」に記載のとおりである。〔「現場の概況」以外の別添書面は省略〕

▲本書60頁，275頁。この実況見分調書は，証拠としては請求されていない。【書式34】406頁の検察官請求甲1（統合捜査報告書）を作成するについて，その根拠となる証拠として用いられたものと思われる。

現場の概況

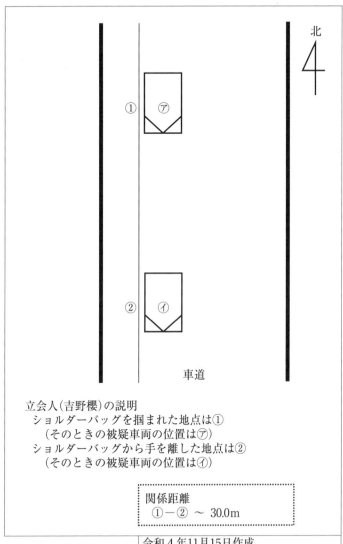

立会人(吉野櫻)の説明
　ショルダーバッグを掴まれた地点は①
　　(そのときの被疑車両の位置は㋐)
　ショルダーバッグから手を離した地点は②
　　(そのときの被疑車両の位置は㋑)

関係距離
①－② ～ 30.0m

令和4年11月15日作成
大阪府大阪北中央警察署
　司法警察員巡査部長　橋本　暁一㊞

【書式 22】

令和 4 年検第 12345 号

起 訴 状

令和 4 年 11 月 18 日

大阪地方裁判所　殿

大阪地方検察庁

検察官検事　桑　名　皐　月　㊞

　下記被告事件につき公訴を提起する。

記

本籍　　大阪市城南区青山台 2 丁目 3 番地
住居　　大阪市城南区青山台 2 丁目 3 番 4−506 号
職業　　飲食店従業員

勾留中　　　　　　　難　波　一　郎
平成 2 年 10 月 11 日生

公　訴　事　実

　被告人は，通行人から金品をひったくって強取しようと企て，令和 4 年 10 月 28 日午前 2 時 53 分頃，大阪市城北区緑山台 1 丁目 2 番 3 号先路上において，普通乗用自動車を運転して時速十数キロメートルで進行し，徒歩で通行中の吉野櫻（当時 35 歳）の左側方を後方から追い抜く際，同人に対し，同人が左肩に掛けていた同人所有の現金 8 万 8250 円及び携帯電話機等 12 点在中のショルダーバッグ 1 個（物品時価合計 12 万 7000 円相当）の持ち手をつかんだ上，自車を進行させながら，同人が肩に掛けた状態の前記ショルダーバッグの持ち手を引っ張り，これに伴って同人を路上に転倒させ，約 30 メートル引きずる暴行を加えて，前記ショルダーバッグ 1 個を強取し，その際，前記一連の暴行により，同人に加療約 20 日間を要する右肘打撲擦過傷，右膝打撲擦過傷等の傷害を負わせたものである。

罪　名　及　び　罰　条

　強盗致傷　　刑法 240 条前段

▲本書 125 頁，127 頁，131 頁，187 頁。略式命令請求（【書式 9】357 頁参照）ではなく公判請求の書式である。身体拘束の有無および身体拘束の種別については朱書されている。本書式では，「勾留中」がこれに当たる。不拘束の場合は「在宅」，別件で保釈中の起訴は「保釈中」と表示される。

【書式23】

公 判 前 整 理 手 続【令和4年（わ）第7007号】		
決定	本件を公判前整理手続に付する。 　令和4年11月21日 　大阪地方裁判所第16刑事部 　　裁判長裁判官　飛　鳥　誠　一　㊞ 　　裁判官　生　駒　睦　月　㊞ 　　裁判官　郡　山　聖　一　㊞	即日，検察官，被告人 及び弁護人に通知した。 　裁判所書記官　㊞

検察官証明予定事実記載書面等提出	証明予定事実を記載した書面及びその証拠取調べ請求書を提出すべき期限の求意見		被告人側証明予定事実記載書面等提出	証明予定事実等を記載した書面，その証拠取調べ請求書及び検察官請求証拠に対する意見を明らかにした書面を提出すべき期限の求意見	
	電話聴取書【検察官　松阪英一　発信】			電話聴取書【弁護人　　　　　発信】	
	令和4年11月21日午前10時30分	書記官印		令和　年　月　日午前・後　　時　　分	書記官印
	下記期限の指定については 　しかるべく。	㊞		下記期限の指定については	
	電話聴取書【主任弁護人　宇治五月　発信】			電話聴取書【検察官　　　　　発信】	
	令和4年11月21日午後1時45分	書記官印		令和　年　月　日午前・後　　時　　分	書記官印
	下記期限の指定については 　しかるべく。	㊞		下記期限の指定については	
	証明予定事実を記載した書面及びその証拠取調べ請求書を提出すべき期限を， 　令和4年12月2日と定める。 　令和4年11月21日			証明予定事実その他の公判期日においてすることを予定している事実上及び法律上の主張を記載した書面，その証拠取調べ請求書及び検察官請求証拠に対する意見を明らかにした書面を提出すべき期限を， 　令和　年　月　日と定める。 　令和　年　月　日	
	裁判長印　㊞　　裁判官印　㊞　　裁判官印　㊞			裁判長印　　　裁判官印　　　裁判官印	
	即日検察官及び弁護人に通知した。 　　裁判所書記官　㊞			即日検察官及び弁護人に通知した。 　　裁判所書記官	
	提出日	令和4年12月2日		提出日	令和　年　月　日

公 判 前 整 理 手 続 期 日					
指定した日	期　　　　　日		裁判長印	通　知　日	書記官印
4・11・25	令和4年12月23日午前10時00分	㊞		検　4・11・25 弁　4・11・25 被　4・11・25	㊞

被告人の出頭状況確認欄		備考欄
5・2・7	出頭	
・・		

▲本書153頁，157頁。冒頭の事件番号にある「（わ）」は地方裁判所への公判請求事件を指す。

【書式24】

令和4年（わ）第7007号　強盗致傷被告事件

被告人　難　波　一　郎

期　日　請　書

令和4年11月25日

大阪地方　裁判所　第16刑事部　御中

主任弁護人　宇　治　五　月　㊞
弁護人　桂　　　沙　羅　㊞

　頭書被告事件の公判前整理手続期日（令和4年12月23日午前10時00分）
をお請けします。

▲本書148頁。私選弁護人の提出した公判前整理手続期日の通知受領書である。

【書式 25】

証 明 予 定 事 実 記 載 書

令和4年12月2日

大阪地方裁判所第16刑事部　殿

大阪地方検察庁

検察官検事　松　阪　英　一　㊞

　被告人難波一郎に対する強盗致傷被告事件について，検察官が証拠によって証明しようとする事実は以下のとおりである。

証 明 予 定 事 実	主 要 な 証 拠
第1　犯行に至る経緯及び犯行状況 　1　被告人は，居酒屋での勤務を終えたが，帰宅時間が遅くなったので，店長のベンツを借り，自宅に向かった。被告人は，道路の右側を一人で歩行中の被害者を見かけ，その際，離婚した妻から長女の養育費の未払額が100万円近くになっていることを強く責められ，その支払いを督促されていたことを思い出し，被害者のショルダーバッグをひったくって奪い取ることを思い立って，被害者の後方から自車を接近させた。 　2　被害者は，病院での勤務を終えた後，自宅近くのコンビニエンスストアまでタクシーで戻り，買い物を済ませて，自宅に向けて徒歩で帰宅途中であった。 　3　犯行状況は，起訴状の「公訴事実」記載のとおり。	捜査報告書（甲1，2） ショルダーバッグ（甲3） 吉野櫻の検察官調書（甲4） 被告人の検察官調書（乙2）
第2　強盗の故意及び強取行為の存在 　1　被告人は，被害者がショルダーバッグを左肩に掛け，持ち手を左手でつかんでいる状況を認識しており，被害者が容易にその手を放さず，そのまま引きずることになる事態も想定していた。 　2　被告人は，被害者が手放そうとしないショルダーバッグの持ち手を，時速十数キロメートルで走行中のベンツの運転席から，強い力で引っ張り続けた。 　3　その結果，被害者は，身体の右側を下にする形で，ショルダーバッグを手放すまで約30メートル引きずられ，路上に転倒して，加療約20日間を要する右肘打撲擦過傷，右膝打撲擦過傷等の傷害を負った。 　4　以上の事実から，被告人の行為は強取行為に該当し，被告人には少なくとも強盗の未必的故意があったものである。	捜査報告書（甲1，2） ショルダーバッグ（甲3） 吉野櫻の検察官調書（甲4） 被告人の検察官調書（乙2）
第3　その他の立証事項 　1　被告人の身上，経歴等	被告人の警察官調書（乙1）戸籍謄本（乙3），前科調書（乙4）
2　被害者の処罰感情等	吉野櫻の検察官調書（甲4）

▲本書157頁。検察官が提出した「証明予定事実」を記載した書面である（法316条の13）。

【書式26】

令和4年（わ）第7007号　強盗致傷被告事件
被告人　難波一郎

　　　　　　　　　　　　　　　　　　　　令和4年12月5日

類 型 証 拠 開 示 請 求 書

大阪地方検察庁
　　検察官検事　松阪英一　殿

　　　　　　　　　　　　　　　主任弁護人　宇　治　五　月　㊞
　　　　　　　　　　　　　　　弁護人　桂　　　沙　羅　㊞

　被告人の頭書事件について，弁護人は，刑事訴訟法316条の15に基づき，下記のとおり証拠開示を請求する。

記

1　本件現場に関する検証調書，実況見分調書，写真撮影報告書，写真その他これに準ずる証拠（ただし，開示済みのものを除く。）
　　類型：刑事訴訟法316条の15第1項3号
　　理由：甲第1号証は本件現場の状況等に関する証拠であるが，その証明力を判断するためには，本件で実施された全部の検証調書，実況見分調書のほか，本件現場に関する写真撮影報告書，写真その他これに準ずる証拠を確認することが重要であり，被告人の防御のためその必要性は高い。

2　被害者の受傷状況及び治療状況に関する医師の診断書，意見書，回答書，診療録，看護記録ないしこれに準ずる書面（ただし，開示済みのものを除く。）
　　類型：刑事訴訟法316条の15第1項4号
　　理由：甲第2号証には被害者の受傷状況と治療状況に関する記載があるが，本件犯行態様との整合性を検証し，その証明力を判断するためには，甲第2号証以外に被害者の受傷状況及び治療状況に関する医師の診断書，意見書，回答書，診療録，看護記録ないしこれに準ずる書面があるとすれば，それらの開示を受けて内容を確認することが重要であり，被告人の防御のためその必要性は高い。

《中略》

5　被告人のすべての供述書，供述録取書等（弁解録取書，勾留質問調書，被告人が供述する様子を撮影した記録媒体，被告人の供述を録音した記録媒体，被告人の署名又は指印のない被告人の供述を記載した書面を含む。ただし，開示済みのものを除く。）
　　類型：刑事訴訟法316条の15第1項7号
　　理由：被告人の供述を録取した乙第1，第2号証の証明力を判断するためには，未開示の被告人の供述録取書等のすべての開示を受け，その内容及び供述経過等を検討することが重要であり，被告人の防御の準備のため必要である。

▲本書159頁。弁護人が作成した「類型証拠」の開示請求書である（法316条の15）。この書面は弁護人から検察官に提出されるものであるが，裁判所にも参考送付されることが多い。

【書式27】

令和4年（わ）第7007号　強盗致傷被告事件
被告人　難　波　一　郎

予　定　主　張　記　載　書

令和5年1月17日

大阪地方裁判所第16刑事部　御中

主任弁護人　宇　治　五　月　㊞
弁護人　桂　　　沙　羅　㊞

　頭書被告事件につき，弁護人が公判期日においてすることを予定している主張は，下記のとおりである。

記

1　事実関係について
　(1)　被告人は，ショルダーバッグは簡単に奪えるものと考えており，被害者を引きずってまで奪うつもりはなかった。被告人の主観面は，あくまで窃盗の故意にとどまっていた。
　(2)　被害者がショルダーバッグの持ち手から手を放そうとしなかったことから，被告人は手を放そうとした。ところが，持ち手のひもが被告人の右手に絡まったために，そのまま被害者を引きずることになってしまい，やがて被害者が手を放したことから，ショルダーバッグを奪う結果になったにすぎない。
　(3)　公訴事実記載のその余の事実関係は特に争わない。
　(4)　以上から，被告人には，本件について窃盗罪と傷害罪が成立するにとどまる。

2　情状関係について
　(1)　被告人は本件を深く反省し，更生を誓っている。
　(2)　被害品はショルダーバッグを除いて被害者に還付されている。
　(3)　被害者に対し相当額の損害賠償を申し出る予定である。
　(4)　被告人の母親が今後の指導監督を約束している。

▲本書161頁。弁護人が提出した「予定主張」を記載した書面である（法316条の17）。

【書式 28】

裁判長認印　㊞

令和 4 年（わ）第 7007 号

第 3 回公判前整理手続調書（手続）

被　告　人　氏　名	難 波 一 郎（出頭）
被　告　事　件　名	強 盗 致 傷
公判前整理手続をした年月日	令和 5 年 2 月 7 日
公判前整理手続をした場所	大阪地方裁判所第 909 号法廷
公判前整理手続をした裁判所	大阪地方裁判所第 16 刑事部
裁　判　長　裁　判　官	飛 鳥 誠 一
裁　　判　　官	生 駒 睦 月
裁　　判　　官	郡 山 聖 一
裁　判　所　書　記　官	西 灘 楓
出 頭 し た 検 察 官	松 阪 英 一
	伊 勢 葵
出 頭 し た 弁 護 人(主任)	宇 治 五 月
	桂 沙 羅

争点整理に関する事項
　争点整理の結果の確認について
　　　　裁　判　長
　　　　　　　　争点整理の結果は別紙「争点整理案」のとおりである。〔別紙は省略〕
　　　松阪検察官及び主任弁護人
　　　　　　　　争点整理の結果に異議はない。
証拠整理に関する事項
　証拠調べ等
　　　　　　　　証拠等関係カード記載のとおり
　証拠整理の結果の確認について
　　　　裁　判　長
　　　　　　　　証拠等関係カードに記載のとおり。乙号証の取調べと被告人質問の先後関係等については，乙 1 号証の取調べに続いて被告人質問を行い，被告人質問が終了した時点で，乙 2 号証の採用の必要性を判断する。
　　　松坂検察官及び主任弁護人
　　　　　　　　上記の結果及び予定に異議はない。
公判審理の予定に関する事項
　公判審理の予定
　　　　裁　判　長
　　　　　　　　別紙「公判審理の予定表」記載のとおり〔別紙は省略〕
　記録媒体への記録の決定
　　　　裁　判　長
　　　　　　　　当事者の意見を聴いた上，裁判員法 65 条 1 項本文により，訴訟関係人の尋問及び供述等を記録媒体に記録する旨決定
裁判員等選任手続について
　　　陪席裁判官，松阪検察官及び主任弁護人
　　　　　　　　裁判員等選任期日において，別紙質問票（当日）記載の質問事項以外に，裁判長に対して質問することを求める事項はない。〔別紙は省略〕
裁判員等選任手続に関する決定
　　　　裁　判　長
　　　　　　　　本件について，2 人の補充裁判員を置く。
　　　　　　　　本件について，呼び出すべき裁判員候補者の員数を 75 人と定める。
裁　判　長
　　　　　　　　公判前整理手続終了
先に指定告知した裁判員等選任期日
　　　　　　　　令和 5 年 3 月 24 日午前 9 時 30 分
指定告知した公判期日
　　　　　　　　令和 5 年 3 月 27 日午後 1 時 30 分（第 1 回公判）
　　　　　　　　令和 5 年 3 月 28 日午前 9 時 50 分（第 2 回公判）
　　　　　　　　令和 5 年 3 月 29 日午後 4 時 30 分（第 3 回公判）
　　　　　　　令和 5 年 2 月 7 日

大阪地方裁判所第 16 刑事部
裁判所書記官　西 灘 楓　㊞

▲本書 165 頁，167 頁。

【書式 29】

令和4年（わ）第7007号

裁 判 員 等 選 任 手 続 調 書

被 告 人 氏 名　　難 波 一 郎（欠席）
被 告 事 件 名　　強 盗 致 傷
手 続 を し た 年 月 日　　令和5年3月24日
手 続 を し た 裁 判 所　　大阪地方裁判所第16刑事部
手 続 を し た 場 所　　大阪地方裁判所第5質問手続室
裁 判 長 裁 判 官　　飛 鳥 誠 一
裁 判 官　　生 駒 睦 月
裁 判 官　　郡 山 聖 一
裁 判 所 書 記 官　　西 灘 楓
出 席 し た 検 察 官　　松 阪 英 一，伊 勢 葵
出 席 し た 弁 護 人　　宇 治 五 月（主任），桂 沙 羅
出頭した裁判員候補者　　別紙出頭裁判員候補者一覧表記載のとおり
裁判員候補者に対する質問及びその陳述並びに裁判員候補者の申立て

　　　　　別添録音体に録取した裁判員候補者に対する質問及びその陳述
　　　　　並びに裁判員候補者の申立て部分のとおり

不選任の決定の請求等

　　　不選任決定等

　　　　　別紙出頭裁判員候補者一覧表記載のとおり

裁判員及び補充裁判員の選任等

　　　裁判長

　　　　　1　別紙被選任者一覧記載のとおり，裁判員に選任する旨決定
　　　　　2　別紙被選任者一覧記載のとおり，裁判員に選任されるべき順序
　　　　　　を符号順と定めて補充裁判員に選任する旨決定
　　　　　3　公判調書等に記載されるべき裁判員及び補充裁判員の符号は，
　　　　　　別紙被選任者一覧の裁判員及び補充裁判員の符号記載のとおり

　　　令和5年3月24日

　　　　　　大阪地方裁判所第16刑事部

　　　　　　　　裁判所書記官　　西 灘 楓　㊞

〔別紙等はいずれも省略〕

▲本書246頁。

【書式30】

裁判長認印　㊞

令和4年（わ）第7007号
　　　　　　　　　第 1 回 公 判 調 書 （ 手 続 ）
被 告 人 氏 名　　　　難 波 一 郎（出頭）
被 告 事 件 名　　　　強 盗 致 傷
公 判 を し た 年 月 日　　令和 5 年 3 月 27 日
公 判 を し た 裁 判 所　　大阪地方裁判所第 16 刑事部
裁 判 長 裁 判 官　　　飛 鳥 誠 一
裁 判 官　　　生 駒 睦 月
裁 判 官　　　郡 山 聖 一
裁 判 員　　　1 な い し 6
補 充 裁 判 員　　　1 及 び 2
裁 判 所 書 記 官　　　西 灘 楓
検 察 官　　　松 阪 英 一
　　　　　　　　　　　伊 勢 葵
出 頭 し た 弁 護 人 （主任）宇 治 五 月
　　　　　　　　　　　桂 沙 羅
出 頭 し た 証 人　　　吉 野 櫻
人定質問
　　氏 名　難 波 一 郎
　　生年月日，職業，住居，本籍は起訴状記載のとおり
被告事件に対する陳述
　　被告人
　　　強盗をするつもりはありませんでした。ショルダーバッグの持ち手から手
　　　を放そうとしたのですが，うまくいかず，ショルダーバッグを奪う結果に
　　　なってしまいました。被害者にけがを負わせたことは間違いありません。
　　主任弁護人
　　　被告人と同意見です。本件では，被告人に強盗の故意はなく，強盗致傷罪
　　　は成立しません。窃盗罪と傷害罪が成立するにとどまります。
検察官の冒頭陳述
　　松阪検察官
　　　別紙冒頭陳述（メモ）記載のとおり
弁護人の冒頭陳述
　　主任弁護人
　　　別紙「はじめに」と題する書面記載のとおり
公判前整理手続の結果を明らかにする手続
　　裁判長
　　　第 3 回公判前整理手続調書の要旨を告げた。
証拠調べ等
　　　証拠等関係カード記載のとおり
先に指定告知した公判期日
　　　令和 5 年 3 月 28 日午前 9 時 50 分
　　　令和 5 年 3 月 29 日午後 4 時 30 分（判決宣告）
　　　　　　　　令和 5 年 3 月 27 日
　　　　　　大阪地方裁判所第 16 刑事部
　　　　　　　裁判所書記官　　西 灘 楓 ㊞

▲本書 191 頁，192 頁，236 頁。人定質問に引き続き，検察官による起訴状の朗読，裁判長に
　よる被告人への権利告知の手続が行われるが（法 291 条 1 項・4 項），これらの手続は公判調
　書の必要的記載事項ではないため（規則 44 条参照），記載されないのが通例である。

【書式31】

冒頭陳述（メモ）

検 察 官

事件のあらまし

・被告人は、元妻から養育費の支払いを強く求められていた

・車で帰宅中、歩いている吉野さんを見てひったくりを決意

　　➡車で追い抜きざま吉野さんのバッグを掴み、30メートル引きず
　　　りバッグを奪う（吉野さんに加療20日間の怪我）

皆さんに判断していただきたい点

<u>吉野さんを引きずってでもバッグを奪うつもり（強盗の故意）があった
か</u>

判断にあたって注目していただきたいポイント

①吉野さんのバッグの持ち方

　　➡ひったくりをすれば、吉野さんを引きずると想定できた

　　　　　　　　　【吉野さんの証言、吉野さんのバッグ（実物）】

②吉野さんのバッグをどのように引っ張り、引きずったか

　　➡引きずってでもバッグを奪おうという強い気持ちの表れ

　　　　　　　　　【吉野さんの証言、現場の状況に関する報告書】

▲本書192頁，250頁。検察官が冒頭陳述に際して提出した書面である。法廷では，この書面に基づいて，口頭で必要な事項を補足しながら検察官が証拠により証明しようとする事実を述べることになる。

【書式32】

はじめに

弁 護 人

難波さんには、吉野さんを引きずってでもバッグを奪うつもり（強盗の故意）はありませんでした。

当初、難波さんは、

「吉野さんのバッグは簡単に奪える」

と考えていました。

しかし、実際は…

吉野さんが手を放さなかったので、難波さんはすぐ手を放そうとしましたが、バッグ（ショルダータイプ）の持ち手のひもが手に絡まり、そのまま引きずってしまいました。

難波さんに吉野さんを引きずるつもりはなく、<u>結果的に引き</u>ずってしまったのです。

詳しい内容は、難波さん自身の口から語ってもらう予定です。

そのほか、

難波さんが深く反省し、弁償するつもりであること

などについても立証する予定です。

▲本書192頁，250頁。弁護人が冒頭陳述に際して提出した書面である。法廷では，この書面に基づいて，口頭で必要な事項を補足しながら弁護人が証拠により証明しようとする事実を述べることになる。

【書式 33】

令和 4 年 (わ) 第 7007 号

第 2 回 公 判 調 書 （ 手 続 ）

被 告 人 氏 名　　　　難 波 一 郎（出頭）
被 告 事 件 名　　　　強 盗 致 傷
公 判 を し た 年 月 日　　令 和 5 年 3 月 28 日
公 判 を し た 裁 判 所　　大阪地方裁判所第 16 刑事部
裁 判 長 裁 判 官　　　飛 鳥 誠 一
裁 　 判 　 官　　　　生 駒 睦 月
裁 　 判 　 官　　　　郡 山 聖 一
裁 　 判 　 員　　　　1 な い し 6
補 充 裁 判 員　　　　1 及 び 2
裁 判 所 書 記 官　　　西 灘 楓
検 　 察 　 官　　　　松 阪 英 一
　　　　　　　　　　　伊 勢 葵
出 頭 し た 弁 護 人 (主任)　宇 治 五 月
　　　　　　　　　　　桂 沙 羅
出 頭 し た 証 人　　　難 波 紅 葉

証拠調べ等
　　　証拠等関係カード記載のとおり
検察官の意見
　　　松阪検察官
　　　　別紙論告（メモ）記載のとおり
弁護人の意見
　　　主任弁護人
　　　　別紙「さいごに」と題する書面記載のとおり
被告人の最終陳述
　　　　被害者の方には大変申し訳ないことをしました。今度こそ真面目に生活し，
　　　　更生することを約束します。
先に指定告知した公判期日
　　　令和 5 年 3 月 29 日午後 4 時 30 分（判決宣告）
　　　　　　　令和 5 年 3 月 28 日
　　　　　　　大阪地方裁判所第 16 刑事部
　　　　　　　　　裁判所書記官　　西 灘 楓　㊞

▲本書 236 頁。本件は第 2 回公判期日で実質審理を終了し，第 3 回公判期日は判決宣告である。

【書式34】

| 請求者等　　検察官 | | | | | | 令和4年(わ)第7007号 | |

<table>
<tr><td colspan="9" align="center">証 拠 等 関 係 カ ー ド （甲）　　　（No. 1）</td></tr>
<tr><td colspan="9">(このカードは，公判期日，公判前整理手続期日又は期日間整理手続期日においてされた事項については，各期日の調書と一体となるものである。)</td></tr>
<tr><td>番号</td><td>請求</td><td colspan="2">意　見</td><td colspan="3">結　果</td><td rowspan="2">備　考</td></tr>
<tr><td>標　　目
〔供述者・作成年月日，住居・尋問時間等〕
立 証 趣 旨
（公 訴 事 実 の 別）</td><td>期
日</td><td>期
日</td><td>内　容</td><td>期
日</td><td>内　容</td><td>取調順序</td></tr>
<tr><td>1
報
〔(事) 須磨敬一・4.12.2〕</td><td>前
1</td><td>前
2</td><td>同意</td><td>前
2</td><td>決定</td><td></td><td rowspan="2">編てつ箇所</td></tr>
<tr><td>本件現場の状況並びに被害者及び被告人の進行経路等
（　　　　　　）</td><td></td><td></td><td></td><td>1</td><td>済</td><td>1</td></tr>
<tr><td>2
報
〔(事) 須磨敬一・4.12.2〕</td><td>前
1</td><td>前
2</td><td>同意</td><td>前
2</td><td>決定</td><td></td><td></td></tr>
<tr><td>被害の状況（ショルダーバッグの内容物，被害者の受傷状況及び治療状況等）
（　　　　　　）</td><td></td><td></td><td></td><td>1</td><td>済</td><td>2</td><td></td></tr>
<tr><td>3
ショルダーバッグ　1個
〔令和4年領第9876号の符号1〕</td><td>前
1</td><td>前
2</td><td>異議なし</td><td>前
2</td><td>決定</td><td></td><td>即日検察官に返還</td></tr>
<tr><td>ショルダーバッグの存在及び形状
（　　　　　　）</td><td></td><td></td><td></td><td>1</td><td>済</td><td>3</td><td></td></tr>
<tr><td>4
検
〔吉野 櫻　4.11.15〕</td><td>前
1</td><td>前
2</td><td>不同意</td><td>前
2</td><td>撤回</td><td></td><td></td></tr>
<tr><td>被害の状況
（　　　　　　）</td><td></td><td></td><td></td><td></td><td></td><td></td><td></td></tr>
<tr><td>5
証人 吉 野 　櫻
〔　　　　30分〕</td><td>前
2</td><td>前
2</td><td>しかるべく</td><td>前
2</td><td>決定</td><td></td><td></td></tr>
<tr><td>被害の状況
（　　　　　　）</td><td></td><td></td><td></td><td>1</td><td>済</td><td>4</td><td></td></tr>
</table>

（被告人一名用）

（被告人　　難波一郎　　　　　　　）

請求者等　検察官							令和4年(わ)第7007号

証 拠 等 関 係 カ ー ド（乙）　　　（No. 1）

（このカードは，公判期日，公判前整理手続期日又は期日間整理手続期日においてされた事項については，各期日の調書と一体となるものである。）

番号　標　目〔供述者・作成年月日,住居·尋問時間等〕立 証 趣 旨（公 訴 事 実 の 別）	請求期日	意見		結果			備　考
		期日	内　容	期日	内　容	取調順序	編てつ箇所
1　　員〔(被)　　4.10.29〕被告人の身上，経歴（　　　　）	前1	前2	同意	前2 2	決定 済	1	
2　　検〔(被)　　4.11.15〕犯行に至る経緯及び犯行状況（　　　　）	前1	前2	任意性は争わない	2	撤回		
3　　戸〔大阪市城南区長　4.11.7〕被告人の身上（　　　　）	前1	前2	同意	前2 2	決定 済	4	
4　　前科（甲）〔(事)嵐山 董 4.10.29〕被告人の前科（　　　　）	前1	前2	同意	前2 2	決定 済	5	
〔　　　〕（　　　　）							

（被告人一名用）

（被告人　難波一郎　　　　　）

請求者等　弁護人							令和4年(わ)第7007号

証　拠　等　関　係　カ　ー　ド　(No. 1)

(このカードは，公判期日，公判前整理手続期日又は期日間整理手続期日においてされた事項については，各期日の調書と一体となるものである。)

番号　標　　目〔供述者・作成年月日，住居・尋問時間等〕立　証　趣　旨（公　訴　事　実　の　別）	請求期日	意　見期日	内　　容	結　　果期日	内　　容	取調順序	備　考編てつ箇所
1　証人　難波紅葉〔　　　　　10分〕情状（被告人の生活状況，今後の支援，監督等について）（　　　　　　　　）	前2	前2	しかるべく	前2	決定		
				2	済	3	

請求者等　職権							令和4年(わ)第7007号

証　拠　等　関　係　カ　ー　ド　(No. 1)

(このカードは，公判期日，公判前整理手続期日又は期日間整理手続期日においてされた事項については，各期日の調書と一体となるものである。)

番号　標　　目〔供述者・作成年月日，住居・尋問時間等〕立　証　趣　旨（公　訴　事　実　の　別）	請求期日	意　見期日	内　　容	結　　果期日	内　　容	取調順序	備　考編てつ箇所
1　　　　　　（被）〔　　　　　　　　〕（　　　　　　　　）				2	施行	2	

▲本書165頁，194頁，195頁，200頁，237頁。【書式30】402頁・【書式33】405頁の「証拠調べ等」の箇所参照。このカードには，検察官請求分，弁護人請求分，職権分の3種がある。標目欄は略語で記されており，訴訟記録には，緊逮＝緊急逮捕手続書，報＝捜査報告書（捜査復命書），員＝司法警察員に対する供述調書，検＝検察官に対する供述調書など略語表が綴じられている。弁護人請求分の「証人」は情状証人であり，（被）は，被告人質問で，これは職権分に記載することになっている。

▲公判廷で取り調べられた証拠のうち，検察官請求甲2（統合捜査報告書）は【書式35】409頁，甲5（証人吉野櫻）は【書式36】410頁，乙1（被告人の警察官調書）は【書式14】383頁，職権1（被告人質問）は【書式38】413頁である。検察官請求甲1（統合捜査報告書），乙3（戸籍関係書類），乙4（前科調書），弁護人請求1（証人難波紅葉）は書式としての掲記を省略した。なお，検察官請求甲3（ショルダーバッグ）は，証拠物として公判廷で取り調べられた後，領置されずに検察官に返還されている。

【書式35】

令和4年12月2日

大阪地方検察庁
　検察官　検事　松阪英一　殿

大阪地方検察庁
　　検察事務官　須磨敬一　㊞

統 合 捜 査 報 告 書

　被告人難波一郎に対する強盗致傷被告事件につき，関係証拠に基づき，被害者吉野櫻の財産的被害及び身体的被害について，下記のとおり取りまとめたので，報告します。

記

1　財産的被害について
　(1)　現金被害　　　　　　　被害額合計　　　　　8万8250円
　　　　①財布在中の現金（紙幣）　　　　　8万8000円
　　　　②小銭入れ在中の現金（硬貨）　　　　　250円
　(2)　物品被害　　　　　　被害額（時価）合計　12万7000円相当
　　　　①ショルダーバッグ（1万5000円），②携帯電話機（2万5000円），③財布（クレジットカード等在中）（1万円），④小銭入れ（1000円），⑤指輪（6万円），⑥運転免許証ケース（運転免許証等在中）（500円），⑦システム手帳，⑧ポーチ（化粧品等在中）（8500円），⑨ショール（7000円），⑩キーホルダー，⑪ペンケース，⑫ハンカチ，⑬折りたたみ傘　　以上各1点
2　身体的被害について
　(1)　診断名
　　　　右肘打撲擦過傷，右膝打撲擦過傷，右踝擦過傷
　(2)　加療期間
　　　　令和4年10月28日から同年11月16日まで（20日間）
　　　　被害者は，受傷日である令和4年10月28日に被害者が勤務する大阪北中央病院の救急外来で応急処置を受けた後，同月29日，11月7日，同月16日に引き続き同病院で診療を受けた（いずれも通院）。
3　根拠とした証拠
　　　　吉野櫻作成の令和4年10月28日付け被害届
　　　　吉野櫻の検察官に対する令和4年11月15日付け供述調書
　　　　医師園田文月作成の令和4年10月28日付け診断書及び同年11月17日付け捜査関係事項照会回答書

▲本書282頁。【書式34】406頁の検察官請求甲2の証拠。

【書式 36】

令和 4 年（わ）第 7007 号

裁判所書記官　㊞

証　人　尋　問　調　書

（この調書は第 1 回公判調書と一体となるものである。）

氏　　名　吉　野　　櫻
年　　齢　昭和 62 年 5 月 10 日生
職　　業　看護師
住　　居　大阪市城北区緑山台西 3 丁目 4 番 5−607 号
尋問及び供述
　　別紙反訳書記載のとおり
この証人の尋問については，裁判員法 65 条 1 項本文の規定により，訴訟関係人
の尋問及び供述等を記録媒体に記録した。

以　　上

（別紙）
松阪検察官
　あなたは，昨年の 10 月 28 日午前 2 時 53 分頃，城北区緑山台 1 丁目の路上で，徒歩で帰宅途中，被告人にショルダーバッグをひったくられるという被害に遭いましたね。
　　はい。
　そのとき，道路のどの辺りを歩いていたんですか。
　　道路の右側の路側帯というんですか，その白線のすぐ右側を歩いていました。
　ショルダーバッグはどのようにして持っていたのですか。
　　バッグの持ち手のひもを 2 本とも左肩から掛け，左手でその 2 本のひもの付け根の辺りをつかんでいました。
　付け根というと 2 か所ありますが，進行方向の，前の方の付け根辺りということでいいですか。
　　はい，そうです。
　被告人の車が近付いてくるのは分かりましたか。
　　後ろから車が来ているのは音で分かっていましたが，道路の左側をそのまま通り過ぎるものと思っていたところ，急に私の左後ろに近付いてきて，ぶつかりそうになったので分かりました。
　車のスピードはどの程度に感じましたか。
　　私の横を通り過ぎようとしたときは，そんなにスピードは出ていませんでした。15 キロくらいだったでしょうか。
　あなたは，普通車の運転免許はお持ちですか。
　　はい。週末には時々運転をしていますので，車の速度はおおよそ分かります。
　ショルダーバッグはどのようにしてひったくられたのですか。
　　犯人の男の人が運転席から右腕を伸ばして，バッグの持ち手のひもを後ろから鷲づかみにし，そのまま引っ張ってきました。
　あなたのショルダーバッグの持ち方は，運転席の被告人から見える状況でしょうか。
　　車のヘッドライトは点いていましたし，街灯もありますから，見えたと思います。
　あなたは，ショルダーバッグを放そうとしなかったのですか。
　　はい。携帯電話や大事な手帳などが入っていましたので，必死でバッグの持ち手のひもを握り，抵抗しました。
　ショルダーバッグを引っ張る被告人の力に変化はありましたか。
　　いいえ。車の速度はそのままで，強い力のまま引っ張り続けられました。
　途中，被告人がひもから手を放そうとしたことはありませんか。
　　いいえ。そんな素振りは全くありませんでした。

それでどうなりましたか。
　　最初は私も走って車に付いていったのですが，すぐに右半身が下になるような形になり，両足を引きずられるようになりました。
あなたの両手はどうなっていましたか。
　　左手は持ち手のひもを握ったままで，右手もバッグの本体をつかんでいたと思います。
結局はショルダーバッグを放してしまったのですね。
　　そうです。手に力が入らなくなってきたし，このままだと危険だと感じたので，ひもから手を放しました。
ひもを手放した後，あなたはどうなりましたか。
　　右の膝と肘を路面に強く打ち付けて，その場に倒れ込みました。
ショルダーバッグの持ち手を引っ張られ始めてから路上に倒れ込むまでの距離はどのくらいになりますか。
　　約30メートルかと思います。
距離の点は，現場で実況見分をしたときに，実際にその場を移動しながら路面の擦過痕などに基づいて確認をしていますね。
　　はい。
その後ご自身で110番通報をしたのですね。
　　はい。深夜で周りに人もいなかったので，傷の痛みはひどかったのですが，なんとか自力で110番と119番に通報しました。

《中略》
被告人の母親から弁護人を通じてお見舞い金などの趣旨で100万円を支払いたいという申し出がありましたね。
　　はい。確か，被告人の貯金に不足分はお母さんが足して作ったお金だと聞きました。
その申し出を断られたのはどうしてですか。
　　お母さんの気持ちはお察ししますが，私も突然被害に遭い，大変な思いで今日まで暮らしてきました。まだ気持ちの整理ができていないので，お断りさせていただきました。
被告人に対する処罰について何か意見はありますか。
　　いきなりバッグをひったくられ，とても怖い思いをしましたので，犯人には法に従った適正な刑をお願いします。

主任弁護人
《中略》
被告人がショルダーバッグを引っ張っているとき，車の速度が上がったということはありませんね。
　　それはありません。
ショルダーバッグを引っ張る被告人の力は，途中で多少は緩んでいませんか。
　　いいえ。
被告人の手がひもに絡まり，それをほどこうとするような右手の動きがあったのではありませんか。
　　そんな様子はありませんでした。

《中略》
裁判員5
深夜の帰宅経路は今も同じでしょうか。
　　以前は今回の事件の時と同じようにコンビニでタクシーを降り，買い物をしてから帰ることが多かったのですが，事件の後は自宅のすぐ前までタクシーで帰るようにしています。

以　上

▲本書200頁，203頁，243頁。被害者の証人尋問である。主尋問，反対尋問，補充尋問の順で進行していることが分かる。裁判員も補充尋問をしている（裁判員法56条）。【書式34】406頁の検察官請求甲5の証拠。

【書式37】

宣　　誓

良心に従って，真実を述べ，何事も隠さず，

また，何事も付け加えないことを誓います。

証人　吉野　櫻　㊞

▲本書202頁。証人は，この宣誓書を朗読し，署名押印する（規則118条3項）。

【書式38】

令和4年（わ）第7007号

裁判所書記官　㊞

被　告　人　供　述　調　書
（この調書は第2回公判調書と一体となるものである。）

氏　名　難　波　一　郎

尋問及び供述
　別紙反訳書記載のとおり
この被告人質問については，裁判員法65条1項本文の規定により，訴訟関係人
の尋問及び供述等を記録媒体に記録した。

以　上

（別紙）
桂弁護人
　あなたは，今回，被害者からショルダーバッグをひったくるとともに，被害者にけがを負
わせたことに間違いありませんね。
　　　はい。
　どうしてそんなことをしてしまったのですか。
　　　店長の車を借りて帰る途中，元の妻から養育費の支払いを催促されていることを思い
　　出していました。そのとき，一人で右前方を歩く被害者を見かけて，ひったくりを思い
　　ついてしまいました。
　本件以前にもひったくりをしようと考えたことはありましたか。
　　　いいえ，今回が初めてです。
　では，なぜ今回ひったくりを実行してしまったのですか。
　　　前科の車上荒らしの事件の共犯者が，ひったくりの方が簡単にできるなどとよく言っ
　　ていたことが頭の中のどこかにあったのかもしれません。
　被害者はショルダーバッグの持ち手のひもを左肩から掛けていましたよね。
　　　はい。それは見えていました。
　被害者の左手は更にひもの付け根をつかんでいたようなのですが，それは分かりましたか。
　　　いいえ。左手の指の様子までは見えませんでした。
　被害者がひもをつかんで抵抗する可能性は考えなかったのですか。
　　　それは考えていませんでした。
　でも，ショルダーバッグの持ち手に手を掛けて引っ張ったことは事実ですね。
　　　はい。
　その時点では簡単に奪えると思っていたということですか。
　　　はい，そうです。
　ところが，被害者は手を放さず，結果的にあなたが引きずるという状況になったのですが，
その時点であなたはどうしようとしたのですか。
　　　予想外のことで自分も慌ててしまったのですが，とっさにバッグのひもを手放そうと
　　しました。
　そうすると，ひもをそのまま引っ張り続けるつもりはなかったということですか。
　　　そうです。
　ひもがうまく外れなかったのはどうしてですか。
　　　右手の指がひもに絡まったようになってしまいました。
　車の速度を落とせばよかったのではないですか。
　　　今思えばそうですが，その時はそんな余裕もなく，そのままの速度で走ってしまいま
　　した。
　被害者の体勢がどうなっているか分かりましたか。
　　　体が斜めになっているのは分かっていましたが，進路の前方も見たりしていたので，
　　被害者の姿勢の細かな点などはよく分かりません。

　　ショルダーバッグは結局被害者の方から手を放したことになるのですね。
　　　　そうです。
　　被害者の様子は気になりませんでしたか。
　　　　路上に倒れ込む場面は見ましたので，かなりのけがを負っているだろうとは思いました。
　　その後あなたはどうしましたか。
　　　　車を自宅近くのコインパーキングに入れ，ショルダーバッグの中身を確認しました。自宅に戻り，寝ようとしたんですが寝付けず，バッグを車に置いたままだったのが気になって，明け方に車に戻ったところ，警察官に見つかってしまいました。
《中略》
主任弁護人
　　今後の生活設計はどう考えていますか。
　　　　今回の件では勤務先や店長にも迷惑をかけてしまいました。でも飲食店の仕事は自分に向いていると思いますし，店長も仕事ぶりは評価してくれていましたので，社会に戻ったらまた店長に頼んでみたいと思います。
　　元の奥さんや長女についてはどうですか。
　　　　娘には本当に顔向けできないことをしてしまいました。娘の養育費については母親の協力も得ながら今後きちんと対応していきます。
《中略》
伊勢検察官
　　今回の被害者が事件の時にとった行動で何かおかしな点はありますか。
　　　　それはないと思います。
　　そうだとすると，被害者を引きずるという可能性も当然出てきますよね。
　　　　冷静に考えるとそうかもしれません。でも，事件の時はそんな可能性は頭に浮かびませんでした。
　　被害者は，あなたがひもから手を放すような素振りはなかったと証言しています。手を放そうとした事実などなかったのではないですか。
　　　　いいえ。手を放そうとしたことは事実で，私は嘘は言っていません。
　　手が絡まるほどひもの部分は長くないように思いますが。
　　　　でも，ひもはうまく外れようとしなかったのです。
　　ショルダーバッグを引っ張ったまま約30メートルも進んでいますね。
　　　　現場検証の際に車や被害者の位置関係などを確認して距離の点は納得しましたが，私としては長くても20メートル程度かなと事件の当時は思っていました。
《中略》
裁判員3
　　今回の事件は，前の事件の執行猶予期間が過ぎてすぐの事件ですが，どうしてそんなことになったのですか。
　　　　猶予期間が満了したことは分かっていました。ですが，だからといって今回の事件を起こしたというわけではありません。
　　猶予期間が過ぎて，気が緩んでいたということはありませんか。
　　　　それは少しはあったかもしれません。
郡山裁判官
　　被害者がお見舞い金の受取りを拒まれたことについてどう思いますか。
　　　　受け取っていただけなかったことは残念ですが，被害者の気持ちを考えると仕方のないことだと思っています。

以　　上

▲本書214頁，243頁。弁護人，検察官，裁判官の順に行われた「被告人質問」の調書である。裁判員も補充質問をしている（裁判員法59条）。【書式34】408頁の職権1の証拠。

【書式39】

論告（メモ）

検 察 官

被告人に強盗の故意が認められること

・吉野さんの証言内容は一貫しており、嘘をつく理由もなく信用できる

　➡被告人は、吉野さんがバッグを手放そうとしないのに引っ張り続け、減速せずに車で30メートル引きずった

・被告人は、吉野さんがバッグを持つ様子（左肩から掛け、左手で持ち手を握っていた）が分かっていた

　➡ひったくりをすれば引きずることになると予想できた

※被告人供述…吉野さんの証言やバッグの形状にそぐわず信用できない

被告人は、吉野さんを引きずってでもバッグを奪うつもり（強盗の故意）があった

被告人に対する刑について

1　危険な犯行態様であり、結果は重大

　・車を使用したひったくり（車との接触、巻き込みの危険）

　・吉野さんは加療20日間の傷害を負い、強い恐怖を感じた

2　執行猶予期間満了から約1か月後の犯行

　➡法を守ろうとする意識に欠ける

被告人を懲役6年の刑に処するのが相当

▲本書218頁，220頁。検察官が論告に際して提出した書面である。法廷では，この書面に基づいて，口頭で必要な事項を補足しながら検察官が意見を述べることになる。

【書式 40】

さいごに

弁　護　人

難波さんには、強盗の故意はありませんでした。

① 難波さんは、バッグは簡単に奪えると思っていました。

    ☞ 難波さんの話は捜査段階から一貫しており、信用できます。

② 難波さんは、吉野さんが手を放さなかったのですぐ手を放そうとしましたが、バッグの持ち手のひもが右手に絡まり、そのまま引きずってしまいました。

    ☞ 吉野さんは、難波さんは手を放すそぶりを見せなかったと言います。しかし、当時の吉野さんの体勢や心理状態を考えると、難波さんの手の様子を細かく観察できたでしょうか？

③ 難波さんは、車を加速させていません。

難波さんに、吉野さんを引きずってでもバッグを奪うつもり（強盗の故意）はありませんでした。強盗致傷罪は成立しません。

難波さんには、執行猶予が相当です。

① 事件の内容は悪質ではなく、一定の被害回復がされています。

    ・ 計画的犯行ではないこと

    ・ 吉野さんの怪我は偶発的に発生（擦過傷が中心・重い後遺症なし）

    ・ 被害品はほとんど還付済み（バッグも還付予定）

    ・ 100万円を持参して被害弁償を申し入れていること

② 難波さんは、社会内で立ち直ることができます。

    ・ 更生環境が整っていること（難波さんが深く反省・母親の指導監督あり）

    ・ 前刑の執行猶予期間は問題なく終了していること

難波さんに対しては、執行猶予が相当

▲本書 219 頁，220 頁。弁護人が最終弁論に際して提出した書面である。法廷では，この書面に基づいて，口頭で必要な事項を補足しながら弁護人が意見を述べることになる。

【書式41】

令和4年（わ）第7007号

第 3 回 公 判 調 書 （ 手 続 ）

被 告 人 氏 名　　　　難 波 一 郎（出頭）
被 告 事 件 名　　　　強 盗 致 傷
公 判 を し た 年 月 日　　令和5年3月29日
公 判 を し た 裁 判 所　　大阪地方裁判所第16刑事部
裁 判 長 裁 判 官　　　　飛 鳥 誠 一
裁 判 官　　　　生 駒 睦 月
裁 判 官　　　　郡 山 聖 一
裁 判 員　　　　1 な い し 6
裁 判 所 書 記 官　　　　西 灘 楓
検 察 官　　　　松 阪 英 一
　　　　　　　　　　　　伊 勢 葵
出 頭 し た 弁 護 人（主任）宇 治 五 月
　　　　　　　　　　　　桂 沙 羅

裁 判 長
　　　判決宣告

　　　　　　令和5年3月29日
　　　　　　大阪地方裁判所第16刑事部
　　　　　　　　裁判所書記官　西 灘 楓 ㊞

▲本書221頁，236頁，301頁。裁判長は，有罪判決を言い渡した後，被告人に説諭（訓戒）
をすることがあるが（本書221頁），説諭がなされたことは公判調書の必要的記載事項では
ない（規則44条参照）。

【書式 42】

令和 5 年 3 月 29 日宣告　裁判所書記官　西灘　楓　㊞

令和 4 年（わ）第 7007 号

判　　　決

本　籍　　大阪市城南区青山台 2 丁目 3 番地

住　居　　大阪市城南区青山台 2 丁目 3 番 4－506 号

職　業　　飲食店従業員

難　波　一　郎
平成 2 年 10 月 11 日生

　上記の者に対する強盗致傷被告事件について，当裁判所（裁判官 3 名及び裁判員 6 名）は，検察官松阪英一，同伊勢葵，弁護人宇治五月（主任），同桂沙羅各出席の上審理し，次のとおり判決する。

主　　　文

　　被告人を懲役 5 年に処する。

　　未決勾留日数中 80 日をその刑に算入する。

理　　　由

（罪となるべき事実）

　被告人は，令和 4 年 10 月 28 日午前 2 時 53 分頃，大阪市城北区緑山台 1 丁目 2 番 3 号先路上において，普通乗用自動車を運転して進行中，徒歩で道路の右側端を同方向に通行中の吉野櫻（当時 35 歳，以下「被害者」という）を見かけるや，被害者の左側方を後方から追い抜く機会に，被害者が左肩に掛けていたショルダーバッグをひったくって奪おうと考えた。その際，被告人は，被害者がショルダーバッグの持ち手を放さず，そのために被害者を引きずることになる可能性を認識していた。そして，被告人は，被害者所有の現金 8 万 8250 円及び携帯電話機等 12 点在中のショルダーバッグ 1 個（物品時価合計 12 万 7000 円相当）の持ち手を右手でつかんだ上，時速十数キロメートルで自車を進行させながらその持ち手を引っ張り続け，ショルダーバッグを手放そうとしない被害者をそのまま約 30 メートル引きずって路上に転倒させる暴行を加えた。その結果，被告人は，上記ショルダーバッグ 1 個を奪い取って強取するとともに，上記暴行により，被害者に加療約 20 日間を要する右肘打撲擦過傷，右膝打撲擦過傷等の傷害を負わせた。

（証拠の標目）

　　被告人の公判供述

証人吉野櫻の公判供述

検察事務官作成の捜査報告書2通（甲1，2）

ショルダーバッグ1個（甲3）

（争点についての判断）

本件の主たる争点は，被告人に強盗の故意があったといえるかどうかである。当裁判所は，上記のとおり強盗の故意を認定したので，その理由について説明する。

被告人は，ショルダーバッグを左肩に掛け，道路の右側端を歩行中の被害者を見かけて，普通乗用自動車を運転しながら後方から近づき，時速十数キロメートルの速度で追い抜きざまに右手でショルダーバッグを奪おうとしてその持ち手をつかんでいる。このようなひったくりの態様は，被害を予期していない被害者の上体を後方から前方に強く引っ張るものであって，被害者をそのまま引きずって路面に転倒させたり，車体に巻き込み後輪で轢いたりする危険を伴うものであることが明らかといえる。

しかも，被告人は，ショルダーバッグの持ち手から右手を放さず，被害者を引きずったまま，約30メートルの距離を走行し続けている。この点について，被告人は，ショルダーバッグを放そうとしたが，持ち手のひもが右手に絡まってしまったために，被害者を引きずる結果になってしまったと供述している。しかし，持ち手のひもの形状や材質からして，つかんだ右手が絡むという状況はにわかに想定しがたい上，被告人は，被害者が引きずられている状況を認識していながら，自車を減速させようともしていないこと，被害者も，被告人がひもから手を放すような素振りはなかったと証言していることに照らすと，被告人の上記供述は信用することができない。

以上のような本件ひったくりの態様とそれがはらむ危険性，実際の引きずり行為の状況等からすれば，被告人は，被害者が肩に掛けたショルダーバッグを容易に手放さず，そのまま被害者の身体を引きずることになる事態を十分に予期しながら，それを何ら意に介することなく，ショルダーバッグの持ち手を引っ張り続け，自車を減速しないまま約30メートルも被害者を引きずったものであって，被告人には，被害者を引きずってでもショルダーバッグを奪おうとする意思があったものと認めることができる。

被告人には強盗の故意があり，相手方の反抗を抑圧するに足りる程度の暴行を加えた結果被害者を負傷させたものとして，本件では強盗致傷罪が成立する。

（法令の適用）

罰　　　　　条	刑法 240 条前段
刑 種 の 選 択	有期懲役刑を選択
酌 量 減 軽	刑法 66 条，71 条，68 条 3 号
未決勾留日数の算入	刑法 21 条
訴訟費用の不負担	刑事訴訟法 181 条 1 項ただし書

（量刑の理由）

　本件は，被告人が重量のある普通乗用自動車を用いてひったくり行為に及び，被害者を約 30 メートル引きずった上，路上に転倒させて傷害を負わせたというものである。その行為の危険性は明らかであり，引きずった距離も短くなく，被害者に軽くない傷害を負わせており，被害者が被った肉体的，精神的苦痛は大きい。本件は計画的犯行ではないものの，安易にひったくりを決意した被告人の意思決定に対しては強い非難が妥当する。自動車を使用したひったくり強盗の類型の中において，被告人の行為責任が軽い部類に属するものということはできない。

　加えて，本件は窃盗罪による前刑の執行猶予期間が満了して 1 か月余りでの犯行であり，被告人の順法意識の乏しさも指摘せざるを得ない。被害者に対しては，100 万円を提供して賠償を申し出ており，この点は被告人に有利な事情として考慮されるべきであるが，被害者はその申し出を断っており，被害感情にはなお強いものがある。

　他方において，ショルダーバッグ以外の被害品は既に被害者に還付されていること，被告人は，強盗の犯意を争うものの，本件を引き起こしたこと自体は反省し，更生を誓っていること，被告人の母親が今後の支援と監督を約束していることなどの被告人のために酌むべき情状も認められるので，同種事案に対するこれまでの量刑傾向にも照らし，被告人に対しては，酌量減軽の上，主文の刑を科するのが相当であると判断した。

　よって，主文のとおり判決する。

　　　　令和 5 年 3 月 29 日

　　　　　　大阪地方裁判所第 16 刑事部

　　　　　　　　裁判長裁判官　　飛　鳥　誠　一　㊞

　　　　　　　　裁判官　　　　　生　駒　睦　月　㊞

　　　　　　　　裁判官　　　　　郡　山　聖　一　㊞

▲本書 221 頁，306 頁，309〜312 頁，314 頁，370 頁。「量刑の理由」は，公判廷で述べるにとどめ判決書に記載されないケースもある。312 頁参照。裁判員裁判の場合も，判決書は裁判官のみで作成して署名押印することになっている（本書 306 頁。規 54 条・55 条）。

事 項 索 引

判 例 索 引

著者紹介　　三井　誠（みつい まこと）
　　　　　　　神戸大学名誉教授

　　　　　　酒巻　匡（さかまき ただし）
　　　　　　　早稲田大学教授

入門刑事手続法〔第 9 版〕

An Introduction to the Law of Criminal Procedure（9th. edition）

―――――――――――――――――――――――――――――

1995 年 11 月 1 日 第 1 版第 1 刷発行	2014 年 3 月 20 日 第 6 版第 1 刷発行
1998 年 4 月 25 日 改訂版第 1 刷発行	2017 年 3 月 30 日 第 7 版第 1 刷発行
2001 年 12 月 30 日 第 3 版第 1 刷発行	2020 年 4 月 20 日 第 8 版第 1 刷発行
2006 年 6 月 15 日 第 4 版第 1 刷発行	2023 年 7 月 15 日 第 9 版第 1 刷発行
2010 年 5 月 10 日 第 5 版第 1 刷発行	

著作者　　三井誠　酒巻匡
発行者　　江草貞治
発行所　　株式会社有斐閣
　　　　　〒101-0051 東京都千代田区神田神保町 2-17
　　　　　https://www.yuhikaku.co.jp/
印　刷　　大日本法令印刷株式会社
製　本　　牧製本印刷株式会社